Biologie 9/10

**Gymnasium
Sachsen**

Cornelsen

Biologie 9/10

Gymnasium Sachsen

Entwickelt
von der Redaktion Biologie
Heidelberg

Autoren:
Prof. Dr. Hans-Heiner Bergmann, Osnabrück
Brigitte Engelhardt, Waldbröl
Dr. Stefanie Esders, Fellbach
Jürgen Fedrowitz, Melle
Dr. Leo Fiethen, Viersen
Barbara Gennrich, Löwenberg
Regina Grätz, Berlin
Udo Hampl, Pörnbach
Prof. Hans Herzinger, Ohmden
Priv.-Doz. Dr. Bernhard Huchzermeyer, Hannover
Dr. Walter Kleesattel, Schwäbisch Gmünd
Reiner Kleinert, Hanau
Christiane Piepenbrock, Gütersloh
Volker Pietsch, Berlin
Jutta Riebesehl-Fedrowitz, Osnabrück
Ingrid Scharping, Hamburg
Dr. Dankwart Seidel, Bad Zwischenahn
Angelika Simon, Bielefeld
Ulrich Weber, Süssen
Dr. Horst Wisniewski, Freising

Redaktion:
Annerose Bender
Dr. Wolfgang Goll
Dr. Silvia Jander
Carola Lerch
Jutta Waldow

Technische Umsetzung:
Christoph Berten
Zlatka Kovse

Basislayout: Erwin Poell, Heidelberg

Einbandfoto: Wolfgang Krammisch, Dresden

Auwald bei Eilenburg.
Unzugängliche Auwälder kann man als die letzten Urwälder Europas bezeichnen. Sie bilden für eine Vielzahl von seltenen Pflanzen und Tieren einen sicheren Lebensraum. Auenwälder sind deshalb besonders schützenswert.

1. Auflage ✔
Druck 4 3 2 1   Jahr 01 2000 99 98

Alle Drucke dieser Auflage können im Unterricht nebeneinander verwendet werden

Druck: Cornelsen Druck, Berlin

ISBN 3-464-04371-1

Bestellnummer 43711

gedruckt auf säurefreiem Papier,
umweltschonend hergestellt
aus chlorfrei gebleichten Faserstoffen

Inhalt

Inhalt

4

2425

Sich informieren, untersuchen, experimentieren

Dieses Buch ist *Informationsbuch*, *Arbeitsbuch* und *Lernbuch* zugleich. Daher enthält es ganz unterschiedlich gestaltete und gekennzeichnete Seiten. Man sieht also immer, welche Aufgabe eine Seite hat.

◁ Einstieg

Jedes Kapitel beginnt mit einer Bildseite, die neugierig machen soll. Sie ist mit Aussagen, Tabellen, Bildern und Fragen verknüpft, die in das Thema einführen.

◁ Informationsseiten

Hier kannst du dich informieren. Auf diesen Seiten werden neue Begriffe eingeführt und Zusammenhänge erklärt. Aufgaben helfen, das erworbene Wissen zu überprüfen. In Kürze fasst alles Wesentliche zusammen.

Wir werden aktiv

Der Mensch belastet Luft, Wasser und Boden immer stärker. Damit werden auch die Lebewesen in ihrer Existenz bedroht. Wo jeder Einzelne einen Beitrag zum Schutz unserer Umwelt leisten kann, ist dies mit einem grünen Frosch gekennzeichnet.

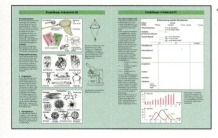

◁ Praktikum

Untersuchungen und Versuche spielen in der Biologie eine wichtige Rolle. Mit den Anleitungen auf diesen Seiten kann jeder selbst zum Forscher werden. Die Ergebnisse vermitteln wichtige Einblicke in das Thema. Du lernst bei den Praktikumsseiten aber auch, wie biologische Untersuchungen durchgeführt werden und wie man zu aussagekräftigen Ergebnissen kommt.

Gesundheit

◁ Gesundheit

Diese Seiten enthalten Tipps und Anleitungen für Übungen, die den Körper fit halten. Oft sind hier auch wichtige Erkrankungen erklärt.

Biologie aktuell

◁ Biologie aktuell

Neue Züchtungstechniken, Treibhauseffekt und Ozonloch, genetische Beratung: die Aktuell-Seiten greifen Themen auf, die im Blickpunkt des Interesses stehen.

Zur Diskussion

◁ Zur Diskussion

Erblich behindert – Genetik in der Verantwortung – Impfung – harte Drogen. Auf den „Diskussionsseiten" sind Bilder, Zahlen und Berichte zu Themen abgedruckt, die heute heiß diskutiert werden. Bilde dir selbst ein Urteil darüber.

Stichwort

◁ Stichwort

Am Ende der einzelnen Kapitel sind die wichtigsten Aussagen noch einmal in einem Überblick zusammengefasst. Alles klar? Anhand von Fragen kann jeder prüfen, ob er das Thema wirklich „im Griff" hat.

Sexualität und Fortpflanzung

Simone zittert noch am ganzen Körper. Sie lehnt an der Haustür und schließt die Augen. Noch ungläubig, aber glücklich denkt sie an den vergangenen Augenblick zurück. Es war fast nichts geschehen. Markus und die anderen hatten sie nach Hause gebracht. Aber zum Abschied hat Markus ihr fest in die Augen gesehen und sie auf eine Weise angelächelt, die nur das eine bedeuten konnte: Von jetzt an würden sie zusammen sein. Das Rätselraten und das Versteckspielen um die Gefühle füreinander würde ein Ende haben. Da war einfach dieses Einverständnis in seinem Blick.

Sich mögen, sich kennen lernen, sich anfreunden, zusammen sein, sich verkrachen und versöhnen – *Freundschaften,* auch mit „denen vom anderen Geschlecht", sind vor der Pubertät ganz selbstverständlich. Auch die *Liebe* ist bekannt. Sie ist ein tiefes, warmes Gefühl für die Eltern, Geschwister, den Hund, den besten Freund oder die beste Freundin.

Mit der Pubertät kommt aber zur Freundschaft und Liebe ein neues Gefühl hinzu, das beim Verliebtsein eine Rolle spielt: die Sexualität.

Verliebt sein: immer beieinander sein, über alles reden können, sich vertrauen, das Kribbeln im Bauch spüren bei der Vorstellung sich zu berühren und zu schmusen. Mit der Zeit finden zwei, die miteinander gehen, über den anderen und sich selbst immer mehr heraus, sie tasten sich aufeinander zu. Auch gegensätzliche Gefühle, wie sich streiten und versöhnen, zusammen sein wollen und Abstand halten, gehören dazu.

Irgendwann wollen sie vielleicht auch miteinander schlafen.

Liebe und Sexualität. Für die meisten Menschen gehören Liebe und Sexualität zusammen. Man kann aber auch jemanden lieben ohne ihm körperlich nahe sein zu wollen. Umgekehrt kann man auch mit jemandem schlafen wollen ohne ihn zu lieben.

Jugendliche lernen ihre Sexualität in der Pubertät neu kennen. Zunächst empfinden sie vielleicht Sehnsucht nach einem Menschen, der sie liebt und den sie selbst lieben können. Sie haben prickelnde Schwärmereien, aufregende Fantasien voller Zärtlichkeit und körperlicher Nähe. Seinen Körper berühren zu lassen und den des anderen kennen lernen setzt Vertrauen zueinander voraus. Einer sollte dem anderen die eigenen Wünsche und Ängste mitteilen können. Beide sollten auch zusammen bestimmen, wann sie miteinander schlafen wollen. Manchmal muss einer auf den anderen warten. Einen Zeitpunkt, wann sexuelle Erfahrungen gemacht sein müssen, gibt es nicht.

Geschlechter und Rollen. Eltern, Lehrer, auch die eigenen Freunde stellen unterschiedliche Anforderungen an Jungen oder Mädchen. Beim Kennenlernen, so heißt es oft immer noch, muss der Junge den ersten Schritt tun. Außerdem sollte er Erfahrungen haben.

Das Mädchen soll abwarten und sich für den Richtigen „aufbewahren". Diese „alten Hüte" hindern die meisten Jugendlichen daran, offen aufeinander zuzugehen und sich so zu geben, wie sie sind.

Aber warum sollen Jungen eigentlich nicht zärtlich und empfindsam sein, sondern stark und cool, zu Hause „Mamas großer Junge"? Warum soll „Papas Mädchen" sich hübsch anziehen und immer lieb sein?

Besonders lästig können solche *Rollenerwartungen* werden, wenn man sich verliebt und eine partnerschaftliche Beziehung eingehen möchte.

Gefalle ich? Bin ich entwickelt genug? Was erwartet er/sie von mir? Was darf ich fordern? Wie soll ich meine Wünsche äußern?

Egal, wie man es anstellt: Liebe verlangt alles von einem. Und ob sich zwei Liebende auch in eine glückliche Partnerschaft einfinden, das ist noch eine ganz andere Frage.

„Ich habe zwar eine Freundin, aber wir schlafen noch nicht miteinander. Ich möchte erst wissen, ob sie mich wirklich liebt."
Richard, 16 J.

„Von meiner Partnerin würde ich mir wünschen, dass sie mir alles ist: Vertraute und Geliebte. Und ein guter Kumpel, der was aushält und auf den ich mich verlassen kann."
Stefan, 16 J.

„Seine Küsse und Berührungen sind das Zarteste, was ich jemals empfunden habe. Manchmal bin ich wirklich den Tränen nahe, wenn er so lieb zu mir ist."
Simone, 15 J.

„Als er mir gestand, dass er mich liebt, bin ich wütend geworden. Ich kann einfach nicht glauben, dass er überhaupt weiß, was echte Liebe ist. Verliebt sein – ja, o.k., das nehme ich ihm ab. Aber für echte Liebe sind wir zu jung, glaube ich."
Miriam, 15 J.

„Wir sind echt gute Freunde. Vielleicht lieben wir uns sogar. Aber da ist nichts mit Schmusen und so."
Alex, 16 J.

Aufgaben

1 Welche unterschiedlichen Vorstellungen über Liebe, Sexualität und Partnerschaft kommen in den obigen Texten zum Ausdruck? Wie stehst du dazu?

Frau und Mann

Frausein – Mannsein. Bei der Befruchtung wird festgelegt, ob ein Mädchen oder ein Junge entsteht. Nicht festgelegt ist dagegen, was für jeden „Frausein" oder „Mannsein" gefühlsmäßig bedeutet und welche Verhaltensweisen damit verbunden sind. Dies muss erst in jahrelanger Entwicklung erfahren und gelernt werden. Die Zitate auf der vorhergehenden Seite spiegeln viele Vorstellungen und Normen unserer Gesellschaft wider. Diese aber ändern sich ständig. So ergreifen heute immer mehr Frauen Berufe, die früher ausschließlich von Männern ausgeübt wurden. Insofern ist „typisch weiblich" oder „typisch männlich" fast immer ein Vorurteil.

Dagegen zeigen männliche und weibliche Körper meist deutliche Unterschiede. Aber auch die körperlichen Geschlechtsmerkmale können variieren. Bei uns gelten Bart und tiefe Stimme als männliche, hohe Stimme und zierlicher Körperbau als weibliche Merkmale. Es gibt aber Indianerstämme, bei denen die Männer hohe Stimmen und keinen Bartwuchs haben. Bei den Balinesen wirken beide Geschlechter eher feminin. Das hängt damit zusammen, dass jeder Mensch die Anlagen beider Geschlechter in sich trägt. Im Erscheinungsbild mischen sich dann männliche und weibliche Merkmale in unterschiedlicher Weise.

1 Mann und Frau, Junge und Mädchen

Geschlechtliche Entwicklung. In der 7. Embryonalwoche beginnen die Geschlechtsorgane sichtbar zu werden. Sie entstehen bei beiden Geschlechtern nach dem gleichen Grundbauplan. Beim Mädchen entwickeln sich *Eierstöcke, Gebärmutter* und *Scheide*, beim Jungen *Hoden* und *Penis*. Sie werden als *primäre Geschlechtsorgane* bezeichnet.

Bis auf wenige Merkmale sind sich männlicher und weiblicher Körper in der Kindheit sehr ähnlich. Junge und Mädchen unterscheiden sich nur in den äußerlich sichtbaren Geschlechtsorganen. Das ändert sich, wenn die *Pubertät* beginnt.

Die Pubertät ist eine Zeit tief greifender Veränderungen. Sie beginnt mit einem auffälligen Wachstumsschub. Achsel- und Schambehaarung bilden sich. Bei den Jungen beginnt der Bart zu wachsen, der Körper wird muskulöser, die Schultern verbreitern sich. Der Stimmbruch setzt ein. Bei den Mädchen entwickeln sich die Brüste, das Becken verbreitert sich. Die Stimme wird voller. Diese Merkmale werden als *sekundäre Geschlechtsmerkmale* bezeichnet.

Auch die Gefühle und das Bewusstsein ändern sich. Jungen und Mädchen nehmen nicht mehr alles widerspruchslos hin, sehnen sich einerseits nach Zuneigung und Geborgenheit und reagieren andererseits aggressiv oder in sich gekehrt. Die Pubertät ist eine Zeit voller Spannungen. Die Jugendlichen erfahren ihren Körper neu. Sie entwickeln ein anderes Bewusstsein für ihren Körper. Sie lernen, sich mit ihrem Körper und ihrem Geschlecht zu identifizieren.

Die Umwandlung vom kindlichen in den erwachsenen Körper dauert etwa 6 Jahre. Sie beginnt bei den Mädchen meist zwischen dem 11. und 13. Lebensjahr, bei den Jungen etwa zwei Jahre später.

Tanz von Rama und Shinta auf Bali. In diesem aus Indien stammenden Epos rettet der Königssohn Rama seine Frau Shinta, die von einem Riesen geraubt wurde. Links die Frau, rechts der Mann.

Bei den Männern aus Bali sind die sekundären Geschlechtsmerkmale nicht so stark ausgeprägt wie bei Europäern. Wie zu sehen ist, bewegen sich die Balinesen zudem auch sehr anmutig.

Die 5500 km² große Insel Bali ist die westlichste der Kleinen Sundainseln und zählt zu Indonesien.

679

Die Rolle der Hormone

Zwischenhirn. Eingeleitet wird die Pubertät vom Gehirn. Ein Teil des Zwischenhirns ist dort für sexuelle Reaktionen verantwortlich. Über Hormone wirkt es auf die Hirnanhangdrüse oder *Hypophyse* ein.

Hypophysenhormone. Dadurch wird die Hypophyse angeregt selbst Hormone zu produzieren. Diese *Hypophysenhormone* werden bei Frau und Mann gleichermaßen gebildet. Es handelt sich dabei um das *Follikel stimulierende Hormon FSH* und das *Luteinisierende Hormon LH*.

Sexualhormone. Unter der Einwirkung dieser Hormone beginnen die Keimdrüsen *Sexualhormone* zu bilden. Die Eierstöcke der Frau produzieren vor allem *Östrogene* und *Gestagene*, die Hoden des Mannes *Androgene*. In geringer Menge werden auch im Körper der Frau Androgene gebildet und im Körper des Mannes Östrogene. Das jeweilige Mischungsverhältnis weiblicher und männlicher Hormone ist es, das den Körper von Frau und Mann prägt.

Die Sexualhormone sorgen dafür, dass sich die sekundären Geschlechtsmerkmale entwickeln. Unter ihrer Wirkung beginnen die Keimdrüsen zu reifen. Bei den Mädchen bildet sich die erste befruchtungsfähige Eizelle, bei den Jungen kommt es zum ersten Samenerguss. Die Jugendlichen beginnen sich für das andere Geschlecht zu interessieren und werden auf andere Weise als bisher sexuell erregbar.

Rückmeldungen. Von den Keimdrüsen gehen Rückmeldungen an das Sexualzentrum im Zwischenhirn und an die Hypophyse. Diese können die Hormonproduktion der Hypophyse beeinflussen. Ein fein abgestimmtes System bildet sich, das auch durch seelische Reaktionen beeinflusst wird.

Störungen. Das empfindliche Gleichgewicht der Sexualhormone kann nicht nur durch seelische Erregungen oder Stress, sondern auch durch Erkrankungen, Unfälle oder künstliche Hormonzufuhr gestört werden. Zum Beispiel kann sich der weibliche Zyklus durch eine Reise verschieben.

Früher wurden bei Sängerknaben oft die Hoden entfernt. Sie behielten nach dieser *Kastration* ihre hohe Stimme und waren zeugungsunfähig. Fällt bei einem erwachsenen Mann das Testosteron aus, verweiblicht der Körper. Es entsteht mehr Fettgewebe, Brüste bilden sich.

Werden einer Sportlerin durch Doping regelmäßig männliche Hormone verabreicht, so wird ihre Muskulatur kräftiger. Das macht sie sportlich leistungsfähiger, vermännlicht aber ihre Körperformen und kann die Monatsblutung nach der Eizellenreifung verhindern.

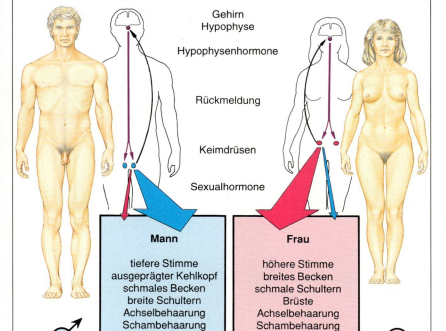

1 *Entwicklung der sekundären Geschlechtsmerkmale*

Aufgaben

1 Erkläre anhand von Bild 1, welche Wirkungen die Geschlechtshormone bei Mädchen und Jungen haben.

2 Sammle Meldungen über Doping im Sport.
Informiere dich, welche Wirkung die verabreichten Mittel haben.

In Kürze

Die Geschlechtsreife wird durch das Zwischenhirn, die Hypophyse und die Sexualhormone gesteuert. Die Hypophysenhormone sind das FSH und LH. Als Sexualhormone überwiegen beim Mann die Androgene, bei der Frau die Östrogene und Gestagene. Das jeweilige Mischungsverhältnis weiblicher und männlicher Sexualhormone prägt das Erscheinungsbild von Mann und Frau.

Entwicklung zur Frau

1 Während der Pubertät reift das Mädchen zur Frau. Die sekundären Geschlechtsmerkmale bilden sich. Auch die Gefühle und das Bewusstsein erfahren tief greifende Veränderungen.

Für die Geschlechtsreife des Mädchens spielen die Eierstöcke eine wichtige Rolle. Sie bilden die weiblichen Sexualhormone. Dies sind die *Östrogene* und *Gestagene*.

Unter der Wirkung der *Östrogene* reifen die primären Geschlechtsorgane aus. Schamhaare wachsen, die Brüste entwickeln sich. Die anderen sekundären Geschlechtsmerkmale wie Einlagerung von Fettgewebe in die Haut, breites Becken und hohe Stimme sind weniger auf die Wirkung des Östrogens als auf die nur geringen Mengen an *Androgenen* zurückzuführen, die bei der Frau gebildet werden.

Erst wenn die Eierstöcke genügend Östrogene abgesondert haben, *reift die erste Eizelle* heran. Danach tritt die erste *Monatsblutung* auf. Das ist das entscheidende Anzeichen für den Eintritt der Geschlechtsreife. Von nun an kann das Mädchen Kinder bekommen.

Der *Sexualtrieb* erwacht, der unter anderem von den Östrogenen angeregt wird. Streicheln und Küssen können sexuelle Erregung auslösen, aber auch Reize durch Bilder oder Fantasievorstellungen. Der ganze Körper ist dafür empfindlich, besonders aber Brustwarzen, Geschlechtslippen und Kitzler. Der Kitzler ist berührungsempfindlich und schwillt bei Erregung an.

Die Gestagene spielen beim *Eireifezyklus* und während der Schwangerschaft eine Rolle. Bis zum Alter von 45–50 Jahren reifen in den Eierstöcken fortwährend Eizellen heran. Dieser Eireifezyklus wird von Östrogenen und Gestagenen zusammen gesteuert. Wenn sich mit zunehmendem Alter weniger Geschlechtshormone bilden, verändert sich auch die Tätigkeit anderer Hormondrüsen. Schilddrüse und Nebennieren beispielsweise sondern jetzt mehr Hormone ab. Die hormonelle Umstellung im fünften Lebensjahrzehnt dauert mehrere Jahre und ruft körperliche Veränderungen sowie typische Beschwerden hervor. Diese Phase wird *Wechseljahre* genannt. Damit ist die Fruchtbarkeit beendet. Sexualtrieb und sexuelle Erregungsfähigkeit bleiben erhalten. Für die meisten Frauen ist dies eine Zeit tief greifender seelischer Umstellung.

Weibliche Geschlechtsorgane

Äußerlich sichtbar sind die äußeren und inneren Geschlechtslippen. Zwischen ihnen liegt vorne der Kitzler. Die schlauchförmige, etwa 10 cm lange Scheide ist mit einer Schleimhaut ausgekleidet.

Den Eingang der Gebärmutter bildet der Gebärmutterhals. Dieser ist von einem Schleimpfropf verschlossen, der sich bei der Monatsblutung auflöst. Die birnenförmige, etwa faustgroße Gebärmutter ist ein großer Hohlmuskel, dessen innere Oberfläche mit einer gut durchbluteten Schleimhaut ausgekleidet ist.

Von der Gebärmutter führen die etwa 15 cm langen, nicht einmal bleistiftdicken Eileiter zu den beiden walnussgroßen Eierstöcken. Dort bildet jeder der beiden Eileiter einen Trichter mit Fransen, der sich über einen Teil des Eierstocks stülpt.

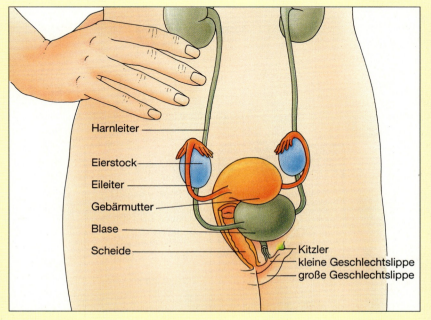

Harnleiter
Eierstock
Eileiter
Gebärmutter
Blase
Scheide
Kitzler
kleine Geschlechtslippe
große Geschlechtslippe

1548

Der Eireifezyklus

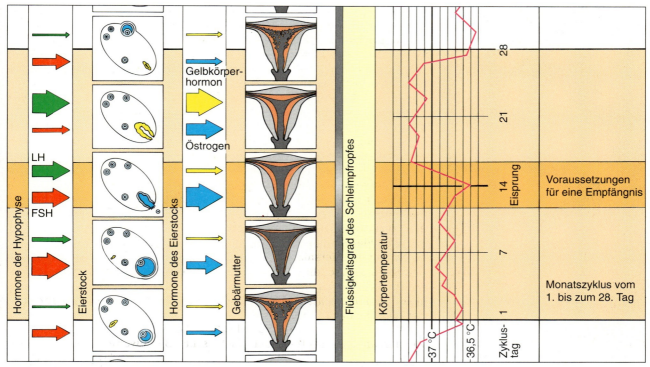

1 Eireifezyklus

Nach der ersten Monatsblutung, der *Menarche*, dauert es ungefähr zwei Jahre, bis sich ein regelmäßiger, etwa vierwöchiger *Zyklus* von Eireife und Blutung eingespielt hat.

Von den 400 000 Eianlagen reifen während der fruchtbaren Jahre der Frau etwa 400 bis 500 heran.

Der Zyklus wird zwar von Nervensystem und Hormondrüsen gesteuert, doch können Erkrankungen, falsche Ernährung, ein Klimawechsel oder auch seelische Vorgänge wie Stress, Sorgen und Ängste die Eireife beschleunigen, verzögern oder zeitweilig ganz unterbinden.

Eireifung. Jede Anlage für eine Eizelle liegt in einem Eibläschen. Solange die Hypophyse viel FSH ausschüttet, produziert ein Eibläschen Östrogen. Dieses sorgt dafür, dass seine Eizellenanlage zu einer *befruchtungsfähigen Eizelle* heranreift. Normalerweise dauert dies etwa 14 Tage.

Eisprung. Anschließend platzt das Eibläschen. Dafür sorgt der rasche

Anstieg des LH. Die Eizelle wird mit etwas Flüssigkeit in den Trichter des Eileiters geschwemmt. Nach diesem *Eisprung*, der *Ovulation*, bleibt die Eizelle für etliche Stunden befruchtungsfähig. In dieser Zeit steigt die Körpertemperatur um 0,5 bis 0,8 °C an.

Gelbkörper. Jetzt überwiegt die Wirkung des Hypophysenhormons LH. Das geplatzte Eibläschen schrumpft und wird wegen seiner Farbe *Gelbkörper* genannt. Dieser bildet Gestagene. Eines davon, das *Gelbkörperhormon*, regt die Gebärmutterschleimhaut zu starkem Wachstum an. In ihr bilden sich weitere Blutgefäße. Die Schleimhaut kann jetzt eine befruchtete Eizelle aufnehmen.

Menstruation. Bleibt die Eizelle unbefruchtet, löst sie sich auf. Die Produktion von Östrogenen und Gelbkörperhormon nimmt ab. Die Schleimhaut wird jetzt abgestoßen. Das geschieht unter Kontraktionen der Gebärmutter, die sich als leichte

Krämpfe bemerkbar machen können. Ungefähr 14 Tage nach dem Eisprung kommt es daher zu einer *Monatsblutung* oder *Menstruation*. Diese dauert meist 3 bis 5 Tage. Dann ist die Schleimhaut abgeheilt. In der Zwischenzeit hat das Zwischenhirn die Hypophyse dazu angeregt, wieder mehr FSH zu bilden. Die nächste Eizelle reift heran.

Eireifezyklus und Monatsblutung können bei den Einzelnen unterschiedlich lange dauern. Ein Zyklus ist auch dann normal, wenn er weniger oder länger als vier Wochen dauert.

In Kürze

Der Eireifezyklus wird vom Nervensystem über Hypophysenhormone sowie die Sexualhormone Östrogen und Gelbkörperhormon gesteuert. Die Eireifung bis zum Eisprung dauert etwa zwei Wochen. Bleibt die Eizelle unbefruchtet, tritt rund zwei Wochen später die Menstruation ein.

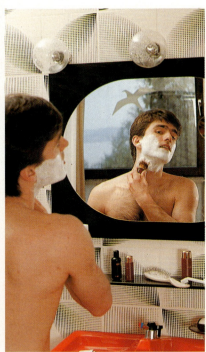

Für die Geschlechtsreife beim Jungen sind die Hoden von entscheidender Bedeutung. Sie bilden die männlichen Sexualhormone, die Androgene. Dazu werden sie von Hormonen der Hypophyse angeregt. Das wichtigste Androgen ist das Hormon Testosteron.

Sobald mehr Testosteron gebildet wird, reifen die primären Geschlechtsorgane aus. Außerdem entwickeln sich die sekundären Geschlechtsmerkmale: Scham- und Brusthaare wachsen, breite Schultern bilden sich. Der Kehlkopf mit den Stimmbändern nimmt an Größe zu. Dadurch kommt es zum Stimmbruch. Auch die Entwicklung des Geschlechtstriebes und die einsetzende sexuelle Erregbarkeit beruhen auf der Wirkung des Hormons Testosteron.

Unter der Wirkung des Testosterons beginnen die Spermien oder Samenzellen heranzureifen. Sie bilden sich in den Hoden in knäuelartigen Röhren, den *Hodenkanälchen*. Der *erste Samenerguss* ist das entscheidende Anzeichen für die körperliche Geschlechtsreife. Ein Samenerguss

besteht aus Drüsensekreten und etwa 200 bis 300 Millionen Spermien. Mithilfe eines paarigen Muskels wird die Samenflüssigkeit aus dem versteiften Glied herausgeschleudert. Jetzt ist der Junge zeugungsfähig, auch wenn noch nicht alle Organe voll ausgereift sind.

Bei der Geschlechtsreife sorgt das Testosteron für die Aufrechterhaltung der männlichen Sexualfunktionen wie Geschlechtstrieb, Erregungs- und Zeugungsfähigkeit. Die Testosteronproduktion hält lebenslang an, verringert sich aber nach dem vierten Jahrzehnt. Das hat verschiedene Auswirkungen: So reduziert sich die Muskelmasse, während das Fettgewebe zunimmt, auch wird die Tätigkeit anderer Hormondrüsen beeinflusst. Der Geschlechtstrieb lässt meistens etwas nach. Da weiterhin Samenzellen heranreifen, bleibt der Mann aber bis ans Lebensende fruchtbar. Die *hormonelle Umstellung* bewirkt auch beim Mann eine Phase, die den Wechseljahren der Frau vergleichbar ist. Allerdings sind die Auswirkungen meist nicht so auffällig.

1 Während der Pubertät reift der Junge zum Mann.
In diesem Lebensabschnitt bilden sich die sekundären Geschlechtsmerkmale aus.

Männliche Geschlechtsorgane
Äußerlich sichtbar sind Penis und Hodensack.

Im Hodensack liegen die paarigen Hoden. Hier, außerhalb des Körpers, werden die Spermien gebildet und in den Kanälen der Nebenhoden gespeichert. Für die wärmeempfindlichen Spermien ist dies von Vorteil. Von den Nebenhoden führen die Samenleiter zur Vorsteherdrüse. Diese und zwei weitere Drüsen geben Sekrete ab, die den Spermien Beweglichkeit verleihen.

Die Samenleiter vereinigen sich mit dem Harnleiter zur Harnsamenröhre, die zum Penis führt. Die Eichel an der Spitze des Penis ist berührungsempfindlich und von einer zarten, verschiebbaren Vorhaut bedeckt. Bei sexueller Erregung füllen sich Schwellkörper im Schaft des Penis mit Blut, sodass sich dieser versteift.

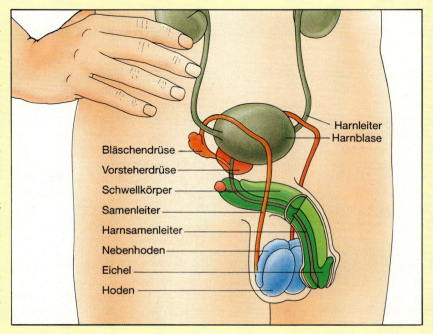

- Bläschendrüse
- Vorsteherdrüse
- Schwellkörper
- Samenleiter
- Harnsamenleiter
- Nebenhoden
- Eichel
- Hoden
- Harnleiter
- Harnblase

Geschlechtsverkehr und Befruchtung

Die geschlechtliche Vereinigung von Frau und Mann, auch Beischlaf oder Koitus genannt, ist die Voraussetzung für die Zeugung und Fortpflanzung. Sie befriedigt das sexuelle Bedürfnis nach Lust und Zärtlichkeit. In einer liebevollen Beziehung kann sie die Bindung der Partner wesentlich stärken.

Die sexuelle Erregung wird bei Mann und Frau durch seelische und körperliche Reize ausgelöst. Sie ruft im Körper Reaktionen hervor, die den Koitus vorbereiten. Der Beckenraum wird stark durchblutet. Bei der Frau schwellen die Geschlechtslippen an und sondern ein Sekret ab, das die Scheide für die Aufnahme des Penis gleitfähig macht. Der Kitzler vergrößert sich. Beim Höhepunkt der Lustempfindung, dem Orgasmus, ziehen sich die Muskeln der Gebärmutter rhythmisch zusammen.

Beim Mann versteift sich das Glied durch die sexuelle Erregung. Während des Orgasmus ziehen sich Muskeln des Gliedes rhythmisch zusammen. Dadurch wird die Samenflüssigkeit herausgeschleudert.

Für die Zeugung eines Kindes genügt ein einziges Spermium, ein Samenerguss enthält aber viele Millionen. Der Überschuss ist nötig, da den Spermien auf dem Weg zur Eizelle zahlreiche Hindernisse begegnen. Im sauren Milieu der Scheide sterben viele sofort ab, andere können den zähen Schleim im Gebärmutterhals nicht durchdringen. In der Gebärmutter greifen weiße Blutkörperchen die Spermien als Fremdkörper an. Nur wenige erreichen letzten Endes die reife Eizelle.

Im Körper der Frau bestehen während des Eisprungs günstige Voraussetzungen für eine Befruchtung. Der Schleim im Gebärmutterhals ist durchlässig, und das reife Ei sondert eine Substanz ab, die die Spermien anzieht. Normalerweise dringt nur ein Spermium mit seinem Kopfteil in die Eizelle ein. Die Zellkerne der Spermazelle und der Eizelle verschmelzen miteinander. Dies ist der Augenblick der *Befruchtung* oder *Zeugung*. Jetzt vereinigen sich die Erbanlagen der beiden Zellkerne in der befruchteten Eizelle, der *Zygote*, zu einem neuen genetischen „Programm". Nach den Anweisungen dieses Programms entwickelt sich anschließend durch Zellteilung und Zellspezialisierung ein höchst individueller Mensch.

1   *Spermien. Vergrößerung 1000fach*

2 bis 4   *Bau der Spermien und Befruchtung einer Eizelle*

In Kürze

Ein Samenerguss enthält 200 bis 300 Millionen Spermien. Eines davon befruchtet die Eizelle. Durch die Verschmelzung der Zellkerne entsteht ein neues genetisches Programm. Es steuert die Entwicklung zu einem weiblichen oder männlichen Individuum.

Vorgeburtliche Entwicklung

Einnistung. Nach der Befruchtung teilt sich die Eizelle. Während der fortgesetzten Teilungen treibt der Zellverband durch den Eileiter. Die einzelnen Zellen werden immer kleiner. In der Gebärmutter angelangt, ist er zu einer Hohlkugel geworden. Er wird nun *Bläschenkeim* genannt. Sein Nahrungsvorrat geht zu Ende. Er gräbt sich an der Gebärmutterwand mit Fortsätzen in das Gewebe ein. Dies ist die Einnistung. Schutzhüllen bilden sich um den Keim, der jetzt *Embryo* genannt wird. Die Schwangerschaft beginnt.

Embryo. Seine Entwicklung im Mutterleib verläuft mit großer Präzision. Schon zwei Wochen nach der Befruchtung haben sich die Zellen zu drei Gruppen angeordnet. Aus der ersten Gruppe entwickeln sich Nervensystem und Haut, aus der zweiten Gruppe Skelett, Muskeln, Herz und Blutgefäßsystem. Die dritte Gruppe bildet die Verdauungs- und Ausscheidungsorgane.

In der vierten Woche schlägt bereits das Herz. Nach 6 Wochen sind im Embryo alle Organe angelegt.

Zu Beginn der achten Woche sind die individuellen Merkmale wie Gesichtszüge, Form der Ohrmuscheln sowie Muster der Hautleisten von Fingern und Zehen schon ausgeprägt. Der Embryo ist fast 2 cm lang.

Ernährung. Aus den Zotten des Keims in der Gebärmutterschleimhaut entsteht in der dritten Woche der Mutterkuchen, die *Plazenta*. Aus dem Gewebe der embryonalen Hülle bildet sich die Nabelschnur. Die Plazenta übernimmt die Ernährung, Verdauung, Ausscheidung, Atmung und Hormonproduktion für das Ungeborene. Durch die Arterien der Nabelschnur gelangt mit Sauerstoff und Nährstoffen angereichertes Blut zum Embryo. Eine Vene leitet die Abfallstoffe zur Mutter zurück. Die Blutkreisläufe der Mutter und des Kindes sind voneinander getrennt. Der Stoffaustausch erfolgt über die Gefäßwände und das Plazentagewebe.

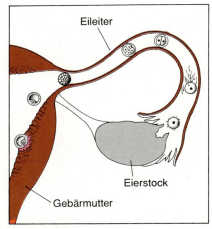

1 *Einnistung*

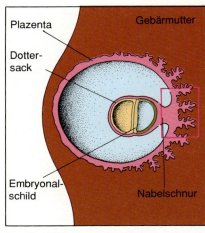

2 *Zwei Wochen alter Keim*

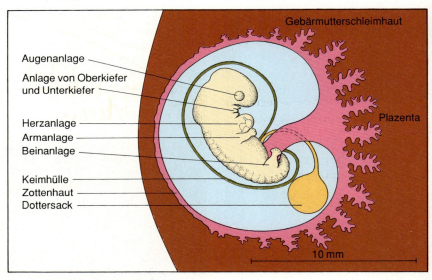

3 *Sechs Wochen alter Embryo*

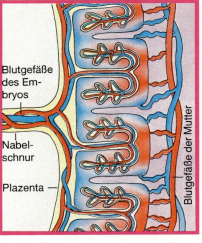

4 *Die Plazenta versorgt den Embryo.*

Gefahren für den Embryo

Die Plazenta hat auch Abwehrfunktion. Dennoch kann sie den Embryo nicht gegen alle gefährlichen Stoffe abschirmen. Umweltgifte, die die Mutter eingeatmet oder mit dem Essen zu sich genommen hat, Nikotin, Alkohol, Spuren von Medikamenten sowie Krankheitserreger erreichen den Embryo. Besonders die Zeit um die 7. und 8. Woche ist kritisch. Die jungen Zellen reagieren äußerst empfindlich auf alle störenden Einflüsse. Missbildungen oder Fehlgeburten können die Folge sein.

Vorgeburtliche Entwicklung

Fetus. Nach dem dritten Monat wird der Keim *Fetus* genannt. Von jetzt an vergrößern sich die einzelnen Organe unterschiedlich schnell. Ihre Funktionen entwickeln sich in Stufen, die genau aufeinander abgestimmt sind. So führt der Keim, sobald in der 8. Woche die Arme und Hände ausgebildet sind, erste tastende Suchbewegungen aus. Das feste Zugreifen ist aber erst ab der 23. Woche möglich, weil dann die Muskulatur stärker geworden ist und die Anzahl der Verbindungen zwischen Nerven und Muskeln zugenommen hat. Atembewegungen übt das Kind schon vom dritten Monat an, obwohl die Luftatmung erst nach der Geburt beginnt.

Noch ehe die Mutter Bewegungen des Kindes spüren kann, führt es schon ein Eigenleben in der Gebärmutter. Ab dem vierten Monat spürt die Mutter die Bewegungen des Kindes.

Schon bald melden die Sinnesorgane über Nerven Wahrnehmungen zum Gehirn. Dieses sendet Befehle zu den Muskeln. Der Fetus reagiert auf das Wahrgenommene. Viele seiner Bewegungen lassen sich als Abwehr oder Zuwendung deuten.

Es scheint, dass das Gehör eine besondere Rolle für die Entwicklung des Verhaltens spielt. Mit Ausnahme des Tastsinnes ist es noch vor den übrigen Sinnesorganen im fünften Monat voll funktionsfähig. Das bedeutet, dass der Fetus nicht nur die Stimme der Mutter, ihren Herzschlag und andere Körpergeräusche ständig wahrnimmt, sondern durch die Bauchwand hindurch auch fremde Laute hört. Auf angenehme Musik reagieren viele Feten mit kräftigen Bewegungen. Starke Geräusche oder dauernder Lärm erzeugen dagegen Stress, bei dem das Herz schneller schlägt.

Eine wichtige Entwicklungsstufe ist am Ende des dritten Monats erreicht. Bisher hat der Keim vor allem auf Reize von außen reagiert; jetzt führt er aktive Bewegungen

1   Acht Wochen

aus. Dabei zeigt er schon in vielfältigen Reaktionen von Wohlbehagen, Abwehr oder Aufregung sein Temperament. Er kann jetzt schlucken, den Mund öffnen, am Daumen lutschen, Purzelbäume schlagen oder die Zehen spreizen. Phasen des Wachens und Schlafens wechseln ab, ein Rhythmus stellt sich ein. Vermutlich träumt der Fetus auch, denn er führt mitunter rollende Augenbewegungen aus, wie sie für die Traumphase typisch sind.

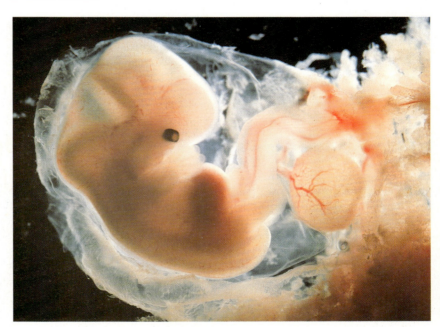

2   Über die Nabelschnur wird der Keim in der Fruchtblase versorgt.

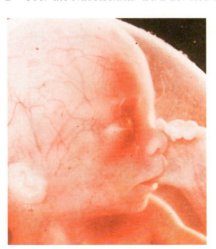

3   Achtzehn Wochen

Aufgaben

1   Stelle in einer Zeitleiste die Merkmale einzelner Entwicklungsstufen des Ungeborenen von der Befruchtung bis zur Geburt zusammen.

In Kürze

Nach dem dritten Monat wird der Embryo Fetus genannt. Die Organe entwickeln ihre Funktionen unterschiedlich schnell. Im fünften Monat ist das Gehör voll funktionsfähig. Der Fetus bewegt sich aktiv und reagiert auf Reize.

Schwangerschaft

1 Gemeinsame Freude auf das Baby

Verlauf. Vom vierten Monat an spürt die Mutter die Bewegungen des Ungeborenen. Sie kann sogar mit ihm „spielen": So reagiert der Fetus auf die Stimme. Auf streichelnden Druck hin macht er sich manchmal durch Gegendruck oder „Hinschwimmen" bemerkbar.

Vom fünften Monat an wird die Schwangerschaft am vorgewölbten Bauch der Mutter sichtbar. Die Brustdrüsen vergrößern sich. Je mehr Raum das Kind beansprucht, umso weiter werden die inneren Organe der Mutter nach oben gedrückt. Das verursacht beim Essen und Atmen oft Beschwerden.

Die Schwangere ist auf Zuspruch und Unterstützung angewiesen. Aufregungen, anhaltende Sorgen und körperliche Belastungen können den Ablauf der Schwangerschaft stören und im Extremfall sogar zu einer Fehlgeburt führen. Fühlt sich die Schwangere dagegen wohl, freut sich auf das Kind und ihre neue Rolle als Mutter, wird dessen gesunde Entwicklung gefördert.

Nach rund 280 Tagen endet die Schwangerschaft. Ungefähr drei Wochen vorher drehen sanfte Kontraktionen der Gebärmuttermuskulatur das Kind so, dass es anschließend mit dem Kopf nach unten in der Gebärmutter liegt. Andere Lagen erfordern besondere Geburtshilfe. Beispielsweise wird das Kind durch Kaiserschnitt entbunden, wenn es mit dem Kopf nach oben liegt und nicht gedreht werden kann. Dazu werden Bauchdecke und Gebärmutter operativ geöffnet. Die Gebärmutter erreicht am Ende der Schwangerschaft die Grenze ihrer Dehnbarkeit. Für das Baby wird es eng. Vorübergehend wächst es

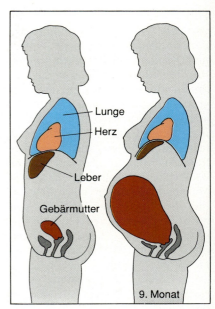

2 Änderung der Körperproportionen bis zum 9. Monat

auch nicht mehr. Die alternde Plazenta sondert kaum noch Progesteron ab. Dies ist das Signal für die Hypophyse Oxytocin auszuschütten. Die Wehen setzen ein.

Röteln. In den ersten Monaten der Schwangerschaft muss sich die werdende Mutter vor Infektionskrankheiten schützen, weil diese das heranwachsende Kind schwer schädigen können. Besonders gefürchtet sind die *Röteln*, eine Viruserkrankung. Diese an sich harmlose Kinderkrankheit ist für das heranwachsende Kind, dessen Organe sich gerade ausbilden, besonders gefährlich. Eine Ansteckung kann beim Kind *Herzfehler, Taubheit, Linsentrübung und geistige Behinderung* bewirken.

Aus diesem Grund sollte sich jedes Mädchen vorbeugend gegen Röteln *impfen* lassen.

Die Schwangerschaft bedeutet für eine Frau körperliche und seelische Umstellung.

Rolle der Hormone. Schwangerschaft, Geburtsvorgang und Stillen werden in Zusammenarbeit von Gehirn und Hormonen gesteuert.

— Eines dieser Hormone ist das Choriongonadotropin, abgekürzt als HCG bezeichnet. Es wird vor allem zu Beginn der Schwangerschaft von der Plazenta gebildet und bereitet die Gebärmutter auf die Schwangerschaft vor. Vom 20. Tag an wird es im Urin ausgeschieden. Sein Nachweis dient als Schwangerschaftstest.

— Nach der Befruchtung sorgen vor allem Östrogene, Gelbkörperhormon und Schwangerschaftshormon HCG zusammen dafür, dass die Schleimhaut der Gebärmutter nicht abgestoßen wird. Gebärmutter sowie Plazenta entwickeln sich weiter und die Brustdrüsen bereiten sich auf ihre Aufgabe nach der Geburt vor.

— Oxytocin aus der Hypophyse leitet gegen Ende der Schwangerschaft die Wehen ein.

Aufgaben

1 Informiere dich über Vorgänge und Daten (Gewicht, Größe) deiner Geburt. Vergleiche mit den Angaben deiner Klassenkameraden.

In Kürze

Eine Schwangerschaft ist vom zwanzigsten Tag an feststellbar. Sie dauert etwa 280 Tage. Besonders vorsichtig muss die Schwangere in den ersten 2 bis 3 Monaten sein.

687

Die Geburt

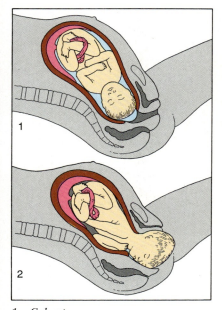

1 Geburt

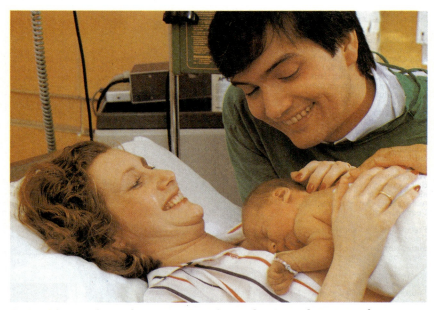

2 Die Eltern nehmen den ersten Kontakt mit dem Neugeborenen auf.

Vorbereitung. Für das Kind bedeutet die Geburt eine radikale Umstellung. Es kommt aus gleichmäßig warmer Körpertemperatur in eine kältere Umgebung. Es muss sich vom Leben im Fruchtwasser und in Dunkelheit auf Luft und Licht umstellen. Während es vorher fast gewichtslos im Wasser schwebte, spürt es jetzt sein Eigengewicht. Die Nahrung fließt ihm nicht mehr „von alleine" zu, sie wird mit eigener Kraft durch Saugen aufgenommen. Hat das Kind Bedürfnisse, äußert es diese. Moderne Kliniken planen die Geburt so, dass dem Kind diese Umstellung erleichtert wird und seine große Wärme- und Liebebedürftigkeit berücksichtigt werden. Ebenso gibt es heute viele Wege, Anstrengungen und Risiken einer Geburt auch für die Mütter zu mindern. Sie können sich in Kursen, die auch die Väter mit einbeziehen, auf die Geburt vorbereiten. Schwangere lernen durch Gymnastik, Atem- und Entspannungsübungen, wie sie bei der Geburt aktiv mitarbeiten können. Durch ärztliche Vorsorge in der Schwangerschaft können Komplikationen oft vermieden werden.

Wehen. Die Geburt kündigt sich durch Vorzeichen an: Der Muttermund öffnet sich und die Zahl der Wehen nimmt zu. Die Geburt kann 2, 6, aber auch 10 Stunden dauern. Sie beginnt damit, dass die Fruchtblase durch den Druck der immer stärker werdenden Wehen platzt. Fruchtwasser fließt aus. Die Wehen drücken den Kopf des Kindes weiter nach unten.

Geburt. Die Mutter kann die Wehen durch Pressen aktiv unterstützen. Der schwierigste Teil ist die Geburt des Kopfes, der Muttermund und Scheide dehnen muss. Rumpf und Beine gleiten leichter heraus. Die Knochen des Schädels sind noch nicht fest verwachsen und können beim Geburtsvorgang nachgeben.

Nachgeburt. Etwa eine halbe Stunde nach der Geburt wird die Plazenta ausgestoßen.

Kontaktaufnahme. Es ist sehr wichtig für das Baby, dass es sich in Ruhe auf die neue Umgebung einstellen kann. Es soll ungestört Kontakt mit der Mutter aufnehmen, ehe es abgenabelt und von den Ärzten eingehend auf seinen Gesundheitszustand untersucht wird.

Atmung. Der erste Schrei des Kindes ist lebenswichtig. Der während der Geburt entstandene Sauerstoffmangel wird zum Atemzentrum des Gehirns gemeldet. Dieses sendet Befehle zur Atemmuskulatur, die Lungen beginnen zu arbeiten. Durch den kräftigen Schrei füllen sie sich mit Luft. Dabei saugen sie das Blut der Lungenarterie an. Jetzt erst schließt sich eine bisher noch offene Herzklappe, Lungen- und Körperkreislauf sind funktionsfähig.

Stillen. Nach der Geburt entfällt die hemmende Wirkung des Progesterons auf die Hypophyse völlig. Diese sondert noch mehr Oxytocin ab, der Milchfluss wird angeregt. Die Milch „schießt ein". Später fördert jedes Saugen des Kindes die Ausschüttung von Oxytocin.

In Kürze

Die Geburt kündigt sich durch die Wehen an. Sie kann mehrere Stunden dauern.
Eine liebevolle Kontaktaufnahme mit der Mutter sofort nach der Geburt ist sehr wichtig für das Neugeborene.

Bleibt bei einer Frau die Periode aus, so besteht die Möglichkeit einer Schwangerschaft. Klarheit kann ein *Schwangerschaftstest* aus der Apotheke liefern. Dabei wird der Urin mithilfe von Teststäbchen auf das von der Plazenta gebildete Schwangerschaftshormon untersucht. Ein Arzt kann anhand von Blut- und Urinproben eine Schwangerschaft bereits acht Tage nach der Befruchtung feststellen.

Mutterpass. Bei positivem Befund sollte möglichst bald ein Frauenarzt aufgesucht werden. Er kontrolliert bei der Mutter die Funktion der Nieren, stellt die Blutgruppe fest und führt einen Rötelntest durch. Diese und weitere Untersuchungsergebnisse trägt er in den Mutterpass ein.

Rhesusunverträglichkeit. Komplikationen während der Schwangerschaft können auftreten, wenn das Blut des Fetus *rhesuspositiv*, das der Mutter aber *rhesusnegativ* ist. Gerät die Mutter bei der Geburt mit dem Blut des Kindes in Kontakt, bildet ihr Körper *Antikörper* gegen den Rhesusfaktor. Ist ein weiteres Kind ebenfalls rhesuspositiv, können diese Antikörper während der Schwangerschaft in den Blutkreislauf des Fetus eindringen und seine Blutzellen zerstören. In schweren Fällen kann der Fetus sterben.

Ist die Rhesusunverträglichkeit bekannt, werden der Mutter gleich nach der Geburt Antikörper gegen den Rhesusfaktor gespritzt. Diese *passive Immunisierung* unterbindet die Antikörperproduktion bei der Mutter.

Ultraschalluntersuchung. Bei dieser Methode werden Ultraschallwellen bis zum Fetus geleitet, dort reflektiert und wieder aufgefangen. Mit der daraus hergestellten Abbildung lassen sich Größe und Lage des Fetus bestimmen und der Zustand seiner Organe erkennen.

Fruchtwasseruntersuchung. Bei einem Verdacht auf Schäden im Erbgut wird der Fruchtblase etwas Fruchtwasser entnommen. Es enthält auch Zellen des Fetus. Durch Untersuchung ihrer Chromosomen lassen sich Schäden am Erbgut erkennen, zum Beispiel Trisomie 21.

Vorgeburtliche Operationen. Mithilfe einer dünnen *Hohlnadel* kann der Fetus durch die Bauchdecke der Mutter hindurch in der Fruchtblase behandelt werden. So lassen sich Flüssigkeitsansammlungen in Bauch, Lunge oder Kopf entfernen. Ist der Harnleiter verstopft, wird ein künstlicher Abfluss in die Harnblase verlegt. Bei einer zu spät erkannten Rhesusunverträglichkeit kann das angegriffene Blut des Fetus über die Nabelvene ausgetauscht werden.

1 *Mutterpass*

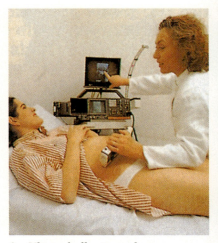

2 *Ultraschalluntersuchung*

Aufgaben

1 Frage deine Mutter nach ihrem Mutterpass. Welche Untersuchungen sind eingetragen?

In Kürze

Während der Schwangerschaft ist medizinische Betreuung wichtig. Nur so kann die Gesundheit der Mutter sichergestellt werden. Gefahren für den Fetus können erkannt und eventuell abgewendet werden.

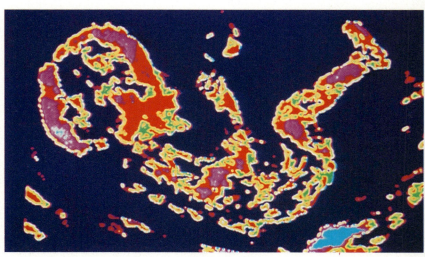

3 *Ultraschallbild eines Fetus im Mutterleib*

Eltern und Kind

Nach der Geburt ist ein Kind ganz und gar auf die Pflege und den Schutz durch seine Eltern angewiesen. Es bleibt lange Zeit von ihnen abhängig. Daraus entsteht eine enge *Bindung* des Kindes an seine Eltern, aber auch der Eltern an ihr Kind.

Bezugspersonen. Schon von den ersten Lebenstagen des Kindes an entwickelt sich durch Blickkontakt, Berührung, Körperwärme, Geruch und Stimme eine einzigartige Vertrautheit zu den Eltern, vor allem zur Mutter. Offensichtlich reagieren die Eltern ganz unbewusst und dennoch passend auf Signale, die vom Kind ausgehen. Kindliche Merkmale wie großer Kopf, große Augen und Pausbacken, die man zusammengenommen als *Kindchenschema* bezeichnet, wecken Gefühle der Zärtlichkeit und stärken das Fürsorgebedürfnis. Macht das Kind in den ersten Wochen und Monaten die Erfahrung, dass es sich auf diese Beziehung verlassen kann, wird die Mutter oder der Vater zur wichtigsten *Bezugsperson*. Ist die Bindung erst einmal entstanden, vermittelt sie dem Kind Sicherheit, Geborgenheit und ein grundlegendes Vertrauen in die Umwelt. Dieses *Urvertrauen* ist von großer Bedeutung für das ganze weitere Leben eines Menschen. Kinder, die ohne feste Bezugsperson aufwachsen müssen, haben es später schwer, Vertrauen zu sich und anderen zu entwickeln und Partnerschaften zu schließen.

Auch zu Geschwistern, Großeltern oder anderen betreuenden Personen kann das Kind eine enge Beziehung entwickeln. Da es seine wirklichen Eltern nicht schon von Geburt an kennt, sondern durch den Bindungsprozess erst kennen lernt, kann die Bindung an Pflege- oder Adoptiveltern genauso eng und fest sein wie an die leiblichen Eltern. Betreuer werden jedoch nur dann zu Bezugspersonen, wenn sie nicht laufend wechseln und sich ebenso intensiv und beständig um das Kind kümmern wie normalerweise die Eltern.

1 *Zwischen Eltern und Kind entwickelt sich eine enge Beziehung.*

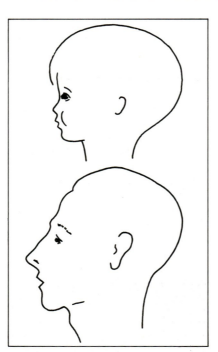

2 *Kindchenschema*

Fremdeln. Etwa bis zum 7. Lebensmonat sind die Lernvorgänge abgeschlossen, durch die sich das Kind an bestimmte Bezugspersonen bindet. Von nun an fühlt es sich eine Zeit lang nur noch bei ihnen sicher. Anderen Menschen gegenüber „fremdelt" das Kind. Es wendet sich von ihnen ab, verbirgt sein Gesicht und klammert sich an die vertraute Person. Diese „Achtmonatsangst" ist ein Zeichen dafür, dass das Kind jetzt genau zwischen den vertrauten Bezugspersonen und Fremden unterscheidet. Das ist offenbar eine wichtige Voraussetzung dafür, dass das Kind, das nun bald krabbelt und läuft, seiner sozialen Neugierde folgen und zu immer mehr Menschen Beziehungen aufnehmen kann. Dabei entfaltet das Kindchenschema, das in diesem Alter besonders ausgeprägt ist, seine Wirkung auch außerhalb der engeren Familie.

1   Beim Stillen fühlt das Kind die Nähe der Mutter.

heitserreger und ist frei von Bakterien. Beim Trinkenlassen an der Brust, dem „Stillen", wird das angeborene Bedürfnis des Kindes nach Zuwendung und Sicherheit befriedigt.

Entwicklung. Im ersten Lebensjahr, dem *Säuglingsalter,* macht das Kind *riesige Entwicklungsfortschritte.* Es kann ständig mehr Seh- und Hörreize verarbeiten und seine Umgebung immer genauer wahrnehmen. Bereits jetzt prägen sich ihm Einzelheiten der Muttersprache ein. Aus ungerichteten Bewegungen wird *gezieltes Greifen.* Es lernt sich umzudrehen, zu sitzen, zu krabbeln und lernt die ersten *Sprachlaute.*

Umstellung. Mit der Geburt ändert sich das Leben des Kindes von Grund auf. Es tauscht den engen, dunklen mit Fruchtwasser gefüllten und gleichmäßig warmen Lebensraum der Gebärmutter mit der hellen, lauten, von Gerüchen erfüllten und ungleichmäßig warmen Außenwelt.

Erbprogramme. *Angeborene Verhaltensweisen* ermöglichen dem Neugeborenen diese Umstellung:

— Mit zahlreichen Lautäußerungen kann es Unmut, Schlafbedürfnis, die Suche nach Kontakt oder Wohlergehen ausdrücken.

— Es kann saugen und trinken, blinzeln und gähnen.

— Berührt man seine Handflächen, greift es mit den Fingern fest zu. Damit zeigt es einen ähnlichen *Klammerreflex* wie Affenjunge, die sich am Körper ihrer Mutter anklammern.

— Es kann lächeln und damit die Zuwendung von Vater und Mutter verstärken.

Ernährung. Die natürliche Nahrung des Säuglings ist die *Muttermilch.* Sie enthält alle notwendigen Nährstoffe, Abwehrstoffe gegen Krank-

3 Monate
ergreift Finger

6 Monate
greift nach Spielzeug

12 Monate
isst mit Löffel

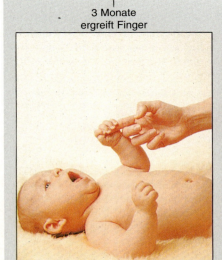

369

Kleinkind und Vorschulkind

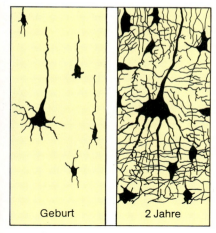

1 *Gehirnentwicklung*

Geburt | 2 Jahre

Im zweiten und dritten Lebensjahr nennt man ein Kind *Kleinkind*, vom vierten bis sechsten Lebensjahr *Vorschulkind*.

Denken. Am Ende des zweiten Lebensjahres wiegt das kindliche Gehirn schon drei Viertel des Erwachsenengehirns. Seine Nervenzellen sind weitgehend miteinander verknüpft. Diese Entwicklung erfordert das *Zusammenspiel von Erbinformation und Sinneserfahrung.* Je anregender die Umwelt ist, umso besser kann sich die Fähigkeit zum Denken und Sprechen entwickeln.

Sprechen. Mit eineinhalb Jahren spricht das Kind etwa 10 Wörter. Bis zum Ende des zweiten Lebensjahres kann es 2 Wörter aneinander setzen. Mit zweieinhalb sagt es zum ersten Mal „ich", kennt bis zu 500 Wörter und führt Selbstgespräche. Von vier Jahren an spricht es flüssig.

Selbstständigkeitsstreben. Schon im Kleinkindalter erhält das Streben des Kindes nach *Selbstständigkeit* einen starken Schub. „Trotzanfälle" sind ein Zeichen für die zunehmende Lockerung seiner Bindung an die Bezugsperson. Damit erkundet das Kind aber auch unbewusst die *Grenzen* seiner Macht und Durchsetzungskraft. Es liegt vor allem in der Verantwortung der Eltern, dem Kind mit Geduld und Beharrlichkeit diese Grenzen aufzuzeigen.

Spielen. Das ist die wichtigste Tätigkeit des Klein- und Vorschulkindes. Im *Spiel* erkundet es seine Umwelt, übt Fähigkeiten, erfährt die Wirkung des eigenen Tuns und baut Ängste ab. Im Rollenspiel ahmt es nach, wie sich die Menschen seiner Umgebung verhalten.

Große Bedeutung für die kindliche Entwicklung hat die Auswahl von *altersgerechtem Spielzeug* durch Eltern und Erzieher.

Bewegung und Beherrschung des Körpers. Das Kleinkind läuft und steht sicher auf zwei Beinen. Es lernt springen, werfen, Treppen steigen und die Hände zu *immer feineren Bewegungen* zu gebrauchen. Gewinnt das Kind schließlich vollständige Kontrolle über die Abgabe seiner Ausscheidungen, ist eine neue Stufe der Selbstständigkeit erreicht. Dem Vorschulkind werden die eigenen körperlichen Fortschritte *immer deutlicher bewusst.*

Aufgaben

1 Betrachte Fotos aus deiner Kindheit. Kannst du darauf wichtige Schritte deiner Entwicklung im Kleinkind- und Vorschulalter feststellen?

2 Kleinkinder nennt man fälschlich auch „Trotzkinder". Versuche zu erklären, welche Bedeutung den „Trotzanfällen" tatsächlich zukommt.

In Kürze

In der frühen Kindheit lernt das Kind sprechen, seinen Körper beherrschen und erkundet seine Umwelt im Spiel.

2 Jahre
kritzelt spontan

3 Jahre
fährt Dreirad

4 Jahre
ahmt Eltern nach

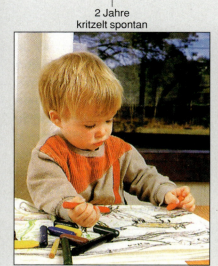

Menschliche Sexualität

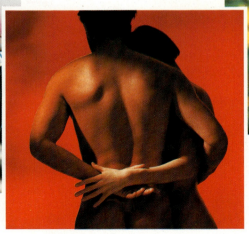

1 bis 3   Ausdrucksformen der Sexualität

Bedeutung. Die meisten Lebewesen pflanzen sich *sexuell* fort. Das hat gegenüber der *asexuellen Vermehrung* einen biologischen Vorteil: Die genetischen Anlagen werden dabei gemischt, sodass die Nachkommen gegenüber ihren Eltern neue Eigenschaften haben.

Das Fortpflanzungsverhalten wird durch den *Sexualtrieb* ausgelöst. Tiere müssen ihrem Sexualtrieb mit festen Verhaltensmustern und zu bestimmten Zeiten folgen. Danach erlischt der Trieb wieder.

Für den Menschen geht die Bedeutung der *Sexualität* weit über die Fortpflanzung hinaus. Sie *begleitet ihn lebenslang* und durchdringt alle Bereiche im menschlichen Leben. Sie beeinflusst die Gefühle, die Vorstellungen, das Denken und Handeln. Der Mensch ist seinem Sexualtrieb weniger ausgeliefert als das Tier. Er kann diese Triebkraft gestalten, ihr eine bestimmte Rolle einräumen oder sexuell enthaltsam leben. Er entscheidet selbst, ob er Kinder haben will oder nicht.

Wie vielfältig der Mensch seinen Sexualtrieb gestalten kann, wird auch daran sichtbar, wie unterschiedlich Sexualität in den einzelnen Gesellschaften ausgelebt und bewertet wird. Für die meisten Menschen gehört Sexualität zu den wichtigsten und intimsten Erfahrungen im Leben. Dennoch ist sie nicht nur eine private Angelegenheit. In allen Gesellschaften gibt es Reglementierungen durch den Staat, der mit Gesetzen, Kontrollen und Erziehungsrichtlinien in den sexuellen Bereich eingreift. Ebenso nehmen religiöse Institutionen durch Vorschriften und Wertmaßstäbe Einfluss.

Ausdrucksformen. Die Sexualität wird vielfältig erfahren:
— körperlich als Verlangen, Erregung, Berührung;
— seelisch als Anziehungskraft, als Sehnsucht, Verliebtsein, Liebe, Hingabe;
— geistig als Interesse, Neugierde, Fantasie, Auseinandersetzung der Geschlechter.

Sexualität kann sich zärtlich, lustvoll und aggressiv ausdrücken. Sie kann als *Selbstbefriedigung* erlebt werden, *mit einem Partner* oder als *Fantasie*. Sexuelles Erleben erfüllt das Bedürfnis nach Lust und Erregung ebenso wie das Bedürfnis nach menschlicher Nähe und Geborgenheit.

Entwicklung. Der Mensch kommt mit seinem Sexualtrieb zur Welt. Säuglinge spielen an ihren Genitalien und empfinden Lust dabei. Kinder experimentieren mit ihrem Körper und erforschen ihre eigene Sexualität und die des anderen Geschlechts mit „Doktorspielen". Sie beobachten Erwachsene in ihrem *Geschlechterrollenverhalten*.

Mit der Pubertät beginnt eine neue Stufe der sexuellen Entwicklung. Jugendliche interessieren sich auf neue Weise für ihren Körper und das andere Geschlecht. Erste sexuelle Erlebnisse sind für die meisten von starken Gefühlen begleitet. Sexuelle Erfahrungen können Begeisterung, Freude, aber auch Enttäuschungen auslösen. Der Umgang mit sexuellen Gefühlen und Bedürfnissen muss *erlernt* werden wie andere Fähigkeiten auch.

Bei vielen Völkern werden Jugendliche, die die Geschlechtsreife erreicht haben, durch die Rituale der *Initiation* in die Rollen von Frau und Mann eingeführt.

Aufgaben

1   Suche dir Beispiele um die Rolle der Sexualität bei Menschen und Tieren zu vergleichen.

2   Informiere dich über die Rolle der Sexualität bei anderen Völkern.

3   Verschafft euch einen Überblick über Gesetze in unserem Land, die den Bereich der Sexualität betreffen.

Das Bedürfnis nach Sexualität ist bei den einzelnen Menschen *unterschiedlich ausgeprägt*. Es ist wichtig, auch die andersartigen Bedürfnisse des Partners kennen zu lernen, einander Zeit zu lassen um gegenseitiges Vertrauen zu entwickeln.

Nicht selten verlieben sich Mädchen oder Jungen in der Pubertät in Menschen des eigenen Geschlechts. Für die meisten ist es eine vorübergehende Orientierung. Manche fühlen sich aber lebenslang zu gleichgeschlechtlichen Partnern hingezogen. Sie sind *homosexuell*. Vielen Menschen fällt es schwer, sexuell anders orientierte zu tolerieren. Daher werden Homosexuelle oft angefeindet.

Tabuisierung. Weil Sexualität zu den intimsten Erfahrungen gehört, fällt es vielen Menschen schwer, sich darüber zu äußern. Auch können bestimmte Bereiche der Sexualität *verdrängt* oder *tabuisiert* werden. Solch ein Tabu ist bei uns die *Sexualität im Alter*. Mann und Frau können bis ins hohe Alter orgasmusfähig sein und sexuelle Bedürfnisse haben. Trotzdem stoßen alte Menschen oft auf Ablehnung, wenn sie ihre Sexualität ausleben wollen. Andere Tabubereiche sind *Prostitution, Geschlechtskrankheiten, Perversionen* und *Triebverbrechen*. Immer häufiger werden diese Themen öffentlich diskutiert.

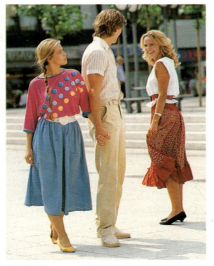

2   Denkt er an Partnerwechsel?

Störungen der Sexualität. Bei der Entwicklung der sexuellen Triebkraft kann es zu Störungen kommen. Das sexuelle Verlangen kann blockiert sein. Das äußert sich zum Beispiel als allgemeine *Ablehnung der Sexualität* oder als *Unfähigkeit einen Orgasmus zu erleben*. Gründe für solche Störungen sind selten körperlicher Natur. Oft werden sie durch unbewusste Ängste erzeugt.

Eine schwere Form der Störung ist es, wenn Sexualität gewaltsam ausgelebt wird. So werden Frauen *vergewaltigt* und Kinder *sexuell missbraucht*. Selten sind es Triebtäter, die Kinder sexuell missbrauchen. Meistens geschieht es innerhalb der Familien. Väter, Brüder, Onkel, sogar Frauen können die Täter sein. Für die Opfer wirken sich solche Erfahrungen oft verheerend aus. Schwerwiegend ist dabei, dass die Kinder von solchen Menschen missbraucht werden, denen sie vertrauen. Weltweit werden täglich Mädchen und Frauen vergewaltigt. Die Täter sind überwiegend „normale" Männer, die ihre körperliche Stärke oder Situationen von Abhängigkeit ausnutzen. Die meisten Opfer schweigen aus Scham und Angst vor verständnislosen Reaktionen, die sie für mitschuldig erklären.

Gesundheitliche Gefahren. Durch sexuelle Kontakte können Infektionskrankheiten übertragen werden. Die am weitesten verbreiteten *Geschlechtskrankheiten* sind *Tripper* und *Syphilis*. Sehr brisant ist dieses Problem geworden, seit die erworbene Immunschwäche *AIDS* aufgetaucht ist. Sie ist keine Geschlechtskrankheit, wird aber durch sexuellen Verkehr übertragen. Der Einzelne kann sich nur vorbeugend schützen, indem er seine Partner sorgfältig auswählt und in einem offenen Gespräch das Risiko einer Ansteckung klärt.

Tradition und Wandlung. Noch vor wenigen Jahrzehnten waren die Rollen, mit denen Frausein und Mannsein verbunden waren, traditionell festgelegt. Das gab dem einzelnen Menschen Halt bei der Gestaltung seines Lebens. Wir leben in einer Zeit des Umbruchs, in der sich in vielen Bereichen das Verständnis der männlichen und weiblichen Rolle ändert. Immer mehr Paare versuchen als *gleichberechtigte Partner* zu leben. Das heißt, dass sich die Rolle des Mannes als Alleinversorger und Ernährer wandelt, dass auch die Frau nicht mehr allein für Kindererziehung und Haushaltsführung zuständig ist. Diese Veränderungen wirken sich auch im Sexualverhalten von Frau und Mann aus.

1   Neue Rolle des Mannes heute

3   Hausfrau und Ernährer um 1900

Familienplanung

Durch die Wandlungen der letzten Jahrzehnte gibt es neue Möglichkeiten für die individuelle Lebensgestaltung. Frauen wie Männer können entscheiden, ob sie als *Single* leben, eine *Familie* gründen oder als Elternteil *ein Kind allein aufziehen* wollen. Beide können aus ihrer persönlichen Lebenssituation heraus planen, wann sie Kinder bekommen und wie groß die Familie sein soll.

Diese Art der *Familienplanung* konnte sich entwickeln, weil es heute eine Vielzahl von sicheren Methoden gibt, mit denen sich unerwünschte Schwangerschaften verhindern lassen. Partner, die sich füreinander verantwortlich fühlen, beraten und entscheiden gemeinsam, welche Art der *Empfängnisregelung* sie anwenden wollen. Sie schaffen damit eine wesentliche Voraussetzung dafür, dass ein Kind erst dann geboren wird, wenn sie es als Eltern auch aufziehen können und wollen.

Bevölkerungswachstum. Familienplanung ist nicht nur ein Problem des einzelnen Paares, sondern hat weltweite Bedeutung.

Gegenwärtig leben etwa 5,3 Milliarden Menschen auf der Erde. Schätzungen zufolge werden es im Jahre 2000 rund 6,3 Milliarden sein. Der Bevölkerungszuwachs verteilt sich unterschiedlich: In den *Industrieländern* mit hohem Lebensstandard und hoher Lebenserwartung *sinken die Geburtenzahlen*. In den *Entwicklungsländern* mit großer Armut und geringer Lebenserwartung *steigen die Geburten rapide* an.

Der Weltbevölkerungsbericht der Vereinten Nationen von 1990 fordert weltweit „konsequente Maßnahmen um das Bevölkerungswachstum zu verlangsamen, die Armut zu bekämpfen und die Umwelt zu schützen".

Entwicklungsländer. Zwar versuchen seit einigen Jahren immer mehr Regierungen mit bestimmten *Programmen* Einfluss auf die Geburtenzahlen zu nehmen. Aber der Rückgang der Geburten ist nur in

Grenzen beeinflussbar. Gegen den Verzicht auf viele Kinder sprechen in den einzelnen Völkern oft existentielle Gründe: die *wirtschaftliche Situation, soziale Bedingungen, religiöse* und *kulturelle Traditionen*. In vielen Gesellschaften hängt das *soziale Ansehen* von Männern und Frauen von ihrer Fruchtbarkeit ab. Frauen werden oft nur wegen der Zahl der männlichen Nachkommen geachtet, die sie geboren haben. In den meisten Entwicklungsländern sind Kinder als Arbeitskräfte im Familienverband unentbehrlich und stellen oft die einzige Altersversorgung dar.

Ein Rückgang der Geburtenzahlen setzt nicht nur wirtschaftliche und soziale, sondern auch gesundheitliche Verbesserungen voraus. Die Altersversorgung muss unabhängig von der Zahl der Nachkommen gesichert sein. Geburtenverzicht ist zudem nur möglich, wenn die Frau eine gleichberechtigte gesellschaftliche Stellung bekommt.

Industrieländer. Anders sieht es in den Industrieländern aus. Zwar gab es hier im 19. Jahrhundert und Anfang des 20. Jahrhunderts auch ein gewaltiges Bevölkerungswachstum. Die Säuglingssterblichkeit war sehr hoch, Schwangerschaft und Geburt stellten für Mutter und Kind ein hohes Lebensrisiko dar. Inzwischen sind aber durch verbesserte Hygiene, Schwangerschaftsvorsorge und Geburtshilfe die Säuglings- und Müttersterblichkeit gesunken. Soziale Verbesserungen wie etwa eine staatlich geregelte Altersversorgung oder die Abschaffung der Kinderarbeit haben für einen *Funktionswandel in der Familie* gesorgt.

1 *Geburtenraten in verschiedenen Ländern. Sie wurden über 12 Monate hinweg ermittelt und beziehen sich jeweils auf 1000 Einwohner.*

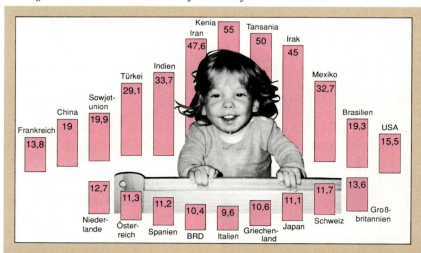

Müttersterblichkeit
1992 starben während Schwangerschaft, Geburt und Wochenbett 7 Frauen pro 100 000 lebendgeborene Kinder in der Bundesrepublik Deutschland. 1975 waren es 40 Frauen (früheres Bundesgebiet). In manchen Ländern der Dritten Welt ist die Müttersterblichkeit noch heute 10- bis 15-mal so hoch.

Säuglingssterblichkeit
1992 starben in der Bundesrepublik Deutschland 6 von 1000 Säuglingen im 1. Lebensjahr. 1975 waren es 20, 1950 noch 55 (früheres Bundesgebiet). In den ärmsten Ländern der Dritten Welt sterben noch heute etwa 80 von 1000 Säuglingen im 1. Lebensjahr – soweit Statistiken dazu vorliegen.

Der Begriff Familienplanung kann darüber hinwegtäuschen, dass nicht alles planbar ist. Es gibt immer noch viele Schwangerschaften, die aus oft schwerwiegenden Gründen unerwünscht sind. Auch bleiben nicht wenige Paare kinderlos. Beides – *ungewollte Schwangerschaft* und *Kinderlosigkeit* – kann die Betroffenen vor schwere Belastungen stellen.

Soll ein Kind unter allen Umständen ausgetragen und geboren werden? Gibt es Gründe, die den *Abbruch einer Schwangerschaft* erlauben? Der Entschluss eine bereits eingetretene Schwangerschaft abzubrechen ist besonders für die Frau von großer Tragweite. Einerseits bringt der Eingriff psychische Belastungen mit sich und kann auch körperliche Probleme nach sich ziehen. Andererseits kann für die Eltern wie für das ungewollte Kind eine schwer erträgliche Lebenssituation entstehen.

Schwangerschaftsabbruch.

In vielen Ländern ist der Abbruch einer ungewollten Schwangerschaft ein heiß umstrittenes Problem. Es gelten unterschiedliche Gesetze, die den Schwangerschaftsabbruch, auch *Abtreibung* genannt, entweder ganz verbieten oder straffrei lassen.

In Deutschland ist der Schwangerschaftsabbruch in § 218 StGB (Strafgesetzbuch) geregelt. Danach darf ein Schwangerschaftsabbruch nur vorgenommen werden, wenn

1. die Frau den Abbruch will und nachweist, dass sie sich mindestens drei Tage vor dem Eingriff von einer anerkannten Beratungsstelle hat beraten lassen;
2. der Schwangerschaftsabbruch von einem Arzt vorgenommen wird;
3. seit der Empfängnis nicht mehr als 12 Wochen vergangen sind.

Der Abbruch gilt als nicht rechtswidrig, wenn dadurch für die Frau die Gefahr einer schwerwiegenden Beeinträchtigung des seelischen oder körperlichen Gesundheitszustands abgewendet werden kann oder die Schwangerschaft Folge eines Verbrechens (Vergewaltigung) ist.

Fruchtbarkeitsstörungen.

Die menschliche Fortpflanzung ist auf vielfältige Weise *störanfällig*. Es gibt Schädigungen der Keimzellen, der Keimdrüsen und der einzelnen Fortpflanzungsorgane, durch die Fehlgeburten, missgebildete Keimlinge oder Unfruchtbarkeit entstehen können. Unfruchtbarkeit von Männern und Frauen hat es schon immer gegeben. Aber während der Anteil der Paare, die kinderlos blieben, in den 50er-Jahren bei etwa 8 % lag, ist er in den 80er-Jahren weltweit immerhin auf 15 % gestiegen.

Es gibt deutliche Anzeichen, dass *Fruchtbarkeitsstörungen* vor allem dort gehäuft auftreten, wo die allgemeine Umweltvergiftung besonders groß ist und Männer und Frauen durch ihre Berufstätigkeit regelmäßigen Kontakt mit Schadstoffen haben.

Bei Männern werden immer häufiger Missbildungen der Spermien, Abnahme der Zahl der Spermien und ihrer Beweglichkeit festgestellt. Bei Frauen gibt es zahlreiche Ursachen für Unfruchtbarkeit.

Für kinderlose Paare ist die *Adoption* eines Kindes oft eine Lösung. Viele möchten aber unbedingt ein eigenes Kind und die Möglichkeiten der modernen Medizintechnik nutzen. Die Behandlungsmethoden reichen von *Hormontherapien* über *künstliche Befruchtung* bis zur *Übertragung von Embryonen*, die im Labor gezeugt und dann in die Gebärmutter eingepflanzt werden. Was erlaubt ist, wird bei uns seit 1991 von einem *Embryonenschutzgesetz* bestimmt.

Alle Verfahren verlangen großen Einsatz von den Paaren. Es kann Monate oder Jahre dauern, bis sich ein Erfolg einstellt. Die Erfolgsquoten sind sehr gering, der technische Aufwand, die Kosten und der psychische Einsatz hoch. Es gibt viele Risiken und Nebenwirkungen für die Frauen. Noch wissen wir zu wenig, ob und wie die „Retortenkinder" in ihrer Entwicklung beeinflusst werden.

1 *Tiefgefrieren von Samenflüssigkeit in einer Samenbank*

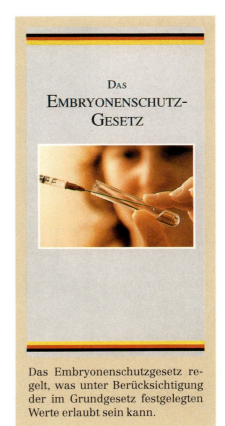

DAS EMBRYONENSCHUTZGESETZ

Das Embryonenschutzgesetz regelt, was unter Berücksichtigung der im Grundgesetz festgelegten Werte erlaubt sein kann.

Mittel und Methoden, mit denen vorübergehend ungewollte Schwangerschaften vermieden werden können, sind seit Jahrhunderten in allen Gesellschaften bekannt. Aber erst in den letzten 30 Jahren sind durch biochemische Forschung Mittel entwickelt worden, die langfristig und zuverlässig eine *ungeplante Empfängnis verhindern.* Dazu gehört die „Pille".

Die meisten dieser Mittel werden von der Frau angewendet. Nicht alle sind frei von Nebenwirkungen. Von der Weltgesundheitsorganisation wurden Forschungsprojekte beauftragt, um neue Mittel zur Geburtenregelung zu entwickeln, die frei von Gesundheitsrisiken und zum Teil auch für den Mann anwendbar sind. Die Sicherheit einer Methode wird daran gemessen, wie viel Schwangerschaften es trotz der Anwendung in „100 Anwendungsjahren" gibt. Zu den sichersten Mitteln zählen die *Hormonpillen.* Sie enthalten in unterschiedlicher Zusammensetzung Hormone, die den Eisprung unterdrücken. Die Pille greift in den Hormonstoffwechsel der Frau ein und kann vielfältige Nebenwirkungen hervorrufen. Sie muss vom Arzt verschrieben werden. Über geeignete Verhütungsmittel beraten Frauenärzte und Beratungsstellen wie *Pro Familia.*

Aufgaben

1 Informiert euch über die Wirkungsweise einzelner Verhütungsmittel. Benutzt auch die Grafik „Eireifezyklus" auf Seite 11.

Tabelle der in der Bundesrepublik Deutschland zugelassenen Mittel und Methoden zur Geburtenplanung

Mittel/Methode	Wirkungsweise	Probleme
Pille sehr sicher	Besteht aus einer Kombination von Östrogen und Gestagen, die den Eisprung unterdrücken.	Regelmäßige Gabe von Hormonen, die in die natürlichen Prozesse eingreifen; gesundheitliche Risiken unterschiedlicher Formen, besonders für Raucherinnen.
Kondom relativ sicher	Gummihaut, die über das versteifte Glied gestreift wird; verhindert, dass Spermien in die Gebärmutter gelangen, schützt außerdem vor Geschlechtskrankheiten und AIDS.	Keine Nebenwirkungen. Durch Kombination mit Spermien abtötenden Mitteln sicherer.
Muttermundkappe relativ sicher	Kappe, die auf den Eingang der Gebärmutter gesetzt wird und das Eindringen der Spermien in die Gebärmutter verhindert.	Muss vom Arzt individuell angepasst werden; generell ohne Nebenwirkungen, in Kombination mit Spermien abtötenden Mitteln sicherer.
IUP Intra-Uterin-Pessar sicher	Gewebefreundliche Spirale, die in die Gebärmutter eingelegt wird. Sie verhindert die Einnistung von befruchteten Eiern.	Ärztliche Kontrolle nötig, Nebenwirkungen wie Entzündungen und Blutungen, bei den modernen IUP aber seltener.
Chemische Mittel wie Zäpfchen, Salben, Tabletten, Sprays nicht sicher	Werden kurz vor dem Verkehr in die Scheide eingeführt, enthalten Spermien tötende Substanzen.	Im Allgemeinen ohne Nebenwirkungen.
Natürliche Methoden unsicher bis sicher	Enthaltsamkeit während der fruchtbaren Tage, die mithilfe von täglicher Temperaturmessung, Menstruationskalender oder Minicomputergerät ermittelt werden.	Nur sicher bei besonderer Disziplin und regelmäßiger Kontrolle; Unsicherheit durch vorzeitigen oder verzögerten Eisprung bei Krankheit, Stress, Klimawechsel.
Sterilisation meist sicher	Operativer Eingriff beim Mann oder der Frau, bei dem Samen- oder Eileiter durchtrennt werden.	Endgültiger Eingriff, der meistens nicht rückgängig zu machen ist.

2440

Der unerfüllte Kinderwunsch

Künstliche Befruchtung. Im Juli 1978 kam Louise Brown in Großbritannien auf die Welt. Sie war das erste Kind, das außerhalb des mütterlichen Körpers gezeugt wurde. Die Befruchtung und die ersten Teilungsschritte der Eizelle fanden im Reagenzglas statt. Anschließend wurde der Keim in die Gebärmutter verpflanzt. Man bezeichnet diese Methode als In-vitro-Fertilisation, kurz IVF, oder künstliche Befruchtung.

Baby durch Eispende. Das erste Baby durch Eispende kam im Februar 1984 auf die Welt. Da die Mutter unfruchtbar war, erhielt sie die Eizelle einer anderen Frau eingesetzt, die zuvor mit dem Sperma des Ehemannes künstlich befruchtet worden war.

Tiefgefrorene Embryonen. Nach einer künstlichen Befruchtung können Embryonen eingefroren werden, bis die Zeit für das Einsetzen in die Gebärmutter günstig ist. Diese Methode wurde erstmals bei Zoe angewendet, die im März 1984 in Melbourne zur Welt kam.

Eingefrorene Eizelle. Im Februar 1987 wurde in Deutschland das erste Kind geboren, das sich aus einer drei Monate lang tiefgefrorenen Eizelle entwickelt hatte. Erst nach dem Auftauen wurde sie künstlich befruchtet. So kann auf tiefgefrorene Embryonen verzichtet werden.

Leihmutterschaft. 1988 wurden die ersten Zwillinge geboren, die sich nicht im Körper der Mutter entwickelt hatten. Nach einer künstlichen Befruchtung mit Sperma und Eizellen der Eltern wurden die Keime in die Gebärmutter einer anderen Frau, der Leihmutter, eingepflanzt.

Mikroinjektion. Bei dieser neuen Methode wird eine Spermazelle direkt ins Innere der Eizelle injiziert. Diese Methode wird vor allem dann angewendet, wenn das Sperma des Mannes zu wenig Spermien enthält. Noch nicht geklärt ist die Frage, ob Missbildungen häufiger auftreten.

1   Louise Brown, das erste IVF-Kind

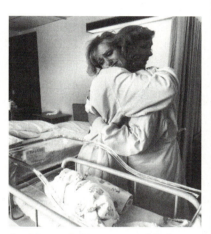

2   Mutter, Leihmutter und Baby

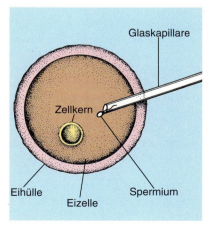

3   Mikroinjektion

Viele Paare können auf natürlichem Weg kein Kind bekommen. Ihnen bleibt als letzte Möglichkeit die künstliche Befruchtung. Diese ist jedoch mit starken seelischen Belastungen verbunden. Die Erfolgsrate liegt bei etwa zehn Prozent.

Bei der Zeugung im Reagenzglas wird nicht jede Eizelle befruchtet. Daher werden mehrere Eizellen mit Sperma vermischt. So können überzählige Embryonen entstehen. Um einen Missbrauch dieser Lebewesen auszuschließen, wurden 1991 mit dem *Embryonenschutzgesetz* in Deutschland strenge Richtlinien erlassen. Sie verbieten

- mit Embryonen zu experimentieren,
- die Leihmutterschaft,
- den Embryo nach dem Geschlecht auszuwählen,
- das Erbgut von Keimzellen zu verändern,
- Kreuzungen zwischen Tier und Mensch herzustellen.

Offene Fragen der künstlichen Befruchtung

Eine Zukunftsvision? „Hochverehrte Eltern, wir sind in der glücklichen Lage, Ihnen bald Eizellen à la carte anbieten zu können. Das Labor garantiert gewünschtes Geschlecht und Normgerechtigkeit". Dieser Text stammt aus dem Buch „Das transparente Ei" von J. Testart.

Geschäft oder Wohltat? In den USA ist die Vermittlung von Leihmüttern an Ehepaare gegen Geld gestattet.

Zu wem gehört ein Kind? Eine Leihmutter wollte „ihr" Kind behalten. Ein Gericht sprach das Mädchen jedoch dem Ehepaar zu, das dafür 10 000 Dollar bezahlt hatte.

Wer sind die „wirklichen" Eltern? Mutterschaft ist heute im dreifachen Sinne möglich: Die Mutter, von der die Eizelle stammt, die Mutter, die das Kind austrägt und zur Welt bringt, und schließlich die Mutter, bei der das Kind aufwächst. Vaterschaft kann sich auf den Spermaspender und den Erzieher beziehen.

Geschlechtskrankheiten

1   *Bakterien des Tripper*

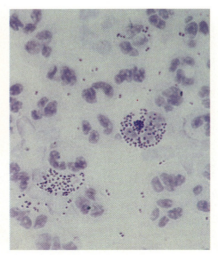

2   *Erreger der Syphilis*

Beim Geschlechtsverkehr können Krankheitserreger übertragen werden. Solche Infektionen nennt man *Geschlechtskrankheiten*.

Tripper. Der *Tripper*, auch *Gonorrhö* genannt, ist die häufigste Geschlechtskrankheit. Er wird durch kugelförmige *Bakterien*, die *Gonokokken* hervorgerufen. Die Übertragung erfolgt nahezu ausschließlich beim *Geschlechtsverkehr*. Beim Mann kommt es zwei bis fünf Tage nach einer Infektion zu Schmerzen und zum Brennen beim Harnlassen. Die Harnröhrenmündung ist geschwollen, ein gelblich grüner Ausfluss ist zu sehen.

Eine Frau bemerkt die ersten Symptome einer Erkrankung nicht so leicht. Brennen, Schmerzen und eitriger Ausfluss verschwinden oft zunächst von selbst wieder. Doch die Bakterien *vermehren* sich und *siedeln sich im Körper an*.

Eine *rechtzeitige Therapie* mit *Antibiotika* führt meist schnell zum Erfolg. Ohne Behandlung werden die inneren Geschlechtsorgane und andere innere Organe wie Leber, Niere, Herz und Nervensystem geschädigt. Befallen die Gonokokken die Gelenke, so kommt es zu Arthritis.

Bei der *Geburt* können von einer tripperkranken Frau die Gonokokken leicht übertragen werden. Beim

Neugeborenen kann dies zur *Erblindung* führen. Daher werden bei uns alle Neugeborenen vorbeugend mit desinfizierenden Augentropfen behandelt.

Syphillis. Ein hartes schmerzloses *Geschwür* in den Falten der Schamlippen oder zwischen Vorhaut und Eichel sind die ersten Symptome der Syphillis. Die Erreger sind spiralförmige *Bakterien*. Sie können nur durch kleine Verletzungen der Haut in den Körper gelangen. Anstecken kann man sich durch *Geschlechtsverkehr*, aber auch beim *Küssen*.

Die Inkubationszeit, die Zeit bis zum Ausbruch der Krankheit, dauert zwei bis drei Wochen. Dann entsteht im sogenannten *Primärstadium* ein kleines, rötliches Geschwür an der Infektionsstelle, das nach einigen Wochen wieder verschwindet. Die Bakterien aber vermehren sich im Körper des Erkrankten weiter. Nach wenigen Monaten tritt das sogenannte *Sekundärstadium* auf: Ein fleckförmiger, hoch ansteckender Hautausschlag. Auch verschiedene Schleimhäute können entzündet sein. Diese Ausschläge verschwinden nach einiger Zeit oft von selbst. Bis hier ist Syphillis noch heibar. Ohne Behandlung tritt nach längerer Zeit dann das gefährliche *Tertiärstadium* auf. Die Erreger befallen nun

Knochen, Herz und Nervensystem. Es kommt zu Lähmungserscheinungen. Geschwüre bilden sich am ganzen Körper. Ein allgemeiner körperlicher Verfall tritt ein. Heilung ist jetzt kaum noch möglich.

Auszüge aus dem Gesetz zur Bekämpfung von Geschlechtskrankheiten
vom *23. Juli 1953*

§2 Bekämpfung der Geschlechtskrankheiten. Die Bekämpfung der Geschlechtskrankheiten umfasst Maßnahmen zur Verhütung, Feststellung, Erkennung und Heilung der Erkrankung sowie die vorbeugende und nachgehende Gesundheitsfürsorge. Zu diesem Zweck werden die Grundrechte auf körperliche Unversehrtheit (…) und auf Freiheit der Person (…) eingeschränkt … .

§3 Behandlungspflicht. Wer an einer Geschlechtskrankheit leidet und dies weiß (…), ist verpflichtet sich unverzüglich von einem in Deutschland bestallten oder zugelassenen Arzt untersuchen und bis zur Beseitigung der Ansteckungsgefahr behandeln zu lassen sowie sich den notwendigen Nachuntersuchungen zu unterziehen.

§11… Jeder Fall einer ansteckungsfähigen Erkrankung an einer Geschlechtskrankheit ist von dem behandelnden Arzt unverzüglich ohne Nennung des Namens des Erkrankten dem Gesundheitsamt zu melden.

In Kürze

Tripper und Syphillis sind ansteckende Krankheiten, die beim Geschlechtsverkehr übertragen werden.
Beide Krankheiten sind meldepflichtig.

2338

Sich vor AIDS schützen

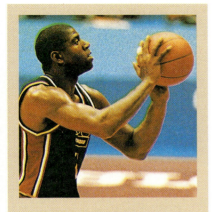

Botschaft von „Magic" Johnson
1992 gewann das „Dream-Team" der USA olympisches Gold im Basketball. Ein Sportler der Mannschaft erregte besondere Aufmerksamkeit – Earvin „Magic" Johnson. Er war HIV-infiziert.
Earvin Johnson, am 14. August 1959 in Michigan geboren, war schon als Kind vom Basketball begeistert. Er wurde ein erfolgreicher und beliebter Basketballer. Von einem Sportreporter erhielt er den Spitznamen „Magic".
Dann: „Am 7. November 1991 zog ich mich vom Profi-Basketball zurück, weil ein Bluttest gezeigt hatte, dass ich mit HIV infiziert bin ... Ich habe mich mit HIV infiziert, weil ich ungeschützt Sex hatte ... Ich dachte einfach, so etwas könne mir nie passieren. Bis wir nicht akzeptiert haben, dass sich jeder infizieren kann, wird die Krankheit sich weiter ausbreiten."

Jede Minute dringen Krankheitserreger in unseren Körper ein. Davon merken wir meist nichts, denn die *Abwehrzellen des Immunsystems* machen sie unschädlich. Auch *Human Immuno Deficiency Viren*, abgekürzt HI-Viren, werden zunächst von ihnen bekämpft. Überlebende Viren dringen jedoch in besonders wichtige Abwehrzellen ein. Auf diese Weise sind sie unangreifbar. Man spricht von einer *HIV-Infektion*. Sie kann jahrelang unbemerkt bleiben, weil eindeutige Krankheitszeichen fehlen. Die Infizierten fühlen sich gesund, können die Viren jedoch übertragen. Bestimmte Abwehrzellen bilden *Antikörper* gegen die Viren, die sich mit einem Antikörper-Test, dem „*AIDS-Test*", nachweisen lassen.

AIDS. HI-Viren vermehren sich in den Abwehrzellen und zerstören sie. So schwächen sie allmählich die Abwehrkräfte des Körpers. Eine *erworbene Abwehrschwäche* liegt vor, das *Acquired Immuno Deficiency Syndrome*, abgekürzt AIDS. Bricht das Immunsystem völlig zusammen, können selbst harmlose Krankheiten ungehindert ausbrechen und sogar zum Tod führen.

Infektion. Außerhalb des Körpers sterben die HI-Viren schnell ab. Sie werden nur durch Körperflüssigkeiten wie *Blut, Sperma oder Scheidenflüssigkeit* infizierter Personen übertragen und müssen *direkt in die Blutbahn* gelangen. Das ist vor allem

beim Geschlechtsverkehr ohne Kondome möglich. Durch feine, kaum spürbare Risse in der dünnen Haut vom Glied oder der Scheide kann Blut übertreten. Drogenabhängige sind gefährdet, wenn sie die Spritzen, in denen Blutreste verbleiben, gemeinsam benutzen. Auch durch Bluttransfusionen und Medikamente, die aus Blut hergestellt werden, sind Infektionen vorgekommen. Gespendetes Blut muss daher auf HI-Viren getestet werden.

Schutz. Bisher gibt es keinen Impfstoff und keine Heilung für Infizierte. Einen Schutz vor einer Infektion bei sich und anderen gibt die *gegenseitige Treue* beim Sex und – bei richtigem Gebrauch – das Benutzen von *Kondomen*. Solange man sich vor direktem Blutkontakt schützt, besteht im Umgang mit Infizierten keine Ansteckungsgefahr. Sie brauchen unsere Zuwendung ganz besonders.

Aufgaben

1 Informiere dich, wo HIV-Infizierte Hilfe und Beratung finden können.

In Kürze

Eine Infektion durch HI-Viren führt zur erworbenen Abwehrschwäche AIDS. Die Viren werden durch Blut, Sperma oder Scheidenflüssigkeit übertragen. Im täglichen Umgang besteht keine Ansteckungsgefahr.

2 *Keine Ansteckung im Alltag*

3 *Ansteckungsgefahr*

1 Wasser und Seife genügen   *2 Täglich duschen oder waschen*   *3 Haare wöchentlich waschen*

Körperpflege. *Regelmäßige Körperpflege* reinigt und pflegt den Körper und hält ihn gesund. Körperpflege beginnt mit der Entfernung von Schmutz. Schmutz besteht aus Fremdstoffen, Bakterien und Pilzsporen, aber auch aus abgeschuppten Körperzellen und Hauttalg. Mit Seife und Wasser wird auch ein Teil des schützenden Talgfilmes der Haut weggespült. Junge Leute brauchen aber im allgemeinen weder fetthaltige Hautpflegemittel noch teure Kosmetika. Die Haut Jugendlicher ist noch *widerstandsfähig* und kann allein mit Wasser und wenig Seife ausreichend gepflegt werden.

Mit Beginn der *Pubertät* beginnen die *Schweißdrüsen* und *Talgdrüsen* der Haut verstärkt zu arbeiten. In den Achselhöhlen entwickeln sich jetzt Duftstoffe, die bei manchem lästig werden können. Dann ist tägliches Duschen oder Waschen unerlässlich.

Intimhygiene. Besonders wichtig ist Sauberkeit im Bereich der Geschlechtsorgane. Intimhygiene muss schon beim Säugling beginnen.

Beim Jungen und Mann gehört dazu besonders die *Sauberhaltung des Gliedes*. Zwischen Vorhaut und Eichel können sich talgartige Absonderungen ansammeln. Werden sie nicht abgewaschen, entsteht ein unangenehmer Geruch und Entzündungen können auftreten. Zum Waschen muss deshalb die Vorhaut vorsichtig zurückgezogen werden. Beim Mädchen und bei der Frau muss die *Schamgegend* gründlich gewaschen und danach gut abgetrocknet werden.

Während der Regel ist die *Menstruationshygiene* besonders wichtig. Das Regelblut wird mit Wegwerfbinden oder Tampons aufgefangen. An den Haupttagen sollten diese alle 4 bis 6 Stunden, später alle 8 Stunden gewechselt werden. Bleiben Binden oder Tampons zu lange liegen, können sie zu einem Nährboden für Bakterien werden und Scheidenentzündungen begünstigen.

Baden ist während der Menstruation kein Problem. Zur Intimhygiene gehört auch, täglich frische Unterwäsche anzuziehen. Waschlappen und Handtücher sollen mehrmals in der Woche gewechselt werden.

Regeln zur Körperpflege
- Zähne nach jeder Mahlzeit putzen
- bei normaler Haut reicht milde Seife und Wasser
- Hautpflegemittel nur wenig und gezielt verwenden
- Achselhöhlen täglich waschen
- Deos sind kein Ersatz für Seife und Wasser
- Haare mindestens einmal wöchentlich waschen
- einmal in der Woche Finger- und Zehennägel feilen

Regeln zur weiblichen Intimhygiene
- Schamgegend täglich waschen
- während der Menstruation mehrmals täglich waschen oder mit lauwarmem Wasser duschen
- Monatsbinden oder Tampons regelmäßig wechseln; mindestens alle 4 bis 8 Stunden
- Slips täglich wechseln

Regeln zur männlichen Intimhygiene
- Glied täglich waschen; dabei die Talgabsonderungen zwischen
- Vorhaut und Eichel mit Seifenwasser abspülen
- täglich frische Unterwäsche anziehen

2340

Überblick

Die wichtigste Stufe der Entwicklung vom Kind zum Erwachsenen ist die Pubertät. Die Geschlechtsreife wird von Zwischenhirn, Hypophyse und Sexualhormonen gesteuert. Als Sexualhormone überwiegen beim Mann Androgene, bei der Frau Östrogene und Gestagene.

In den Eierstöcken der Frau reift eine Eizelle nach der anderen heran. Den Eireifezyklus steuern Nervensystem, Hypophyse und die Sexualhormone Östrogen sowie Gelbkörperhormon. Vom Beginn der Eireife bis zum Eisprung dauert es etwa zwei Wochen. Bleibt das Ei unbefruchtet, tritt nach zwei weiteren Wochen die Menstruation ein.

Etwa eine Woche nach der Befruchtung nistet sich der Keim in der Gebärmutter ein. Am Ende des zweiten Monats sind alle Organe angelegt. Nach dem dritten Monat wird der Embryo Fetus genannt. Die Plazenta übernimmt Atmung, Ernährung, Verdauung und Ausscheidung für das Ungeborene.

Für das Kind ist die Geburt ein harter Klimawechsel. Eine liebevolle Kontaktaufnahme mit der Mutter ist wichtig für das Neugeborene.

Das Kleinkind braucht viel Liebe und verständnisvolle Förderung, damit es sich körperlich und seelisch-geistig gesund entwickeln kann. Die Erfahrungen der ersten Lebensjahre bilden eine wesentliche Grundlage für die spätere Entwicklung eines Menschen.

Der Mensch wird mit seinem Sexualtrieb geboren. Den Umgang mit seinen sexuellen Gefühlen und Bedürfnissen muss er lernen wie andere Fähigkeiten auch.

Alles klar?

1 Die Pubertät ist für Mädchen und Jungen eine Zeit tief greifender Umstellungen. Zähle auf. Welche Rolle spielen Hormone dabei?

2 Beschreibe, wie der Eireifezyklus gesteuert wird.

3 Erkläre die Bedeutung des Testosterons für den Mann.

4 Nenne wichtige Entwicklungsschritte der vorgeburtlichen Entwicklung. Erkläre ihre Bedeutung.

5 Frauen sollen vor allem während der ersten Monate der Schwangerschaft besonders vorsichtig sein. Begründe.

6 Erkläre, welche Umstellung die Geburt für das Kind bedeutet.

7 Ähnlich wie in dem Foto aus Indonesien wird die Geburt eines Kindes in vielen Kulturen als wichtiges Ereignis gewürdigt. Welche Überlegungen könnten dabei eine Rolle spielen?

8 Nenne charakteristische Merkmale menschlicher Sexualität.

9 Erkläre, was Familienplanung für den Einzelnen, aber auch bevölkerungspolitisch bedeuten kann. Denke dabei an Entwicklungs- und Industrieländer.

Der Junge auf dem Foto ist ein begeisterter Sportler. Am liebsten spielt er Fußball. Darin und in vielen anderen Dingen unterscheidet er sich kaum von den meisten seiner gleichaltrigen Schulkameraden.

Warum aber sitzt der Junge am Rande des Spielfeldes und spritzt sich offensichtlich eine Flüssigkeit? Will er etwa seiner Mannschaft mit unerlaubten leistungssteigernden Mitteln zum Sieg verhelfen, oder hat er andere Gründe für das, was er tut?

Auf Befragen gibt er folgende Antwort:

„Ich brauche diese Spritzen wie das tägliche Brot. Ohne sie würde ich nicht mehr lange leben. Begonnen hat alles vor zwei Jahren, als ich 13 Jahre alt war. Mir fiel es immer schwerer, mich zu konzentrieren. Meine Leistungen in der Schule ließen deshalb immer mehr nach. Obwohl ich ganz normal aß, nahm ich ständig ab. Auch hatte ich immer Durst. Schließlich überredete mich meine Mutter zum Arzt zu gehen. Als die Ergebnisse der Laboruntersuchungen vorlagen, stellte sich heraus, dass ich zuckerkrank war. Ich litt an der *Zuckerkrankheit,* auch *Diabetes* genannt.

Ich hatte davon noch nie etwas gehört. Heute weiß ich, dass das so viel wie ‚honigsüßes Hindurchfließen' heißt. Völlig klar, ich trank die Limo literweise und musste ständig auf die Toilette gehen und ‚Zuckerwasser' lassen. Das sage ich so, weil mein Urin tatsächlich viel Zucker, den sogenannten *Harnzucker,* enthält. Der gelangt immer dann über die Nieren in den Urin, wenn im Blut zu viel davon ist. Das ist zum Beispiel der Fall bei ‚200 Zucker'. Das bedeutet, dass bei mir dann 200 mg Traubenzucker in 100 ml Blut gelöst sind, also doppelt so viel wie normalerweise. Nun muss ich täglich *Insulin* spritzen, das ist ein Stoff, den die *Bauchspeicheldrüse* bildet. Meine Bauchspeicheldrüse produziert das nämlich nicht.

Trotz Zuckerkrankheit sind sportliche Aktivitäten heutzutage durchaus möglich.

Am Anfang fand ich alles, was mit der Zuckerkrankheit zusammenhängt, lästig: Ständig Blut und Urin auf Zucker untersuchen, Insulin spritzen und Diät einhalten. Das bedeutet, dass ich nur bestimmte Nahrungsmittel in abgewogenen Mengen zu festgelegten Tageszeiten zu mir nehmen darf. Besonders aufpassen muss ich, dass ich die vom Arzt vorgeschriebenen Broteinheiten einhalte: Eine Broteinheit entspricht 12 g Kohlenhydraten, ganz gleich, aus welchem Nahrungsmittel sie stammen. Am Anfang genierte ich mich wegen der Zuckerkrankheit vor meinen Klassenkameraden. So traute ich mich auch nicht mit meiner Klasse ins Schullandheim zu fahren. Zum einen hatte ich noch nicht die richtige Routine, aus den ermittelten Zuckerwerten die jeweils richtige Ernährung zusammenzustellen, zum anderen fand ich es lästig, mein Blut und meinen Urin zu untersuchen, regelmäßig kleine Mahlzeiten zu mir zu nehmen und mich zu spritzen. Was würden die anderen sagen, wenn ich so aus der Reihe tanzen würde?

Zu diesem Zeitpunkt empfahl mir der Arzt in einen Sportverein einzutreten. Lust dazu hatte ich eigentlich nicht, aber bald machte es mir viel Spaß. Meinem Trainer erzählte ich, dass ich zuckerkrank sei. Er und auch meine Sportkameraden nahmen es auf, ohne groß was daraus zu machen. Ich wurde akzeptiert und hatte das Gefühl, dass Diabetes eigentlich keine Krankheit ist, sondern eine Begleiterscheinung meines Lebens.

Inzwischen ist ein Taschencomputer mein ständiger Begleiter. Ich füttere ihn mit Daten über die Konzentration des Blutzuckers, die Anzahl der Broteinheiten und die Leistungstufe meines absolvierten Sportprogramms. Der Computer gibt mir Auskunft darüber, wie viel Insulin ich spritzen muss oder wie viel Broteinheiten ich zu mir nehmen kann."

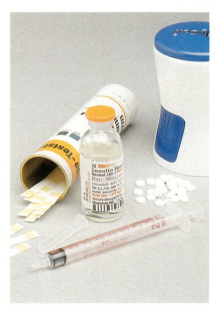

1   *Lebenswichtige Hilfsmittel bei Zuckerkrankheit*

Aufgaben

1   Lies den nebenstehenden Text und notiere die Anzeichen, die Ursachen und die Behandlung der Zuckerkrankheit.

2   Befrage einen Diabetiker zu seiner Krankheit. Stelle vorher einen Fragenkatalog zusammen. Vergleiche die Auskünfte mit den nebenstehenden Aussagen.

Vergleiche den Tagesablauf eines Diabetikers mit deinem Tagesablauf.

Der Blutzuckerspiegel

Hormone sind Wirkstoffe, die im Körper von *Hormondrüsen*, von *Teilen des Nervensystems* oder bestimmten *Geweben* gebildet werden. Als *Botenstoffe* dienen sie *zur Informationsübermittlung*. Darin sind sie mit dem Nervensystem vergleichbar. Sie wirken in *winzigen Mengen*. Über die Blutbahn gelangen sie zu allen Zellen. Es sprechen jedoch nur solche Zellen auf ein bestimmtes Hormon an, die dafür „Empfangseinrichtungen" besitzen.

Insulin. Zu den bekanntesten Hormonen gehört das *Insulin*. Es wird von einem *Drüsengewebe* gebildet, das wie kleine Inseln – daher der Name Insulin – in der *Bauchspeicheldrüse* verstreut liegt. Es wirkt so:

Nach einem kohlenhydratreichen Essen gelangt viel *Traubenzucker (Glucose)* aus dem Dünndarm ins Blut. Der *Blutzuckerspiegel* müsste eigentlich stark ansteigen. Das tritt aber nicht ein, weil das Insulin die Körperzellen dazu anregt, einen *Großteil der Glucose aus dem Blut aufzunehmen*. Zusätzlich sorgt es dafür, dass die *überschüssige Glucose* von Leber und Muskulatur *in die Speicherstärke Glykogen umgewandelt wird*.

Die Rolle der Glucose. *Glucose* ist der wichtigste *Energielieferant* unseres Körpers. In den Zellen wird sie unter Verbrauch von Sauerstoff zu Kohlenstoffdioxid und Wasser abgebaut. Die Energie, die in der Glucose gespeichert war, wird dabei frei und lässt sich nun von den Zellen für deren Stoffwechselvorgänge einsetzen: Wir wachsen, bewegen uns und können denken.

Alle Zellen müssen stets mit genügend Energie versorgt sein. Besonders die *Nervenzellen des Gehirns* reagieren empfindlich, wenn die Konzentration an Blutzucker zu niedrig ist. Sinkt der Blutzuckerspiegel unter 50 mg pro 100 ml Blut, kommt es zu starken nervösen Störungen, innerer Unruhe, Zittern oder Erregungszuständen.

Beim Gesunden lassen sich in 100 ml Blut 80 bis 100 mg Glucose messen. Bei normaler Belastung können wir damit den Stoffwechsel unseres Körpers etwa 30 Minuten lang aufrechterhalten. Was passiert aber, wenn der Bedarf des Körpers an Glucose größer ist?

Glukagon. Ist die Nachfrage nach Glucose größer als das Angebot, müssen Reserven mobilisiert werden. So wird beispielsweise *ein Teil des Glykogens in der Leber in Glucose zurückverwandelt*. In der Leber und im Muskelgewebe sind zusammen etwa 400 g Glucose als Glykogen gespeichert. Glykogen stellt also eine beachtliche *Zuckerreserve* des Körpers dar.

Für den Abbau von Glykogen und damit für die Freisetzung von Glucose ins Blut ist ein zweites Hormon verantwortlich, das *Glukagon*. Es wird wie das Insulin in den Inseln der Bauchspeicheldrüse produziert.

Die Regelung des Blutzuckerspiegels. Das fein abgestimmte *Zusammenspiel der beiden Hormone Insulin und Glukagon* sorgt dafür, dass beim Gesunden der *Blutzuckerspiegel kaum schwankt*. Nur bei stärkster körperlicher Beanspruchung oder unmittelbar nach dem Genuss einer Süßspeise ist eine kurzfristige Ab- oder Zunahme festzustellen.

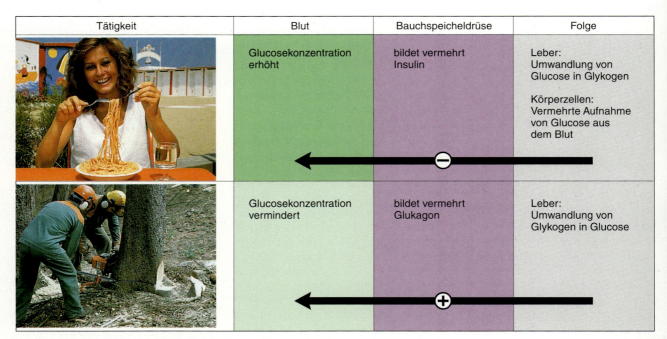

Tätigkeit	Blut	Bauchspeicheldrüse	Folge
	Glucosekonzentration erhöht	bildet vermehrt Insulin	Leber: Umwandlung von Glucose in Glykogen Körperzellen: Vermehrte Aufnahme von Glucose aus dem Blut
	Glucosekonzentration vermindert	bildet vermehrt Glukagon	Leber: Umwandlung von Glykogen in Glucose

1   *Vorgänge im Körper nach Erhöhung bzw. Verminderung der Blutzuckerkonzentration*

1692

Der Blutzuckerspiegel

– Nimmt die Konzentration von Glucose im Blut zu, wirkt das als Reiz auf die Bauchspeicheldrüse. Diese bildet mehr Insulin. Glucose wird in Glykogen umgewandelt, der Blutzuckerspiegel sinkt.

– Nimmt die Glucose im Blut ab, bildet die Bauchspeicheldrüse mehr Glukagon. Glykogen wird zu Glucose abgebaut, der Blutzuckerspiegel steigt.

Insulin und Glukagon halten also zusammen die Zufuhr und Entnahme von Glucose im *Gleichgewicht*. Wegen ihrer entgegengesetzten Wirkung werden die beiden Hormone als *Gegenspieler* oder *Antagonisten* bezeichnet. Am Beispiel Insulin zeigt sich, in welch geringen Mengen Hormone wirken: 2 mg pro Tag genügen um den Blutzuckerspiegel nach oben in Grenzen zu halten.

Aufgaben

1 Erläutere Bild 2. Beginne mit dem Verzehr einer Süßspeise, in der Grafik als „Mahlzeit" markiert.

2 Die Vorgänge, die in der Tabelle auf der *linken Seite* zusammengefasst sind, können auch durch andere Ereignisse ausgelöst werden, als die Bilder zeigen. Erläutere.

In Kürze

Hormone sind Botenstoffe. Sie werden im Körper meist in Hormondrüsen gebildet und wirken in geringsten Mengen. Über das Blut gelangen sie zu allen Zellen, doch nur bestimmte sprechen auf sie an.
Die Hormone Insulin und Glukagon werden in der Bauchspeicheldrüse gebildet. Sie sind Antagonisten: Insulin wirkt blutzuckersenkend, Glukagon blutzuckersteigernd. Durch Regelung wird so der Blutzuckerspiegel stets gleich hoch gehalten.

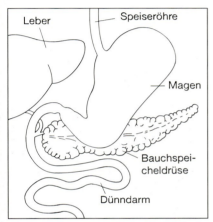

1 Die Bauchspeicheldrüse liegt im hinteren Teil des Bauchraums.

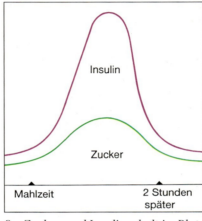

2 Zucker- und Insulingehalt im Blut hängen eng zusammen.

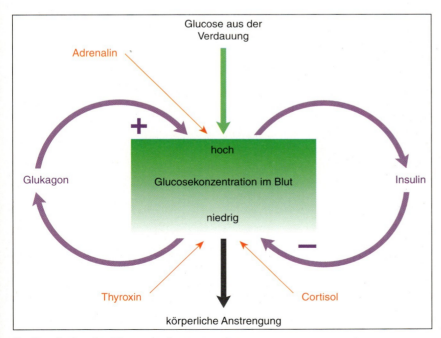

3 Regulation der Blutzuckerkonzentration

Links sind die wichtigsten Faktoren eingetragen, die die Blutzuckerkonzentration regulieren.
Außer **Insulin** und **Glukagon** (violett) haben aber auch noch andere Hormone (rot) Einfluss auf die Regulation.

Glucoseliefernd:
Adrenalin aus der Nebenniere wandelt bei Notfallreaktionen (Stress) in Leber und Muskeln Glykogen in Glucose um.

Glucosezehrend:
Thyroxin aus der Schilddrüse kurbelt den Stoffwechsel an.
Cortisol aus der Nebenniere sorgt für die Umwandlung von Proteinen in Glucose.

Die Bauchspeicheldrüse

Die *Bauchspeicheldrüse* liegt in der Höhe des *Nabels*, hinter dem *Zwölffingerdarm* und vor dem zweiten *Lendenwirbelkörper*. Sie ist ein Organ mit *doppelter Funktion*.

Verdauungsdrüse. Täglich produziert die Bauchspeicheldrüse etwa 1½ l *Bauchspeichel*. Dieser wird durch einen speziellen Ausführungsgang in den *Zwölffingerdarm* abgeleitet. Bauchspeichel ist ein *enzymhaltiger Verdauungssaft*, der den Abbau der Nahrungsbestandteile Eiweiß, Fett und Kohlenhydrate fördert.

Von Drüsen abgesonderte Stoffe werden als *Sekrete* bezeichnet. Gelangen sie über spezielle „Ausgänge" aus dem Körper oder in andere Organe, so spricht man von *exokriner Sekretion*.

Hormondrüse. Gleichzeitig ist die Bauchspeicheldrüse eine *Hormondrüse* mit *endokriner Sekretion*. Darunter versteht man die Abgabe von Sekreten direkt in die Blutbahn. Mit dem Blut gelangen sie an alle Stellen des Körpers.

Die Bedeutung der Bauchspeicheldrüse als Hormondrüse wurde erst im Jahre 1873 erkannt. Hunde, denen man die Drüse entfernt hatte, sonderten überdurchschnittlich viel Urin mit einem sehr hohen Zuckergehalt ab. Diese krankhaften Veränderungen konnten rückgängig gemacht werden, wenn man den erkrankten Tieren zerkleinertes Gewebe der entfernten Bauchspeicheldrüse einspritzte. Es wurden auch keine Krankheitserscheinungen beobachtet, wenn lediglich der Ausführungsgang der Bauchspeicheldrüse abgebunden wurde.

Aus den Versuchsergebnissen konnte der Schluss gezogen werden, dass die lebenswichtigen Stoffe nicht über spezielle Ausführungsgänge, sondern direkt ins Blut abgegeben wurden.

Langerhanssche Inseln. Der Anatom *Paul Langerhans*, er lebte von 1847 bis 1888, entdeckte, dass im Gewebe der Bauchspeicheldrüse

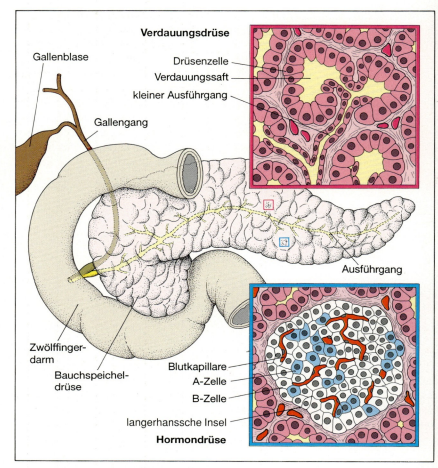

1 *Drüsenzellen der Bauchspeicheldrüse*

kleinere *inselartige Zellbereiche* eingebettet sind. Nach ihm werden sie als *langerhanssche Inseln* bezeichnet.

Heute weiß man, dass es ein Drüsengewebe ist, in dem die *Hormone Insulin und Glukagon* aufgebaut werden. Die Gesamtmasse des Inselgewebes beträgt nur etwas mehr als 2 g. In jeder der 0,1 bis 0,5 mm großen Inseln kommen zwei Zelltypen vor:
– Die *A-Zellen*. Sie erzeugen das Hormon Glukagon.
– Die *B-Zellen*. Sie erzeugen das Hormon Insulin.

Beide Hormone werden direkt in das dichte Netz von *Blutkapillaren* abgegeben, von dem das gesamte Gewebe durchzogen wird.

665

Diabetes – eine Volkskrankheit

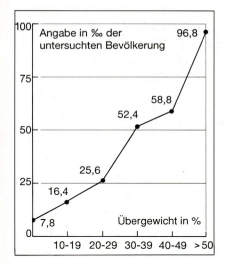

1 Diabeteshäufigkeit in Abhängigkeit vom Körpergewicht

2 Zuckerkranke sollten stets den Ausweis bei sich haben.

3 Teststreifen zur Untersuchung des Urins auf Zucker

Die *Zuckerkrankheit*, Diabetes, ist eine *Stoffwechselerkrankung*. Sie wird durch das völlige oder teilweise *Fehlen* des Hormons *Insulin* verursacht. Insulin ermöglicht unter anderem das Eindringen der Glucose in die Körperzellen. Fehlt Insulin, können die Zellen nicht ausreichend mit diesem energiereichen „Brennstoff" versorgt werden. Die Glucose häuft sich im Blut an.

Übersteigt die Glucosekonzentration einen Wert von etwa 180 mg pro 100 ml Blut, so wird über die Niere *Glucose* im *Urin* ausgeschieden. Dieser *Harnzucker* ist im Urin nachweisbar. Der Körper braucht für die Ausschwemmung des Zuckers viel Flüssigkeit. *Vermehrter Durst* und *Abgabe von großen Urinmengen* stellen sich ein.

Der ausgeschiedene Zucker geht dem Körper verloren. Als Energieersatz greift der Körper das *Fettgewebe,* zum Teil auch das *Körpereiweiß* an. In der Folge kommt es zu *Müdigkeit*, *Leistungsminderung* und trotz verstärkter Nahrungsaufnahme zur *Abmagerung*.

Typ-I-Diabetes. Diabetes kann bereits im *Kindesalter* zwischen dem 5. und 6. Lebensjahr auftreten. Diese Diabetiker müssen meist ab diesem Zeitpunkt *Insulin spritzen*.

Typ-II-Diabetes. Hier tritt die Krankheit nicht vor dem *40. Lebensjahr* auf, häufig erst in noch *höherem Alter*. Vorwiegend sind *übergewichtige* Menschen davon betroffen. Ihre Bauchspeicheldrüse stellt zwar noch Insulin her, aber nicht in ausreichendem Maße. Teilweise kommt das produzierte Insulin nicht voll zur Wirkung. Zur Behandlung reicht in den meisten Fällen eine *strenge Diät* aus, die mit einer Anleitung zu einer *gesunden Lebensführung* verbunden wird.

Besteht die Krankheit über längere Zeit, kann das Spritzen von Insulin ebenfalls notwendig werden.

Spätfolgen der Zuckerkrankheit. Bestehen über viele Jahre hinweg *hohe Blutzuckerwerte*, so kann das zu *Spätfolgen* vor allem an den *kleinen Blutgefäßen* führen. Besonders geschädigt werden die *Augen*, *Nieren* und *Nerven*. Diabetes ist aber auch ein *Risikofaktor* für das *Herz* und den *Kreislauf*. Jeder sollte deshalb prüfen lassen oder selbst prüfen, ob bei ihm eine erhöhte Blutzuckerkonzentration vorliegt. Die *Früherkennung* ist leicht möglich, indem man seinen Urin auf den Zuckergehalt prüft.

Krankenkassen bieten kostenlose *Vorsorgeuntersuchungen* an.

Volkskrankheit Diabetes. Die Zuckerkrankheit ist eine weit verbreitete Krankheit. Allein in den deutschsprachigen Ländern Europas sind über drei Millionen Menschen davon betroffen. Und die Zahl nimmt ständig zu. Besonders viele Diabetiker gibt es unter den Menschen, die über 65 Jahre alt sind. Jeder Zehnte von ihnen ist zuckerkrank. Man nimmt an, dass es noch viele unentdeckte Diabetiker gibt. Diabetes ist eine *Volkskrankheit* geworden.

Aufgaben

1 Welche Gründe können zur Zuckerkrankheit führen? Wie sollte sich ein Zuckerkranker verhalten?

2 Teste mit einem in der Apotheke erhältlichen Teststreifen deinen Urin. Wende dich an einen Arzt, wenn du aus der Farbveränderung des Teststreifens auf Zucker in deinem Urin schließen musst.

In Kürze

Diabetes ist eine Volkskrankheit. Durch gesunde Ernährung und Lebensführung kann dieser Krankheit vorgebeugt werden.

Hormone der Schilddrüse

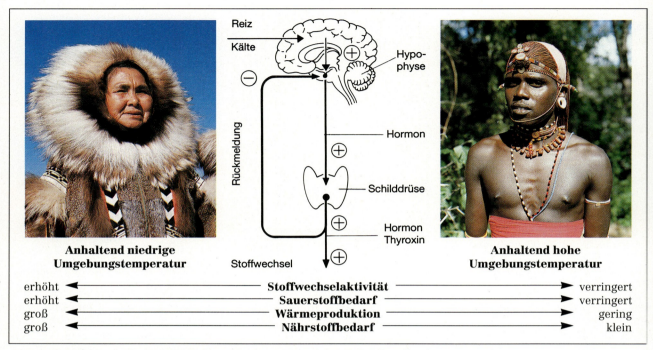

Anhaltend niedrige Umgebungstemperatur

Anhaltend hohe Umgebungstemperatur

Reiz
Kälte
Hypo-physe
Rückmeldung
Hormon
Schilddrüse
Hormon Thyroxin
Stoffwechsel

erhöht	Stoffwechselaktivität	verringert
erhöht	Sauerstoffbedarf	verringert
groß	Wärmeproduktion	gering
groß	Nährstoffbedarf	klein

1 *Die Umgebungstemperatur beeinflusst die Produktion der Schilddrüsenhormone.*
⊖ bedeutet: *Je mehr ..., desto weniger;* ⊕ bedeutet: *Je mehr ..., desto mehr.*

Die *Schilddrüse* liegt dicht unter dem Kehlkopf, sie bewegt sich mit ihm beim Schlucken. Es ist ein weiches, schwammartiges Organ. Zwei taubeneigroße Lappen liegen beiderseits neben der Luftröhre, ein kleiner verbindender Mittellappen davor. Beim Erwachsenen wiegt sie 20 g bis 40 g. Die Schilddrüse wird sehr gut durchblutet: 100fach stärker als beispielsweise die Beinmuskulatur. Die hormonliefernden Zellen liegen im Innern der Drüse. Es sind hunderte winziger Bläschen, die bis zu 0,5 mm groß werden. Sie sind von einer Hülle aus Bindegewebe umgeben. Das *Hormon der Drüsenzellen,* das *Thyroxin,* wird in die Bläschen hinein abgeschieden und dort in einer gallertartigen Form gespeichert. Je nach Bedarf wird es in die Blutbahn abgegeben und mit dem Blut im Körper verteilt.

Thyroxin. Im Verlauf eines Menschenlebens bildet die Schilddrüse nicht mehr als 4 g Thyroxin, das sind etwa 300 µg pro Tag. Man kennt diese Zahlen so genau, weil

der Aufbau von Thyroxin *Iod* erfordert. Nimmt man statt normalem Iod *radioaktives Iod zu sich,* lässt sich die gebildete Thyroxinmenge genau bestimmen. Auch kann die Speicherung des Hormons sowie sein Abbau in Leber und Niere auf diese Weise gut verfolgt werden.

Regelung der Schilddrüsenaktivität. Bei länger andauernden niedrigen Außentemperaturen gibt ein Körper mehr Wärme an die Umgebung ab als bei höheren Temperaturen. Sinkt die Körpertemperatur, muss im Körper zur Aufrechterhaltung einer annähernd gleich bleibenden Körpertemperatur Energie freigesetzt, der Stoffumsatz gesteigert werden. Bei diesem Prozess spielt die *Konzentration des Thyroxins* eine Rolle. Der gesamte Vorgang des Stoffumsatzes unterliegt nicht unserer bewussten Kontrolle. Er wird über das Hormon- und Nervensystem geregelt. Am wichtigsten ist dabei die Wirkung einer übergeordneten Hormondrüse, der *Hirnanhangsdrüse* oder *Hypophyse.*

Folgende *Zusammenhänge* ergeben sich:
– Der Kältesinn meldet den Reiz Kälte zum Gehirn.
– Veranlasst durch die Kältemeldung liefern bestimmte Hirnzellen ein Hormon, das die Produktion der Hypophyse erhöht.
– Die Hypophyse bildet daraufhin das Hormon TSH. Es regt die Schilddrüse an.
– Die Schilddrüse produziert nun mehr Thyroxin.
– Die dadurch erhöhte Thyroxinmenge im Blut bewirkt eine Steigerung des Stoffwechsels in den Zellen.
– Thyroxin wirkt seinerseits bremsend auf die Zellen der Hypophyse, in denen das Hormon TSH hergestellt wird. Die Hypophyse produziert weniger Hormone, die Thyroxinabgabe durch die Schilddrüse nimmt ab.

Die *Thyroxinkonzentration* im Körper regelt somit über die *Hypophyse* die weitere *Ausschüttung* von *Thyroxin.*

Hormone der Schilddrüse

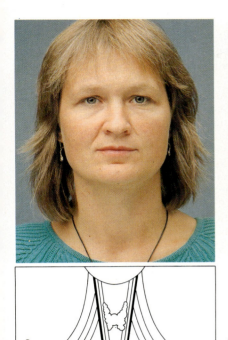

1   Normale Schilddrüse ohne Iodmangel

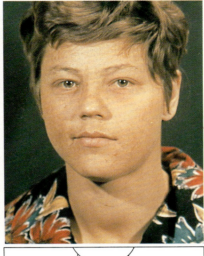

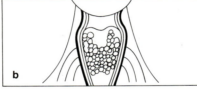

2   Vergrößerte Schilddrüse infolge Iodmangels

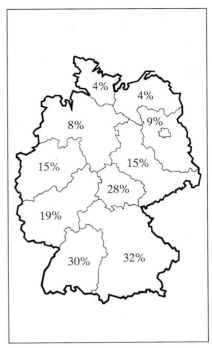

3   Häufigkeit von Kropfbildungen bei Menschen in Deutschland

Krankheiten der Schilddrüse
Überfunktion. Eine Überfunktion der Schilddrüse führt zu einem *Überschuss an Thyroxin* im Körper. Es kommt zu krankhaften Erscheinungen, in schweren Fällen zur *basedowschen Krankheit*.
Anzeichen dieser Funktionsstörung sind unter anderem eine Vergrößerung der Schilddrüse, beschleunigte Herztätigkeit, große, glänzende und hervortretende Augen, übersteigerte Aktivität, Reizbarkeit und verminderte geistige und körperliche Leistungsfähigkeit.

Unterfunktion. Produziert die Schilddrüse *zu wenig Thyroxin*, so führt das ebenfalls zu schweren Erkrankungen. Fehlt Thyroxin im frühen Kindesalter völlig, so kommt es zu schwerer körperlicher und geistiger Unterentwicklung, dem *Kretinismus*. Bei Neugeborenen wird das Blut deshalb routinemäßig auf Thyroxin untersucht. Durch eine regelmäßige Einnahme von Thyroxin kann die Krankheit zurückgedrängt werden.

Kropfbildung. Eine der häufigsten Schilddrüsenerkrankungen ist der *Kropf*. Er tritt bei jedem sechsten deutschen Bürger auf. Der Kropf entsteht, wenn der Körper *zu wenig Iod* erhält. Dann nimmt die Zahl der Schilddrüsenzellen stark zu. Die meisten Schilddrüsenerkrankungen treten in der Alpenregion auf. Das Trinkwasser enthält in diesen Gebieten wenig iodhaltige Salze. Ein Kropf kann im Laufe der Zeit ernsthafte gesundheitliche Komplikationen hervorrufen.
Die Weltgesundheitsorganisation, WHO, empfiehlt eine tägliche Iodaufnahme von 150 bis 200 Mikrogramm Iod. Kinder und Jugendliche nehmen durchschnittlich aber nur 15 bis 40 Mikrogramm auf, obwohl bei ihnen dieser Hormonbaustein für Wachstum und Reifung besonders wichtig ist.
Ärzte empfehlen deshalb, um einem Kropf vorzubeugen, anstelle des herkömmlichen Speisesalzes täglich iodiertes Speisesalz zu verwenden.

Aufgaben

1   Werte die Grafik oben aus und diskutiere Möglichkeiten, die zur Vorbeugung und Verringerung vieler Kropferkrankungen führen könnten.

2   Kaninchen, die längere Zeit unter niedrigen Temperaturen lebten, wiesen eine höhere Konzentration an Schilddrüsenhormonen auf. Erläutere den Zusammenhang.

In Kürze

Die Schilddrüse ist eine der wichtigsten Hormondrüsen. Ihr Hormon Thyroxin beeinflusst den Stoffwechsel des Körpers.
Über Hormonzellen im Gehirn und in der Hypophyse wird die Herstellung von Thyroxin zunächst in Gang gebracht.
Durch die Rückmeldung der Thyroxinkonzentration zur Hypophyse wird die Produktion geregelt.

Übersicht: Hormondrüsen im Körper

Hormondrüsen im Körper bilden mit den Hormonen Wirkstoffe, die sowohl die körperliche, geistige und seelische Entwicklung als auch den Stoffwechsel und die Fortpflanzung steuern. Hormone werden in winzigen Mengen gebildet vom Blut im Körper verteilt, wirken aber nur auf bestimmte Organe.

2 Hypophyse

Diese bohnengroße Drüse hängt an der Unterseite des Zwischenhirns. Sie produziert etwa 10 verschiedene Hormone und ist damit die wichtigste Steuerzentrale des gesamten Hormonhaushalts. Sie wirkt eng mit Hypothalamus und Zwischenhirn zusammen.

3 Schilddrüse

Die Schilddrüse ist etwa 30 Gramm schwer und liegt, in zwei Lappen unterteilt, beiderseits unmittelbar unter dem Kehlkopf. Sie bildet mehrere Hormone, von denen das Thyroxin, das den Stoffwechsel aller Körperzellen beeinflusst, das wichtigste ist.

1 Zirbeldrüse

Die Zirbeldrüse hat etwa die Größe einer Haselnuss. Sie liegt im Dach des Zwischenhirns, unmittelbar hinter dem Großhirn. Ihre Hormone beeinflussen die Reifung der Geschlechtsmerkmale. Möglicherweise steuern sie die Keimdrüsenentwicklung mit.

4 Thymusdrüse

Die Thymusdrüse verändert sich im Laufe eines Menschenlebens. Die hinter dem Brustbein gelegene Drüse ist im Kindesalter stark entwickelt, im Erwachsenenalter zurückgebildet. Sie beeinflusst mit ihrem Hormon die Entwicklung des Immunsystems.

8 Weibliche Keimdrüsen, Eierstöcke

Vom Eintritt der Geschlechtsreife bis etwa zum 50. Lebensjahr reift in den beiden etwa mandelgroßen Eierstöcken der Frau monatlich eine Eizelle. Dieser Zyklus wird durch Hormone, die vom Eierstock gebildet werden, im Zusammenwirken mit Hypophysenhormonen geregelt.

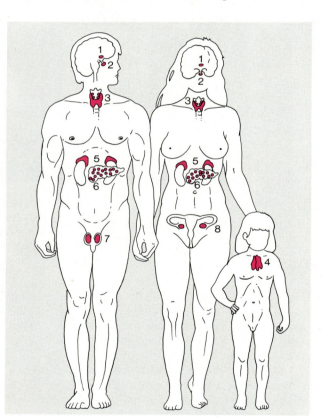

5 Nebenniere

Die Nebennieren sitzen den Nieren am oberen Pol wie eine Kappe auf. Die Hormone des Nebennierenmarks steigern die Herzleistung, erhöhen den Blutzucker, vertiefen den Atem, steigern die Leistungsbereitschaft des Körpers. Die Hormone der Nebennierenrinde mobilisieren unter anderem die letzten Reserven des Körpers.

7 Männliche Keimdrüsen, Hoden

In beiden Hoden des Mannes sind zahlreiche dünne Hodenkanälchen aufgewunden. In ihnen werden die Spermien gebildet. Zwischen den Kanälchen liegen Zellen, in denen die männlichen Geschlechtshormone erzeugt werden. In geringer Menge bilden die Hoden auch weibliche Geschlechtshormone.

6 Bauchspeicheldrüse

In Nabelhöhe, hinter dem Zwölffingerdarm, liegt die Bauchspeicheldrüse. Sie bildet zum einen Hormone wie Insulin und Glukagon, die direkt ins Blut gelangen und den Blutzuckerhaushalt regulieren. Zum anderen gibt sie Verdauungssäfte durch einen Ausführgang in den Zwölffingerdarm ab.

246

Stichwort: Hormone

Überblick

Hormone sind Botenstoffe, die im Körper der Übermittlung von Informationen dienen. Sie werden vorwiegend in das Blut abgegeben und über den Blutkreislauf zu den häufig weit von den Bildungsorten entfernten Wirkungsorten transportiert.

Die meisten Hormone sind lebensnotwendig; ohne ihre Wirkung wäre das ungestörte Ablaufen vieler Körperfunktionen nicht möglich.

Hormone werden vorwiegend in Drüsen gebildet, die keine speziellen Ausführungsgänge haben, sondern ihre Produkte, die Sekrete, direkt ins Blut geben. Man spricht bei diesem Vorgang auch von einer inneren Sekretion.

Eine hormonproduzierende Drüse besteht aus Zellsträngen, die sehr stark von Blutkapillaren durchzogen sind. Durch die sehr dünnen Wände der Kapillaren kann der Stoffaustausch zwischen Drüsenzelle und Blut erfolgen.

Die Hypophyse ist die übergeordnete und wichtigste Hormondrüse. Sie reguliert die Hormonproduktion anderer Hormondrüsen, wie zum Beispiel die der Nebennieren, der Keimdrüsen und der Bauchspeicheldrüse. Sie selbst wird über Hormone des Zwischenhirns angeregt: Nervensystem und Hormonsystem beeinflussen sich wechselseitig. Die Hormonkonzentrationen des Körpers werden über Regelkreise weitgehend konstant gehalten. Über- und Unterproduktion oder der Ausfall eines Hormons führen stets zu einer erheblichen Störung des Gesundheitszustandes oder der Entwicklung.

Kalorienbewusste Ernährung	Bewegungstherapie
Für jeden Diabetiker gibt es einen individuellen Diätplan, der strikt eingehalten werden muss. Der Arzt legt genau fest, was und wie viel gegessen werden darf.	Körperliche Betätigung ist wichtig: Wandern, Ausgleichssport oder Gartenarbeit sind geeignet. Große Anstrengungen müssen vermieden werden.

Verhaltensmaßregeln für Diabetiker

Medikamentöse Behandlung	Selbstkontrolle
Die Medikamente müssen regelmäßig eingenommen werden. Eine Abweichung von der Einnahmevorschrift gefährdet die Gesundheit.	Mit Teststreifen müssen regelmäßig die Zuckerwerte kontrolliert werden. Verfärbt sich der Streifen, sollte der Arzt aufgesucht werden.

Alles klar?

1 Erstelle eine tabellarische Übersicht über die wichtigsten Hormondrüsen. Trage in die einzelnen Spalten die Bezeichnungen der Hormondrüsen, der von ihnen abgegebenen Hormone und deren Wirkung ein.

2 Erläutere an je einem Beispiel die gesundheitlichen Folgen einer überhöhten und einer verminderten Hormonproduktion. Beschreibe Behandlungsmöglichkeiten.

3 Die obere Abbildung veranschaulicht Verhaltensmaßregeln für Diabetespatienten.

Begründe, warum die Einhaltung dieser Empfehlungen wichtig ist. Überlege, ob die Einhaltung einzelner oder aller Regeln auch dein Wohlbefinden verbessern könnte.

4 Die Anwendung von Hormonen zur Behandlung von Kranken wird als eine „Operation ohne Messer" bezeichnet.

Erläutere diese Aussage an einem selbst gewählten Beispiel.

5 Gibt es auch Stress bei Freizeitbeschäftigungen?

Zähle einige Situationen auf.

2

3

Der Wald ein Ökosystem

Manche von uns denken bei dem Wort Wald oft nur an eine Ansammlung von Bäumen oder Sträuchern. Dennoch ist ein Wald weit mehr: Er ist Lebensraum für viele Pflanzen und Tiere. Diese leben dort nicht zufällig nebeneinander, sondern miteinander und nicht selten auch voneinander. Wenn man weiß, worauf man in einem Wald achten soll, kann man diese Zusammenhänge sehr schnell erkennen.

Landschaften. In Sachsen ist die Landschaft äußerst abwechslungsreich gegliedert: Es gibt *Flussniederungen* wie an der Elbe, *Tiefländer* wie das der Lausitz, *Hügelländer* oder die *Mittelgebirge* wie das Erzgebirge. Diese Gebiete besitzen nicht nur unterschiedliche Böden und ein für sie typisches Kleinklima, sondern auch *charakteristische Waldgesellschaften*.

Waldarten. Jeder Wald sieht aufgrund seines Untergrundes, der Höhenlage, der Niederschläge und der Temperatur anders aus: In feuchten oder nassen Ufer- und Überschwemmungszonen – etwa der Elbe – wächst natürlicherweise der *Auwald*. Kennzeichnende Bäume sind hier Eschen, Ulmen, Pappeln und Schwarzerlen.

◁ 1 *Buchenwald am Großen Winterberg*
2 *Fichtenwald auf Bärenstein im Fichtelgebirge*
3 *Auwald in den Muldeauen bei Eilenburg*

In den Tiefländern, wo es im Sommer trocken und warm ist, gedeiht auf guten Böden der *Eichenmischwald* mit den empfindlichen Flaumeichen und Elsbeeren.

Auf nährstoffarmem Untergrund findet man vor allem die *Kiefernwälder*. Da der *Buchenmischwald* weder an den Boden noch an das Klima besondere Ansprüche stellt, trifft man ihn überall in den Hügelländern an. Neben der Rotbuche kommen hier auch noch Hainbuche, Stieleiche, Vogelkirsche, Birke oder Zitterpappel vor. Natürliche *Fichtenwälder* sind typisch für unsere niederschlagsreichen Mittelgebirge ab etwa 700 m Höhe, wo die Böden nährstoffarm und sauer sind.

Bleibt ein Wald von Anfang an ohne Eingriffe des Menschen sich selbst überlassen, spricht man von einem *Urwald*. Leider gibt es diesen Waldtyp in Mitteleuropa nur noch ganz selten. Auch in Sachsen hat der Mensch die ursprünglichen Wälder vielfach durch künstlich angelegte

Holzplantagen ersetzt. Solch eintönige Forste dienen in erster Linie der Holzgewinnung.

Funktionen. Ein Wald beherbergt nicht weniger als 7000 Tierarten und 4000 Pflanzenarten. Viele von ihnen sind auf diesen Lebensraum angewiesen und könnten ohne ihn nicht überleben. Daneben stellt der Wald einen wirksamen *Erosionsschutz* dar, da er die Abtragung des Bodens durch Wind oder Regen verhindert.

Die Zweige und Blätter eines Waldes wirken wie ein Filter. Sie entfernen in einem Jahr pro Hektar nicht nur bis zu 400 kg Staubteilchen aus der von uns verunreinigten Luft, sondern zusätzlich auch noch große Mengen von Schadgasen.

Auch das *Regenwasser* wird im Wald *gefiltert:* Beim Durchsickern im Waldboden erhält es häufig Trinkwasserqualität. Daneben ist der Wald für viele Menschen aber auch ein nicht zu ersetzender *Erholungsraum*, in dem sie Ruhe und Entspannung finden.

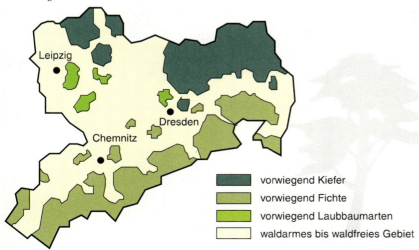

1 *Waldverteilung in Sachsen*

- vorwiegend Kiefer
- vorwiegend Fichte
- vorwiegend Laubbaumarten
- waldarmes bis waldfreies Gebiet

Aufgaben

1 In verschiedenen Landschaften entstehen unterschiedliche Wälder. Erkläre.

2 Welche Waldart ist in deiner Umgebung am häufigsten? Versuche Gründe dafür zu finden.

3 In Deutschland gibt es fast keinen Urwald mehr. Kennst du Wälder, für die die Bezeichnung Urwald zutrifft?

4 Führe Gründe dafür an, weshalb sich ein Forst nicht besonders gut zur Erholung eignet.

2428

Stockwerke des Waldes

Natürlich gewachsene Mischwälder zeigen in ihrem Innern fast immer eine Gliederung von unten nach oben. Man bezeichnet die dabei erkennbaren Bereiche auch als *Stockwerke des Waldes*.

Wurzelschicht. Verborgen bleibt die unterirdische Schichtung: Unterschiedlich tief dringen die Wurzeln der Pflanzen in den Boden ein.

Humusschicht. Aus den abgeworfenen und zersetzten Blättern im Laubwald entsteht mineralstoffreicher Humus, der Mull. Die abgefallenen Nadeln bilden den sauren Moder oder *Rohhumus*.

Moosschicht. Sie ist nur 10 cm hoch. *Moose, Pilze* und *Flechten* sind hier kennzeichnend. Die Moosschicht bietet vielen kleinen Tieren ideale Lebensbedingungen. *Milben, Käfer* und *Ameisen* trifft man hier ebenso an wie *Spinnen* oder *Schnecken*.

Krautschicht. Sie reicht 10 bis 50 cm über den Boden. In der *Krautschicht* wachsen viele *Gräser, Farne* und *Schachtelhalme* sowie eine Reihe von *Blütenpflanzen*. Auch die *Heidelbeere,* ein Strauch, oder junge Waldbäume gehören hierher.

Strauchschicht. Von 50 cm bis 2 m Höhe reicht die *Strauchschicht*. *Himbeere, Brombeere, Hasel* oder *Holunder* sind hier genauso zu finden wie die *Waldrebe*, eine der wenigen einheimischen Lianen. Im dichten Gebüsch der Strauchschicht leben die *Amsel,* die *Singdrossel* und die *Mönchsgrasmücke*.

Baumschicht. Bäume und Sträucher ab 2 m Höhe bilden die *Baumschicht*. Neben dem *Eichhörnchen* bietet dieses Stockwerk vielen Vögeln günstige Lebensbedingungen. *Kleiber* und *Buntspecht* bevorzugen dabei den Stammbereich, *Buchfink, Pirol* und *Ringeltaube* brüten im Geäst der Kronen und suchen hier auch ihre Nahrung.

Wälder ohne Stockwerke. In einem Fichtenforst finden sich keine Stockwerke. Während im natürlichen Mischwald das Licht von oben nach unten nur langsam abnimmt, lassen die dicht nebeneinander stehenden Bäume im Forst kaum Licht durch. Kräuter und Sträucher können hier nur schwer gedeihen.

Aufgaben

1 Begründe, warum im Nadelwald am Boden nur sehr wenige Pflanzen wachsen.

2 Wodurch entstehen die unterschiedlichen Stockwerke im Wald?

3 Welche Waldtiere kennst du? In welchen Stockwerken halten sich diese Tiere vorwiegend auf?

In Kürze

Natürlich gewachsene Mischwälder sind im Innern in Stockwerke gegliedert. Von unten nach oben unterscheidet man: Wurzelschicht, Humusschicht, Moosschicht, Krautschicht, Strauchschicht und Baumschicht.

1 *In natürlich gewachsenen Mischwäldern lässt sich im Innern eine stockwerkartige Gliederung erkennen.*

Praktikum: Pflanzenarten eines Waldes

Zu welchem Waldtyp gehört unser Wald? Ist er vielleicht besonders schutzbedürftig? Unterscheidet er sich von anderen Wäldern in der Umgebung?
Solche Fragen lassen sich nur durch eine Untersuchung des Pflanzenbestandes beantworten.

Benötigt werden: Bestimmungsbuch, Schreibzeug, Maßband, Steine oder Holzpflöcke, Schnur (2 x 50 m), nach Möglichkeit Fotoapparat, Sammeltüten, eventuell Pflanzenpresse.

1 Schichtung und Deckungsgrad

Natürlich gewachsene Wälder zeigen eine typische Schichtung in mehrere Stockwerke:
Moosschicht (M): alle Pflanzen der Bodenoberfläche bis 10 cm Höhe;
Krautschicht (K): alle krautigen Pflanzen und Holzgewächse von 10 bis 50 cm Höhe;
Strauchschicht (S): alle Holzgewächse von 50 cm bis 2 m Höhe;
Baumschicht (B): alle Holzgewächse über 2 m Höhe.

Durchführung:
Die Ausbildung der Schichten ist kennzeichnend für Typ, Alter und Nutzung eines Waldes. Um sie zu ermitteln, musst du den Deckungsgrad jeder Schicht abschätzen: Das ist der Teil der Bodenfläche, der durch die einzelne Schicht bedeckt wäre, wenn du sie senkrecht von oben betrachten könntest.

Häufigkeit	Deckungsgrad		Kennziffer im Protokoll
sehr zahlreich	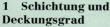	$^6/_8$–$^8/_8$	5
zahlreich		$^4/_8$–$^6/_8$	4
wenig zahlreich		$^2/_8$–$^4/_8$	3
spärlich		$^1/_8$–$^2/_8$	2
sehr spärlich		bis $^1/_8$	1

Protokoll Pflanzenbestand

Waldart:	Bucheuwald	
Ort:	Odewald (Stadtwald Göppingen)	
Datum:	4. 6. '94	
Meereshöhe:	350 m	
Probefläche:	25 m²	

Schichtung	
Schicht	Deckung
B	$^2/_8$ bis $^4/_8$
S	unter $^1/_8$
K	$^6/_8$

Arten	Anzahl	Deckung	Arten	Anzahl	Deckung
B: Rotbuche	5	3	K: Frühlings-platterbse	3	1
Bergahorn	1	1			
S: Heckenkirsche	1	1	Bingelkraut	3	2
Haselstrauch	1	1	Lungenkraut	1	1
Rotbuche	1	1	vielblütige Weißwurz	1	1
K: Aronstab	2	1	Sauerklee	1	1
Waldmeister	4	1	Haselwurz	1	1
Buschwindröschen	5	3	Waldsegge	1	1
Waldveilchen	1	1			

2 Pflanzenbestand einer Probefläche

Da man nicht alle Pflanzen erfassen kann, die in einem Wald vorkommen, untersucht man eine Probefläche. Sie muss groß genug sein, um auch seltenere Arten festzustellen, dabei aber überschaubar bleiben. Für die Krautschicht reicht eine Probefläche von 25 bis 50 m², für die Baumschicht sind meist 100 bis 400 m² nötig.

Durchführung:
• Grenze mit Steinen oder Holzpflöcken und Schnur eine geeignete Probefläche ab.
• Bestimme – getrennt nach den Schichten – alle Pflanzenarten, die auf der Probefläche wachsen. Ziehe bei unbekannten Arten das Bestimmungsbuch heran, ebenso wenn du nicht ganz sicher bist.
• Vermerke die gefundenen Arten in einem Protokoll.
• Schätze für alle Arten Häufigkeit und Deckungsgrad nach der Tabelle links.

3 Dokumentation

Deine Untersuchungsergebnisse solltest du später im Unterrichtsraum in Form einer kleinen Ausstellung vorstellen.
• Fotografiere dafür nach Möglichkeit einzelne Pflanzen und die Probefläche.
• Nimm außerdem von häufigen, nicht gefährdeten Pflanzen ein Exemplar zum Pressen mit.
• Verwende die Fotos, die gepressten Pflanzen und dein Protokoll zur Dokumentation.

1   Buchenwald

2   Eichenwald

Von Natur aus wäre fast ganz Mitteleuropa *Waldland*. Wo Äcker, Wiesen und Heiden nicht mehr bewirtschaftet werden, entsteht auch heute noch von selbst wieder Wald. Ob sich allerdings ein Buchenmischwald oder vielleicht ein Kiefernwald entwickelt, dafür sind vor allem *Klima* und *Boden* entscheidend.

Sommergrüne Laubwälder. Bei uns herrscht überwiegend ein gemäßigtes Klima mit ausreichend Niederschlägen und keinen allzu großen Temperaturunterschieden

zwischen Sommer und Winter. Das sind die idealen Bedingungen für *Buchen- und Buchenmischwälder*. Solche Wälder wären in Deutschland natürlicherweise am weitesten verbreitet.

Das dichte Kronendach der *Rotbuche* verursacht viel Schatten. Im Sommer gelangen nur etwa 2% des Sonnenlichts zum Waldboden. Daher wachsen dort Pflanzen, die schon früh im Jahr blühen, wie Buschwindröschen, Frühlingsplatterbse, Maiglöckchen und Waldmeis-

ter, oder Pflanzen, die mit wenig Licht auskommen, zum Beispiel das Perlgras. Andere Baumarten, wie Hainbuche, Stieleiche oder Vogelkirsche, können sich gegen die Rotbuche nur schwer behaupten und treten daher vereinzelt auf.

In höheren Lagen des Berglandes bildet die Rotbuche *mit Tanne, Fichte und Bergahorn Mischwälder*.

Laubwälder, in denen Eichen vorherrschen, gibt es im Flach- und Hügelland auf Böden, die für die Rotbuche zu nass oder zu trocken sind. *Eichenwälder* sind viel lichter als Buchenwälder. Sie zeichnen sich durch eine große Zahl von Kräutern und Sträuchern aus. Am Aufbau der Wälder sind immer auch andere Laubbaumarten beteiligt, besonders häufig die *Hainbuche*.

In den wärmsten Gegenden Deutschlands, zum Beispiel am Kaiserstuhl und am Neckar, wächst an Steilhängen ein *Eichenbuschwald*. In ihm kommen viele Pflanzen vor, die sonst nur südlich der Alpen zu finden sind. *Auwälder* sind kennzeichnend für die Talauen der großen Flüsse. Auf den zeitweise überfluteten, mineralstoffreichen Böden siedeln unmittelbar am Fluss Weiden, etwas höher in der Aue Pappeln, Eschen, Ulmen und Stieleichen. Auwälder sind die artenreichsten Wälder in Deutschland. Hier wachsen Lianen, wie Hopfen und Waldrebe, und feuchtigkeitsliebende Kräuter, wie Bärlauch, Aronstab und Springkraut.

Immergrüne Nadelwälder. Nur bei ungünstigen Bedingungen kommen reine Nadelwälder von Natur aus vor: Auf moorigen, aber auch auf sehr trockenen, sandigen Böden finden wir artenarme *Kiefernwälder*. In den Gebirgen oberhalb von etwa 700 m, wo die Sommer für Laubbäume zu kurz sind, wächst *Fichtenwald*. Im Fichtenwald ist es ganzjährig schattig. Sich zersetzende abgefallene Nadeln bewirken eine Versauerung des Bodens. Wenige Pflanzen, wie Sauerklee, Heidel- und Preiselbeere, kommen hier zurecht.

3   Auwald

4   Fichtenwald

... auch für Tiere

1 Schwarzspecht

2 Mittelspecht

3 Hirschkäfer

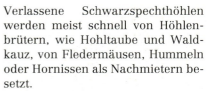

Etwa 20 % aller in Deutschland vorkommenden *Tierarten* benötigen *als Lebensraum Wälder*. Rund 5200 Insektenarten und 100 Wirbeltierarten – davon 70 Vogelarten – kann man hier antreffen. Darunter sind auch vom Aussterben bedrohte Tierarten. Für manche Waldbewohner, wie Feldhase, Reh und Fuchs, ist der Wald nicht angestammter Lebensraum, sondern eher *Rückzugsgebiet*. Sie finden heute in der Kulturlandschaft immer weniger ungestörte Lebensmöglichkeiten.

Je reicher die Wälder strukturiert sind und je vielfältiger ihr Pflanzenwuchs ist, desto mehr verschiedene Tierarten können dort leben. Laubwälder sind daher artenreicher als Nadelwälder, Waldränder artenreicher als das Waldinnere. Manche Tierarten sind dabei eng *an bestimmte Waldtypen gebunden*.

Buchenwaldbewohner. Alte Buchenwälder bevorzugt der krähengroße *Schwarzspecht* als Lebensraum. Er braucht starke Stämme zum Anlegen seiner Bruthöhlen.

Verlassene Schwarzspechthöhlen werden meist schnell von Höhlenbrütern, wie Hohltaube und Waldkauz, von Fledermäusen, Hummeln oder Hornissen als Nachmietern besetzt.

Eichenwaldbewohner. Eine Fundgrube für Insektenfreunde ist der Eichenwald. An Eichen entwickeln sich rund 300 verschiedene Schmetterlingsarten, 86 verschiedene Gallwespenarten und zahlreiche Käfer, darunter auch der stark gefährdete *Hirschkäfer*. Nahezu ausschließlich im Eichenwald kommt der gefährdete *Mittelspecht* vor. Er ernährt sich von Insekten, die er mit seiner langen Zunge aus der rissigen Eichenrinde leckt.

Auwaldbewohner. Ganz seltene Bewohner können Auwälder beherbergen: In manchen Gegenden bauen hier *Biber* ihre Dämme.

Unter den Vögeln zählt der *Pirol* zu den typischen Auwaldbewohnern. Er kommt zwar auch in anderen Laub- und Mischwäldern vor, ist dort aber wesentlich seltener.

Nadelwaldbewohner. Einige Vögel sind fast nur auf Nadelbäumen anzutreffen. Zu den hier häufigen Arten gehören die *Haubenmeise*, die *Tannenmeise* und das winzige *Wintergoldhähnchen*.

4 Pirol

5 Haubenmeise

6 Wintergoldhähnchen

Aufgaben

1 Versuche festzustellen, zu welchem Waldtyp der Wald in deiner Umgebung gehört.
Hättest du von Natur aus einen anderen Waldtyp erwartet? Was vermutest du als Ursache für den Unterschied?

In Kürze

Bei uns gibt es verschiedene Waldtypen. Aufgrund von Klima und Boden würde Buchenwald vorherrschen. Wälder sind Lebensraum von rund 20 % aller einheimischen Tierarten. Manche Tiere sind an bestimmte Waldtypen gebunden.

Einheimische Nadelbäume

1   Fichte

5   Tanne

9   Lärche

Fichte

Nadeln: einzeln, 1 bis 3 cm lang, vierkantig, spitz und stechend;
spiralig um den Zweig angeordnet.
Blüten: männliche Kätzchen gelb, an vorjährigen Trieben; weibliche Zäpfchen rot, endständig. Pflanzen einhäusig.
Zapfen: hängend; fallen stets als Ganzes ab.
Borke: graubraun, in runden Schuppen abblätternd.

Tanne

Nadeln: einzeln, 1 bis 3,5 cm lang, flach, weich, nicht stechend;
Einschnitt an der Spitze, Unterseite mit 2 weißen Längsstreifen.
Blüten: nicht endständig; männliche Kätzchen gelb; weibliche Blütenzäpfchen grün. Pflanzen einhäusig.
Zapfen: stehend; zerfallen nach der Reife.
Borke: weißgrau, in eckigen Schuppen abblätternd.

Lärche

Nadeln: weich, dünn, nicht stechend; an Kurztrieben in Büscheln, fallen im Herbst ab.
Blüten: männliche Kätzchen eiförmig, rötlich gelb; weibliche Zäpfchen rot, aufrecht. Pflanzen einhäusig.
Zapfen: klein, eiförmig, aufgerichtet; bleiben jahrelang am Baum hängen.
Borke: graubraun, tief rissig.

2   Nadeln

3   Zapfen

6   Nadeln

7   Zapfen

10 Nadeln

11 Zapfen

4   Weiblicher Blütenzapfen

8   Weibliche Blütenzapfen

12 Weibliche Blütenzäpfchen

2429

Einheimische Laubbäume

1   Stieleiche

5   Bergahorn

9   Esche

Stieleiche

Blätter: gebuchtet.
Blüten: getrenntgeschlechtig; männliche Kätzchen hängend, grün; weibliche Blüten rot, aufrecht. Pflanzen einhäusig.
Frucht: Eichel am langen Stiel in einem Fruchtbecher.
Borke: graubraun, tiefe Längsrisse.
Winterknospen: Endknospe von mehreren Seitenknospen umgeben.

Bergahorn

Blätter: handförmig, meist fünfteilig, spitze Einschnitte; Oberseite dunkelgrün, Unterseite graugrün; Winkel zwischen den Blattadern behaart.
Blüten: Trauben. Pflanze getrenntgeschlechtig, einhäusig oder zwittrig.
Frucht: geflügelte Nussfrüchte.
Borke: braun, rissig, in kleinen, flachen Schuppen abblätternd.
Winterknospen: eiförmig, glänzend.

Esche

Blätter: unpaarig gefiedert.
Blüten: getrenntgeschlechtig oder zwittrig. Pflanzen oft zweihäusig.
Frucht: Nussfrucht mit gedrehtem Flügel; im Winter am Baum.
Borke: Stamm schwarzbraun, längsrissig; Zweige mit hellgrauer Borke.
Winterknospen: mattschwarz, gegenständig; seitlich abstehend, halbkugelig; Endknospen zugespitzt.

2   Knospen

3   Früchte

6   Knospe

7   Früchte

10   Knospen

11   Früchte

4   Blätter der Stieleiche

8   Blatt des Bergahorns

12   Blatt der Esche

Sträucher am Waldrand

1 Haselstrauch

3 Heckenrose

5 Schwarzdornhecke

Hasel

Blätter: eirund mit herzförmigem Grund; Blattrand doppelt gesägt, auf der Unterseite behaart.

Blüten: jeweils 2 bis 4 männliche Kätzchen an einem Kurztrieb; weibliche Blüten knospenähnlich mit rotem Narbenbüschel; Pflanze getrenntgeschlechtig, einhäusig.

Frucht: Haselnuss, reich an Öl und wohlschmeckend.

Wissenswertes: seit der letzten Eiszeit häufigster einheimischer Strauch; galt bei den Germanen als blitzsicherer Ort; Zweiggabeln werden von Wünschelrutengängern benutzt.

Heckenrose

Blätter: unpaarig gefiedert (mit 5 bis 7 Fiederblättchen); Blattrand gesägt, Blattstiele etwas bestachelt.

Blüten: hellrosa, selten weiß, fünfblättrig, wohlriechend.

Frucht: scharlachrote Hagebutten, eiförmig, glatt; essbar (Marmelade), enthalten viel Vitamin C; behaarte Nüsschen als Samen.

Wissenswertes: Stacheln sind umgewandelte Teile der Oberhaut; sie lösen sich leicht vom Stängel; an den Ästen finden sich oft schwammige Auswüchse, die von der Rosengallwespe verursacht werden.

Schwarzdorn, Schlehe

Blätter: länglich, elliptisch und mit stumpfer Spitze; Oberseite dunkelgrün, Unterseite blassgrün.

Blüten: schneeweiße Zwitterblüten, klein, kurz gestielt und wohlriechend; erscheinen vor dem Laub.

Frucht: kirschgroße, kugelige Steinfrüchte, die Schlehen; sie sind kurz gestielt und blau.

Wissenswertes: Äste dornenreich, schützen die Vögel in der Hecke. Dornen sind umgewandelte Sprosse. Auf ihnen spießt der Raubwürger seine Beute auf. Kalkanzeiger; Früchte erst nach dem Frost genießbar.

2 Haselnüsse

4 Hagebutten

6 Schwarzdornfrüchte

2430

Biotop – Biozönose – Ökosystem

Biotop. In der Natur trifft man Pflanzen und Tiere immer wieder in einem für sie kennzeichnenden *Lebensraum* an. Dieser Lebensraum wird auch als *Biotop* bezeichnet. Biotope sind zum Beispiel ein Teich, eine Kiesgrube oder ein Bahndamm. Jedes Biotop ist geprägt durch charakteristische *Umweltfaktoren*. Dazu zählen beispielsweise Boden, Licht, Wasser und die Temperatur. Alle diese unbelebten Merkmale sind die *abiotischen Faktoren*.

Biozönose. Ein Biotop wird von einer Vielzahl von Pflanzen und Tieren bewohnt. Zwischen den Lebewesen eines Biotops bestehen *Wechselbeziehungen*. So sind viele Blütenpflanzen des Waldes auf die Bestäubung durch Insekten angewiesen. Diese ernähren sich ihrerseits teilweise wieder von Pflanzen, saugen deren Nektar oder fressen ihre Früchte. So erbeutet die Dorngrasmücke in der Hecke Spinnen und Insekten, der Raubwürger fängt Mäuse. Die voneinander abhängigen Pflanzen und Tiere in einem Biotop bilden eine *Lebensgemeinschaft*, eine *Biozönose*. Sie stellen die *biotischen Faktoren* dar.

Ökosystem. Die Mitglieder einer Biozönose stehen nicht nur in Wechselbeziehung untereinander, sondern sind auch von den abiotischen Faktoren abhängig: So brauchen alle Pflanzen für ihr Gedeihen Mineralstoffe, Wasser und Licht. Die jeweils notwendige Menge kann von Art zu Art verschieden sein. So stellt die Hasel an das Klima wenig Ansprüche und kommt mit wenig Wasser und Licht aus. Der Boden allerdings muss reich an Mineralstoffen sein. Die Birke wiederum stellt an den Boden keine Ansprüche, gedeiht aber nur dort, wo sie viel Licht bekommt. Die Eiche benötigt viel Licht, einen tiefgründigen und möglichst feuchten Boden.

Das vielfältige Zusammenwirken von Biozönose und Biotop wird als *Ökosystem* bezeichnet. Hecken, Äcker, Wiesen, Wälder, Seen und Sümpfe sind einige Beispiele für Ökosysteme.

Aufgaben

1 Kannst du in einer Hecke Zusammenhänge zwischen abiotischen Faktoren und dem Pflanzenbewuchs feststellen?

2 Zeige am Beispiel einer Hecke Wechselbeziehungen zwischen Pflanzen und Tieren auf.

3 Erkläre am Beispiel Hecke den Zusammenhang zwischen Biotop, Biozönose und Ökosystem.

In Kürze

Ein Biotop ist ein Lebensraum mit typischen abiotischen Faktoren wie etwa Licht, Wasser oder Temperatur. Die Pflanzen und Tiere eines Biotops bilden eine Lebensgemeinschaft oder Biozönose. Man spricht auch von biotischen Faktoren.
Biotische und abiotische Faktoren zusammen bilden ein Ökosystem.

Biotop

Biozönose

Ökosystem

1 Das vielfältige Zusammenwirken von Biotop und Biozönose wird als Ökosystem bezeichnet.

Abiotische Faktoren

1 Sonnenstrahlen im Wald.
Dresdner Heide

2 Im Sommer ist es im Wald deutlich kühler.
Dresdner Heide

Jeder Wald hat seinen eigenen Boden und sein eigenes Kleinklima. Diese *abiotischen*, das heißt *nicht lebenden Faktoren* bestimmen sowohl die Baumarten als auch deren Wachstumsgeschwindigkeit sowie die Widerstandsfähigkeit gegen Krankheiten.

Boden. Von den physikalisch-chemischen Eigenschaften spielt der *Feuchtigkeitsgehalt* des Bodens eine entscheidende Rolle.

Auch der *Säuregehalt*, der pH-Wert eines Bodens, bestimmt die Waldart. Viel organische Substanz in Form von Humus, aber auch bestimmte Muttergesteine wie etwa Buntsandstein erhöhen den Säuregehalt.

Ohne *Mineralstoffe* aus dem Boden kann keine Pflanze im Wald gedeihen. Das feste Gestein im Untergrund wird im Laufe der Zeit an seiner Oberfläche durch Luft, Wasser, Eis, rasche Temperaturwechsel und Pflanzenstoffe zersetzt. Durch diesen Vorgang, den man Verwitterung nennt, entsteht der Unterboden, der reich an Mineralstoffen ist. Mit dem Wasser kommen diese über die Wurzeln in die Pflanzen.

In den oberen Bodenschichten reichern sich die Reste der abgestorbenen Pflanzen an. Sie werden durch Pilze und Bakterien zersetzt. Dabei gelangt ein großer Teil der Mineralstoffe, die zu Lebzeiten von den Pflanzen aufgenommen wurden, wieder in das Erdreich zurück. Was übrig bleibt, ist lockerer *Humus*.

Lichtintensität. Sie hängt von der Art der Bäume und von der Jahreszeit ab. Die Kronen der Nadelbäume fangen das ganze Jahr über einen Großteil des Lichtes ab, sodass der Boden nur wenig davon abbekommt. Entsprechend gering ist dort der Pflanzenwuchs. Laubbäume lassen im Frühjahr bis zu 70 % des Lichtes nach unten durch, im Sommer dagegen auch nur etwa 10 %.

Temperatur. Verglichen mit dem Umland ist es im Sommer in einem Wald deutlich *kühler*. Dies erklärt sich unter anderem dadurch, dass die einfallenden Sonnenstrahlen vom Laub absorbiert werden und dass etwa 40 % der Sonnenenergie durch die *Verdunstungskälte* wieder verloren gehen. Im Winter drehen sich die Verhältnisse in einem Laubwald durch die fehlenden Blätter und die geringe Verdunstung um.

Luftfeuchtigkeit. Von der Blattoberfläche der Bäume verdunstet im Sommer bis zu 40 % der Niederschläge. Der Rest gelangt zur Bodenstreu.

Sie kann bis zum Neunfachen ihres Trockengewichtes aufnehmen. Ein Teil davon gelangt in die Wurzeln der Bäume und verdunstet – nach dem Transport in die Kronen – durch die Spaltöffnungen der Blätter. Ein anderer Teil der Niederschläge begünstigt besonders das Wachstum der Moosschicht, die ihrerseits pro Hektar bis zu 460 000 l Wasser speichern kann. Auch dieses Wasser verdunstet teilweise wieder im Wald selbst.

Windgeschwindigkeit. Ein geschlossener Baumbestand *bremst* einen Wind stark ab. Der Grad der Abbremsung liegt dabei zwischen 71 % in Bodennähe und 85 % in einer Höhe von 12 m.

Aufgaben

1 Welche Faktoren werden als abiotische Faktoren bezeichnet?

In Kürze

Die Zusammensetzung des Bodens, die Lichtintensität, die Temperatur, die Luftfeuchtigkeit und die Windgeschwindigkeit bezeichnet man als die abiotischen Faktoren.

2432

Praktikum: Abiotische Faktoren

Wie ändern sich die Lebensbedingungen an der Grenze zwischen freiem Feld und Hecke, wie zwischen freiem Feld, Waldrand und Waldinnerem? Messungen an einem Profil entlang geben Aufschluss.
Zeichne das Profil und lege die Messpunkte fest.
Die Messwerte trägst du in eine Tabelle ein.

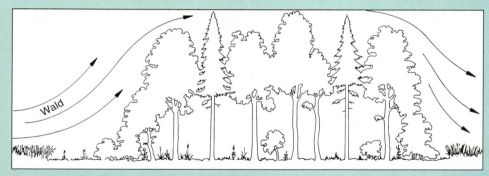

Faktor	Feld (Luv)	Hecke bzw. Waldrand	Feld (Lee) bzw. Waldinneres
Windgeschwindigkeit			
Lichtintensität			
Temperatur			
Luftfeuchtigkeit			

Windgeschwindigkeit

Ein Schalenanemometer misst die Windgeschwindigkeit in Metern pro Sekunde. Sollte es dir nicht zur Verfügung stehen, kannst du auch mithilfe der so genannten Beaufort-Skala die Windgeschwindigkeit schätzen. Dazu musst du allerdings über mehrere Minuten hinweg genau die Blätter, Zweige und Äste beobachten.

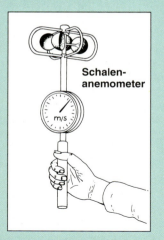

Schalenanemometer

Beaufort-Skala

Beobachtung	Wind (m/s)
Blätter völlig ruhig	0–1,5
Blätter und dünne Zweige zeitweilig bewegt	1,6–3,3
Blätter und dünne Zweige immer bewegt	3,4–5,2
kleine Bäume schwanken	5,3–7,4
stärkere Äste bewegt	7,5–9,8

Temperatur

Mit einem Minimum-Maximum-Thermometer misst man an 3 Messpunkten vor der Hecke, im Randbereich der Hecke und im Heckeninnern die Temperatur über längere Zeit. Ein Hinweiszettel informiert Fremde über den Zweck der Geräte. Täglich werden Minimum-, Maximum- und Augenblickswert abgelesen. Am Waldrand geht man entsprechend von außen nach innen vor.

Luftfeuchtigkeit

Auch Verdunstungsmessungen geben Aufschluss über die Feuchtigkeitsverhältnisse. Dazu füllt man ein Evaporimeter mit Wasser und durchsticht das Rundfilter in der Mitte mit einer Nadel. Anstelle des verdunsteten Wassers tritt Luft in das Evaporimetergefäß. Wie viel Wasser verdunstet in einer bestimmten Zeit aus Evaporimetern innerhalb und außerhalb des Waldes?

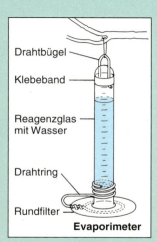

Drahtbügel
Klebeband
Reagenzglas mit Wasser
Drahtring
Rundfilter
Evaporimeter

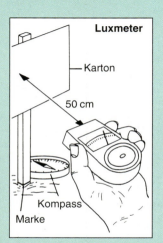

Luxmeter
Karton
50 cm
Kompass
Marke

Lichtintensität

Mit einem Belichtungsmesser oder Luxmeter kann man die Beleuchtungsstärke im Innern und im Randbereich der Hecke messen und mit den Werten auf freiem Feld vergleichen. Um vergleichbare Werte zu erhalten, hält man einen Karton in jeweils gleicher Orientierung vor das Messgerät. Entsprechend misst man am Waldrand und im Waldinnern und vergleicht mit dem freien Feld.

Vielfalt im Mischwald ...

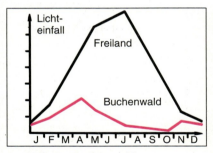

1 *Licht im Buchenwald*

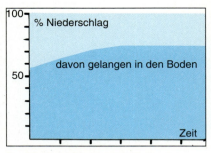

2 *Niederschlag unter Eichen*

3 *Mischwälder sind in Stockwerke und Kleinlebensräume reich gegliedert.*

Frühling im Mischwald. Aus dem Geäst einer Buche tönt der Gesang des Buchfinken. Am Stamm der alten Eiche läuft ein Kleiber. In der Laubstreu stöbert eine Amsel nach Nahrung. Im Unterholz aus Schneeball, Geißblatt, Kornelkirsche und Hartriegel hörst du den Zaunkönig. Ein Blütenteppich aus Buschwindröschen, Lungenkraut, Veilchen und Lerchensporn bedeckt den Boden.

Gleich daneben im Fichtenforst. Außer Moospolstern und einzelnen Horsten des Sauerklees gibt es am Waldboden keine Pflanzen. Sträucher fehlen völlig. Als einzige Baumart beherrscht die Fichte den Wald. Nur wenn wir die Ohren spitzen, hören wir das feine Ziepen der Tannenmeise in den Wipfeln.

Welch ein Unterschied zwischen den beiden Wäldern! Können wir im Mischwald kaum eine Übersicht gewinnen über die Fülle der Pflanzen- und Tierarten, die ihn aufbauen oder hier leben, erscheint uns der Fichtenforst einförmig und öde. Welche Ursachen bedingen den Artenreichtum des Mischwalds und die Artenarmut des Fichtenforsts?

Bewirtschaftung. Da beide Waldtypen oft in Nachbarschaft vorkommen, kann das Klima für die Unterschiede nicht verantwortlich sein. Dagegen hat die unterschiedliche Bewirtschaftung durch den Menschen Auswirkungen: Während sich *Mischwälder* meist selbst verjüngen und damit aus *Bäumen jeden Alters* bestehen, sind *Fichtenwälder* bei uns meist aus gleichzeitig gepflanzten Kulturen entstanden. Es sind *Altersklassenwälder*. Die wichtigsten Unterschiede zwischen den Bedingungen im Mischwald und Forst bewirken jedoch die Bäume selbst.

Licht. Die Energie des Sonnenlichts ist auch im Wald die Grundlage allen Lebens. Nur wenn die grünen Pflanzen genügend Licht erhalten, können sie wachsen und damit die Nahrungsgrundlage für alle anderen Lebewesen liefern.

Im *Laub-* oder *Mischwald* ist das *Lichtangebot sehr veränderlich*. Es wechselt mit der Jahreszeit und unterscheidet sich auch von Stockwerk zu Stockwerk. Erhält der äußere Kronenbereich der Baumschicht noch das volle Sonnenlicht, nimmt

die Beleuchtung innerhalb der Kronen und zum Waldboden hin immer mehr ab. Die Ausbildung von Stockwerken im Mischwald ist vor allem eine Folge dieses ungleichen Lichtangebots. Pflanzenarten mit den *unterschiedlichsten Ansprüchen an die Beleuchtungsstärke* können daher im Mischwald gedeihen.

Im *Fichtenforst* ist die durchgelassene *Lichtmenge immer gering*. Eine Strauchschicht kann sich daher nicht ausbilden. In der Krautschicht wachsen nur wenige Arten. Es sind immer *Schattenpflanzen* wie Sauerklee, Schattenblume, Rippenfarn oder Moose.

Temperatur. Sonneneinstrahlung bedeutet nicht nur Licht, sondern auch Wärme. Im *Mischwald* ist daher die Temperatur viel größeren Schwankungen unterworfen als im Fichtenforst. Besonders im Frühjahr, vor dem Laubaustrieb, kann der Boden im Mischwald von der Sonne stark aufgeheizt werden. Daher finden sich unter den Pflanzen am Waldboden, aber auch unter den Insekten des Mischwalds, zahlreiche *Wärme liebende Arten*.

... Artenarmut im Fichtenforst

1 Fichtenforste sind einförmige „Altersklassenwälder".

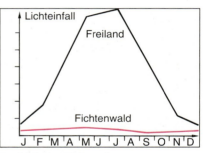

2 Licht im Fichtenforst

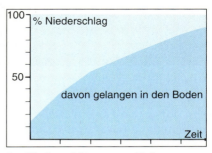

3 Niederschläge unter Fichten

Wasser. Die Wasserversorgung der Waldpflanzen hängt in erster Linie von der Niederschlagsmenge ab. Aber selbst wenn diese gleich ist, ergeben sich Unterschiede für Laub- und Nadelwald. Die Kronen eines *Fichtenforsts halten gut ein Drittel der Niederschläge zurück* und *verdunsten das Wasser,* bevor es den Wurzelbereich erreicht. Bei *Laubbäumen* ist dieser Wert *nur halb so hoch.* Andererseits ist die Luftfeuchtigkeit in einem Fichtenforst viel gleichmäßiger als im Mischwald, vor allem weil die Temperatur hier weniger schwankt.

Boden. Alle einheimischen Baumarten stellen an den Boden etwa dieselben Ansprüche. Da Nadelbäume im Unterschied zu vielen Laubbäumen aber auch auf schlechten, das heißt kalk- und humusarmen, sehr nassen oder sehr trockenen Böden noch wachsen, werden sie auf solchen Standorten vom Menschen oft angepflanzt. Nur wenige andere Pflanzenarten wie Heidelbeere, Weißmoos oder Heidekraut kommen mit den hier herrschenden einseitigen Lebensbedingungen zurecht. Daher trägt der Boden eines *Nadelwalds artenarme Pflanzengesellschaften.* Die Unterschiede zwischen Mischwald und Nadelwald werden durch die Bäume noch verstärkt: Während das Laub nach seiner Zersetzung milden, nährstoffreichen Humus oder Mull ergibt, entsteht aus der schwer zersetzbaren Nadelstreu saurer Rohhumus oder Moder.

Ursachen für Artenvielfalt und Artenarmut. In einem Lebensraum finden umso mehr Arten ein Auskommen, je vielfältiger die Lebensbedingungen sind. Dies gilt nicht nur für Faktoren der unbelebten Natur wie Licht, Temperatur und Feuchtigkeit, sondern erst recht für Lebensumstände, die durch die Lebewesen selbst bedingt sind. Der Vergleich zwischen einem Mischwald und einem Fichtenforst zeigt, warum sich der Mischwald durch große Vielfalt, der Forst aber durch Artenarmut auszeichnet: Im *Mischwald* sind die *Lebensbedingungen abwechslungsreich und uneinheitlich,* er ist in *Stockwerke* und *Kleinlebensräume* reich gegliedert und zeigt einen *ausgeprägten jahreszeitlichen Wandel.*

Aufgaben

1 Erkläre, warum die meisten Pflanzenarten der Krautschicht eines Mischwalds Frühblüher sind, also sehr früh im Jahr blühen, wachsen und fruchten.

2 Welche Unterschiede zwischen dem Lebensraum Mischwald und Fichtenforst lassen sich auf den Bildern feststellen?

3 Vergleiche den Pflanzenbestand eines Mischwalds und eines benachbarten Fichtenforsts. Ziehe dazu das Praktikum „Pflanzenarten eines Waldes" mit heran.

In Kürze

Mischwälder bieten einer großen Anzahl verschiedener Pflanzen- und Tierarten einen geeigneten Lebensraum.
Fichtenforste können dagegen nur von wenigen Arten besiedelt werden. Die Artenvielfalt der Mischwälder hat ihre Ursache in den abwechslungsreichen Lebensbedingungen und dem vielfältigen Aufbau dieses Lebensraumes.

Der Waldboden

1   Das Maiglöckchen wächst nur in Wäldern mit mineralstoffreichen Böden.

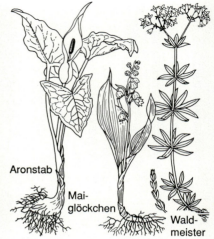

Aronstab
Mai-
glöckchen
Wald-
meister

2   Pflanzen, die Kalk anzeigen.

Das Aussehen eines Waldes wird nicht nur von den *Bäumen*, sondern auch von seinen *Kräutern* und *Sträuchern*, *Moosen* und *Pilzen* geprägt. Sie alle brauchen zum optimalen Gedeihen jeweils einen ganz bestimmten *Boden*.

Gestein. Das Gestein im Untergrund kann aus
— *Ablagerungen* wie Kalk,
— *Urgestein* wie Granit oder Gneis
— oder aus vulkanischem Gestein bestehen. Wenn es verwittert, gelangen Mineralstoffe in den Boden. Ihre Menge und Zusammensetzung hängen vom Gestein ab.

Säuregrad. Mineralstoffe und vermodernde Pflanzenreste geben dem Boden einen bestimmten *Säuregrad*. Kalkboden enthält *viel Mineralstoffe*, ist *neutral oder schwach alkalisch*. Böden mit *wenig Mineralstoffen, aber viel Humusstoffen* sind *sauer*. Je nach Säuregrad bietet der Boden den Pflanzen unterschiedliche Lebensbedingungen.

Zeigerpflanzen. Eine Reihe von Pflanzen kommt nur auf ganz bestimmten Böden vor. Ihr Vorkommen zeigt meist den Bodenzustand deutlich an. Man bezeichnet sie daher als *Zeigerpflanzen*.

Aufgaben

1   Welche der abgebildeten Pflanzen findest du häufig in dem Wald deiner näheren Umgebung? Was kannst du über den Boden sagen?

In Kürze

Entsprechend ihrer Herkunft können Böden unterschiedlich reich an Mineralstoffen sein. Zusammen mit Pflanzenresten verleihen sie dem Boden einen bestimmten Säuregrad. Zeigerpflanzen geben darüber Auskunft.

3   Kiefern wachsen nur auf mineralstoffarmen Böden.

4   Pflanzen, die Säure anzeigen.

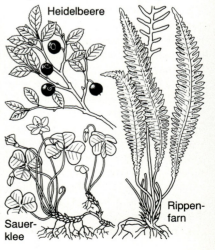

Heidelbeere

Rippen-
farn

Sauer-
klee

Praktikum: Waldboden

1 Kalkgehalt

Benötigt werden:
Uhrglas (6 cm Durchmesser), Pipette, Löffel, 10%ige Salzsäure. Waldboden.

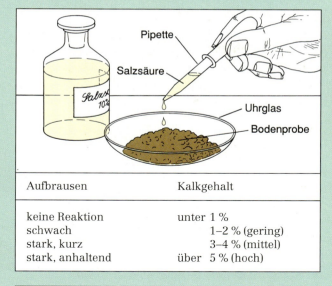

Durchführung:
Auf das Uhrglas wird ein Löffel Waldboden gebracht. Mit einer Pipette gibt man 5 Tropfen Salzsäure auf die Bodenprobe. Vorsicht, Salzsäure nicht auf die Haut oder Kleidung bringen!

Aufbrausen	Kalkgehalt
keine Reaktion	unter 1 %
schwach	1–2 % (gering)
stark, kurz	3–4 % (mittel)
stark, anhaltend	über 5 % (hoch)

2 Säuregrad

Benötigt werden:
Glasgefäß, Messzylinder, Löffel, destilliertes Wasser, Indikatorpapier. Waldboden.

Ein Ahorn, der bei einem pH-Wert von 6 einen Längenzuwachs von 12,4 cm hat, nimmt bei einem pH-Wert von 4 (sauer) um 10,6 und bei einem pH-Wert von 8 (alkalisch) um 6,2 cm zu.

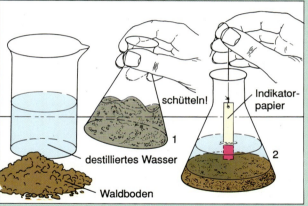

Durchführung:
Gib 2 Löffel Waldboden und 50 ml destilliertes Wasser in das Glasgefäß.
Schüttle das Glas gut durch und lasse es dann etwa 5 Minuten ruhig stehen. Sobald sich die Bodenteilchen abgesetzt haben, wird in dem darüber stehenden Wasser der Säuregrad mit einem Indikatorpapier geprüft.

3 Wasserkapazität

Benötigt werden:
Stativ, Glasrohr, durchbohrter Stopfen, Glaspipette, Verbandmull, Messzylinder. Waldboden.

Die in luftgetrockneter Erde festgehaltene Wassermenge ist die Wasserkapazität des untersuchten Bodens.

Boden	Wasserkapazität (in %)
Sand	19
Sand und Humus	50
Ton	80
Waldboden	?

Durchführung:
Das Glasrohr wird in das Stativ gespannt. An seinem unteren Ende ist es mit dem durchbohrten Stopfen verschlossen. In ihm steckt eine Pipette, die nicht überstehen darf. Auf den Stopfen gibt man 2 Lagen Verbandsmull. In das Rohr füllt man etwa 10 Löffel luftgetrockneten Waldboden. Unter das Rohr stellt man den Messzylinder. Jetzt gießt man 100 ml Wasser vorsichtig in das Rohr. Sobald kein Wasser mehr abläuft, liest man die durchgelaufene Menge ab und berechnet die Wasserkapazität des Bodens.

Zeigerpflanzen

1 *Blühender Sauerklee* 🟡🔵🔴
Erkläre, welche Ansprüche diese Art an die Umgebung stellt.

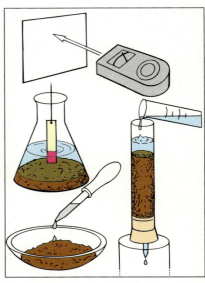

2 *Messgeräte für Lichtmenge, Säure-grad, Kalkgehalt, Wasserkapazität*

In vielen Wäldern wächst keine einzige Heidelbeerpflanze, während anderswo der ganze Waldboden damit bedeckt ist. Die Horste des Pfeifengrases wachsen oft nur auf einem kleinen Fleck und fehlen im übrigen Wald. An einer Stelle wächst die Tollkirsche üppig und daneben überhaupt nicht. Was sind die Gründe?

Lebensansprüche. Jedes Lebewesen stellt ganz bestimmte *Ansprüche* an seine Umwelt und kann nur dort existieren, wo diese auch erfüllt sind. So können in der Krautschicht unserer Laubwälder nur solche Pflanzen bestehen, die an die hier herrschenden Bedingungen angepasst sind. Das können sommerliche Lichtarmut, Windstille, gleichmäßige Luftfeuchtigkeit und humusreicher, im Herbst und Winter laubbedeckter Boden sein. Mit geeigneten *Messinstrumenten* lassen sich diese Lebensbedingungen ermitteln. Allerdings gelten die gefundenen Werte immer nur für den Augenblick der Messung und berücksichtigen möglicherweise nicht alle Faktoren.

Lebende „Messgeräte". Kennt man die Lebensansprüche einer Art, kann man sie als Anzeiger für diese Ansprüche heranziehen. Arten, die ganz ausgeprägte Ansprüche an einzelne Lebensbedingungen stellen, heißen *Zeigerarten.* Pflanzen eignen sich dafür besonders gut. Sie sind gewissermaßen lebende „Messautomaten" für die Bedingungen an einem Standort. Zeigerarten unter den Pflanzen kennt man für alle wichtigen Lebensbedingungen wie *Licht, Temperatur, Wasser* und *Boden.* Selbst für *Kalkgehalt, Säuregrad, Nitrat-* und *Phosphatgehalt* sind Zeigerpflanzen bekannt.

Standortbeurteilung. Je mehr Zeigerarten für denselben Lebensanspruch an einem Standort vorkommen, umso sicherer sind Aussagen zu den Lebensbedingungen möglich. Solche *Zeigergesellschaften* spielen bei der Beurteilung von Pflanzenstandorten durch Förster, Landschaftspfleger oder Naturschutzbeauftragte eine wichtige Rolle. Soll beispielsweise bei Aufforstungen die Güte eines Waldbodens beurteilt werden, zieht man neben der Messung einzelner Faktoren die Zeigerwerte der Waldbodenpflanzen heran. So lässt sich beurteilen, welche Baumarten auf diesem Standort während der nächsten 70 bis 150 Jahre gedeihen können.

Die unterschiedlichen Ansprüche der Pflanzen werden so gekennzeichnet:

	groß	mittel	klein
Lichtbedarf	🟡	🟡	🟡
Feuchtigkeitsbedarf	🔵	🔵	🔵
Kalkbedarf	🔴	🔴	🔴

Aufgaben

1 Stelle mit den Angaben auf den nächsten beiden Seiten zwei „Zeigergesellschaften" zusammen: Feuchtigkeit liebende Schattenpflanzen und Kalk liebende Pflanzen.

2 Wie müssten die Messgeräte von Bild 2 arbeiten, wenn sie die Lebensbedingungen ähnlich zuverlässig ermitteln sollen wie Zeigerpflanzen?

In Kürze

Pflanzen mit ausgeprägten Ansprüchen an bestimmte Lebensbedingungen spielen als Zeigerpflanzen bei der Beurteilung von Waldstandorten eine wichtige Rolle.

2434

Pflanzen des Waldbodens

Aronstab 🟡🔵🔴
Familie Aronstabgewächse
Stängel: 15–30 cm
Blätter: pfeilförmig
Blüten: Blütenstand, von Hüllblatt umgeben, am unteren Ende des braunen Kolbens
Blütezeit: April–Juni
Früchte: leuchtend rote Beeren, *giftig!*

Bärlauch 🟡🔵🔴
Familie Liliengewächse
Stängel: stumpf-dreikantig, 15–30 cm, längliche Zwiebel
Blätter: meist 2, lang gestielt, stark nach Lauch riechend
Blüten: weiß, in Scheindolde
Blütezeit: April–Mai
Früchte: dreiteilige Kapsel, Verbreitung der Samen durch Ameisen

Blaustern 🟡🔵🔴
Familie Liliengewächse
geschützt!
Stängel: rund, 10–20 cm, Zwiebelpflanze
Blätter: meist 2
Blüten: blau, in Traube
Blütezeit: März–April
Früchte: Kapsel, Verbreitung der Samen durch Ameisen

Maiglöckchen 🟡🔵
Familie Liliengewächse
geschützt! *giftig!*
Stängel: 10–20 cm, Blütenstängel blattlos, Erdspross
Blätter: 2, breit-lanzettlich
Blüten: weiße Glöckchen in Traube
Blütezeit: Mai–Juni
Früchte: rote Beeren, Verbreitung der Samen durch Vögel

Einbeere 🟡🔵🔴
Familie Liliengewächse
Stängel: 15–30 cm
Blätter: vierblättriger Blattquirl unter der Blüte
Blüten: Einzelblüte mit 8 Hüllblättern, unscheinbar
Blütezeit: Mai–Juni
Früchte: einzelne blauschwarze Beere, *giftig!*

Rippenfarn 🟡🔵🔴
Familie Tüpfelfarne
Gestalt: Farn mit niederliegenden, unfruchtbaren Wedeln und aufrechten, fruchtbaren Wedeln. Fiedern der fruchtbaren Wedel sehr schmal
Höhe: 15–50 cm
Sporenreife: Juli–September

Biorhythmus

1   Waldeidechse

2   Tagpfauenauge

3   Waldohreulen

Tiere unterliegen einem Rhythmus, der von einer *inneren Uhr* bestimmt wird, man nennt ihn *Biorhythmus*. Dieser Zeitgeber sagt ihnen, wann sie aktiv werden müssen. Dies ist besonders wichtig, um bei der Nahrungssuche oder der Fortpflanzung erfolgreich zu sein. Gesteuert wird die innere Uhr von *abiotischen Faktoren* wie Licht oder Temperatur.

Licht. Vögel und Säugetiere unterliegen einem *Tag- und Nachtrhythmus*. Viele sind am Tag, manche in der Dämmerung und einige nur bei Nacht aktiv. Verantwortlich dafür ist in erster Linie die *Zirbeldrüse* im Gehirn. Über die Augen empfängt sie Informationen über die *Lichtstärke* in der Umwelt und schüttet darauf das *Hormon Melatonin* aus. Dieses regelt die *Bewegungsaktivität* und kontrolliert die *Körpertemperatur*.

Tiere, die nur am *Tag aktiv* sind, haben das Risiko, sowohl von einem Fressfeind als auch vom beabsichtigten Opfer zu schnell erkannt zu werden. Vielfach *tarnen* sie sich daher wirkungsvoll, wie zum Beispiel die Waldeidechse, *warnen* durch Schreckfarben, wie das Tagpfauenauge, oder *wehren* sich mit Bissen wie die Kreuzotter oder Stichen wie die Wespe.

Wer nachts auf Nahrungssuche geht, also *nachtaktiv* ist, wird dann kaum entdeckt, wenn er dabei lautlos

4   Rauhfußkauz

bleibt. Eulen haben daher beispielsweise ein äußerst weiches Gefieder, das beim Fliegen keine Geräusche verursacht. Nachtaktive Tiere brauchen zudem sehr *lichtempfindliche Augen* und, wie etwa die Fledermäuse, der Baummarder oder die Waldmaus, *große Ohren*, mit denen sie möglichst viele Schallwellen auffangen können.

Wasser. Auch andere Lebensvorgänge werden durch abiotische Faktoren beeinflusst. So benötigen alle *Amphibien* zur Eiablage und zur Entwicklung ihrer Larven das *Wasser*. Zudem ist ihre Haut so dünn, dass sie stets eine feuchte Umgebung brauchen, um nicht zu vertrocknen.

5   Fledermaus

Aufgaben

1   Welche Vorteile haben die Tiere, wenn sie zu unterschiedlichen Zeiten im Wald auf Nahrungssuche gehen? Erkläre an einem Beispiel.

2   Welche abiotischen Faktoren sind für die Entwicklung der Erdkröte besonders wichtig?

In Kürze

Der Biorhythmus der Tiere wird durch abiotische Faktoren wie Licht, Wärme und Wasser gesteuert.

Angepasstsein an die Jahreszeit

Alle Tiere müssen sich in unseren Regionen auf *wechselnde Jahreszeiten* einstellen. Vor allem im *Winter* müssen sie sich vor Kälte und Nahrungsmangel schützen. Säugetiere tun dies auf unterschiedliche Weise.

Winteraktivität. Das *Wildschwein* findet im Spätsommer reichlich Nahrung im Wald. Es kann sich jetzt ein dickes *Fettpolster* anfressen. Mit seiner Wühlschnauze kann es aber auch im Winter noch unter der Schneedecke an Nahrung kommen.

Das *Hermelin* wechselt im Herbst sein Fell. Das hellbraune Sommerfell wird durch ein *weißes Winterfell* ersetzt. Die Haare stehen im Winterfell dichter, sodass es gegen Wärmeverluste schützt. Die weiße Färbung *tarnt* das Tier im Schnee.

Tiere, die wie Wildschwein und Hermelin den ganzen Winter über aktiv sind, nennt man *winteraktiv*.

Auch *Rehe, Hirsche und Feldhasen* sind winteraktiv.

Winterschlaf. Der *Siebenschläfer* hat sich bis zum Oktober ein *Fettpolster* angemästet. Mit fortschreitendem Jahr wird die Nahrung knapper, die Witterung unerträglicher. Sinkt die Außentemperatur längere Zeit unter 15 °C, sucht der Siebenschläfer eine Baumhöhle oder eine Erdspalte als Versteck auf. Seine *Körpertemperatur sinkt ab*. Er fällt jetzt in einen *tiefen Schlaf*. Alle Lebensvorgänge sind verlangsamt, er atmet in der Minute statt wie bisher siebzigmal nur noch zweimal. Sein *Herzschlag* fällt von 180 auf 20 Schläge in der Minute. Er ist kaum mehr aufzuwecken. Der Siebenschläfer hält *Winterschlaf*. Auf diese Weise reichen dem kleinen Tier die Fettreserven bis zum nächsten Frühjahr. Sinkt seine Körpertemperatur unter 5 °C ab, beginnen seine Muskeln zu zittern und erzeugen so Wärme. Dabei verbraucht der Siebenschläfer viel von seinen Fettreserven. Steigt die Außentemperatur im Frühjahr wieder an, erwacht der Siebenschläfer. Er verlässt sein Nest und geht sofort auf Nahrungssuche.

1 Wildschweine im herbstlichen Wald

2 Hermelin im Winterkleid

3 Siebenschläfer im Nest

Baumschläfer, Haselmäuse, Igel und *Fledermäuse* halten ebenfalls Winterschlaf.

Winterruhe. Das *Eichhörnchen sammelt* im Herbst Nüsse, Eicheln und Bucheckern, die es in Baumstämmen oder am Boden versteckt. Wenn es im Winter sehr kalt wird, bleibt das Eichhörnchen *tagelang* in seinem *Baumnest, dem Kobel*. Es schläft jetzt länger als im Sommer, eng zusammengerollt kühlt es weniger aus. Körpertemperatur, Herzschlag und Atmung bleiben normal. An einigen Tagen sucht es nach den versteckten Vorräten, von denen es jedoch nur einen Teil wiederfindet. Auch der *Dachs* hält *Winterruhe*.

4 Eichhörnchen am Kobel

Der Baum als Lebensstätte

Ökologische Nischen. Auf einem Baum können immer mehrere – auch nah verwandte – Tierarten miteinander leben, ohne sich gegenseitig Konkurrenz zu machen.

Auf einer Fichte gibt es beispielsweise nicht nur für viele Vogelarten die entsprechende *Nahrung*, sondern auch für Insekten oder Säuger. Alle diese Tiere haben eine für sie typische Form des Nahrungserwerbes entwickelt.

Wechselbeziehungen zwischen den Gegebenheiten der Umwelt und den Ansprüchen und der Art der Nutzung der Gegebenheiten der Umwelt durch eine Art bezeichnet man als ökologische Nische einer Art.

Vögel. Der *Fliegenschnäpper* benutzt die Spitze des Baumes, um sich vorüberfliegende Insekten zu schnappen. Der *Ziegenmelker* startet aus der Fichte heraus, um in Mückenschwärme zu fliegen und mit seinem kescherartigen Schnabel reiche Beute zu machen. Ganz anders der *Fichtenkreuzschnabel:* Seine sich überkreuzenden Schnabelhälften ermöglichen es ihm, die Samenschuppen aus den Zapfen herauszulösen. Der *Buntspecht* dagegen fischt sich mit seinem kräftigen Schnabel und der langen Zunge Bockkäfer aus dem Splintholz.

Insekten, die sich in den Rindenritzen aufhalten, holt sich der *Kleiber* mit seinem pinzettenartigen Schnabel. Auf besonders kleine Insekten ist der *Gartenbaumläufer* spezialisiert. Sein äußerst dünner, gebogener Schnabel dringt auch noch in die winzigsten Rindenspalten ein.

Keine besondere Rolle spielt der Schnabel beim Nahrungserwerb des *Sommergoldhähnchens*. Ihm hilft sein geringes Gewicht. Da es nur etwa 5 g wiegt, kann es die benötigten Insekten auf den äußersten dünnen Enden der Fichtenzweige sammeln. Für diese ist die *Kohlmeise* viel zu schwer. Sie holt sich dieselben Insekten daher von den dickeren Zweigen und Ästen. Die *Drossel* gibt sich mit dem zufrieden, was unter einer Fich-

1   Eine Fichte als Lebensraum

te am Boden zu finden ist. Sie ernährt sich von Schnecken und Würmern.

Insekten. Auch bei den Insekten gibt es zwischen den Arten wenig Konkurrenz: So frisst der *Rüsselkäfer* vor allem Rinde und Bast, während der *Schnellkäfer* vom morschen Holz abgestorbener Äste satt wird.

Säuger. Der äußerst wendige und schnelle *Baummarder* schließlich hat es vor allem auf Vögel und Eichhörnchen abgesehen.

Aufgaben

1   Erkläre, wie der Fliegenschnäpper zu seinem Namen gekommen ist.

2   Was versteht man unter einer ökologischen Nische?

3   Goldhähnchen und Kohlmeise machen sich beim Nahrungserwerb keine Konkurrenz, obwohl sie denselben Speiseplan besitzen. Erkläre.

Nahrungsnetze

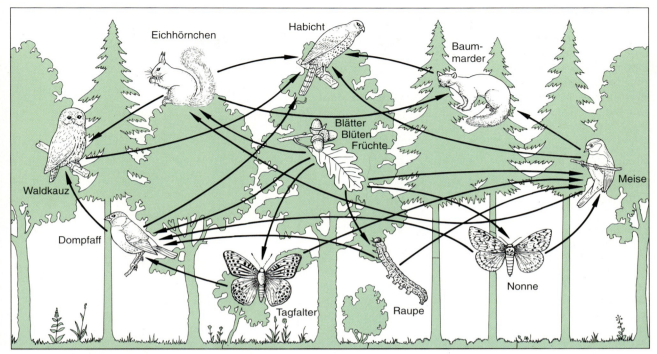

1 *Nahrungsnetz in der Kronenschicht eines Mischwaldes*

Nahrungskette. Tiere und Pflanzen leben im Wald nicht nur nebeneinander, sondern sie sind auch voneinander abhängig. In der Kronenschicht eines Mischwaldes kann man dies gut beobachten: An einer Eiche beispielsweise wachsen *Blätter*. Man bezeichnet die Pflanze daher auch als *Produzenten*. Die Blätter frisst eine *Raupe*. Die Raupe ist der *Konsument 1. Ordnung*. Die Raupe wiederum dient dem *Dompfaff* als Nahrung. Er ist einerseits *Konsument 2.Ordnung*, zugleich aber auch wieder Beute für den *Habicht*, den *Konsumenten 3.Ordnung*. Da der Habicht keinen natürlichen Fressfeind mehr hat, stellt er den *Endkonsumenten* dar. In der Regel bestehen Nahrungsketten im Ökosystem Wald aus höchsten 5 Gliedern.

Nahrungsnetz. Die Nahrungsbeziehungen sind in der Natur allerdings nie ausschließlich kettenförmig, da viele Tiere einer Nahrungskette unterschiedliche Nahrung zu sich nehmen. So schmecken einem Eichhörnchen nicht nur Eicheln, Bucheckern oder die Samen aus den Zapfen der Fichte, sondern auch Vogeleier oder Jungvögel. In der Regel sind daher viele Nahrungsketten zu *Nahrungsnetzen* verknüpft.

Stabilität. Durch das ständige Fressen und Gefressenwerden in einem Nahrungsnetz sorgt die Natur für eine ausgewogene Anzahl an Lebewesen in einem System. Es stellt sich ein *biologisches Gleichgewicht* ein, das das Überleben der beteiligten Arten ermöglicht. Ein strenger Winter jedoch kann die Insekten, die vielen Vögeln als Nahrung dienen, stark dezimieren und so die Kette stören. Jetzt ist es von Vorteil, wenn ein Konsument nicht nur auf eine Nahrungsart angewiesen ist. Die Meise beispielsweise kann auf Früchte, Beeren und Samen ausweichen. Ein artenreiches Nahrungsnetz ist deshalb wesentlich weniger störanfällig als ein artenarmes.

Menschliche Eingriffe. In unseren einheimischen Wäldern hat der Mensch aus Angst, aber auch aus *Konkurrenzneid* in die Nahrungsnetze eingegriffen. Er hat mit dem *Bär*, dem *Luchs* oder dem *Wolf* wichtige *Endkonsumenten* ausgerottet. Dadurch haben beispielsweise die Rehe keinen natürlichen Feind mehr und verursachen durch den übermäßigen Verbiss an jungen Bäumen große Schäden. Um dies zu verhindern, greift der Mensch nun in Form der Jagd regulierend in diese Nahrungsbeziehungen ein.

Die Nahrungspyramide im Wald

Biomasse. Von dem kleinsten Moos bis zum hohen Baum – die beherrschende Lebensform in einem Wald sind die Pflanzen. Die Produzenten sind nicht nur am auffälligsten, sondern stellen auch den größten Mengenanteil an lebendem Material im Ökosystem Wald. Diese *Biomasse* wird in *Gewicht pro Flächeneinheit* gemessen:

Biomasse in g/ha

Buche	313 000 000
Erdmaus	4600
Fuchs	150
Wolf	7

Pflanzenfresser wie die Erdmäuse sind häufig. Ihre Biomasse ist aber beträchtlich kleiner als die der Buchen. Konsumenten wie Füchse, die sich von Pflanzenfressern ernähren, aber auch pflanzliche Nahrung nicht verschmähen, sind seltener und stellen noch weniger Biomasse. Der Wolf, der am Ende der Nahrungskette steht, ist zwar groß, wegen seiner geringen Anzahl ist die Biomasse aber minimal.

Nahrungspyramide. Stapelt man die Biomassen von Erzeugern und Verbrauchern der verschiedenen Ernährungsebenen übereinander, erhält man eine Pyramide. Diese *Nahrungspyramide* zeigt, dass die Biomasse bei den Produzenten am größten ist. Von den Pflanzenfressern bis zu den Endverbrauchern nimmt sie kontinuierlich ab.

Da Räuber meist größer sind als ihre Beute, nimmt die Größe der Tiere innerhalb einer Nahrungskette zu. Dies bedeutet, dass die *energiereichen Stoffe* in den Nahrungsketten *von kleinen zu immer größeren Tieren* gelangen.

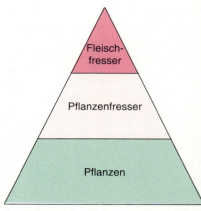

1 *Schema der Nahrungspyramide*

In Kürze

Innerhalb der Nahrungsketten nimmt die Biomasse der Lebewesen von Stufe zu Stufe ab, die Größe der Tiere nimmt zu.

2 *Nahrungspyramide. Jede Ebene stellt die Biomasse von Gliedern verschiedener Nahrungsketten dar.*

1351

Stoffkreisläufe

Kreislauf von Kohlenstoff und Sauerstoff. Die Pflanzen nehmen *Kohlenstoffdioxid* auf. Bei der *Fotosynthese* werden daraus unter Beteiligung von Wasser und Mineralstoffen Glucose und andere Stoffe gebildet. Diese dienen nicht nur den Pflanzen, sondern auch den Tieren als Baustoffe und Betriebsstoffe.

Bei der Fotosynthese wird zusätzlich *Sauerstoff* freigesetzt. Diesen benötigen Tiere und Pflanzen für die *Zellatmung*. Bei diesem Vorgang wird energiereiche Glucose mithilfe von Sauerstoff zur Energiegewinnung eingesetzt. Dabei entstehen Kohlenstoffdioxid und Wasser. Beide Stoffe können von den Pflanzen wieder aufgenommen und erneut verwertet werden. Der *Kreislauf* ist somit geschlossen.

Einen Teil der organischen Stoffe bauen die Tiere zusammen mit *Mineralstoffen* in ihren Körper ein.

Beim Tod zerlegen die Destruenten diese Stoffe ebenfalls wieder in Kohlenstoffdioxid, Wasser und Mineralstoffe. Auch hier schließt sich der *Kreislauf*.

Kohlenstoff und Sauerstoff gehen in den Ökosystemen der Erde im Idealfall also nicht verloren, sondern bleiben in einem Kreislauf erhalten.

Einbahnstraße der Energie. Der Kohlenstoff und Sauerstoff bewegen sich in einem Kreislauf. Die *Energie* dagegen durchwandert die Nahrungsketten nur in einer Richtung: Die bei der Fotosynthese eingefangene Sonnenenergie wird zunächst in Form energiereicher Stoffe gespeichert. Ein Teil davon wird an die Konsumenten weitergegeben. Bei der Zellatmung aller Lebewesen und der Zersetzung durch die Destruenten entweicht die Energie dann in Form von Wärme aus dem Kreislauf und geht somit verloren.

Aufgaben

1 Beschreibe den Kreislauf von Kohlenstoff und Sauerstoff mithilfe der Grafik.

2 Welche Aufgabe hat die Fotosynthese im Kreislauf des Kohlenstoffs und Sauerstoffs?

3 Warum spricht man beim Weg der Energie von einer „Einbahnstraße"?

In Kürze

Destruenten schließen Nahrungsketten zu Nahrungskreisläufen. Im Idealfall gehen Kohlenstoff und Sauerstoff in den Ökosystemen der Erde nicht verloren, sondern bleiben im Kreislauf erhalten.

Die Energie dagegen verläuft auf einer „Einbahnstraße".

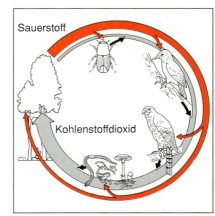

2 *Kreislauf von Kohlenstoffdioxid und Sauerstoff*

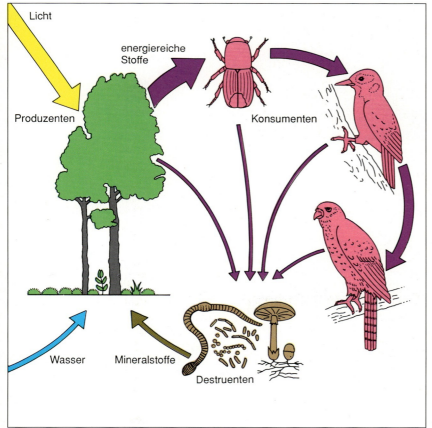

1 *Produktion und Weitergabe energiereicher Stoffe im Ökosystem Wald*

Lebewesen im Waldboden

1   *Auflösung der Blattoberfläche*

2   *Kleine Fenster entstehen.*

3   *Größere Blattstücke fehlen.*

In einem Hektar Buchenwald fallen pro Jahr rund 4 t Laub, Äste und Früchte auf den Boden. Alle diese Reste werden im Laufe der Zeit abgebaut.

Bodenorganismen. Der Waldboden besteht zu 85 % aus Humus und zu 10 % aus Wurzeln. Den Rest machen tierische und pflanzliche Lebewesen aus. Sie zersetzen organische Reste und tragen dadurch zur Bildung von neuem Humus bei. Humus ist der fruchtbare, meist dunkel gefärbte Boden, der mit den organischen Resten aus dem Abbau von Lebewesen angereichert ist.

Zersetzung eines Blattes. Der Abbau von abgefallenem Laub erfolgt in mehreren Stufen:

— *Bakterien* greifen zuerst die Blattoberfläche an.
— Würmer, wie die *Enchyträen*, leben von den Bakterien und Einzellern auf der Blatthaut. Sie fressen auch den Kot anderer Tiere, die das Blatt abbauen. Regenwürmer beteiligen sich daran, fressen und verdauen aber auch ganze Blattstücke.
— *Milben, Rindenläuse, Springschwänze* und andere Kleintiere können nun an das weichere Gewebe zwischen den Blattadern gelangen. Mückenlarven fressen kleine Fenster in die Blätter.

4   *Endprodukt Humus*

— Auch die *Larven von Asseln, Schnecken* und *Ohrwürmern* fressen an den weichen Teilen des Blattes. Übrig bleiben die Blattadern.
— *Pilze* und *Bakterien* zersetzen die Reste zu Mineralstoffen.

An allen Stufen des Abbaus sind *Bakterien, Einzeller* und *Pilze* beteiligt. Nur sie können Holzstoff und Cellulose zersetzen.

Raubmilben, Hundertfüßer und *Bodenspinnen* jagen die Tiere, die am Abbau der Blätter beteiligt sind. Auf diese Weise bilden sich auch im Boden komplizierte Nahrungsnetze.

Häufigkeit von Bodenlebewesen

Tiere	Anzahl in 1000 ml Erde
Einzeller	1 000 000 000
Rädertierchen, Bärtierchen	500
Fadenwürmer	30 000
Springschwänze	1 000
Milben	2 000
Spinnentiere, Krebse, Tausendfüßer, Insekten	100
Borstenwürmer	50
Regenwürmer	2

Aufgaben

1   Erkläre, wie Humus entsteht.

2   Durch welche Lebewesen beginnt die Zersetzung eines Blattes?

3   Welche Lebewesen setzen den Abbau des Blattes fort?

In Kürze

Die organischen Abfälle werden am Waldboden von einem Heer von Lebewesen zersetzt. Humus wird gebildet.

Praktikum: Laubstreu

1 Lichtfalle

Benötigt werden:
Glas- oder Plastiktrichter, grobes Sieb, Pappkarton, Glasschale, angefeuchteter Pinsel, Lampe.
Waldboden.

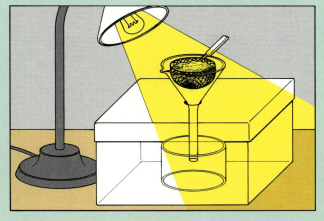

Durchführung:
Bodentiere meiden Licht und Trockenheit, suchen dagegen Dunkelheit und Feuchtigkeit. In das Sieb kommt eine Bodenprobe. Dann setzt man das Sieb auf einen Trichter, der in eine dunkle Schachtel ragt, und lässt es langsam austrocknen. Die Tiere fliehen in das Glas unter dem Trichter. Mit einem feuchten Pinsel bringt man sie in Beobachtungskammern.

2 Tiere der Laubstreu

Benötigt werden:
Leere Konservendose, Lichtfalle aus Versuch 1.
Waldboden.

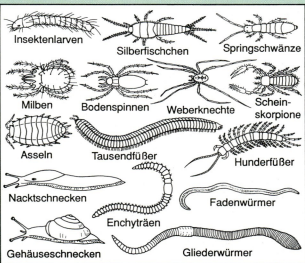

Insektenlarven
Silberfischchen
Springschwänze
Milben
Bodenspinnen
Weberknechte
Scheinskorpione
Asseln
Tausendfüßer
Hunderfüßer
Nacktschnecken
Fadenwürmer
Enchyträen
Gehäuseschnecken
Gliederwürmer

Durchführung:
Eine leere Konservendose, deren Boden und Deckel abgetrennt wurden, lässt sich als Stechzylinder verwenden. Man drückt sie in den Waldboden und entnimmt die obere Bodenschicht unzerstört. Wird der Boden vorsichtig aus der Dose gedrückt, kann man ihn anschließend schichtweise untersuchen, zum Beispiel mit der Lichtfalle.

3 Beobachtungskammer für Kleintiere

Benötigt werden:
Gips oder Füllspachtel, Kohlepulver, Joghurtbecher, Styroporstücke (5 mm Dicke), Deckgläser, Glasschale.
Bodentiere, die mit der Lichtfalle gefangen wurden.

In Beobachtungskammern aus Gips lassen sich Bodentiere längere Zeit halten. Lasse sie wieder frei, ehe sie Schaden nehmen.

Gips oder Füllspachtel
Kohlepulver
Gips
Joghurtbecher
Beobachtungskammer
Deckglas
Deckglas
Styropor
Wasser
Gipsblock

Durchführung:
So werden die Kammern hergestellt: Auf den Boden von Joghurtbechern legt man ein Deckglas und darauf ein etwa 5 mm dickes Stück Styropor, das etwas kleiner ist als das Deckglas. Dann gießt man in den Becher etwa 3 cm hoch Gipsbrei, dem etwas Kohlepulver zugesetzt wurde. Dadurch sind nachher die hellen Kleintiere besser zu erkennen.
Ist der Gips hart, drückt man den Gipsblock aus dem Becher, nimmt das Styropor heraus und setzt die Tiere in die Kammer. Der Gipsblock wird feucht gehalten.

1 *Schadstufe 1 bei der Fichte Beginnende Kronenverlichtung von innen nach außen. Nadeln oft mit leichter Gelb- bis Graufärbung.*

2 *Schadstufe 2 bei der Fichte Deutliche Verlichtung der gesamten Krone. Stark entnadelte Triebe. Häufig Gelbfärbung der Krone.*

3 *Schadstufe 3 bei der Fichte Sehr starke Auflichtung der gesamten Krone. Starke Gelb- oder Braunfärbung. Abgestorbene Wipfel.*

Neuartige Waldschäden. Schon seit der Antike stellte man in der unmittelbaren Umgebung von Eisenhütten eine *Schädigung von Nadelbäumen* fest. Seit Beginn der Achtzigerjahre allerdings treten diese Schäden großflächig fast überall, unabhängig vom Standort, dem Klima oder den Bodenverhältnissen, auf. Zudem sind davon jetzt nicht nur die Nadelbäume, sondern auch die Laubbäume betroffen. Im Augenblick, 1996, kann man davon ausgehen, dass in Sachsen nur noch etwa 40% des Waldes als gesund angesehen werden können. 35% sind schwach und 25% mittel bis stark geschädigt.

Gründe. Die Gründe für die Waldschäden sind sehr vielfältig und teilweise noch nicht endgültig geklärt. Sicher trugen dazu *falsche Waldbaumaßnahmen* in der Vergangenheit bei. Man legte Forste mit rasch wachsenden *Fichtenmonokulturen* an, um möglichst schnell und mit geringem Arbeitsaufwand großflächiger ernten zu können. Doch diese Wirtschaftswälder sind anfällig für Wind- und Schneebruch oder für einen extremen Befall durch Schadinsekten. In Sachsen treten dabei regional unterschiedliche Schädlinge auf: Im Norden sind es immer wieder der *Blaue Kiefernprachtkäfer*, im Nordwesten der *Frostspanner* und im Westen und Osten der *Grüne Eichenwickler*, die den Forstleuten sehr zu schaffen machen.

4 *Waldsterben bei Zinnwald im Erzgebirge*

5 *Fichtenmonokultur*

2441

Waldschäden

1   *Frostspanner*

2   *Grüner Eichenwickler*

3   *Kiefernprachtkäfer*

Luftverschmutzung. Weit folgenschwerer wirkt sich die *Luftverschmutzung*, die von den Abgasen der Haushalte, Kraftfahrzeuge und der Industrie verursacht wird, auf die Gesundheit unserer Wälder aus. *Schwefeldioxid* und *Stickoxide* fördern den „sauren Regen". Stickoxide sind auch am Entstehen von *Ozon* beteiligt. Zusammen mit den in die Luft abgegebenen Schwermetallen und Kohlenwasserstoffen stören sie den Stoffwechsel der Bäume, vermindern die Fotosynthese und erhöhen die Transpiration. So kommt es zu einem vorzeitigen Altern, einem Nadel- und Blattverlust und zu einer verminderten Widerstandsfähigkeit der Pflanzen gegenüber Insekten, Pilzen oder Bakterien.

Ein Teil der Schadstoffe gelangt zudem in den Boden und führt dort zu einer Versauerung. Diese schädigt die Feinwurzel und vermindert dadurch die Wasseraufnahme. Auch die Bodenverdichtung durch schwere Arbeitsmaschinen sowie Entwässerungsprojekte beeinträchtigen zusätzlich das Pflanzenwachstum.

Forschungsprojekte. Seit 1982, als man auf die neuartigen Waldschäden aufmerksam wurde, fördert der Staat in Deutschland über 800 Projekte, die nach Möglichkeiten suchen, den Wald zu erhalten. In Sachsen spielt dabei die Rauchschadensforschung in Tharandt eine zentrale Rolle. Hier, wo einst die erste Forstakademie der Welt gegründet wurde, untersucht man heute auf speziellen Experimentierfeldern wissenschaftlich den Einfluss von Luftschadstoffen auf die verschiedenen Baumarten.

Neue Waldbaumaßnahmen. Aufgrund der Ergebnisse der verschiedenen Forschungsprojekte hat man in den letzten Jahren damit begonnen, Schadflächen wieder aufzuforsten. Dazu legt man statt der Monokulturen jetzt naturnahe, gemischte Waldgesellschaften an und pflanzt nur solche Bäume, die zum entsprechenden Boden und zum herrschenden Kleinklima passen. Besondere Erfolge können die Forstleute dabei in den sächsischen Mittelgebirgen, vor allem im Erzgebirge, vorweisen. Verschiedentlich hat man auch mit einem Waldumbau begonnen: Man ersetzt kleinere Flächen von Fichtenmonokulturen nach und nach durch Mischwald.

Staatliche Maßnahmen. Durch die gesetzlich vorgeschriebenen Katalysatoren in Kraftfahrzeugen oder durch den Einbau von Filtern und Rauchgasreinigungsanlagen wird versucht, auch auf diese Weise dem Wald zu helfen.

Aufgaben

1   Weshalb muss sich eine verminderte Fotosynthese nachteilig auf einen Baum auswirken?

2   Welche Fehler wurden in der Vergangenheit beim Waldbau gemacht?

3   Erkläre, was man unter Waldumbau versteht.

4   Welchen Beitrag kannst du ganz persönlich leisten, um die Belastung der Luft mit Schadstoffen zu verringern?

5   Sammle Artikel aus Zeitungen und Zeitschriften zum Thema Waldschäden.

In Kürze

Über die Hälfte des Waldes in Sachsen ist mehr oder weniger geschädigt. Die Schäden sind die Folge von falschen Waldbaumaßnahmen in der Vergangenheit, von Luftverschmutzung oder Bodenversauerung. Durch die Pflanzung von naturnahen Waldgesellschaften und durch geringere Luftverschmutzung soll wieder ein gesunder Wald entstehen.

1 Kranich

2 Ringelnatter

3 Biber

Rote Liste. Alle bei uns in ihrem Bestand gefährdeten Pflanzen und Tiere werden regelmäßig in der *Roten Liste* erfasst. Neben Blaukehlchen, Schwarzstorch, Kranich, Seeadler, Wanderfalke, Biber oder Fischotter zählen dazu auch alle Amphibien und Reptilien, die Rote Waldameise oder der Kleine Schillerfalter.

Bei den Pflanzen zählen zu den gefährdeten Arten unter anderem das Schneeglöckchen, der Seidelbast, das Leberblümchen, die Trollblume.

Biotopschutz. Die Aufnahme in die Rote Liste garantiert allerdings noch nicht das Überleben einer Art. Genauso wichtig ist es, die durch uns Menschen *gefährdeten Lebensräu-* *me* dieser Arten zu erhalten, zu pflegen. Verloren gegangene Lebensräume, *Biotope*, müssen durch neu geschaffene ersetzt werden. So waren beispielsweise die Verlandungsgebiete von Gewässern, Moore und Flussauen in der Vergangenheit ohne großen Nutzen für die Landwirtschaft, weshalb sie häufig trockengelegt und zu Ackerflächen umgewandelt wurden. Doch diese Bereiche sind für eine Vielzahl von Tieren und Pflanzen ein unersetzlicher Lebensraum. Daher schreiben Naturschutzgesetze heute die ausdrückliche *Bewahrung von Feuchtflächen* vor. Jede Veränderung ihres charakteristischen Zustandes darf nur im Einvernehmen mit den zuständigen Naturschutzbehörden erfolgen. Für ihre naturschonende Bewirtschaftung, beispielsweise die Mahd mit der Sense, und Pflege dieser Flächen erhalten die Landwirte vom Staat eine Ausgleichszahlung.

Ruderalstandorte. Auch brachliegende Äcker und Wiesen, ungenutzte Gleisbereiche, ehemalige Grenzsperranlagen oder aufgelassene Kies- und Sandgruben sind ungestörte Lebensräume für eine Reihe gefährdeter Arten. An diesen so genannten Ruderalstandorten wurden auf 1000 m^2 teilweise bis zu 180 verschiedene Pflanzenarten gezählt. Viele Wild- und Heilkräuter, wie der Natternkopf, der Weiße Gänsefuß, Beinwell, Thymian, Kamille, Klatschmohn oder Kornblume, haben fast nur noch dort eine echte Überlebenschance.

Auf diesem *Ödland* findet man auch noch Pflanzen, die aus unseren Gärten und Parks als sogenannte Unkräuter nahezu völlig verbannt wurden, die aber Bienen, Hummeln, Käfer oder Schmetterlinge zum Überleben brauchen. So entwickeln sich zum Beispiel die Raupen des Admirals, des Tagpfauenauges oder des Kleinen Fuchses nur auf ihrer Futterpflanze, den Brennnesseln. Aber auch von der Distel sind viele Schmetterlinge, Hummeln und andere Insekten abhängig.

3 Schneeglöckchen

3 Leberblümchen

Naturschutz

1   Kirnitschtal. Naturschutzgebiet Sächsische Schweiz

2   Hinweisschild Naturschutzgebiet

Naturdenkmale sind Einzelobjekte in der Natur, die aus ökologischen, wissenschaftlichen, natur- oder erdgeschichtlichen Gründen geschützt sind. Als Naturdenkmale können zum Beispiel alte Bäume unter Schutz gestellt werden.

In Kürze

Viele Pflanzen und Tiere sind bei uns vom Aussterben bedroht. Die Bewahrung von wertvollen Biotopen und die Einrichtung besonderer Schutzgebiete sollen helfen, die Vielheit in der Natur zu erhalten.
In Naturschutzgebieten dürfen keinerlei Veränderungen hervorgerufen werden.

Schutzgebiete. Der natürlichen Sicherung wertvoller Lebensräume sowie der darin lebenden Pflanzen und Tiere dient bei uns die Einrichtung von ausdrücklich geschützten Landschaftsbereichen. Sie sind durch besondere Hinweisschilder leicht zu erkennen. *Naturschutzgebiete* wollen in erster Linie das Fortbestehen der darin lebenden Arten sichern. Daher ist es dort unter anderem verboten, Pflanzen zu pflücken oder auszugraben sowie Mineralien und Versteinerungen zu sammeln. Das Lärmen ist hier genauso untersagt wie das Fahren mit dem Auto, das Reiten, Zelten oder das Errichten von Feuerstellen. In Landschaftsschutzgebieten soll die Vielfalt und Schönheit der Natur erhalten bleiben. Allerdings sind dort Veränderungen zulässig.

Bei den *Naturparks* handelt es sich in der Regel um großflächige, in sich geschlossene Gebiete, in denen möglichst wenige Veränderungen vorgenommen werden sollen. Diese Räume stehen auch den Menschen zur Erholung zur Verfügung. Sie sind deshalb meist mit Wanderwegen, Lehrpfaden oder Schutz- und Unterkunftshütten ausgestattet.

Der tropische Regenwald ...

1   *Der tropische Regenwald erscheint aus der Vogelperspektive wie eine grüne Mauer.*

Die tropischen Wälder bilden ein grünes Band rund um den Äquator. Sie dehnen sich bis zu 1000 km nach Norden und nach Süden aus. Von oben betrachtet, lässt sich kaum erahnen, welche *Vielfalt* an Leben unter der grünen Decke existiert.

Die Artenvielfalt. Die tropischen Regenwälder weisen eine unvorstellbar hohe Zahl verschiedener Pflanzen- und Tierarten auf. Wissenschaftliche Schätzungen gehen davon aus, dass sie 60 bis 80 % aller weltweit existierenden Tier- und Pflanzenarten beherbergen. Obwohl die tropischen Regenwälder nur rund 8 % der Landfläche unserer Erde bedecken, wächst in ihnen beinahe die Hälfte allen Holzes auf der Erde. Während unsere Wälder von wenigen Baumarten gebildet werden, sind es im Regenwald unterschiedlichste Arten. In einem mitteleuropäischen Mischwald findet man auf einem Quadratkilometer etwa 10 bis 12 Baumarten, im Regenwald oft über 100. Diese Bäume bilden *mehrere übereinander liegende Stockwerke*. In jeder Schicht lebt eine *eigene Lebensgemeinschaft*.

Der Jaguar, eine Großkatze des Regenwaldes. Der Jaguar ist in Mittel- und Südamerika beheimatet. Er lebt in Waldgebieten mit feuchten Flussniederungen und Überschwemmungsgebieten. Er schwimmt sehr gut und jagt Tapire, Wasserschweine, Sumpfvögel und Schildkröten.

Tapire sind Unpaarhufer des Regenwaldes. Der amerikanische Flachlandtapir geht erst bei Dämmerung auf Nahrungssuche. Dabei dient ihm sein Rüssel als Greiforgan. Er frisst junge Palmblätter, Maniokwurzeln und heruntergefallene Früchte. Tapire haben an den Vorderfüßen vier und an den Hinterfüßen drei Zehen.

Der Tukan, ein Früchtefresser. Der stattliche schwarze Vogel hat einen riesigen, auffällig gefärbten Schnabel. Dieser kann bis zu 15 cm lang werden, trotzdem ist er federleicht. Die leuchtende Färbung des Tukans dient wahrscheinlich als Erkennungszeichen bei der Balz und dazu, Feinde abzuschrecken.

2   *Jaguar*

3   *Tapir*

4   *Tukan*

1068

1 Tropischer Regenwald. Selbst während der Mittagszeit ist es am Boden dämmrig.

Die Lebensbedingungen. Das Laubdach des tropischen Regenwaldes ist ganzjährig völlig geschlossen. Die Bäume sind *immer grün*. Im feuchtwarmen Klima finden die Pflanzen das ganze Jahr hindurch ideale klimatische Bedingungen. Allerdings ist der *Waldboden arm an Mineralstoffen*. Trotzdem ist der tropische Regenwald viel produktiver als der mitteleuropäische Laubwald. Die hohen Temperaturen lassen *Lebensvorgänge*, wie Abbau von Biomasse, Verdunstung und damit schneller Wasser- und Mineralstofftransport, viel *rascher ablaufen*. Die Hauptfülle an Lebewesen entfaltet sich in der mehrfach geschichteten Kronenregion der Bäume.

Der Kampf ums Licht. Im unablässigen Kampf um einen Platz an der Sonne winden sich *Kletterpflanzen* wie Lianen mit ihren Stängeln an den Stämmen anderer Pflanzen nach oben. Im Gegensatz zu Lianen, die im Erdboden wurzeln, sind *Aufsitzerpflanzen*, auch *Epiphyten* genannt, dazu übergegangen, sich auf den Stämmen oder im Geäst der Baumkronen anzusiedeln. Die Bäume dienen diesen Pflanzen nur als Unterlage.

Orchideenblüten als Lockmittel. Die Blüten der Orchideen zeigen großen Farben- und Formenreichtum. Die verschiedenen Arten locken durch die unterschiedlichsten Einrichtungen Bestäuber an. Bestimmte

Insekten, kleinere Vögel, Kolibris und sogar Fledermäuse bestäuben Orchideen. Unter den Orchideen gibt es auch Arten, die als Epiphyten anderen Pflanzen aufsitzen.

Farbenpracht der Insekten. Einige Schmetterlinge des Regenwaldes sind wahre Meister der Täuschung. Andere sind bunt gefärbt. Die Farben machen die Insekten besonders auffällig und signalisieren den Fressfeinden Ungenießbarkeit.

Baumfarne. Baumfarne wachsen vorwiegend in den höher gelegenen feuchten Berg- und Schluchtwäldern. Im tropischen Regenwald des Tieflandes können sie sich nicht gegen die Konkurrenz schneller wachsender Blütenpflanzen behaupten.

2 Orchidee als Epiphyt

3 Tropischer Schmetterling

4 Baumfarn

Die Bedrohung des tropischen Regenwaldes

1 *Ein Stück Wald wird abgebrannt ...*

2 *... um es zu bebauen ...*

3 *... oder zu besiedeln.*

Schon von weitem riecht man den beißenden Rauch brennenden Holzes. Hier, wie an vielen anderen Stellen im Amazonastiefland, brennt der Wald. Jede Minute werden weltweit 40 Hektar *Tropenwald vernichtet*. Dies entspricht einer Fläche von 56 Fußballfeldern. Ein unvorstellbares *Artensterben* ist die Folge. 500 bis 1000 Pflanzenarten verschwinden jährlich unwiederbringlich.

Die sanfte Nutzung durch Ureinwohner. Seit Jahrhunderten haben bestimmte Völker des Regenwaldes Ackerbau betrieben. Vor Beginn der Regenzeit wurde ein Stück Wald durch Abbrennen gerodet. Zwischen verkohlten Bäumen wurde zu Beginn der Regenzeit mit der Hacke oder mit dem Grabstock der Samen eingebracht. War die Fruchtbarkeit des Bodens nach wenigen Jahren erschöpft, rodete man ein neues Stück Land und überließ das alte Ackergelände sich selbst. Nach wenigen Jahren wuchs dort wieder Wald. Diese Anbautechnik nennt man *Brandrodungswanderfeldbau*. Ist die Zeit ausreichend lang, bis die Waldbauern wieder zur ursprünglichen Anbaustelle zurückkehren, ist die *ökologische Belastung* des Waldes äußerst *gering*.

Die Plünderung des Regenwaldes. Die Zerstörung der Regenwälder hat viele Ursachen: In Südostasien dient ein Großteil der jährlichen

Tropenwaldvernichtung der Gewinnung *tropischer Edelhölzer*.

An anderen Stellen des Regenwaldes werden riesige Flächen gerodet und *Straßenschneisen* durch den Regenwald gelegt um Eisenerz-, Bauxitvorkommen und andere Bodenschätze abzubauen.

In Zentralamerika und in Brasilien trägt die *Viehzucht* zur Vernichtung der Tropenwälder bei. Nachdem der Wald niedergebrannt ist, wird er einige Jahre als Viehweide genutzt. Ein neuer Wald kann hier nicht mehr nachwachsen.

In manchen Teilen Afrikas ist die Bevölkerung so stark gestiegen, dass immer mehr Menschen Wald roden um *Ackerbau* für die Selbstversorgung zu betreiben.

Die Zukunft des Regenwaldes. In den vergangenen 40 Jahren hat der Mensch die Hälfte des tropischen Regenwaldes zerstört. Hält die gegenwärtige Entwicklung an, wird durch die jährliche Vernichtung von etwa 7,5 Millionen Hektar Regenwald bis zum Jahr 2030 dieses Ökosystem von der Erde verschwunden sein.

Die Tropenwälder haben nur dann eine Chance, wenn sich bald eine *Änderung der Nutzung* durchsetzt. Ein Verzicht auf Tropenhölzer, die nicht aus Plantagenwirtschaft stammen, kann einen Teil des Regenwaldes retten. Bevor Großprojekte in den Tropenländern durch unsere Regierungen unterstützt werden, muss in Zukunft geprüft werden, ob solche Projekte *umweltverträglich* sind.

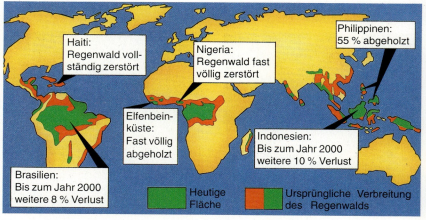

Haiti:
Regenwald vollständig zerstört

Nigeria:
Regenwald fast völlig zerstört

Philippinen:
55 % abgeholzt

Elfenbeinküste:
Fast völlig abgeholzt

Indonesien:
Bis zum Jahr 2000 weitere 10 % Verlust

Brasilien:
Bis zum Jahr 2000 weitere 8 % Verlust

Heutige Fläche

Ursprüngliche Verbreitung des Regenwalds

4 *Die Zerstörung der Regenwälder der Erde steigt rapide an.*

74

Die Bedeutung des tropischen Regenwaldes

1   *Ausgedörrter Boden*

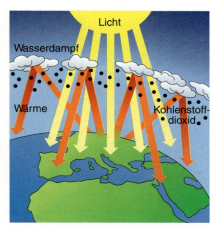

2   *Treibhauseffekt*

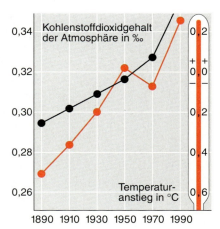

3   *CO_2-Gehalt und Temperatur*

Fruchtbare Ackerbaugebiete verdorren, ganze Landstriche versinken für immer im Ozean. Anderswo blühen karge Steppengebiete auf, in der Arktis wachsen Wälder, das Eis am Nord- und Südpol schmilzt. Völkerwanderungen und politische Krisen werden die Folge sein. So sagen es Klimaforscher voraus. Wie kann es dazu kommen?

Der Tropenwald als Klimaregulator. Der Regenwald *entnimmt* der Atmosphäre große Mengen *Kohlenstoffdioxid*. Wird er aber weiter abgeholzt, wird er in Zukunft weniger Kohlenstoffdioxid durch Fotosynthese in Biomasse umwandeln können.

Kohlenstoffdioxid wirkt ähnlich wie die Glaswände eines Treibhauses,

die die einfallenden Sonnenstrahlen herein-, die entstandenen Wärmestrahlen jedoch nicht hinauslassen. Dadurch wird die von der Erde abgestrahlte Wärme in der Atmosphäre festgehalten. Man spricht vom *Treibhauseffekt.*

Bild 3 zeigt, wie stark der Gehalt der Atmosphäre an Kohlenstoffdioxid zugenommen hat. Ursache ist einerseits der *gestörte Kreislauf des Kohlenstoffdioxids* durch vermehrte Abgabe dieses Gases. Andererseits *nehmen für die Fotosynthese wichtige Pflanzenbestände ab.* Für beides ist der Mensch verantwortlich. Das Bild zeigt auch, dass die Temperaturen auf der Erde langsam steigen. Ein Zusammenhang zwischen beiden Vorgängen ist offensichtlich.

Die tropischen Regenwälder als Nutzwälder der Zukunft? Mehr als 40 % der heutigen *Medikamente* werden aus Pflanzen, Tieren und Mikroorganismen hergestellt. Niemand weiß, wie viele neue Stoffe uns die Lebewesen des Regenwaldes noch liefern können und welche *Nahrungspflanzen* noch unentdeckt sind, auf die wir aber schon morgen angewiesen sein könnten.

Vernichtung des Artenreichtums. Millionen von Arten wurden bereits ausgerottet oder sind vom Aussterben bedroht. Was dies für die Stoffkreisläufe in den Ökosystemen, für die gesamte Biosphäre und letztes Endes auch für *unsere Existenz* bedeutet, lässt sich heute noch nicht abschätzen.

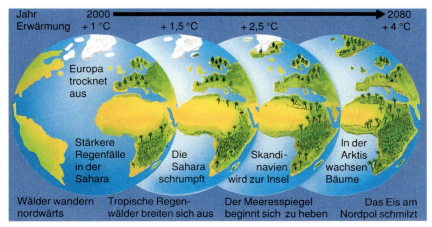

4   *Die Folgen der „Klimakatastrophe" als Zukunftsvision*

Aufgaben

1   Warum sind auch wir mitverantwortlich für die Zerstörung des Regenwaldes? Inwieweit sind wir von der Vernichtung mit betroffen?

In Kürze

Tropische Regenwälder sind artenreiche Lebensräume. Durch Ackerbau, Viehzucht und Abholzung ist der Regenwald bedroht. Als Klimaregulator und Artenreservoir ist er für die Menschheit unentbehrlich.

Bedrohte Wälder der Erde

1   Nordischer Nadelwald

2   Waldvernichtung in Kanada

Die nördlichen Nadelwälder. In den kalten Gebieten Sibiriens, Nordeuropas und Kanadas bedecken lichte Nadelwälder riesige Flächen. Im Gegensatz zum tropischen Regenwald sind diese *nördlichen Nadelwälder* artenarm. Neben Fichten, Tannen, Kiefern und Lärchen kommen noch Birken und Erlen vor.

Diese Nadelwälder sind wirtschaftlich von Bedeutung. Für die Zellstoff- und Papierindustrie sind insbesondere Fichten gefragt. Um die Nachfrage rasch und billig befriedigen zu können, werden große Waldflächen kahl geschlagen. Auf Wiederaufforstung wurde meist verzichtet. Dadurch werden die *Stoffkreisläufe* im Ökosystem *stark gestört*. Die Gefahr ist inzwischen erkannt. Der Trend zu einer *naturgemäßeren Bewirtschaftung* der Wälder, bei der einzelne ausgewählte Bäume gefällt werden und der Wald als funktionierendes Ökosystem erhalten bleibt, scheint sich langsam durchzusetzen.

Die Hartlaubwälder der Mittelmeerländer. Die Blätter der immergrünen Bäume im sommerheißen Mittelmeerraum sind derb, oft behaart und mit einer wachsartigen Schicht bedeckt. Dies setzt die Verdunstung herab. Die Zweige vieler Arten tragen Dornen oder Stacheln. Steineiche, Pinie, Zypresse und Lorbeer sind solche *Hartlaubgehölze*.

Seit Jahrtausenden wird dieser Wald für den Bau von Häusern und Schiffen genutzt. Was nachwächst, halten Schafe und Ziegen kurz. Ein Dickicht aus dornigen, hartblättrigen Sträuchern entsteht, die *Macchie*. Wo auch diese zerstört wird, trocknet die Sonne den Boden aus. Starke Regenfälle spülen ihn weg. Eine Wiederaufforstung ist nicht möglich. Zurück bleibt nackter Fels.

Aufgaben

1   Die Bodenzerstörung verstärkt die Klimagegensätze im Mittelmeerraum. Begründe.

3   Hartlaubwald am Mittelmeer

4   Macchie

5   Nackter Fels anstelle von Wäldern

76

Stichwort: Der Wald, ein Ökosystem

Überblick

Wälder sind Lebensräume für die überwiegende Zahl aller Tier- und Pflanzenarten. Dies gilt besonders für die Tropischen Regenwälder. Ihre Vernichtung zur Gewinnung von Holz und Bodenschätzen sowie zur Rodung für die Landwirtschaft hat schwer wiegende Folgen für das Klima und den Artenreichtum.

Die Bedeutung unseres Waldes wurde jahrhundertelang nur in seiner Nutzung als Holzlieferant gesehen. Raubbau an den Wäldern führte in Mitteleuropa bis in das 19. Jahrhundert zu ihrer weitgehenden Verwüstung. Erst die planmäßige Forstwirtschaft und die Verwendung von Steinkohle als Energieträger führte zur Erholung des mitteleuropä-

ischen Waldes. Fast alle unsere Wälder sind seither keine Naturwälder mehr, sondern Forste. Vielfach wurden Monokulturen aus schnellwüchsigen Nadelhölzern angepflanzt. Sie sind aber anfällig für Schädlinge, Windwurf und Waldbrand und werden daher zunehmend durch naturnahe Mischwälder ersetzt.

Heute werden unsere Wälder für die Erholung und den Schutz von Boden, Wasser und Luft immer wichtiger. Daher sind die neuartigen Waldschäden besorgniserregend. Für ihre Entstehung sind in erster Linie Luftschadstoffe verantwortlich. Nur wenn diese Immissionen drastisch vermindert werden, können unsere Wälder auf Dauer erhalten werden.

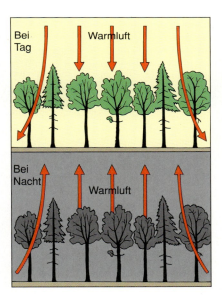

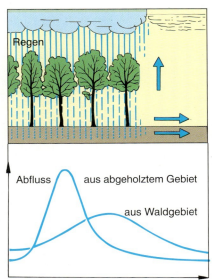

Alles klar?

1 Schreibe zu den Bildern oben zwei kurze Erklärungstexte.
2 Erläutere die Aufgaben, die der Wald heute übernehmen muss.
3 Erkläre, wie der Wald vor Erosion schützt.
4 Schildere, wie sich unser heimischer Wald in den letzten 2000 Jahren entwickelt hat. Welche Bedeutung hatte das „hölzerne Zeitalter" für die Waldentwicklung?
5 Stelle in einer Tabelle Vorzüge und Nachteile von Monokulturen für den Wald gegenüber.

6 Beschreibe Krankheitszeichen der Nadel- und Laubbäume, wie sie für die neuartigen Waldschäden kennzeichnend sind.
7 Welche Ursachen haben die neuartigen Waldschäden aus heutiger Sicht?
8 Stelle in einer Tabelle Unterschiede zwischen Tropischem Regenwald und mitteleuropäischem Mischwald zusammen.
9 Die Tropischen Regenwälder sind bedroht. Erläutere die Folgen ihrer zunehmenden Vernichtung.

Flensburg

Nordsee

Ostsee

Kiel

Lübeck

Rostock

Peene

Hamburg

Elbe

Bremen

Hunte

Weser

Amsterdam

Kassel

Fulda

Frankfurt

Maas

Mosel

Rhein

Main

Eger

Marne

Regnitz

Jagst

Naab

Kocher

Stuttgart

Donau

Isar

Neckar

Lech

Inn

München

Bodensee

Chiemsee

Gewässer

Wasser ist unabdingbar für alle Lebewesen. In den Trockenzonen der Erde wird deutlich, wie stark Wassermangel alle Lebenserscheinungen hemmt. Bei uns mangelt es nicht an Wasser. Ausgiebige, relativ gleichmäßig über das Jahr verteilte Niederschläge machen Mitteleuropa zu einem der günstigsten Lebensräume der Erde. Und doch sind uns heute Sorgen um das Wasser nicht mehr fremd!

Zahlreiche *Bäche* und *Flüsse* durchziehen die Landschaft. Neben diesen *Fließgewässern* gibt es eine Fülle *stehender Gewässer*:

— natürliche *Seen*, wie die eiszeitlich entstandenen Seen in Nordbrandenburg und im Voralpenland, die Gletscherseen im Gebirge und die Maare in der Eifel, bei denen es sich um mit Wasser gefüllte Explosionstrichter von Vulkanen handelt;

— künstlich angelegte *Stauseen*, die zur Energiegewinnung in Wasserkraftwerken oder als Trinkwasserspeicher dienen, sowie *Tagebaurestseen*;

— flache natürliche *Weiher* sowie künstlich angelegte *Teiche*;

— kleine, zeitweilig austrocknende *Tümpel*.

Mit dem reichlich vorhandenen Wasser ging der Mensch jedoch allzu sorglos um: Flüsse wurden begradigt und nur noch als Verkehrswege und Abwässerkanäle gesehen. Etwa 40 % der Bäche und Flüsse haben heute nicht mehr ihren natürlichen Lauf. Seen entwickeln sich zu Freizeitstätten. Badende, Surfer, Bootsfahrer und Camper tummeln sich im Sommer hier. Immer kleiner werden die Schilfflächen und andere naturnahe Bereiche an den Seeufern. Tümpel, Weiher, feuchte Wiesen, Moore und Sümpfe galten lange Zeit als wertlos und wurden trockengelegt oder zugeschüttet.

Inzwischen ist sauberes Wasser bei uns knapp geworden. Viele Tier- und Pflanzenarten der Gewässer stehen am Rande des Aussterbens. Die *Lebensgemeinschaften*, zu denen sie gehören, sind beeinträchtigt und drohen zu verschwinden. Gleichzeitig entdecken immer mehr Menschen ihre Freude an Gewässern mit Seerosen, Libellen und Fröschen und legen selbst Teiche in ihren Gärten an. Wichtiger noch als das Neuanlegen ist allerdings der Schutz der vorhandenen Gewässer!

Aufgaben

1 Welche Gewässer gibt es in der Nähe deines Wohnortes? Zu welchem Gewässertyp gehören sie? Versuche ihren Zustand zu beurteilen.

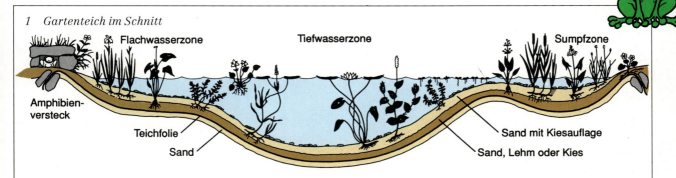

1 *Gartenteich im Schnitt*

Flachwasserzone — Tiefwasserzone — Sumpfzone — Amphibienversteck — Teichfolie — Sand — Sand mit Kiesauflage — Sand, Lehm oder Kies

Ein Gartenteich als Tümpelersatz

Gartenteiche können sich zu wertvollen Lebensräumen für Pflanzen und Tiere entwickeln. Einen solchen Teich anzulegen ist gar nicht so schwer. Hinweise dazu findest du auf der folgenden Seite. Wichtig ist, dass der Teich einen unregelmäßigen Grundriss mit Buchten besitzt und seine Ufer sanft abfallen. Schon bald finden sich Libellen und Schwimmkäfer am neu angelegten „Tümpel" ein. In naturnah bewirtschafteten Gärten, besonders wenn sie am Ortsrand liegen, kann man im Frühjahr mit Erdkröten, Grasfröschen und verschiedenen Molcharten rechnen.

Praktikum: Schulteich I

An vielen Schulen wurde in den letzten Jahren ein Teich angelegt, beispielsweise im Rahmen einer Arbeitsgemeinschaft oder während einer Projektwoche.

Wenn ihr einen Schulteich anlegen dürft

• Wählt einen geeigneten Standort aus, vielleicht eine schon vorhandene feuchte Geländestelle; besonnt, ohne Laub werfende Gehölze in unmittelbarer Nähe und nicht zu dicht an den Grundstücksgrenzen.

• Plant eine Sumpf-, Flachwasser- und Tiefwasserzone ein sowie einige Beobachtungsplätze, am besten einen Beobachtungssteg.

Schon nach kurzer Zeit besiedeln zahlreiche Tier- und Pflanzenarten den neu geschaffenen Lebensraum.

• Sprecht alle Maßnahmen mit der örtlichen Baubehörde ab. Sie organisiert vielleicht auch den Erdaushub.

• Verwendet eine spezielle Teichfolie. Sie darf während der Arbeiten nicht beschädigt werden. Unter die Teichfolie kommt eine Sandschicht um Beschädigungen zu vermeiden. Die Folie wird mit einem nährstoffarmen Bodensubstrat (Lehm, Sand, Kies) bedeckt.

• Legt Überlaufrillen zur Sumpfzone hin an.

Nun können fast direkt vor der Schultür Pflanzen des Teiches bestimmt und untersucht, Tiere beobachtet und Wasserproben entnommen und analysiert werden.

• Verwendet für die Bepflanzung möglichst nur standortgerechte, einheimische Arten, am besten aus der Aquarienhandlung. Auf keinen Fall dürfen gefährdete oder geschützte Pflanzen aus der Natur entnommen werden.

• Dokumentiert eure Arbeiten und eure Beobachtungen in einer Ausstellung durch Fotos, Zeichnungen, Protokolle. So wird bei Mitschülern, Eltern und Lehrern Verständnis und Interesse für das neu geschaffene Biotop geweckt.

Praktikum: Schulteich II

Mit einfachen Methoden lassen sich Informationen über die Lebensbedingungen im Schulteich gewinnen.

Wassertemperatur

Binde ein Thermometer an eine Schnur mit 10-cm-Markierungen. Miss auf diese Weise die Temperatur in verschiedenen Wassertiefen. Bilde aus mehreren gleichartigen Messungen Mittelwerte. Wiederhole die Messungen möglichst zu verschiedenen Tages- und Jahreszeiten.

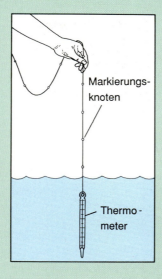

Markierungsknoten

Thermometer

Säuregrad

Mit Teststreifen kannst du den Säuregrad des Wassers, den pH-Wert, bestimmen. Ein Teststreifen wird kurz ins Wasser eingetaucht. Die sich verfärbenden Markierungsfelder vergleicht man dann mit einer Farbskala, der die unterschiedlichen pH-Werte zugeordnet sind.

pH-Wert-Teststreifen

pH-Wert

sauer   neutral   alkalisch

1   7   14

Sauerstoffgehalt

Bestimme mit einem der handelsüblichen Testkits den Sauerstoffgehalt des Teichwassers. Du solltest Wasserproben zu verschiedenen Zeiten und aus unterschiedlichen Tiefen entnehmen und Vergleiche anstellen.

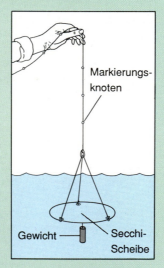

Markierungsknoten

Gewicht — Secchi-Scheibe

Sichttiefe

Mit der Secchischeibe – einer flachen, weiß gestrichenen Metallscheibe von etwa 25 cm Durchmesser – kann man die Sichttiefe bestimmen. Darunter versteht man die Tiefe, in der die Umrisse der Scheibe gerade verschwinden. Je sauberer das Wasser, desto größer die Sichttiefe.

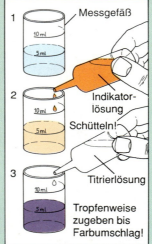

1   Messgefäß
    10 ml
    5 ml

2   Indikatorlösung
    Schütteln!
    10 ml
    5 ml

3   Titrierlösung
    10 ml
    5 ml
    Tropfenweise zugeben bis Farbumschlag!

Wasserhärte

Zur Bestimmung des Kalkgehalts, der Wasserhärte, wird das Messgefäß bis zur Markierung mit Teichwasser gefüllt. Nach Zugabe von 3 Tropfen einer Indikatorlösung wird geschüttelt und dann tropfenweise eine Titrierlösung zugegeben, bis die Farbe umschlägt. Nach jedem Tropfen schütteln. Die Anzahl der Tropfen gibt die Wasserhärte in °d (deutsche Härtegrade) an: 0–4 °d sehr weich, 4–8 °d weich, 8–18 °d mittelhart, 18–30 °d hart, mehr als 30 °d sehr hart.

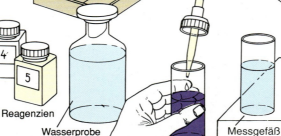

Titrierpipette

Testkitkoffer

Reagenzien

Wasserprobe

Messgefäß

Sauerstoff ist – abhängig von der Temperatur – unterschiedlich gut in Wasser löslich. Auch davon hängt der Sauerstoffgehalt des Wassers ab.

Wassertemperatur in °C	maximaler Sauerstoffgehalt in mg O$_2$/l
0	14,6
5	12,7
10	11,3
15	10,1
20	9,1
25	8,3
30	7,6

Praktikum: Schulteich III

Bestandsaufnahme

Wenn euer Schulteich schon vor einiger Zeit angelegt wurde, lohnt sich eine Bestandsaufnahme. Welche Pflanzen und Tiere kommen im und am Teich vor? Dazu benötigst du vor allem Fanggeräte für Tiere, Gefäße für deren vorübergehende Aufbewahrung, eine starke Lupe (Vergrößerung mindestens 10fach) und Bestimmungsbücher.

Achtung!

Nach Beobachtung und Bestimmung werden alle Tiere gleich wieder in ihren Lebensraum zurückgesetzt.

Planktonuntersuchung

Zum Plankton gehören alle Lebewesen, die ohne stärkere Eigenbewegung im freien Wasser treiben. Man unterscheidet zwischen tierischem Plankton oder Zooplankton und pflanzlichem Plankton oder Phytoplankton.

1 Zooplankton

Einen Überblick über das Zooplankton erhältst du durch Planktonfänge aus verschiedenen Gewässerbereichen. Wirf dazu ein Planktonnetz mittlerer Maschenweite aus und ziehe es langsam und gleichmäßig durch das Wasser. Zur Beobachtung mit der Lupe wird der Netzbecher in eine Petrischale entleert. Für die spätere Untersuchung mit dem Mikroskop füllst du die Fänge am besten in kleine, beschriftbare Probefläschchen.

2 Phytoplankton

Um pflanzliches Plankton zu fangen, verwendest du ein Planktonnetz mit geringer Maschenweite. Für die Bestimmung benötigst du ein Mikroskop.

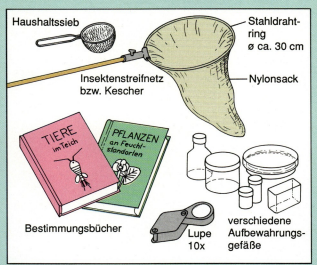

Haushaltssieb — Stahldraht-ring ø ca. 30 cm — Insektenstreifnetz bzw. Kescher — Nylonsack — TIERE im Teich — PFLANZEN an Feuchtstandorten — Bestimmungsbücher — Lupe 10x — verschiedene Aufbewahrungsgefäße

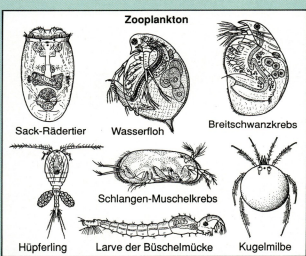

Zooplankton

Sack-Rädertier — Wasserfloh — Breitschwanzkrebs — Schlangen-Muschelkrebs — Hüpferling — Larve der Büschelmücke — Kugelmilbe

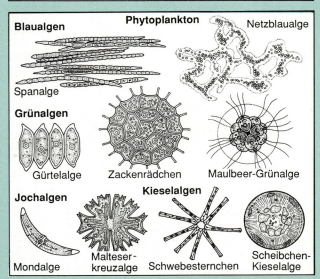

Phytoplankton

Blaualgen — Netzblaualge — Spanalge — **Grünalgen** — Gürtelalge — Zackenrädchen — Maulbeer-Grünalge — **Jochalgen** — **Kieselalgen** — Mondalge — Malteser-kreuzalge — Schwebesternchen — Scheibchen-Kieselalge

Mit einem Planktonnetz der Maschenweite 0,1 mm (Netzgaze 12) fängt man Zooplankton. Für Phytoplankton brauchst du dagegen ein Planktonnetz der Maschenweite 0,06 mm (Netzgaze 25).

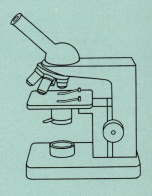

Das Plankton wird mit dem Mikroskop untersucht.

Der Teich verändert sich

Falls ihr den Schulteich neu angelegt habt, ist es interessant zu beobachten, wie er nach und nach von Pflanzen und Tieren besiedelt wird.

Stelle zunächst einen Beobachtungsplan auf. Am besten führst du jeden Monat eine Untersuchung durch. Untersucht man den Teich in noch größeren Zeitabständen, übersieht man solche Arten, die nur zu bestimmten Jahreszeiten in Erscheinung treten.

Wichtig ist nicht nur festzustellen, wie viele und welche Arten vorkommen, sondern auch, wie häufig sie sind. Meist genügt es, die Häufigkeit zu schätzen, zum Beispiel so:

+ = vereinzelt vorkommend
++ = wenige Exemplare vorhanden
+++ = häufig
++++ = massenhaft vorhanden

Um die Lebensbedingungen im Teich über einen längeren Zeitraum vergleichen zu können, solltest du möglichst immer zur gleichen Tageszeit und an denselben Punkten messen. Lege die Messpunkte vor der ersten Untersuchung fest und markiere sie im Teich durch Holzstangen.

Man erleichtert sich die Arbeit, wenn man gleich zu Beginn einen übersichtlichen Protokollbogen entwirft, in den jeweils alle Daten eingetragen werden.

Untersuchung unseres Schulteiches

Datum: _____   Uhrzeit: _____

Wetter: ❏ Regen   ❏ bedeckt   ❏ heiter - bewölkt   ❏ sonnig

Wassertemperatur: _____ °C an der Oberfläche
_____ °C an der tiefsten Stelle

Sichttiefe: _____ cm
pH-Wert des Wassers: _____

Sauerstoffgehalt: _____ mg/l an der Oberfläche
_____ mg/l in 50 cm Tiefe
_____ mg/l an der tiefsten Stelle

	Nr.	Art	Häufigkeit
Sumpfpflanzen			
Wasserpflanzen			
Phytoplankton			
Zooplankton			
Insekten			
Weichtiere			
Wirbeltiere			
Fische			
Amphibien			
Vögel			

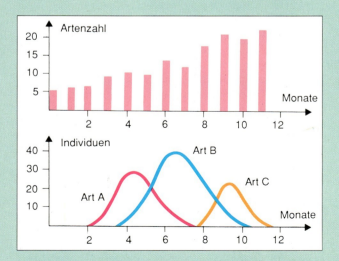

Nach einiger Zeit lassen sich oft interessante Entwicklungen erkennen. Die Daten aus den verschiedenen Protokollbögen werden kombiniert und grafisch dargestellt.

Pflanzen am Teich ...

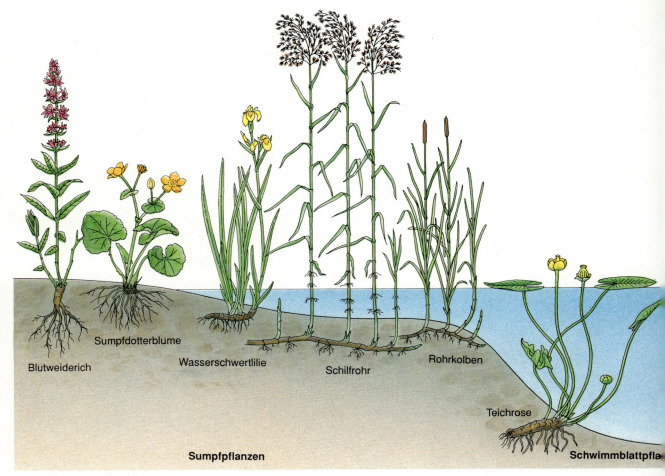

Blutweiderich
Sumpfdotterblume
Wasserschwertlilie
Schilfrohr
Rohrkolben
Teichrose

Sumpfpflanzen
Schwimmblattpfla

1 Pflanzen des Teiches

Nicht überall am und im Teich wachsen die gleichen Pflanzen. Jede Pflanzenart bevorzugt ganz bestimmte Standortbedingungen. Das muss man berücksichtigen, wenn man einen neu angelegten Teich bepflanzt.

Sumpfpflanzen. Nur im Uferbereich wachsen die *Sumpfpflanzen.* Zu ihnen gehören *Blutweiderich, Sumpfdotterblume* und *Wasserschwertlilie,* aber auch *Rohrkolben* und *Schilfrohr.* Sumpfpflanzen haben einen höheren Wasserbedarf als Landpflanzen oder können zumindest ein Überangebot an Wasser besser ertragen. Ihre Wurzeln ziehen meist flach durch das nasse Erdreich. Hier ist die Versorgung mit Sauerstoff günstiger als in der schlammigen Tiefe. Manche Sumpf-

pflanzen besitzen in den Blättern und Stängeln zusätzlich ein besonderes *Durchlüftungsgewebe,* durch das Sauerstoff aus der Fotosynthese von den Blättern bis zu den Wurzeln gelangt.

Wasserpflanzen. Im Teich wachsen die Wasserpflanzen. Sie lassen sich in drei verschiedene Gruppen unterteilen: Schwimmblattpflanzen, Tauchblattpflanzen und Schwimmpflanzen.

Schwimmblattpflanzen sind beispielsweise *Seerose* und *Teichrose.* Ihr unterirdischer Spross und ihre Wurzeln stecken im Teichgrund, ihre Blätter dagegen schwimmen an langen, biegsamen Stängeln auf der Wasseroberfläche. Schließzellen und Spaltöffnungen sitzen nur auf der Oberseite der Blätter.

Aufgaben

1 Stelle an eurem Schulteich oder einem anderen Gewässer fest, welche Pflanzen dort wachsen.
Ordne dann in einer Tabelle nach Sumpfpflanzen, Schwimmblattpflanzen, Tauchblattpflanzen und Schwimmpflanzen.

2 Seerose und Teichrose sind auch auf Seen mit beträchtlichem Wellengang anzutreffen. Weshalb werden ihre Blätter nicht unter Wasser gedrückt?

3 Die meisten Zimmerpflanzen gehen sehr schnell ein, wenn man zu stark gießt und das Wasser im Untersetzer stehen lässt. Warum? Vergleiche mit Sumpfpflanzen wie der Wasserschwertlilie.

... und im Teich

Durchlüftungsgewebe ist bei den Schwimmblattpflanzen stets vorhanden. Im Teich setzt man See- oder Teichrosen an die tiefste Stelle. In Seen besiedeln sie den Bereich zwischen 1 und 3 m Wassertiefe. *Tauchblattpflanzen* leben gänzlich untergetaucht. Nur der Blütenstand erhebt sich bei manchen Arten über das Wasser. Tauchblattpflanzen haben keine Spaltöffnungen. Mit ihren dünnen, zarten Blättern nehmen sie Kohlenstoffdioxid direkt aus dem Wasser auf. Auch einen Teil der Mi-

neralstoffe beziehen sie über die Blätter aus dem Wasser. Wasserleitungsgefäße und Wurzeln sind nur schwach ausgebildet. In Seen können Tauchblattpflanzen bis in eine Wassertiefe von 10 m vordringen. Voraussetzung dafür ist allerdings relativ klares Wasser, das noch genug Licht bis an den Seegrund gelangen lässt. Im Teich können sich Tauchblattpflanzen nur dort halten, wo ihnen die Blätter der Schwimmblattpflanzen und Schwimmpflanzen nicht das Licht nehmen. Zu den

Tauchblattpflanzen gehören *Hornblatt*, *Tausendblatt*, verschiedene *Laichkrautarten* und die *Wasserpest*.

Schwimmpflanzen wie der *Froschbiss* und die nur wenige Millimeter großen *Wasserlinsen* schwimmen an der Wasseroberfläche. Ihre Wurzeln hängen frei ins Wasser. Schwimmpflanzen kommen besonders in nährstoffreichen Gewässern vor. Im Teich können vor allem die Wasserlinsen in kurzer Zeit die gesamte Wasseroberfläche bedecken.

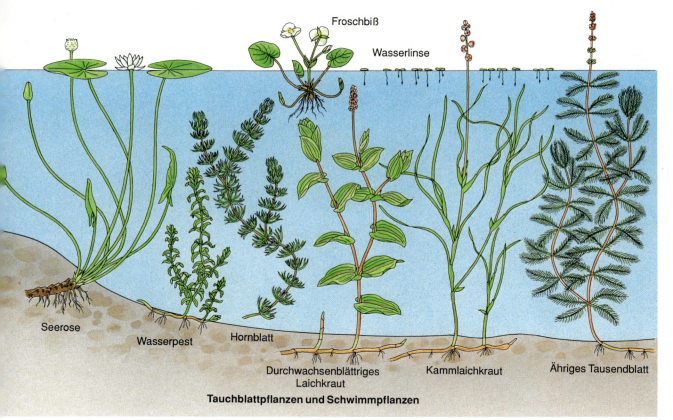

Tauchblattpflanzen und Schwimmpflanzen

Labels in figure: Froschbiß, Wasserlinse, Seerose, Wasserpest, Hornblatt, Durchwachsenblättriges Laichkraut, Kammlaichkraut, Ähriges Tausendblatt

---

In Kürze

Am Teichufer wachsen Sumpfpflanzen, im Teich Wasserpflanzen. Bei den Wasserpflanzen unterscheidet man zwischen Schwimmblattpflanzen, Tauchblattpflanzen und Schwimmpflanzen. Sumpf- und Wasserpflanzen sind an die Lebensbedingungen des Teiches jeweils besonders angepasst.

Eintagsfliege und
Eintagsfliegenlarve

Köcherfliege und
Köcherfliegenlarve

Großlibelle und
Großlibellenlarve

1 Tierwelt eines kleinen Teiches

Gewässer sind reich an Leben. Ungefähr *9000 Tierarten* kommen an mitteleuropäischen Binnengewässern vor. Noch im kleinsten Teich kann man eine Vielzahl *wirbelloser Tiere* entdecken.

Eintagsfliegen leben als erwachsene Tiere nur Stunden bis Tage. Sie nehmen keine Nahrung auf. Die Larven entwickeln sich im Wasser. Man erkennt sie an den drei Schwanzfäden und den blatt- oder büschelförmigen Atemorganen, den *Tracheenkiemen,* seitlich am Hinterleib. Pflanzliche und tierische Abfallstoffe sind die Nahrung der Larven.

Köcherfliegen sehen mit ihren langen Fühlern und den fein behaarten Flügeln mottenähnlich aus. Sie lecken höchstens Wasser oder Nektar.

Die Larven leben in fließenden oder stehenden Gewässern. Bei den meisten Arten bauen sie ein köcherförmiges Gespinst, das mit Sand, Pflanzenteilen oder kleinen Steinchen verfestigt wird. Darin bergen sie den weichen Hinterleib. Nach diesem *Köcher* hat die Insektengruppe ihren Namen. Die Larven einiger Arten ernähren sich von Algen oder Pflanzenteilen, andere leben räuberisch.

Libellen sind gewandte Flugjäger. Ihre Beute bilden andere Insekten. Sie lassen sich in zwei Gruppen einteilen. *Kleinlibellen* haben einen schlanken Körper. Ihre Vorder- und Hinterflügel sind gleich gestaltet und werden in Ruhe nach hinten geklappt. Der Körper der *Großlibellen* ist wesentlich kräftiger. Die Hinterflügel sind breiter als die Vorderflügel. Ruhig sitzende Großlibellen halten ihre Flügel ausgebreitet.

Die Libellenlarven leben räuberisch im Wasser. Ihre Unterlippe ist zu einer *Fangmaske* umgestaltet. Damit erbeuten sie Kleinkrebse, Würmer, Fischbrut und Kaulquappen.

... und im Teich

Gelbrandkäfer finden sich als gute Flieger schnell am neu angelegten Teich ein. An den Beinen haben sie lange *Schwimmhaare*. Unter Wasser atmen Gelbrandkäfer mithilfe einer Luftblase zwischen Rücken und Deckflügeln. Diesen Luftvorrat müssen sie von Zeit zu Zeit an der Wasseroberfläche erneuern.

Gelbrandkäfer und Gelbrandkäferlarve leben räuberisch von anderen Wasserinsekten, kleinen Fischen und Kaulquappen. Der Käfer misst 3,5 cm, die Larve bis 8 cm.

Wasserläufer bevölkern fast jedes stehende Gewässer. Es sind keine Käfer, sondern *Wanzen*. Sie können bis 2 cm lang werden. Mit ihren langen, flach ausgebreiteten Beinen gleiten sie geschickt über die Wasseroberfläche. Das mittlere Beinpaar dient als Antrieb, das hintere als Steuer. Mit den Vorderbeinen wird die Beute gefangen, vor allem ins Wasser gefallene Insekten.

Die Weibchen legen ihre Eier unter Wasser an Pflanzen ab. Die Larven ähneln in Aussehen und Lebensweise den erwachsenen Tieren.

Schnecken kann man überall im Teich antreffen. Die *Moosblasenschnecke* besitzt ein turmförmiges Gehäuse. Man findet sie oft auf Falllaub in Ufernähe. Die *Tellerschnecke* hat ein flaches, posthornartig gewundenes Gehäuse. Sie hält sich meist am Gewässergrund auf. Die größte Schneckenart im Teich ist die *Spitzschlammschnecke*. Das Foto unten zeigt sie. Häufig kriecht sie auf einem Schleimband unmittelbar unter der Wasseroberfläche entlang. Sie frisst Pflanzenteile, tote Tiere und Algenaufwuchs.

Gelbrandkäfer und
Gelbrandkäferlarve

Wasserläufer

Spitzschlammschnecke

Fressen und Gefressenwerden.
Eine *Kaulquappe* raspelt an einem Büschel *Wasserpestpflanzen*.
Über der Kaulquappe hängt eine *Gelbrandkäferlarve* unbeweglich an der Wasseroberfläche. Plötzlich stößt sie herab und schlägt die dolchartigen Oberkiefer in die Kaulquappe. Dann spuckt sie Gift und Verdauungssäfte in die Beute. Während sie noch das verdaute Gewebe einsaugt, nähert sich ein *Wasserfrosch*. Für ihn stellt wiederum die Gelbrandkäferlarve eine Beute dar.

Nahrungskette und Nahrungsnetz. So wie hier zwischen Wasserpest, Kaulquappe, Gelbrandkäferlarve und Wasserfrosch bestehen zwischen zahlreichen Lebewesen des Teiches Nahrungsbeziehungen. Man spricht von *Nahrungsketten*. Die Nahrungskette Wasserpest ▶ Kaulquappe ▶ Gelbrandkäferlarve ▶ Wasserfrosch ist nur eine von den vielen möglichen: An der Wasserpest fressen nicht nur Kaulquappen, sondern auch Schlammschnecken. Kaulquappen ernähren sich außer von der Wasserpest auch von anderen Wasserpflanzen und von Algen. Gelbrandkäferlarven fressen alle Wassertiere, die sie bewältigen können. Wasserfrösche haben ebenfalls einen reichhaltigen Speisezettel. Er umfasst die verschiedensten Insekten und Insektenlarven, Kaulquappen, Schnecken und Fischbrut. Auf diese Weise ist jede Nahrungskette mit anderen Nahrungsketten verknüpft. Es entsteht ein *Nahrungsnetz*. Die Grafik auf der rechten Seite zeigt einen Ausschnitt aus einem solchen Nahrungsnetz.

Produzenten und Konsumenten. Grundlage aller Nahrungsbeziehungen sind die *grünen Pflanzen*. Die Algen des *Phytoplanktons* und des Aufwuchses an Holz, Pflanzenteilen und Steinen gehören ebenso dazu wie die Tauchblatt-, Schwimmblatt- und Sumpfpflanzen. Sie alle verwerten die Strahlungsenergie der Sonne bei der *Fotosynthese* und bauen aus Kohlenstoffdioxid, Wasser sowie Mineralstoffen körpereigene, *organische Stoffe* auf. Die Pflanzen sind demnach die *Erzeuger* oder *Produzenten*.
Alle *Tiere* leben direkt oder indirekt von den grünen Pflanzen. Man bezeichnet sie daher als *Verbraucher* oder *Konsumenten*. Die Pflanzenfresser unter ihnen sind die *Konsumenten erster Ordnung;* sie selbst werden die Beute kleinerer Fleischfresser, der *Konsumenten zweiter Ordnung*. Diese wiederum können von größeren Fleischfressern erbeutet werden, den *Konsumenten dritter Ordnung*. Auf der höchsten Konsumentenstufe steht im Teich der Hecht. Zu seiner Beute gehören alle anderen Fleischfresser.

1 Wissenschaftler haben in einem Teich die Masse der Pflanzen, der Pflanzenfresser und der von ihnen lebenden Fleischfresser bestimmt. Dabei stellten sie fest, dass auf etwa 1000 kg Pflanzen ungefähr 100 kg Pflanzenfresser als Konsumenten erster Ordnung und nur 10 kg Fleischfresser als Konsumenten zweiter Ordnung kamen. Hast du für die starke Abnahme organischer Stoffe in der Nahrungskette eine Erklärung? Denke daran, dass die Tiere aus der aufgenommenen Nahrung nicht nur körpereigene Stoffe aufbauen.

1 Die Kaulquappe ist ein Pflanzenfresser. Mit ihren Hornzähnchen raspelt sie Algen und zarte Blätter von Wasserpflanzen.

2 Die Larve des Gelbrandkäfers ist ein Fleischfresser. Sie ernährt sich von Kaulquappen, Wasserinsekten und Insektenlarven.

3 Als Fleischfresser lebt auch der Wasserfrosch. Er fängt vor allem fliegende Insekten. Im Wasser erbeutet er selbst Gelbrandkäferlarven.

... Nahrungsnetz im Teich

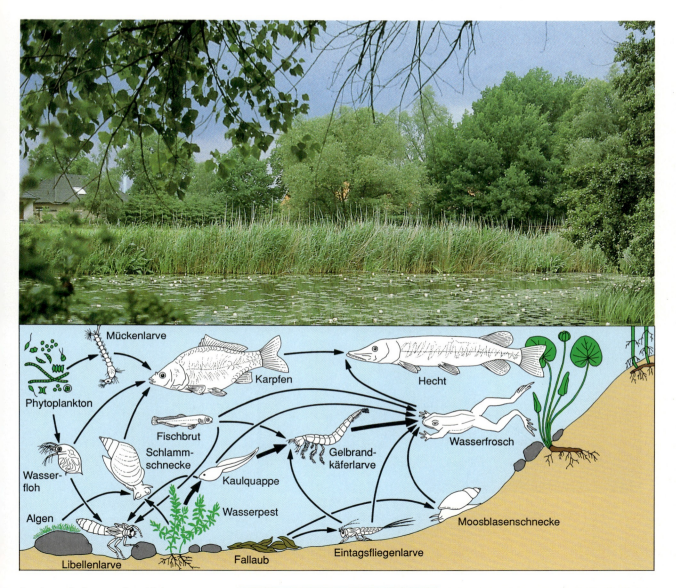

Mückenlarve · Karpfen · Hecht · Phytoplankton · Fischbrut · Gelbrand-käferlarve · Wasserfrosch · Schlamm-schnecke · Kaulquappe · Wasser-floh · Wasserpest · Moosblasenschnecke · Algen · Libellenlarve · Fallaub · Eintagsfliegenlarve

1 *Ausschnitt aus dem Nahrungsnetz in einem Teich. Die Nahrungskette Wasserpest ▶ Kaulquappe ▶ Gelb-randkäferlarve ▶ Wasserfrosch ist mit vielen anderen Nahrungsketten verknüpft.*

Aufgaben

1 Verfolge in der Grafik oben ver-schiedene Nahrungsketten. Wende auf die Glieder der Nahrungsketten die Begriffe Produzenten, Konsumenten erster Ordnung, zweiter Ordnung und so weiter an. Welche Rolle spielt eine Tierart in verschiedenen Nahrungs-ketten?

2 Ein Gartenteich, in dem viele Tier-arten leben, ist leichter zu pflegen als einer mit nur wenigen Arten. Warum? Worauf sollte man beim Anlegen des Teiches achten?

In Kürze

Zwischen den Lebewesen im Teich bestehen Nahrungsbeziehungen. Diese kann man in Nahrungsketten ordnen. Anfangsglied einer Nahrungs-kette ist immer eine grüne Pflanze als Erzeuger. Darauf folgen ein oder mehrere Glieder von Verbrauchern.

Abbau durch Destruenten

Am Teichufer treibt ein toter Fisch. Die Blätter der Seerose sind zum Herbst hin abgestorben. Ein Klumpen vertrockneter Algen hängt zwischen fahlen Schilfhalmen. Was geschieht eigentlich mit all dem toten organischen Material?

Aasfresser. Sieht man genauer hin, bemerkt man vielleicht die Schlammschnecke, die auf der Fischleiche sitzt, oder die zahlreichen Moosblasenschnecken zwischen den verrottenden Seerosenblättern. *Schnecken,* aber auch viele *Würmer* ernähren sich von toten Pflanzen und Tieren. Diese *Aasfresser* tragen damit schon erheblich zur Beseitigung von Tierleichen und abgestorbenen Pflanzen bei.

Destruenten. Der Verwesungsprozess beginnt schon schon bald nach dem Tod der Lebewesen. Deren körpereigene *Enzyme* arbeiten nach dem Tod noch eine Zeit lang weiter und beginnen Gewebe und Zellen aufzulösen. Den entscheidenen Anteil an der Zersetzung haben jedoch verschiedene Gruppen der überall vorkommenden *Bakterien.* Sie finden in dem abgestorbenen organischen Material ideale Lebensbedingungen und vermehren sich unvorstellbar rasch. So können diese *Zersetzer* oder *Destruenten* innerhalb kurzer Zeit die noch verbliebenen organischen Stoffe der toten Tiere und Pflanzen vollständig abbauen. Viele Bakterienarten benötigen für den Abbau *Sauerstoff.* Als Endprodukte entstehen dabei *Kohlenstoffdioxid* und Mineralstoffe wie *Nitrat, Sulfat* und *Phosphat.* Bei *Sauerstoffmangel* erfolgt der Abbau durch andere Bakterien und bleibt unvollständig. Dann bildet sich am Teichgrund *Faulschlamm.* Als Abbauprodukte entstehen das Sumpfgas *Methan* und die giftigen Gase *Schwefelwasserstoff* und *Ammoniak.*

1   *Abbauvorgänge im Teich*

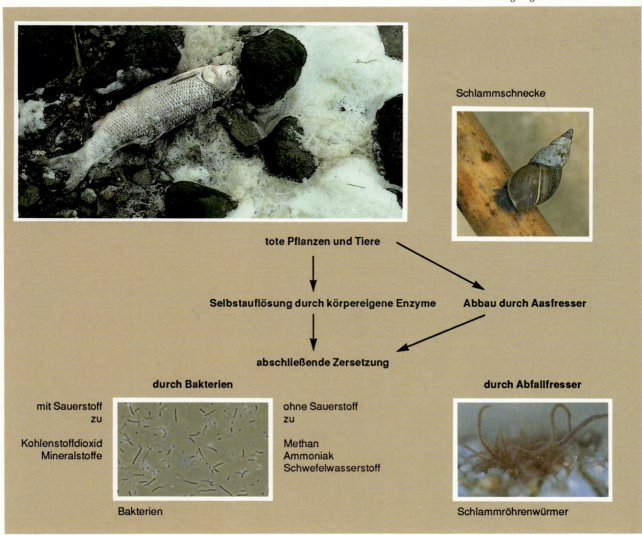

Schlammschnecke

tote Pflanzen und Tiere

Selbstauflösung durch körpereigene Enzyme → Abbau durch Aasfresser

abschließende Zersetzung

durch Bakterien

mit Sauerstoff zu

Kohlenstoffdioxid
Mineralstoffe

ohne Sauerstoff zu

Methan
Ammoniak
Schwefelwasserstoff

Bakterien

durch Abfallfresser

Schlammröhrenwürmer

Stoffkreisläufe

Alle Nahrungsketten im Teich gehen von den grünen Pflanzen aus. In anderen Lebensräumen verhält es sich ebenso. Allein die grünen Pflanzen können aus anorganischen Stoffen organische Stoffe herstellen. Die nachfolgenden Glieder der Nahrungsketten müssen organische Stoffe aufnehmen. Sie sind von der Fotosyntheseleistung der Pflanzen abhängig.

Ausgangsstoffe für die *Fotosynthese* sind *Kohlenstoffdioxid* und *Wasser*. Um körpereigenes Gewebe aufzubauen, benötigen die Pflanzen zusätzlich *Mineralstoffe,* die sie aus dem Boden oder dem Wasser aufnehmen. Besteht damit nicht die Gefahr, dass die Mineralstoffe irgendwann einmal aufgebraucht sind?

Kreislauf der Mineralstoffe. In einem naturnahen Gewässer kommt dieser Fall nicht vor. Die Destruenten, also vor allem Bakterien, sorgen dafür, dass den Pflanzen ausreichend Mineralstoffe zur Verfügung stehen. Sie stellen beim Abbau organischer Stoffe die anorganischen Ausgangsstoffe, Kohlenstoffdioxid und Mineralstoffe, wieder her. Für die Mineralstoffe entsteht damit ein *geschlossener Kreislauf.*

Kreislauf von Kohlenstoffdioxid und Sauerstoff. Ähnlich verhält es sich beim Kohlenstoffdioxid. Es wird allerdings nicht nur beim Abbau organischer Stoffe, sondern auch bei der *Atmung* von Tieren und Pflanzen frei. So steht es den grünen Pflanzen rasch wieder für die Fotosynthese zur Verfügung. Umgekehrt liefert die Fotosynthese den *Sauerstoff,* der von Tieren und Pflanzen als Atemgas sowie von den Destruenten zum Abbau organischer Stoffe benötigt wird.

Biologisches Gleichgewicht. In einem naturnahen Gewässer herrscht ein Gleichgewicht zwischen Produzenten, Konsumenten und Destruenten. Man spricht vom *biologischen Gleichgewicht.* Ein Verbrauch der Nahrungsgrundlagen ist daher nicht zu befürchten.

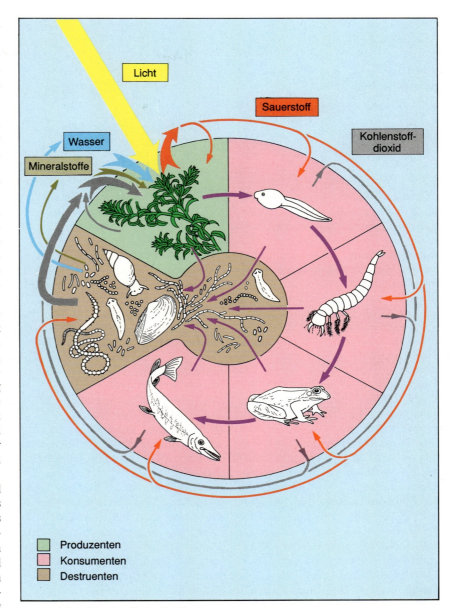

Licht
Sauerstoff
Kohlenstoff-dioxid
Wasser
Mineralstoffe

- 🟩 Produzenten
- 🟥 Konsumenten
- 🟫 Destruenten

1   *Kreislauf der Stoffe im Teich*

Der Teich kippt um

1   Ein Teich zwischen Wiesen. Schön – und ein wichtiger Lebensraum.

2   Häufig werden die Wiesen im Frühjahr mit Gülle gedüngt.

3   Einschwemmen von Dünger kann zum Umkippen des Teiches führen.

Eutrophierung. Ein idyllischer kleiner Teich inmitten von Wiesen. Im Frühjahr dient er sämtlichen Grasfröschen und Erdkröten der Umgebung als Laichplatz. Er beherbergt auch zahlreiche Fische und ist reich an Wasser- und Sumpfpflanzen. Wenige Monate nachdem die Wiesen um den Teich herum *gedüngt* wurden, ist das Teichufer mit toten Fischen und schmierigen, gelbgrünen Algenwatten bedeckt. Was ist geschehen?

Ein Teil des Düngers – in diesem Fall war es *Gülle*, also Flüssigmist – wurde in den Teich geschwemmt. Die darin enthaltenen Mineralstoffe *Phosphat* und *Nitrat* düngten statt der Wiese nun die Pflanzen im Teich. Der Teich wurde *nährstoffreich* oder *eutroph*. Besonders die kurzlebigen Algen vermehrten sich massenhaft, aber auch das Zooplankton, das von Phytoplankton lebt. Abgestorbene Algen und Kleinkrebse sammelten sich am Gewässergrund und wurden von Bakterien zersetzt. Der Sauerstoff begann im tieferen Wasser knapp zu werden. Jetzt fand nur noch eine *unvollständige Zersetzung* statt. Faulschlamm entstand. Als sich das Wasser bei hochsommerlichen Temperaturen zunehmend erwärmte und der Sauerstoffgehalt dadurch noch mehr abnahm, *kippte der Teich um*. Die Fische und alle sauerstoffbedürftigen Kleintiere starben, die Blätter der Wasserpflanzen verfaulten. Das biologische Gleichgewicht zwischen Produzenten, Konsumenten und Destruenten war zerstört.

Zur *Eutrophierung* kommt es auch, wenn ungeklärtes *Abwasser* in einen Bach, Teich oder See gelangt. Fäkalien und phosphathaltige Waschmittelreste im Abwasser wirken ebenfalls als Dünger.

Nicht immer führt die Eutrophierung zum Umkippen des Gewässers. Nach geringfügigen, kurzfristigen Störungen kann sich das biologische Gleichgewicht von selbst wieder einpendeln.

Verlandung. Auch ohne menschliches Zutun verändern sich stehende Gewässer im Laufe der Zeit. Vom Ufer her dringen die Sumpf- und Wasserpflanzen immer stärker gegen die Gewässermitte vor. Abgestorbenes Pflanzenmaterial lagert sich – mehr oder weniger zersetzt – am Boden ab und ermöglicht weiteren Pflanzen die Besiedlung. Das Gewässer wird flacher und nährstoffreicher. Die freie Wasserfläche nimmt ab, das Gewässer *verlandet*. Am Ende ist der Teich oder See ganz verschwunden. Aus ihm ist ein *Flachmoor* geworden.

Bei großen Seen dauert diese Entwicklung mehr als 10 000 Jahre; bei kleinen Weihern und Teichen kann man jedoch oft schon nach 10 Jahren eine deutliche Veränderung feststellen.

Die Trophie eines Gewässers bezeichnet dessen Nährstoffgehalt.
Eutroph sind Gewässer mit hohem Nährstoffgehalt, üppigem Pflanzenwachstum und reichem Tierbestand.
Oligotroph sind Gewässer, die arm an Nährstoffen sind. Die Anzahl der vorkommenden Organismen ist gering.
Mesotroph nennt man Gewässer mit einem mittleren Gehalt an Nährstoffen.
Dystroph nennt man moorige, durch torfige Huminstoffe oft braun gefärbte Gewässer mit meist niedrigem Nährstoffgehalt.

Aufgaben

1   Manche unserer Seen mussten in den letzten Jahren zeitweise künstlich belüftet werden. Wozu sollten diese Maßnahmen dienen? Welche Ursachen lagen ihnen zugrunde?

In Kürze

Unter Eutrophierung versteht man die Anreicherung von Nährstoffen in einem Gewässer. Sie kann zum Umkippen, also der Zerstörung des biologischen Gleichgewichtes führen.
Die Verlandung ist ein natürlicher Prozess, dem alle stehenden Gewässer unterworfen sind.

R 178

Zur Diskussion: Kleingewässer

Von den Libellen Sachsens sind	Anzahl der Arten	%
ausgestorben	1	1,6
vom Aussterben bedroht	10	16,4
stark gefährdet	14	23,0
gefährdet	10	16,4
potentiell gefährdet	1	1,6

1 Viele der gefährdeten Libellen Sachsens benötigen zu ihrer Entwicklung Kleingewässer.

2 Erdkröten wandern zu dem Gewässer, in dem sie geschlüpft sind.

3 und 4 Kleingewässer – Zierde der Landschaft oder zu beseitigendes Hindernis für die Landwirtschaft?

Info 1

Fließgewässer in Sachsen

Fließgewässer sind in Sachsen zweifellos die am stärksten beeinträchtigten Lebensräume für Libellen. Während Libellenarten, die vorwiegend in den Quellbereichen und Oberläufen siedeln sich in kleine, anthropogen wenig beeinflußte Gewässereinzugsgebiete zurückziehen konnten, wurden die Libellen der Mittelläufe von Begradigung und Ausbau der Flüsse sowie ihrer Abwasserbelastung so stark beeinträchtigt, dass sie in Sachsen fast völlig ausgestorben sind.

Aus: Arbeitsmaterialien Naturschutz, Rote Liste Libellen, Freistaat Sachsen, Landesamt für Umwelt und Geologie

Info 2

Amphibienwanderungen

Statistisch gesehen musste ein Grasfrosch im vorigen Jahrhundert eine durchschnittliche Entfernung von 320 m bis zum nächsten Laichplatz zurücklegen. 1970 waren es bereits 480 m. 1989 betrug die Entfernung in vielen Regionen bereits mehr als 800 m. Dies ist jedoch etwa der maximale Aktionsradius eines Grasfrosches. Hinzu kommt: Je weiter der Wanderweg, desto mehr Gefahren drohen den Amphibien unterwegs.

5 und 6 Rotbauchunke (links) und Laubfrosch sind in Sachsen stark gefährdete Arten. Beide leben in und an Kleingewässern.

Am Fluss entlang

Ein Fließgewässer stellt von seiner Quelle bis zur Mündung eine *Kette verschiedenartiger Lebensräume* und *Lebensgemeinschaften* dar.

Oberlauf. Die meisten Flüsse entspringen in den Bergen. Recht bald vereinigen sich ihre *Quellbäche* zu größeren *Bächen,* die wiederum zusammenfließen und einen kleinen Fluss bilden. Den Abschnitt von der Quelle bis zur Bildung eines kleinen Flusses nennt man *Oberlauf.* Das *Gefälle* ist hier stark. Der Oberlauf zeichnet sich daher durch Mitführung von *Geröll* und *Schotter,* durch hohe Fließgeschwindigkeit und klares kaltes Wasser aus.

Mittellauf. Der Fluss wird breiter und tiefer, das Wasser fließt jetzt langsamer über groben *Kies* und *Sand* dahin. Die Wassertemperaturen schwanken stärker. Mehr und mehr mitgeschlepptes Material wird am Ufer und in Buchten abgelagert.

Unterlauf. Der Fluss fließt in seinem Unterlauf langsam in *Mäandern* dahin. Das Flussbett ist sehr breit. Die feinsten mittransportierten Stoffe, *Sand* und *Schlamm,* werden hier abgelagert und bilden einen nährstoffreichen Untergrund. Das Wasser kann sich im Sommer relativ stark erwärmen. Der Sauerstoffgehalt nimmt ab. Im Mündungsgebiet vermischen sich Süß- und Meerwasser zu *Brackwasser.*

Den sich ändernden Lebensbedingungen entsprechen jeweils andere Pflanzen- und Tierarten. Manche Fische sind so charakteristisch für bestimmte Gewässerabschnitte, dass man sie als *Leitarten* zur Feingliederung eines Flusses heranzieht.

Aufgaben

1 Der Sauerstoff des Wassers nimmt bei einem Fluss von der Quelle zur Mündung hin ab. Versuche dafür eine Begründung zu geben.

2 Im Unterlauf eines Flusses findet sich oft ein starker Bewuchs von Wasserpflanzen. wie läßt sich dies erklären?

Fischregionen

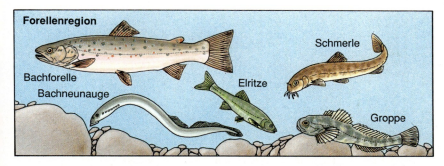

Forellenregion
Bachforelle · Bachneunauge · Elritze · Schmerle · Groppe

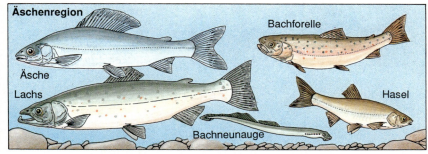

Äschenregion
Äsche · Lachs · Bachforelle · Hasel · Bachneunauge

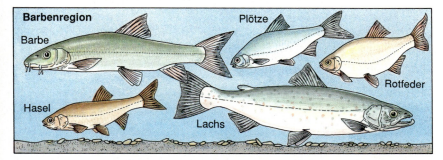

Barbenregion
Barbe · Plötze · Rotfeder · Hasel · Lachs

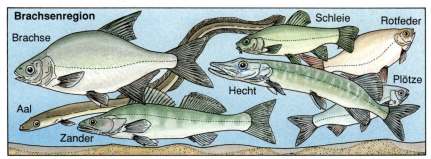

Brachsenregion
Brachse · Schleie · Rotfeder · Hecht · Plötze · Aal · Zander

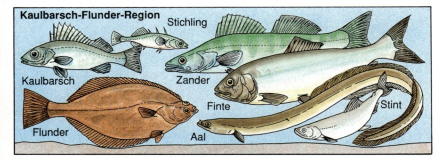

Kaulbarsch-Flunder-Region
Stichling · Kaulbarsch · Zander · Flunder · Finte · Aal · Stint

Forellenregion
Strömung: sehr stark bis reißend
Wassertemperatur: 5 bis 10 °C, wenig schwankend
Sauerstoffgehalt: sehr hoch
Bodengrund: Fels, größere Steine, Kies

Äschenregion
Strömung: wechselnd, meist stark, an tieferen Stellen gering
Wassertemperatur: zwischen 3 °C und 15 °C, selten darüber
Sauerstoffgehalt: hoch
Bodengrund: Kies, Steine

Barbenregion
Strömung: gleichmäßig, geringer als in Forellen- und Äschenregion
Wassertemperatur: kann im Winter zufrieren, im Sommer häufig über 15 °C
Sauerstoffgehalt: hoch im freien Wasser, niedriger am Boden
Bodengrund: Kies, Sand

Brachsenregion
Strömung: langsam
Wassertemperatur: friert im Winter zu, im Sommer häufig auf 20 °C ansteigend
Sauerstoffgehalt: ausreichend im freien Wasser, gering am Boden
Bodengrund: Sand mit Schlamm

Kaulbarsch-Flunder-Region
Strömung: Richtung und Stärke durch den Gezeitenfluss wechselnd (Brackwasser)
Wassertemperatur: friert im Winter zu, im Sommer häufig über 20 °C
Sauerstoffgehalt: niedrig
Bodengrund: Schlamm

In Kürze

Die Lebensbedingungen im Fluss verändern sich von der Quelle zur Mündung. Entsprechend verschieden sind die Lebensgemeinschaften im Fluss. Nach den jeweiligen Leitarten unterscheidet man Forellen-, Äschen-, Barben-, Brachsen- und Kaulbarsch-Flunder-Region.

Abwasserbelastung und Selbstreinigung der Gewässer

Was ist nur aus dem schönen Bach geworden? Verschwunden ist sein klares Wasser, verschwunden die flutenden Quellmoosbüschel. Unter den Steinen keine Insektenlarven mehr, sondern schwarzer, übel riechender Faulschlamm. Du ahnst die Ursache? Abwassereinleitung!

Veränderte Lebensbedingungen. Abwasser enthält in hoher Konzentration Stoffe, die in einem Gewässer von Natur aus überhaupt nicht oder nur in sehr geringer Menge vorkommen. Durch *Abwassereinleitung* ändern sich die *Lebensbedingungen* für die Lebewesen des Gewässers schlagartig und einschneidend.

Alles entscheidend: Sauerstoff. Doch ein Fließgewässer, das eine Abwasserfracht aufnehmen musste, kann sich „selbst" reinigen! Diese natürliche Selbstreinigung besteht aus einem *vielstufigen biologischen Abbauprozess* durch zahlreiche Lebewesen. *Bakterien* und *Mikropilze* stehen am Anfang der Abbau-Nahrungsketten. *Wimpertiere* und andere *tierische Einzeller, Schlammröhrenwürmer* und *Zuckmückenlarven* sind weitere Zersetzer. Ihre Lebenstätigkeit erfordert Sauerstoff. Daher hängt es vor allem vom *Sauerstoffgehalt des Wassers* ab, wie viel Abwasser das Gewässer „verträgt". Umgekehrt kann man aus dem Sauerstoffbedarf für den Abbau der Abwasserfracht auf die Menge der abbaubaren Stoffe schließen.

Gewässerbewohner als Gütezeiger. Steigt stromab der Sauerstoffgehalt des Wassers in dem Maß wieder an, wie sich die Abwasserstoffe abbauen, stellen sich auch wieder Lebewesen mit höherem Sauerstoffbedürfnis ein: *Wasserasseln, Strudelwürmer* oder *Eintagsfliegenlarven.* Da vielen Arten in ihren Lebensbedingungen sehr enge Grenzen gesetzt sind, zeigt ihr Vorkommen eine bestimmte Gewässergüte an. Solche *Zeigerorganismen* oder *Bioindikatoren* erlauben meist verlässlichere Aussagen über die Lebensbedingungen als Messgeräte.

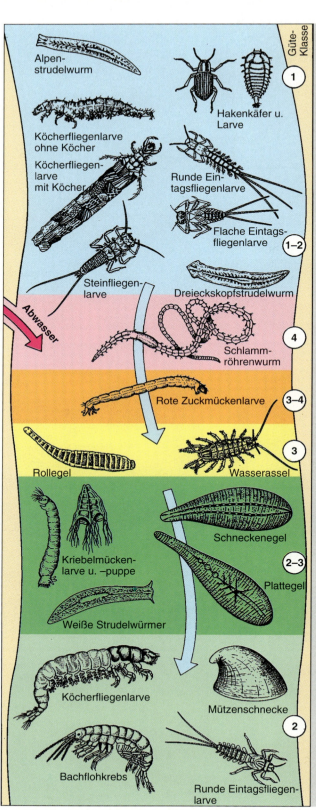

Güte-Klasse

Alpenstrudelwurm

Köcherfliegenlarve ohne Köcher

Köcherfliegenlarve mit Köcher

Hakenkäfer u. Larve

Runde Eintagsfliegenlarve

Flache Eintagsfliegenlarve

Steinfliegenlarve

Dreieckskopfstrudelwurm

Abwasser

Schlammröhrenwurm

Rote Zuckmückenlarve

Rollegel

Wasserassel

Kriebelmückenlarve u. –puppe

Schneckenegel

Plattegel

Weiße Strudelwürmer

Köcherfliegenlarve

Mützenschnecke

Bachflohkrebs

Runde Eintagsfliegenlarve

Reinwasserzone (unbelastet bis gering belastet); Wasser annähernd sauerstoffgesättigt und arm an organischen Stoffen; mäßig dicht besiedelt, vorwiegend von Moosen, Strudelwürmern und Insektenlarven; wenige Bakterien; Laichgewässer für Forellen.

Abwasserzone (übermäßig verschmutzt); Wasser übermäßig durch organische Abwässer verschmutzt, Sauerstoffgehalt stets sehr niedrig oder fehlend; vorwiegend von Bakterien besiedelt.

Verschmutzungszone (stark bis sehr stark verschmutzt); meist stark mit organischen Stoffen verschmutzt und sauerstoffarm; gegen Sauerstoffmangel unempfindliche Tiere, oft in großer Zahl.

Belastungszone (mäßig bis kritisch belastet); Wasser mäßig verunreinigt, meist sauerstoffreich; viele Arten von Schnecken, Kleinkrebsen, Insektenlarven; Algen und andere Wasserpflanzen bedecken größere Flächen; meist ertragreiches Fischgewässer.

Praktikum: Abschätzung der Gewässergüte

Kleine Fließgewässer mit steinigem Bett und niedrigem Wasserstand, die gefahrlos zu untersuchen sind, eignen sich am besten. Untersuche aus gesundheitlichen Gründen nicht direkt an einer Abwassereinleitung, nimm alle Chemalienreste zur Entsorgung wieder mit in die Schule und schädige das Gewässer und seine Bewohner so wenig wie möglich! Setze alle Tiere nach der Bestimmung und Zählung vom Gewässerrand aus wieder zurück ins Wasser!

Chemische Untersuchung

Benötigt werden: Reagenziensätze zur Wasseruntersuchung, v. a. Sauerstoff, pH-Wert, Wasserhärte, Nitrat.

Durchführung: Arbeite nach den Anleitungen der Reagenziensätze. Miss besser weniger Werte genau und regelmäßig über längere Zeit als viele Werte nur einmal. Halte alle Messergebnisse in einem Protokoll fest.

Biologische Untersuchung

Benötigt werden: flache Kunststoffschalen, Petrischalen, Federstahlpinzetten, Plastiksiebe, weiche Bürsten; Bestimmungsbücher, Protokollbogen (Bild rechts).

Durchführung:

Gewinnung der Lebewesen. Nimm einen Stein aus dem Bachbett. Sammle Tiere von der Steinunterseite mit einer Pinzette ab oder bürste den ganzen Stein in ein Sieb oder direkt in eine Schale mit etwas Wasser. Wiederhole das Sammeln mit Steinen aus verschiedenen Bachbettzonen, Laub, Ästen, Wasserpflanzen.

Bestimmen. Bestimme die gefundenen Lebewesen mit Hilfe von Bestimmungsbüchern. Die meisten Tiere, die als Bioindikatoren in kleinen Fließgewässern leben, sind nach etwas Übung gut zu unterscheiden.

Ordnen und zählen. Ordne die gleichen Arten aller Fänge zusammen. Zähle dann die Tiere und vermerke die Ergebnisse im Protokollbogen.

Güteabschätzung. Mit dem Rechenverfahren, wie es auf dem Protokollbogen angegeben ist, kannst du die Gewässergüte des untersuchten Gewässer abschätzen. Die Gewässergüteklassen 1 bis 4 sind auf der Seite gegenüber beschrieben.

Gewässer:		Datum:	
Abschnitt:		Uhrzeit:	
Untersuchung durch:			

Bio-Indikator	Anzahl	Ind.-Wert	Produkt
Alpenstrudelwurm		x 1 =	
Steinfliegenlarven		x 1,5 =	
Hakenkäfer u. larven		x 1,5 =	
Köcherfliegenlarven (Ohne Köcher)	1	x 1,5 =	1,5
Flache Eintagsfliegenlarven		x 1,5 =	
Dreieckskopfstrudelwürmer		x 1,5 =	
Köcherfliegenlarve (mit Köcher)	2	x 1,5 =	3,0
Runde Eintagsfliegenlarv. (m. Kiemen)	17	x 1,5 =	25,5
Runde Eintagsfliegenlarv. (m. Kiemenblättchen)	4	x 2 =	8,0
Mützenschnecke	10	x 2 =	20,0
Bachflohkrebse		x 2 =	
Köcherfliegenlarven (m. 3 Rückenschildern)		x 2 =	
Weiße Strudelwürmer		x 2,5 =	
Schneckenegel	2	x 2,5 =	5,0
Plattegel		x 2,5 =	
Kriebelmückenlarven u. -puppen		x 2,5 =	
Wasserasseln	1	x 3 =	3,0
Rollegel		x 3 =	
Rote Zuckmückenlarven		x 3,5 =	
Schlammröhrenwürmer		x 4 =	
		S	

1   Ohne Wasser überlebt der Mensch nur wenige Tage.

3   Nitratbelastetes Trinkwasser ist das Ergebnis übermäßiger Düngung.

4   Durch 1 l Öl werden 1 Million l Trinkwasser unbrauchbar.

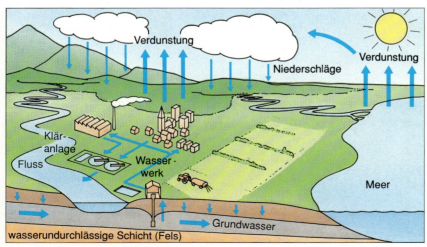

2   Kreislauf des Wassers. Wasser entsteht darin weder neu, noch wird es verbraucht. Als Trinkwasser eignet sich nur ein geringer Teil.

5   Ausbringen von Pestiziden. Sie kommen schon im Trinkwasser vor.

Gewässernutzung. Der Mensch nutzt das Wasser auf vielfältige Weise und greift damit drastisch in den Wasserhaushalt ein:

— Gewässer, besonders die großen Flüsse und das Meer, sind wichtige *Transportwege*.

— Gigantische Wassermengen benötigen die Kraftwerke zur Erzeugung von Elektrizität. Das Wasser dient nicht nur zum Antrieb der Turbinen, sondern vor allem als *Kühlwasser*. Das erwärmte Wasser wird den Flüssen wieder zugeleitet oder über Kühltürme als Wasserdampf an die Atmosphäre abgegeben. Ein Kernkraftwerk zum Beispiel gibt in der Sekunde 1 t Wasserdampf ab!

— Wasser wird als *Reinigungs-* und *Lösungsmittel* im Haushalt und in der Industrie verwendet und ist für die meisten industriellen Produktionswege unentbehrlich.

— Flüsse werden als *Vorfluter* genutzt. Sie nehmen ungeheure Mengen geklärter wie ungeklärter Abwässer auf und transportieren sie ab. Zum Teil kann der eingeleitete Schmutz von den Destruenten abgebaut werden. Damit tragen die Flüsse mit ihren Lebensgemeinschaften zur Abwasserreinigung und Schadstoffbeseitigung bei.

— Wasser ist das wichtigste *Lebensmittel* überhaupt. Trinkwasser muss besonders hohen Qualitätsansprüchen genügen. Es soll von einwandfreiem Geschmack, geruchlos, frei von Krankheitserregern und Schadstoffen sein.

Nicht selten muss ein und dasselbe Gewässer allen diesen verschiedenen Zwecken gleichzeitig dienen.

Gefährdung des Grundwassers. Das beste Trinkwasser wird aus *Grundwasser* gewonnen. Anders als das Wasser aus Flüssen und Seen braucht es normalerweise nicht oder nur wenig aufbereitet zu werden. Grundwasser bildet sich, wenn Regenwasser versickert, langsam tiefer ins Erdreich eindringt und sich über wasserundurchlässigen Bodenschichten sammelt. Kies- und Sandschichten wirken dabei als natürliche Wasserfilter. Soweit das Grundwasser nicht als Quelle wieder zutage tritt, fließt es unterirdisch den Flüssen zu.

Gefahr besteht bei uns nicht nur für Fluss und See. Auch die Grundwasservorräte sind bedroht. Im Grundwasser findet man heute *Nitrate*, die aus Düngemitteln stammen, *Öl*, *problematische Kohlenwasserstoffverbindungen* aus der Industrie, *Pflanzenschutzmittel* sowie *gesundheitsschädliche Stoffe von Mülldeponien*. Immer häufiger müssen *Wasserwerke* Brunnen schließen, Wasser unterschiedlicher Herkunft vermischen oder teure Aufbereitungsanlagen bauen, damit sie die in der *Trinkwasserverordnung* festgelegten Grenzwerte für Nitrate und andere Schadstoffe nicht überschreiten. Zum Schutz des Grundwassers wurden bislang mehrere tausend *Wasserschutzgebiete* ausgewiesen. Nach Meinung der Fachleute wären doppelt so viele nötig.

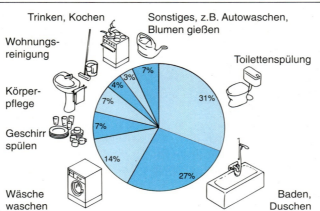

1   *Jeder Haushalt verbraucht etwa 150 l Wasser pro Tag.*

Biologie aktuell: Kläranlagen

Früher wurde in den Städten der Unrat auf Gassen und in Gräben gekippt. Dadurch kam es immer wieder zu verheerenden Seuchen. Erst vor etwa hundert Jahren begann man mit dem Bau von Kanalisationen. Die Abwässer wurden in Bäche, Flüsse und Seen eingeleitet und brachten diese zunehmend aus dem biologischen Gleichgewicht. Bei den heutigen Mengen an Haushalts- und Industrieabwässern ist eine möglichst vollständige Reinigung der Abwässer vor der Einleitung in die Gewässer unabdingbar.

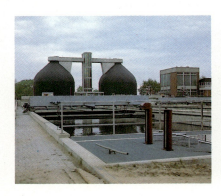

Kläranlagen beseitigen in einer ersten mechanischen Stufe alle groben mitgeführten Bestandteile aus dem Abwasser. Dazu dienen Rechen, Siebe, Filter und besondere Absetzbecken. Das Foto zeigt ein solches Absetzbecken.

Als zweite Stufe schließt sich eine biologische Reinigung an. Wie in der Natur, nur auf viel engerem Raum und in äußerst konzentrierter Form, bauen Destruenten in riesiger Zahl die organischen Bestandteile des Abwassers ab. Dies erfolgt in großen, ständig belüfteten Belebtschlammbecken ...

... oder in Tropfkörper-Türmen. Das mechanisch vorgeklärte Abwasser sickert hier durch locker geschichtetes Koks-, Lava- oder Schlackenmaterial, das eine gute Durchlüftung gewährleistet. Auf der so vergrößerten Oberfläche sind dieselben Organismen tätig wie im Belebtschlammbecken.

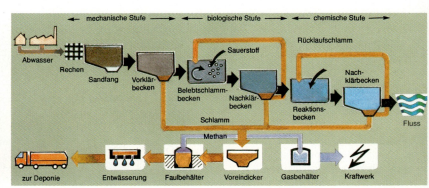

Noch wesentlich effektiver arbeiten die neuen Biohochreaktoren. Als „Belebungsräume" dienen bis zu 30 m hohe Stahltanks. Über Düsen am Tankboden wird Druckluft in die Tanks eingeblasen. Der biologische Abbau verläuft in zwei übereinander liegenden, durch einen Lochboden getrennten Kammern.

Das biologisch gereinigte Wasser ist entgegen dem Anschein noch nicht frei von belastenden Stoffen. Vor allem enthält es nach wie vor Phosphate und Nitrate, also die Stoffe, die für die Eutrophierung der Gewässer verantwortlich sind.
Nur eine dritte, chemische Reinigungsstufe kann Abhilfe schaffen:

Hier werden die chemischen Verunreinigungen durch besondere Fällungsreaktionen entfernt. Industrieabwässer bedürfen je nach ihrer Schadstofffracht spezieller Reinigungsverfahren in industrieeigenen Anlagen. Der zurückbleibende Klärschlamm muss häufig als Sondermüll behandelt werden.

186

Überblick

Unsere Gewässer bieten Lebensraum für eine Fülle von Tier- und Pflanzenarten. Diese sind an die im Gewässer vorherrschenden Lebensbedingungen, wie Wassertiefe, Sauerstoff- und Nährstoffgehalt, Wassertemperatur, Beschaffenheit des Gewässergrunds, Strömungsstärke, in unterschiedlicher Weise angepasst. Alle Lebewesen eines Gewässers sind über Nahrungsbeziehungen und andere Wechselwirkungen miteinander verbunden. Sie bilden eine Lebensgemeinschaft. Wie in anderen Lebensgemeinschaften sind die grünen Pflanzen die Produzenten. Sie liefern die Grundlage für die Nahrungsketten, in denen die Tiere als Konsumenten unterschiedlicher Ordnung auftreten. Destruenten führen tote organische Substanz und organische Abfallstoffe wieder in anorganische Verbindungen zurück. Dadurch schließen sie die Stoffkreisläufe und halten das System im Gleichgewicht. Durch ein Überangebot an Nährstoffen wird das biologische Gleichgewicht gestört: Eutrophierung. Reicht die Selbstreinigungskraft des Gewässers aus, stellt sich nach einiger Zeit wieder ein Gleichgewicht ein. Andernfalls „kippt das Gewässer um". Für den Menschen ist Wasser ein unverzichtbares Lebensmittel. Daher tun wir gut daran, stehende und fließende Gewässer in möglichst naturnahem Zustand zu erhalten. Die Abwassermengen müssen verringert und vor der Einleitung in die Gewässer weitestgehend gereinigt werden.

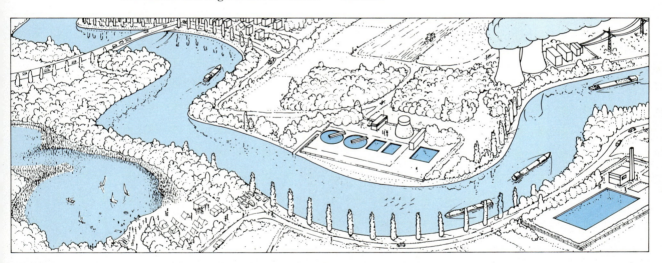

Alles klar?

1 Welche Bedeutung haben Gewässer für den Menschen? Betrachte dazu auch die Grafik oben.

2 Was versteht man unter Eutrophierung eines Gewässers?

3 In den Sommermonaten „blühen" manche Teiche, Seen oder auch langsam fließende Gewässer: An der Oberfläche zeigt sich ein ausgedehnter grüner Belag. Bei mikroskopischer Untersuchung stellt er sich als eine Massenansammlung von Grün- und Blaualgen heraus. Wie kommt es zu dieser „Wasserblüte"? Welche Folgen sind zu erwarten?

4 Warum liefert der Sauerstoffgehalt wichtige Hinweise auf den Zustand eines Gewässers?

5 Welche Wirbeltierklassen sind bei ihrer Entwicklung auf den Lebensraum „Wasser" angewiesen?

6 Erläutere an verschiedenen Beispielen, wie Insekten und Insektenlarven an das Leben im Wasser angepasst sind.

7 Welche Pflanzengruppen sind für ein stehendes Gewässer charakteristisch? Wo wachsen sie jeweils? Gib für jede Gruppe einige typische Vertreter an.

Vererbung

Heute ist Lisas Geburtstag. Die Großeltern und die Patentante sind gekommen. „Groß bist du geworden, Lisa. Und mit den dunklen Haaren und den braunen Augen ganz die Mama." „Sogar die langen Wimpern hat sie von ihr geerbt!" „Ja, aber Augenbrauen und Nase hat sie vom Vater, genau wie die zwei Kleinen." – Ganz selbstverständlich ist uns heute der Gedanke, dass die Ähnlichkeit zwischen Eltern und Kindern auf Vererbung beruht. Aber was heißt das eigentlich? Wie soll man sich das vorstellen?

Vererbung und Vererbungswissenschaft. Menschen und alle anderen Lebewesen ähneln in ihren Eigenschaften oder *Merkmalen* ihren Eltern und Vorfahren. Von ihnen haben sie die Information für die Ausbildung der Merkmale mitbekommen. Die Weitergabe dieser *Erbinformation* von Generation zu Generation nennt man *Vererbung*. Die *Vererbungswissenschaft* oder *Genetik* untersucht, wie die Informationsweitergabe geschieht und welchen Regeln sie folgt. Viele ihrer Erkenntnisse gelten für Menschen, Tiere und Pflanzen gleichermaßen.

Je näher verwandt, desto ähnlicher. Auf Fotos gelingt es uns oft erstaunlich leicht, Verwandte und Fremde zu unterscheiden. In der Regel sind wir einander *umso ähnlicher*, je näher wir verwandt sind, das heißt, *je stärker die Erbinformation übereinstimmt*.

Selbst wenn die Ähnlichkeit in Körpergestalt, Gesichtszügen oder Charakter auffallend ist, lässt sie sich meist schwer beschreiben. Sie beruht auf der Ähnlichkeit in vielen Einzelmerkmalen, die man nicht alle erfassen oder messen kann. Sogar scheinbar eindeutige Merkmale wie blaue oder braune Augenfarbe sind nicht immer klar gegeneinander abzugrenzen, weil es fließende Übergänge gibt, von Hellblau über Grau- und Grüntöne bis zu Dunkelbraun.

Der Mensch – ein schwieriger Untersuchungsgegenstand. Aussagen über Regeln der Vererbung sind nur möglich bei *auffälligen und gut abgrenzbaren Einzelmerkmalen*, deren Auftreten sich über die Generationen hinweg verfolgen lässt. Solche eindeutigen Merkmale gibt es beim Menschen nur wenige. In jedem Fall ist es eine große Besonderheit, wenn ihre Vererbung über mehrere Generationen bekannt ist: Bei kaum einem von uns waren die Vorfahren so berühmt, dass von ihnen Porträts und Dokumente über ihre Abstammung überliefert sind.

Karl V.
1500 – 1558

Maximilian I.
1459 – 1519

Philipp II.
1527 – 1598

Philipp IV.
1605 – 1665

Leopold I.
1640 – 1705

Don Jaime
1908 – 1975

1 Die „Habsburger Unterlippe" gehört zu den wenigen Merkmalen beim Menschen, deren Auftreten über viele Generationen dokumentiert ist.

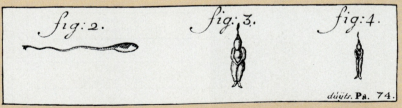

fig: 2.   *fig: 3.*   *fig: 4.*

duijts. Pa. 74.

Alte Vorstellungen über die Vererbung

Schon vor 2500 Jahren suchten griechische Philosophen und Ärzte nach einer Erklärung für die beobachtete Familienähnlichkeit. Sie entwickelten verschiedene Vorstellungen zu Zeugung und Vererbung. Eine davon war die *Präformationslehre des Anaxagoras*. Sie nahm an, dass im Samen des Vaters alle kindlichen Merkmale vorgeformt, *präformiert*, seien. Im mütterlichen Körper sollte sich der Samen nur entwickeln. Diese Lehre wirkte lange nach.

Als im 17. Jahrhundert erstmals Gelehrte Samenzellen im Mikroskop sahen, glaubten sie präformierte Lebewesen zu erkennen und zeichneten sie auch so!

Aufgaben

1 Weshalb ist es falsch zu sagen, dass Lisa die langen Wimpern von der Mutter geerbt hat? Formuliere den Sachverhalt korrekt.

2 Beschreibe Merkmale, in denen sich Mitglieder der auf der *linken Seite* abgebildeten Familie ähnlich sind.

3 Prüfe auf Fotos deiner Vorfahren, ob sich bestimmte Merkmale zurückverfolgen lassen. Wie viele Generationen reichen die Bilder zurück?

4 Was erklärt die Präformationslehre nicht? Verdeutliche den Unterschied zu unserer heutigen Auffassung!

1 *Vielfalt der Blütenpflanzen*

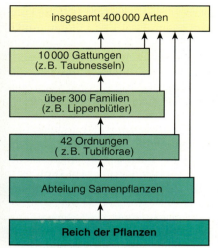

insgesamt 400 000 Arten

10 000 Gattungen
(z. B. Taubnesseln)

über 300 Familien
(z. B. Lippenblütler)

42 Ordnungen
(z. B. Tubiflorae)

Abteilung Samenpflanzen

Reich der Pflanzen

2 *Stammbaum der Pflanzen*

Vielfalt der Organismen. Auf den ersten Blick scheint es sich bei einer Blumenwiese oder einem tropischen Korallenriff um eine Ansammlung unterschiedlicher Organismen zu handeln. Diese Vielfalt ist im Laufe von Millionen Jahren durch die Evolution entstanden. Und obwohl es so scheint, als stecke keine Ordnung hinter dieser Mannigfaltigkeit, ist sie dennoch in bestimmte *biologische Einheiten* gegliedert. Diese lassen sich durch mehr oder weniger ähnliche Merkmale voneinander abgren-

zen. Die Grundeinheit für die systematische Einteilung aller Lebewesen auf der Erde ist der Begriff der *Art*.

Artbegriff. Tiere, die eine gemeinsame Stammesgeschichte besitzen, die sich im Körperbau und im Verhalten sehr ähnlich sind und die untereinander fruchtbare Nachkommen zeugen können, fasst man zu einer *Art* zusammen. Arten bilden eine *Fortpflanzungsgemeinschaft*.

Entstehen von Arten. In der Natur werden bei der sexuellen Reproduktion die Erbanlagen der einzelnen

Lebewesen stets *neu kombiniert*. So finden von Generation zu Generation ständig Veränderungen statt, die dann zu neuen Arten führen, wenn eine bestehende Art in isolierte Gruppen, die sich nicht mehr miteinander paaren können, aufgeteilt wird. Jeder Teil der Art entwickelt sich danach gesondert weiter. Eine derartige *Isolation* kann räumlich bedingt sein, zum Beispiel durch das Abschnüren von Buchten. Es können aber auch andere Mechanismen zugrunde liegen: Der weiße Kleefalter entstand durch eine winzige Veränderung in seinem Erbgut, einer *Mutation*, aus dem gelben Kleefalter. Da er allerdings zu einer anderen Tageszeit sexuell aktiv ist als die gelbe Stammform, war eine Fortpflanzung mit dieser nicht mehr möglich: Aus einer Art haben sich so zwei herausgebildet.

Anzahl der Arten. Insgesamt kennt man heute etwa 1,4 Millionen Tierarten, wovon rund 760 000 auf die Insekten, 130 000 auf die Weichtiere und 54 000 auf die Wirbeltiere – davon 3 700 Säuger – entfallen. Im Pflanzenreich – einschließlich der Pilze – gibt es rund 400 000 Arten, von denen 235 000 zu den Blütenpflanzen gerechnet werden.

3 *Artenvielfalt im Tierreich. Leben im Korallenriff*

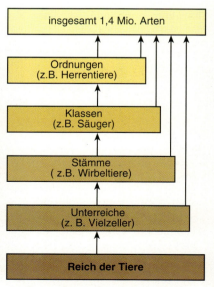

insgesamt 1,4 Mio. Arten

Ordnungen
(z. B. Herrentiere)

Klassen
(z. B. Säuger)

Stämme
(z. B. Wirbeltiere)

Unterreiche
(z. B. Vielzeller)

Reich der Tiere

4 *Stammbaum der Tiere*

Unterschiede innerhalb der Art

1 *Genetische Variabilität beim Apollofalter*

Obwohl Lebewesen zur selben Art gehören, dieselben Vorfahren und den gleichen Grundbestand an Erbanlagen besitzen, weichen sie in Farbe, Größe oder Musterung oft deutlich voneinander ab. Der Grund für diese *Variabilität* kann *genetisch* oder *umweltbedingt* sein.

Genetisch bedingte Variabilität.
In den Erbanlagen aller Lebewesen finden ständig kleine, meist punktuelle Veränderungen statt. Bei Pflanzen erfolgen diese *Mutationen* häufiger als bei Tieren. Sie sind zufällig, spontan und nicht vorhersehbar. Neben diesen Mutationen führt aber auch die *geschlechtliche Fortpflanzung* zu einer genetisch bedingten Variabilität. Durch das Zusammenfügen von väterlichem und mütterlichem Erbgut entstehen innerhalb der genetischen Grenzen einer Art *neue Kombinationen*.
Bringen genetisch bedingte Variabilitäten den Nachkommen Vorteile, zumindest aber keine Nachteile, werden diese Eigenschaften vielfach weitervererbt.

Umweltbedingte Variabilität.
Selbst Nachkommen mit identischem Erbgut unterscheiden sich durch umweltbedingte Einflüsse in ihrem Aussehen oft deutlich voneinander. Vor allem das Nahrungsangebot, aber auch abiotische Faktoren wie Licht oder Temperatur können einen starken Einfluss auf das Erscheinungsbild eines Lebewesens ausüben. Hält man beispielsweise Petunien bei 20 °C und starker Sonnenbestrahlung, blühen sie rein weiß. Bei 30 °C und einer geringen Belichtungsstärke färben sich die Kronblätter violett bis dunkelrot. Bei Temperaturen, die zwischen den Extremwerten liegen, treten alle möglichen Farbübergänge und Musterungen auf. Die Abänderungen des Phänotyps aufgrund von *Umweltfaktoren* sind hier fließend.
Eine Chinesische Primel dagegen blüht über 30 °C weiß und darunter nur rot. Solche umschlagenden Modifikationen gibt es auch bei Tieren. Das Geschlecht der Meeresschildkröten beispielsweise wird von der Temperatur des Sandes bestimmt, in den die Reptilien ihre Eier ablegen: Unter 30 °C entstehen Männchen, über 30 °C dagegen Weibchen.
Selbst bei Säugetieren kann die Temperatur Modifikationen auslösen: Beim Russenkaninchen sind alle Körperstellen, deren Temperatur unter 34 °C liegt – Schnauzenspitze, Pfoten, Ohren – schwarz gefärbt. Alle übrigen, besser durchbluteten Bereiche des Tieres tragen ein weißes Fell. Hält man die Tiere über längere Zeit konstant bei einer Temperatur von über 30 °C, erhöht sich die Temperatur auch in den weniger gut durchbluteten Bereichen über 34 °C, sodass die Kaninchen sich rein weiß verfärben. Kühlt man dagegen einen Körperbereich längere Zeit ab, entstehen an dieser Stelle schwarze Haare.

In Kürze

1 Wodurch unterscheiden sich genetisch und umweltbedingte Variabilität?

2 Nenne Ursachen, die zu umweltbedingten Variabilitäten beitragen können.

3 Der Ackersenf wird, wenn er auf Kies wächst, etwa 4 cm hoch, wenn er auf einem Komposthaufen wächst dagegen fast 1 m. Was ist zu erwarten, wenn man die Samen der beiden bei gleichen Bedingungen austreiben lässt? Begründe.

Aufgaben

Innerhalb einer Art können verschiedene Variabilitäten auftreten. Variabilitäten sind genetisch- oder umweltbedingt.

Der Zellkern – Speicher des Erbguts

Wo steckt die Erbinformation?
Bei der Vererbung werden wichtige Informationen von einer Generation an die nächste weitergegeben. Bei der Bildung der Spermien im männlichen Organismus wird der Zellkern zum Kopfteil des Spermiums, das Plasma zur Geißel. Kommt das Spermium zur Befruchtung, so dringt nur sein Kopfteil in die Eizelle ein, die Geißel wird abgeworfen. Da das Erbgut des Vaters für die Nachkommen gleichbedeutend ist wie das der Mutter, muss für die Vererbung vor allem der *Zellkern* zuständig sein.

Unter den Bestandteilen lebender Zellen fällt der *Zellkern* besonders auf. Er ist in nahezu allen Zellen vorhanden, er ist mit rund einem Zehntel des Zellvolumens recht groß, und sein Verlust oder seine Zerstörung hat den Tod der Zelle zur Folge.

So ist heute zur Gewissheit geworden, was vor etwa hundert Jahren erstmals vermutet wurde: Der Zellkern ist *Speicher des Erbguts*.

Seine Aufgabe ist es,
– das Erbgut sicher zu verwahren,
– alle Vorgänge in der Zelle nach Vorschrift der Erbinformation zu steuern,
– bei einer Zellteilung die Erbinformation unverändert an die Tochterzellen weiterzugeben.

Licht- und elektronenmikroskopische Bilder sowie biochemische Untersuchungen lassen erkennen, wie der Zellkern in seinem Bau diesen Anforderungen entspricht.

Bau des Zellkerns

Kernhülle. Elektronenmikroskopische Bilder zeigen, dass der Zellkern von einer *Doppelmembran* umhüllt ist. Sie ist durch mehrere tausend regelmäßig verteilte Kernporen durchbrochen. Über die *Kernporen* steht das Zellkerninnere mit dem Zellplasma in Verbindung. Diese Bauweise der Kernhülle erlaubt den leichten und schnellen Stoffaustausch zwischen Zellkern und Zellplasma. Zugleich schirmt sie das Erbgut wirksam gegen Störungen von außen ab.

Kernkörperchen. Schon im Lichtmikroskop sind im Bereich des Zellkerns dunkle *Kernkörperchen* oder *Nucleolen* zu erkennen, die sich gut anfärben lassen. Sie sind die Bildungsorte für die *Ribosomen*. Die Ribosomen werden dann ins Zellplasma transportiert. Als kugelige Partikel finden sie sich hier zu Millionen. An ihnen geht die Herstellung aller Proteine einer Zelle vonstatten.

Chromatin. Betrachtet man den Zellkern im Lichtmikroskop, erscheint er von einem fädigen Netzwerk durchzogen. Es ist besonders deutlich, wenn das Präparat zuvor angefärbt wurde. Man bezeichnet dieses Grundgerüst des Zellkerns als *Chromatin* nach dem griechischen Wort „chroma" für Farbe. Heute weiß man, dass es sich bei den Chromatinfäden um die *Träger der Erbanlagen* handelt.

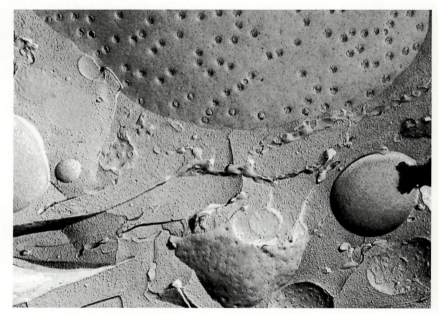

1   Ausschnitt aus einer Zelle im Elektronenmikroskop. Der Zellkern mit den Kernporen ist deutlich zu erkennen. Vergrößerung etwa 20 000fach

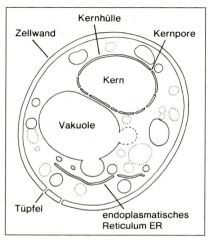

2   Aufbau einer Pflanzenzelle

1848

Die Chromosomen

Entdeckung der Chromosomen. Beim Mikroskopieren von Zellen, die sich teilten, wurden vor gut 100 Jahren erstmals schleifenförmige Gebilde beobachtet. Der Mediziner Flemming und der Botaniker Strasburger entdeckten sie fast gleichzeitig in tierischen und pflanzlichen Zellen. Man nannte sie nach ihrer Form *Kernschleifen*, später wegen ihrer guten Färbbarkeit *Chromosomen*. Da sie unter dem Mikroskop erst durch Anfärben sichtbar wurden und nach der Zellteilung wieder verschwanden, war ihre Bedeutung lange strittig. Eine Zeit lang vermutete man in ihnen sogar durch Farbstoffe erzeugte Kunstgebilde!

Arbeitsform und Transportform. Inzwischen gibt es keinen Zweifel mehr, dass die Chromosomen die Erbanlagen tragen und in den Zellen ständig vorhanden sind. Allerdings verändern sie ihre Gestalt. Solange die Zelle sich nicht teilt, liegen sie als lange, dünne Chromatinfäden im Zellkern. Mit bis zu 2 mm Länge erreichen sie dann den 300fachen Kerndurchmesser. Dabei sind sie nur 10 bis 35 nm stark (1 nm entspricht $^1/_{1\,000\,000}$ mm!). Einzelne Chromatinfäden sind deshalb im Lichtmikroskop nicht sichtbar.

Die *Chromatinfäden* stellen die *Arbeitsform der Chromosomen* dar. In der Arbeitsform wird die Erbinformation im Zellkern abgelesen und im Zellplasma verwirklicht.

Wenngleich die Chromatinfäden im Zellkern hundertfach verschlungen liegen, sind sie offenbar dennoch geordnet. Das zeigt sich, wenn sie *zur Zellteilung* aus der Arbeitsform in die *Transportform* übergehen. Sie ziehen sich zusammen, verdichten sich sehr stark und nehmen eine bestimmte Größe und Gestalt an. Jetzt können sie als Chromosomen unter dem Mikroskop erkannt und voneinander unterschieden werden.

Die beobachtete Schleifenform erklärt sich so: Jedes Chromosom besteht aus zwei Längshälften, den *Chromatiden*, die an einer Stelle zusammenhängen. Diese Stelle nennt man *Centromer*. Befindet sich das Centromer in der Mitte, sind die vier *Chromosomenarme* gleich lang. Sitzt das Centromer weiter oben oder unten, hat das Chromosom zwei lange und zwei kurze Arme oder überhaupt nur zwei Arme.

Chromosomenzahlen. Bei der Zellteilung lässt sich die *Zahl der Chromosomen* feststellen. Sie ist für die jeweilige Pflanzen- oder Tierart typisch. Beim Menschen beträgt sie

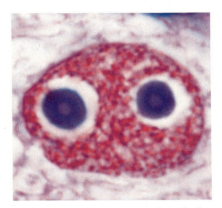

1 Zellkern: Chromatin und Nucleolen

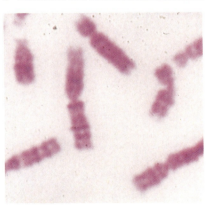

2 Menschliche Chromosomen

46 Chromosomen in jeder Körperzelle. Von der Chromosomenzahl kann man jedoch nicht ohne weiteres auf die Organisationshöhe eines Lebewesens schließen. Zum Beispiel hat die Gartenschnirkelschnecke zwei Chromosomen mehr als der Mensch. Die Länge der Chromosomen spielt eine wichtige Rolle. Von ihr hängt es wohl ab, wie viele Erbanlagen auf den Chromosomen liegen. Für das kleinste menschliche Chromosom nimmt man 1500 an.

Chromosomenzahlen verschiedener Lebewesen	
Spulwurm	2
Schnirkelschnecke	48
Tauffliege	8
Stubenfliege	12
Haussperling	76
Haustaube	80
Mensch	46
Schimpanse	48
Wurmfarn	164
Natternzunge (Farn)	480
Zwiebel	16
Gerste	14

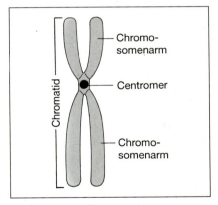

3 Bau eines Chromosoms

Aufgaben

1 Früher nannte man den Zellkern, der sich nicht teilt, ungeschickterweise „Ruhekern". Heute spricht man dagegen von „Arbeitskern". Erkläre.

2 Betrachte die Tabelle oben. Lassen sich darin Regeln erkennen?

In Kürze

Der Zellkern enthält die Erbinformation und ist Steuerzentrum der Zelle. Er besteht in der Hauptsache aus den Trägern der Erbanlagen, den Chromosomen. Sie sind nur in ihrer Transportform während der Zellteilung mikroskopisch sichtbar. Die Zahl der Chromosomen ist artspezifisch.

Ungeschlechtliche Fortpflanzung

Ungeschlechtliche Fortpflanzung. Die Mitose dient nicht allein der Vermehrung oder der Erneuerung von Körperzellen. Vor allem im Pflanzenreich ist sie auch ein Mittel der *biologischen Reproduktion*. Bei dieser ungeschlechtlichen, *vegetativen Fortpflanzung* entsteht aus diploiden Körperzellen nur eines elterlichen Organismus durch mitotische Teilungen ein neues Lebewesen. Dieses ist mit dem Elternteil, von dem es stammt, genetisch völlig identisch: es wird als *Klon* bezeichnet.

Natürliche Klone. In der Natur entstehen durch ungeschlechtliche Fortpflanzung nicht selten Klone. Im Tierreich pflanzen sich zum Beispiel Nesseltiere wie der Süßwasserpolyp mit Hilfe der *Knospung* fort. Bei diesem Vorgang bildet sich aus Körperauswüchsen des Muttertieres ein neuer Polyp. Im Pflanzenreich sind natürliche Klone noch weit häufiger: Aus *Zwiebeln, Knollen* oder *Ausläufern* entwickeln sich neue Lebewesen, die in ihren Zellen denselben Chromosomensatz besitzen wie die Pflanze, von der sie stammen.

Biotechnische Pflanzenklone. In der Pflanzenzüchtung produziert der Mensch Klone auf biotechnischem Weg. Sehr alt ist die Methode des Klonierens mit Hilfe von *Stecklingen*: Bei vielen Pflanzen bewurzeln sich abgetrennte Teile, beispielsweise die Zweige einer Weide, und wachsen wieder zu ganzen Organismen heran.

Um Klone zu erzeugen, reichen inzwischen auch schon einzelne Zellen aus. Dazu gibt man Teile von Pflanzenorganen, etwa von einem Laubblatt, auf ein geeignetes Nährmedium. Dort bildet sich an den Schnittstellen nach kurzer Zeit eine *Kallus* genannte Zellwucherung. Zerteilt man den Kallus wiederum in Zellhaufen oder Einzelzellen, lassen sich daraus auf einem entsprechenden Nährboden neue genetisch identische Pflanzen heranziehen. Mit Hilfe dieser Gewebekulturen werden heute nicht nur eine Reihe von Zierpflanzen, beispielsweise Orchideen, für den Blumenhandel gezüchtet, sondern auch Waldbäume für die Forstwirtschaft.

Biotechnische Tierklone. In England klonte man im Jahre 1996 aus der Körperzelle eines Schafes ein identisches Tier, das man Dolly

1 *Das Schaf Dolly, das 1996 aus der Körperzelle eines Schafes geklont wurde*

nannte. Dazu brachte man den Kern einer Euterzelle eines Schafes, der *Genmutter* in eine vom Zellkern befreite Eizelle eines zweiten Schafes, der *Eimutter*. Diese veränderte Eizelle ließ man dann von einem dritten Schaf, der *Leihmutter* austragen. Da diese Methode auch beim Menschen denkbar ist, ergeben sich daraus schwerwiegende ethische und rechtliche Probleme, die bisher noch nicht gelöst sind.

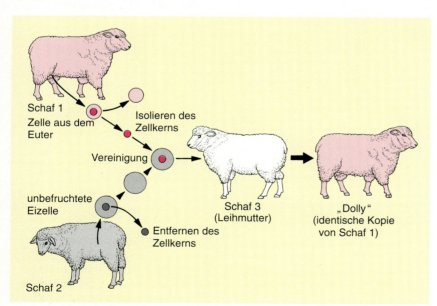

2 *Schema der Klonierung des Schafes Dolly aus einer Euterzelle. Dolly hat drei Mütter, die Eimutter, die Genmutter und die Leihmutter, jedoch keinen Vater.*

Schaf 1 – Zelle aus dem Euter – Isolieren des Zellkerns – Vereinigung – unbefruchtete Eizelle – Entfernen des Zellkerns – Schaf 2 – Schaf 3 (Leihmutter) – „Dolly" (identische Kopie von Schaf 1)

Aufgaben

1 Versuche mit eigenen Worten eine Definition für einen Klon zu geben.

2 Überlege, welchen Vorteil das Klonen von Pflanzen hat.

3 Welche Einstellung hast du zur Klonung von Tieren?

In Kürze

Die Mitose ermöglicht eine ungeschlechtliche Fortpflanzung. Dabei entstehen stets Klone. Klone sind Lebewesen, die genetisch mit dem Organismus, von dem sie abstammen, identisch sind.

Kombination des Erbguts bei der Befruchtung

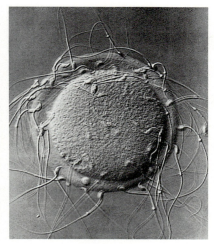

1 *Spermien auf einer Eizelle*

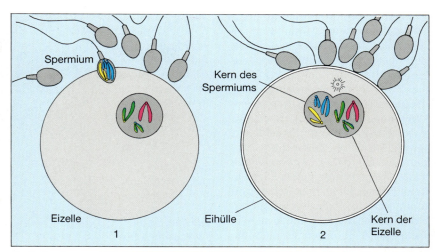

2 *Befruchtung. Mit dem Verschmelzen der Zellkerne ist sie abgeschlossen.*

Befruchtung. Das Leben des Menschen wie der meisten Tiere und Pflanzen beginnt mit der *Befruchtung,* dem Verschmelzen von Eizelle und Spermium zur Zygote.

Millionen von Spermien schwimmen, angelockt von Signalstoffen, mit Hilfe ihres Schwanzfadens auf die Eizelle zu. Das schnellste Spermium dringt in die Eizelle ein. Dazu durchbohrt der Spermienkopf, der den Zellkern enthält, mit Enzymen die als Glashaut bezeichnete Eihülle und die Zellmembran. Der Schwanzfaden bleibt zurück. Die blitzschnelle Verhärtung der Eihülle verhindert, dass weitere Spermien eindringen. Dies hätte normalerweise das Absterben der Zygote zur Folge.

Anschließend folgt der entscheidende Vorgang der Befruchtung, die *Kernverschmelzung.* Die Chromosomen von Eizelle und Spermium vereinigen sich in einem gemeinsamen Zellkern.

Haploide Keimzellen – diploide Zygote. Spermium und Eizelle unterscheiden sich deutlich: Im Gegensatz zu den Spermien sind die Eizellen unbeweglich, reich an Zellplasma und beim Menschen rund 70 000 mal größer.

Trotz dieser Unterschiede ist das Erbgut der weiblichen und männlichen Keimzellen *gleichwertig.*

Eine Hälfte der Erbinformation für die Zygote wird vom *haploiden Satz der Eizellen-Chromosomen,* die andere Hälfte vom *haploiden Satz der Spermium-Chromosomen* geliefert. Zusammen bilden sie aus n Paaren homologer Chromosomen wieder den *doppelten Chromosomensatz* (2n). Die Zygote ist also *diploid* und besitzt die *vollständige Erbinformation.*

Nach 30 bis 50 Mitosen wird sich die Zygote zu einem ausgewachsenen Lebewesen mit Milliarden oder Billionen Zellen entwickelt haben.

Kombination des Erbguts. Der Ablauf von Meiose und Befruchtung lässt sich erkennen, dass man sich die Vererbung nicht als willkürliche Durchmischung, sondern als geordnete *Kombination von Teil-Informationen* vorstellen muss.

Der geringe Raumbedarf und die hohe Informationsdichte des Genoms, wie das komplette Erbprogramm eines Lebewesens genannt wird, sind erstaunlich.

Der Zellkern einer Zygote mit einem Durchmesser von nur 0,01 mm speichert eine Informationsmenge, die sich mit der Information in einem Buch mit 2 Millionen Seiten vergleichen lässt. Umgerechnet entspricht dies 2000 Büchern mit einem Umfang von je 1000 Seiten.

Aufgaben

1 „Das Kind hat mehr vom Vater als von der Mutter."
Kann diese Behauptung zutreffen? Was ist damit tatsächlich gemeint?

2 Wie unterscheidet sich die Erbinformation der Gehirnzellen von der Erbinformation der Hautzellen?

In Kürze

Bei der Befruchtung verschmelzen die haploiden Zellkerne von Eizelle und Spermium zum diploiden Zygotenkern. Dadurch wird mütterliches und väterliches Erbgut kombiniert.

Die Mitose

Zellteilung. Ein Mensch besteht aus 60 Billionen Zellen. Alle sind sie durch *Zellteilung* oder *Mitose* aus einer befruchteten Eizelle hervorgegangen. Bei jeder Zellteilung bilden sich aus einer Mutterzelle zwei Tochterzellen.

Chromosomen. Vor gut 100 Jahren wurden in Zellen erstmals schleifenförmige Gebilde beobachtet. Man nannte sie daher *Kernschleifen*, später wegen ihrer guten Färbbarkeit *Chromosomen*. Inzwischen weiß man, dass die Chromosomen die Erbanlagen tragen. Solange sich die Zelle nicht teilt, liegen sie als lange, dünne *Chromatinfäden* im Zellkern. Dies ist die *Arbeitsform*. Bei der Zellteilung gehen sie in die *Transportform* über und werden kürzer und dicker. Jetzt nennt man sie *Chromatiden*. Immer zwei Chromatiden hängen am *Centromer* zusammen und bilden ein *Chromosom*.

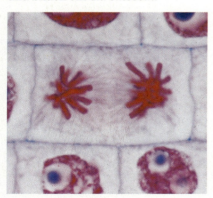

1   Trennung der Tochterchromosomen

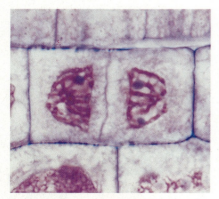

2   Ausbildung der neuen Kernmembran

3 bis 8   *Vorgänge bei der Zellteilung*

Die Chromatinfäden jeder Zelle enthalten zusammen die gesamte Erbinformation. Jeder Chromatinfaden wird vor der Zellteilung verdoppelt.
Die Membran, die den Zellkern umgibt, löst sich auf.

Die Chromatinfäden ziehen sich zusammen und werden zu Chromatiden.

Die Chromosomen sind gut zu erkennen. Sie liegen jetzt in der Zellmitte.

Die beiden Chromatiden jedes Chromosoms werden in entgegengesetzter Richtung zu den Polen der Zelle hin auseinander gezogen.

Die Kernmembran entwickelt sich neu und aus den Chromatiden werden wieder dünne Fäden.
Eine trennende Zellmembran bildet sich.

Zwei Tochterzellen sind entstanden. Sie wachsen zur Größe der Mutterzelle heran.

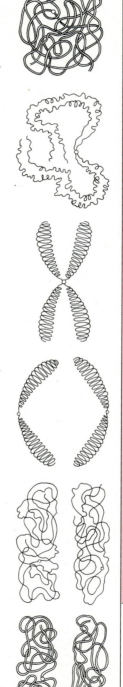

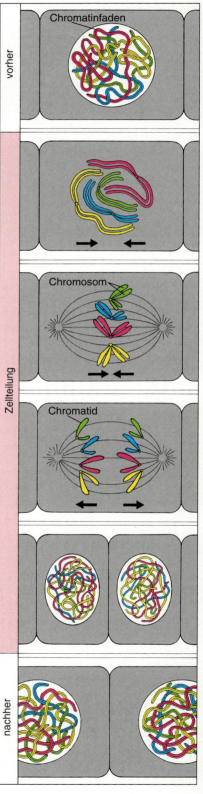

2205

Praktikum: Mitose

Anzucht von Wurzelspitzen

Benötigtes Material:
Becherglas, Küchenzwiebel, Wasser.

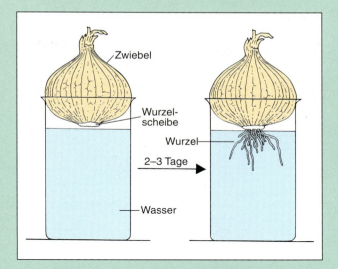

Durchführung:
2 bis 3 Tage vor Versuchsbeginn entfernt man von einer Küchenzwiebel die äußeren Schalen.
Die Zwiebel wird so auf ein Becherglas mit Wasser gesetzt, dass die Wurzelscheibe die Wasseroberfläche gerade noch nicht berührt. Verbrauchtes Wasser wird täglich ergänzt.

Präparieren der Wurzelspitzen

Benötigt werden:
Objektträger, Deckglas, Rasierklinge oder Skalpell, Pinzette, Pipette, Bunsenbrenner, Orcein-Essigsäure oder Karminessigsäure, Wurzelspitzen.

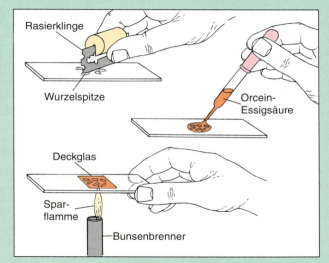

Durchführung:
Etwa 2 cm lang gewachsene Wurzeln werden 2 bis 3 mm hinter der Spitze abgeschnitten und mit der Pinzette auf einen Objektträger gelegt.
Mit der Rasierklinge oder dem Skalpell teilt man die Wurzelspitzen mehrmals längs.
Nach Zugabe eines Tropfens Orcein-Essigsäure legt man ein Deckglas auf und erhitzt etwa 10 Minuten vorsichtig über der Sparflamme des Bunsenbrenners.

Mikroskopieren eines Quetschpräparates

Benötigt werden:
Filterpapier, Essigsäure (50 %), Orcein-Essigsäure, Mikroskop.

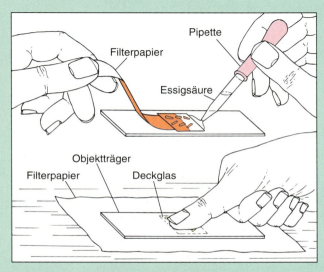

Durchführung:
Unter dem Deckglas werden einige Tropfen Essigsäure durchgesaugt. Mit dem Deckglas nach unten wird das Präparat kräftig auf Filterpapier gequetscht ohne es seitlich zu verschieben.
Nochmals etwas Orcein-Essigsäure durchsaugen.
Bei etwa 500facher Vergrößerung kann man unter dem Mikroskop verschiedene Mitosestadien erkennen. Skizze anfertigen.

Die Meiose

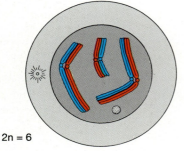
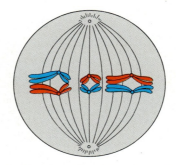
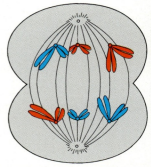

1. Reifeteilung

2n = 6

Paarung der homologen Chromosomen

Die Chromosomenpaare ordnen sich in der Zellmitte an.

Trennung der homologen Chromosomen Reduktion

1 Schema der Meiose: erste Reifeteilung. *Mütterliche Chromosomen* rot, *väterliche Chromosomen* blau

Von den Eltern zu den Kindern verändert sich die Zahl der Chromosomen in den Körperzellen nicht. Körperzellen des Menschen enthalten stets 46 Chromosomen. Eizellen und Spermien, die *Keimzellen*, besitzen dagegen nur einen *einfachen Chromosomensatz (n)* mit 23 Chromosomen. Sie sind *haploid*. Bei ihnen wird im Laufe ihrer Entwicklung der doppelte Chromosomensatz auf den einfachen reduziert. Dies geschieht durch eine besondere Zellteilung, die *Reifeteilung* oder *Meiose*.

Ablauf der Meiose. Der Ablauf der Meiose vom Sichtbarwerden der Chromosomen bis zur Teilung des Zellplasmas ähnelt der Mitose. Es gibt jedoch mehrere entscheidende Unterschiede:

— Bei der Meiose folgen *immer zwei Teilungen* aufeinander, die *erste* und die *zweite Reifeteilung*.

— *Während der ersten Reifeteilung* ordnen sich die homologen Chromosomen nebeneinander in der Zellmitte an. Dann werden die *homologen Chromosomen* – nicht die Chromatiden wie bei der Mitose – *auf die Tochterzellen verteilt*. Dadurch entstehen aus diploiden Urkeimzellen haploide Keimzellen. Weil in ihr die Reduktion auf den einfachen Chromosomensatz erfolgt, nennt man die erste Reifeteilung auch *Reduktionsteilung*.

— *Bei der zweiten Reifeteilung* werden genau wie bei der Mitose die *Chromatiden getrennt*.

Was wird durch die Meiose erreicht? Die Reduktion der Chromosomenzahl auf den einfachen Satz ist ein wichtiges Ergebnis der Meiose, aber nicht das einzige. Das *Erbgut* wird zugleich *völlig umge-*

ordnet. Es bleibt nämlich dem Zufall überlassen, welche der von der Mutter und welche der vom Vater geerbten Chromosomen zusammen in eine Tochterzelle gelangen.

Bei Lebewesen mit nur vier Chromosomenpaaren im diploiden Satz, wie der Taufliege Drosophila, ergeben sich $2^4 = 16$ Möglichkeiten der Kombination mütterlicher und väterlicher Chromosomen. Beim Menschen mit 23 Chromosomenpaaren sind dagegen $2^{23} = 8\,388\,608$ verschiedene Kombinationen möglich! Es ist daher sehr unwahrscheinlich, dass zwei Eizellen oder Spermien eines Menschen dieselbe Kombination von Chromosomen besitzen.

mögliche Kombinationen für n = 3

2n = 6

2 *Spielkartenmodell zur Meiose*

631

Die Meiose

2. Reifeteilung

n = 3   n = 3

n = 3   n = 3

Die Chromosomen ordnen sich in der Zellmitte an.

Trennung der Chromatiden

4 haploide Keimzellen

1   Schema der Meiose: zweite Reifeteilung

Unterschiede in der Meiose bei Mann und Frau. Die *Kernteilung der Meiose* verläuft *bei Mann und Frau gleich, nicht jedoch die Teilung des Zellplasmas*. Aus einer diploiden Spermienmutterzelle reifen vier haploide Spermien. Aus einer diploiden Eimutterzelle entstehen eine große, plasmareiche haploide Eizelle und drei kleine, an Zellplasma arme haploide Zellen, die *Polkörper*. Diese sterben bald ab.

Die Meiose beim Mann dauert etwa 6 bis 8 Wochen. Die Bildung der Eizellen bei der Frau beginnt bereits vor der Geburt mit der Meiose aus den Eimutterzellen. Die vollständige Reifung in einem Follikel der Eierstöcke findet nach einer Ruhepause ab der Geschlechtsreife ungefähr vom 13. bis 50. Lebensjahr statt.

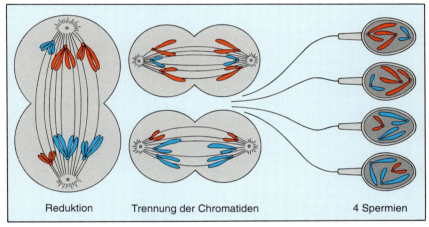

Reduktion

Trennung der Chromatiden

4 Spermien

2   Ergebnis der Meiose beim Mann

Aufgaben

1   Erläutere Bild 2 auf der *linken Seite*.

In Kürze

Keimzellen entstehen durch Meiose aus diploiden Urkeimzellen. Dabei wird der doppelte Chromosomensatz auf den einfachen Satz reduziert und das Erbgut durchmischt. Keimzellen sind haploid und erbungleich.

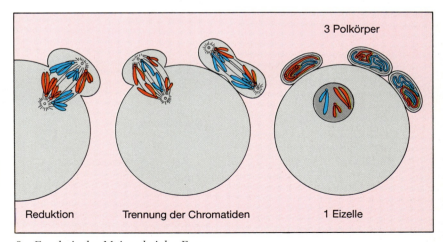

3 Polkörper

Reduktion

Trennung der Chromatiden

1 Eizelle

3   Ergebnis der Meiose bei der Frau

Moleküle enthalten Erbinformation

Noch lange Zeit, nachdem Zellkern und Chromosomen als Speicher der Erbinformation bereits erkannt waren, blieb die Frage ungeklärt, aus welchen Stoffen die Erbinformation aufgebaut war. Wie kann ein Stoff all das leisten, was die Eigenschaften des Erbguts ausmacht? Seine Moleküle müssen

- *Informationen* über Tausende von Merkmalen *speichern,*
- *Kopien* mit identischer Information *erzeugen,*
- *Beständigkeit* der Information gewährleisten und trotzdem *Änderungen* durch Mutationen zulassen,
- Erbinformation in *Merkmalsausprägung* übersetzen.

Information. Information bedeutet so viel wie Nachricht, Botschaft. Die Erbinformation eines Lebewesens ist demnach die von den Vorfahren ererbte Anleitung zu seinem Aufbau und Stoffwechsel. Wie jede Art von Information ist die Erbinformation in bestimmten Zeichen festgelegt, gewissermaßen verschlüsselt oder *codiert.* Ihr Informationsgehalt erschließt sich nur dem, der die Bedeutung der Zeichen kennt. Für die Erbinformation ist das die jeweilige Zelle. In ihr wird die Botschaft der Gene „entziffert" und umgesetzt.

Welche Moleküle sind Informationsträger? Die Chromosomen speichern das Erbgut. Folglich kann nur in ihren Baustoffen die Erbinfor-mation verschlüsselt sein. Mit den *Proteinen* und den *Nukleinsäuren* sind zwei Stoffklassen am Bau der Chromosomen beteiligt. Daher war lange unklar, welche von beiden Stoffklassen die Erbsubstanz darstellt oder ob vielleicht beide diese Aufgabe übernehmen.

Entscheidung durch Viren. Viren sind nur aus Proteinen und Nukleinsäuren aufgebaut, also gerade aus den beiden als Erbsubstanz infrage kommenden Stoffklassen. Sie eigneten sich daher als Versuchsmodelle besonders gut. Versuche mit Bakterien und Phagen erbrachten 1952 den Beweis dafür, dass Nukleinsäuren die alleinigen Träger der Erbinformation sind:

Die Nukleinsäure von Phagen wurde durch radioaktive Atome markiert. Diese fanden sich in den infizierten Bakterienzellen wieder. Markierte man dagegen die Proteinhülle der Phagen radioaktiv, konnte man in den Bakterien keine Radioaktivität feststellen. Trotzdem waren die Bakterien von den Viren infiziert und produzierten neue Viren. Offensichtlich war also nur die Nukleinsäure notwendig, um vollständige Nachkommen zu erzeugen.

Inzwischen weiß man, dass Nukleinsäuren nicht nur die Erbsubstanz der Viren bilden. Nukleinsäuren, genauer die *Desoxiribonukleinsäure DNS* oder auf englisch *Desoxiribonucleinacid DNA,* spielt in den Zellen aller Lebewesen diese Rolle.

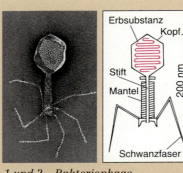

1 und 2   Bakteriophage

Die Vermehrung von Viren

Ein Virus besteht nur aus Nukleinsäure, die von einer Proteinhülle umschlossen ist. Die Nukleinsäure enthält die Information für die Bildung neuer Viren. Da ein Virus keinen eigenen Stoffwechsel besitzt, ist es bei seiner Vermehrung auf lebende Zellen angewiesen.

Ein Bakteriophage oder kurz Phage ist ein Virus, das Bakterien befällt. Bei der Infektion schleust es seine Erbinformation in eine Bakterienzelle ein. Diese stellt ihren Stoffwechsel meist sofort um und produziert nur noch Phagen. Schließlich löst sich die Bakterienzellwand auf und die neugebildeten Phagen werden freigesetzt.

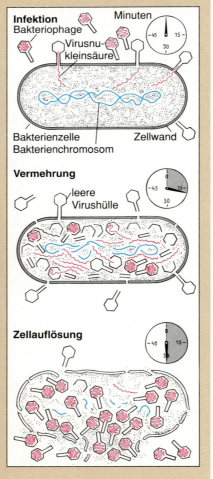

Infektion
Bakteriophage
Virusnukleinsäure
Bakterienzelle
Bakterienchromosom
Zellwand
Minuten

Vermehrung
leere Virushülle

Zellauflösung

1 Welche Kennzeichen der Lebewesen fehlen Viren?

2 Viren sind besonders geeignet, die Erbsubstanz zu identifizieren. Erkläre.

In Kürze

Versuche mit Bakterien und Bakteriophagen bewiesen, dass Nukleinsäuren die Erbinformation enthalten.

DNA: Der Stoff, aus dem die Gene sind

„Alphabet des Lebens" Die *Erbanlagen* oder *Gene* aller Lebewesen bestehen aus *Desoxyribonukleinsäure,* abgekürzt DNS oder DNA. DNA ist ein fadenförmiges Molekül aus Millionen bis Milliarden Bausteinen, den *Nukleotiden.* Jedes Nukleotid setzt sich aus einem *Zuckermolekül Desoxyribose,* einer *Phosphat-Gruppe* und einer der vier *Basen Adenin (A), Cytosin (C), Guanin (G) oder Thymin (T)* zusammen. Die Reihenfolge dieser Basen ist die verschlüsselte Erbinformation, ähnlich den Buchstaben einer Schrift. Ein Gen entspricht einem DNA-Abschnitt von über hundert bis zu mehreren zehntausend Nukleotiden.

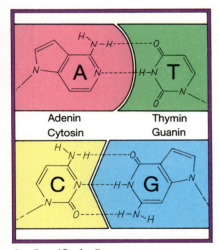

1 *Spezifische Basenpaarung*

Doppelstrang-Moleküle. Stets sind zwei DNA-Fäden – einer verdrillten Strickleiter oder Wendeltreppe ähnlich – zu einem *Doppelstrang* umeinander gewunden. Die Treppenholme entsprechen in diesem Modell zwei *Zucker-Phosphat-Ketten.* Die einzelnen Treppenstufen bestehen aus jeweils einem *Basenpaar.* Aufgrund ihrer Molekülstruktur verbinden sich immer nur A mit T und C mit G. Durch diese *spezifische Basenpaarung* entsprechen sich die beiden DNA-Fäden eines Doppelstrangs wie Positiv und Negativ bei einem Foto.

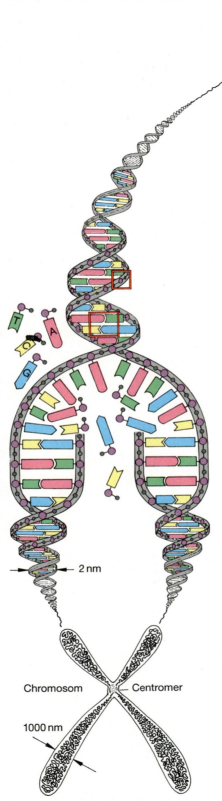

2 *Aufbau und Verdoppelung der DNA.*

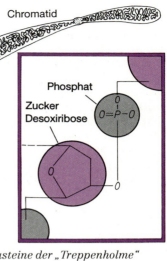

3 *Bausteine der „Treppenholme" der DNA*

Identische Verdopplung. Die Vorteile des Doppelstrangs werden augenfällig, wenn die *Erbinformation* vor einer Zellteilung kopiert wird. Dazu öffnet sich mit Hilfe eines Enzyms der Doppelstrang an der Bindungsstelle zwischen den Basenpaaren wir ein Reißverschluss. An jedem Einzelstrang, der als Matrize dient, wird dann der zweite Strang ergänzt. So entstehen zwei völlig *identische DNA-Doppelstränge,* die zu Chromatiden verpackt werden.

Aufgaben

1 Vergleiche das „Alphabet des Lebens" mit unserer Buchstabenschrift. Gibt es Entsprechungen für Wörter, Sätze, Bücher, Bibliotheken?

2 Wann wird im Leben einer Zelle die DNA kopiert?

In Kürze

Desoxyribonukleinsäure ist die Erbsubstanz aller Lebewesen.
Sie speichert die Erbinformation in der Abfolge von 4 verschiedenen Basen. Sie besteht aus einem Doppelstrang und kann sich daher besonders einfach identisch verdoppeln.

Die Information über alle Merkmale eines Lebewesens ist in der DNA verschlüsselt. Die Übersetzung der Information in die Merkmale führt stets über *Proteine*. Durch sie wird die Erbinformation verwirklicht.

Umkopieren. Zuerst wird im Zellkern von dem Abschnitt eines DNA-Strangs, der die benötigte Erbinformation enthält, eine *Arbeitskopie* aus Ribonukleinsäure erstellt. Die Arbeitskopie wird als *messenger-RNA* oder *Boten-RNA* bezeichnet. Sie ist ähnlich wie ein einzelner Strang der DNA aufgebaut, jedoch mit zwei Unterschieden:
– Statt des Zuckers Desoxiribose enthält sie den Zucker *Ribose,*
– statt Thymin die Base *Uracil.*
Mit der DNA als Vorlage wird das Gen Nukleotid für Nukleotid in Boten-RNA umkopiert. Dieser Vorgang wird *Transkription* genannt.

Übersetzen. Die Boten-RNA gelangt in das Zellplasma. Hier heftet sich ein *Ribosom* an. Aminosäuren, die Bausteine der Proteine, werden aus dem Zellplasma von kurzen Nukleinsäuren herangeschafft. Sie werden *transfer-RNAs* oder *Schlepper-RNAs* genannt. Jede der 20 Aminosäuren besitzt ihre eigene Schlepper-RNA, die eine bestimmte Basen-Kombination aufweist. An dem Ribosom lagert sich eine Schlepper-RNA an, die auf einem drei Basen langen Abschnitt zur Boten-RNA passt. Ihre Aminosäure wird mit der Proteinkette verknüpft, dann löst sich die Schlepper-RNA ab. Das Ribosom rückt um drei Basen weiter und der Vorgang wiederholt sich. Dies geschieht so oft, bis die *Basen-Reihenfolge der Boten-RNA* vollständig in die *Aminosäure-Reihenfolge des Proteins* übersetzt ist. Dieser Vorgang heißt *Translation.* Eine Folge von drei Basen auf der Boten-RNA – ein *Basentriplett* – ist das Schlüsselwort für den Einbau einer bestimmten Aminosäure. Die Zuordnung aller Schlüsselwörter zu den verschiedenen Aminosäuren heißt *genetischer Code.*

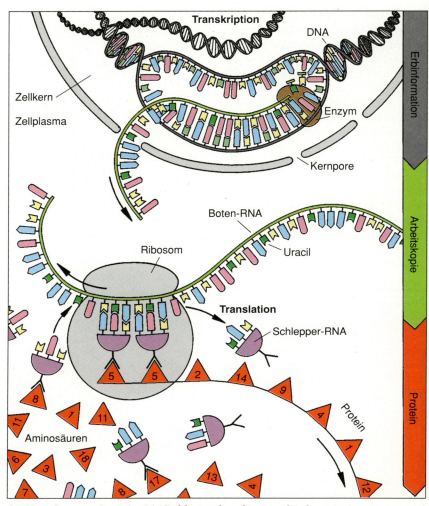

1 *Vom Gen zum Protein. Die Zahlen stehen für verschiedene Aminosäuren.*

Der genetische Code
Der genetische Code gilt für alle Lebewesen. Seine Grundlage sind die vier Basen Adenin (A), Uracil (U), Cytosin (C) und Guanin (G). Nur die Kombination von je drei Basen ergibt mit $4^3 = 64$ Variationen genug Möglichkeiten, die 20 verschiedenen Aminosäuren zu verschlüsseln.
Für die meisten Aminosäuren gibt es mehrere Schlüsselwörter. Tyrosin (Tyr) zum Beispiel ist durch zwei Basenkombinationen codiert: UAC und UAU. AUG ist das Schlüsselwort für den Beginn der zu übersetzenden Erbinformation, UAA, UAG und UGA codieren das Ende.

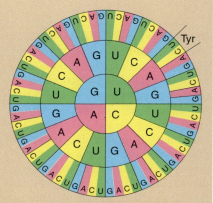

2 *Der genetische Code wird von innen nach außen gelesen.*

1960

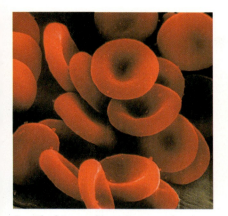

1 Blutkörperchen mit normalem Hämoglobin

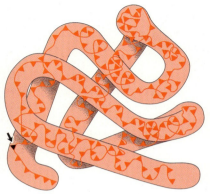

2 und 3 Nach einer Mutation, bei der eine Aminosäure ausgetauscht wurde (Pfeil), nehmen die Blutkörperchen eine sichelförmige Gestalt an.

Struktur der Proteine. Proteine bestehen aus etwa 100 bis 1000 aufeinander folgenden Aminosäuremolekülen. Jede Proteinart ist durch eine bestimmte Länge und Reihenfolge der Aminosäuren charakterisiert. Dadurch ist auch festgelegt, wie sich ein Protein während seiner Entstehung faltet. Die räumliche Gestalt ist für die Funktion des Proteins entscheidend. Werden zum Beispiel als Folge einer Genmutation abweichende Aminosäuren eingebaut, können sich Form und somit die Funktion des Proteins verändern. So führt der Austausch nur einer von 146 Aminosäuren im Hämoglobin zu Sichelzellenanämie, einer schweren Sauerstoffmangelkrankheit.

Aufgaben der Proteine. Proteine sind die wichtigsten Bau- und Betriebsstoffe der Zellen. Keratin in der Haut und Kollagen im Knochen sind Beispiele für *Gerüstproteine*. Der Blutfarbstoff Hämoglobin ist ein *Transportprotein* für Sauerstoff. Aktin und Myosin verleihen dem Muskel die Fähigkeit zur Kontraktion. Insulin regelt den Zuckerhaushalt und Antikörper schützen gegen Infektionen. Die größte Bedeutung haben aber die katalytisch wirkenden Proteine, die *Enzyme*.

Enzyme lenken den Stoffwechsel. Kaum eine Stoffwechselreaktion geschieht „von selbst". Nur wenn ein geeignetes Enzym als Biokatalysator vorhanden ist, kann sie mit ausreichender Geschwindigkeit ablaufen. Praktisch jeder Stoffwechselschritt eines Lebewesens wird durch ein spezielles Enzym katalysiert.

Merkmalsbildung. Ob wir blonde Haare und die Blutgruppe A besitzen, ob Erbsen weiß blühen und kantige Samen bilden, ob Bakterien Milchzucker abbauen und einem Antibiotikum widerstehen können – immer beruhen Erbmerkmale auf der Bildung bestimmter Stoffe. Sind diese Stoffe selbst Proteine, wie das Hämoglobin oder der Blutgerinnungsstoff Faktor VIII, ist der Zusammenhang zwischen Erbinformation und Merkmal leicht erkennbar. Meist sind jedoch an der Ausprägung eines Merkmals viele verschiedene Proteine beteiligt. Gene steuern und kontrollieren letzten Endes jedes Merkmal. Nur nach ihrer Information können die notwendigen Enzyme gebildet werden.

4 Enzyme steuern die Merkmalsbildung, hier die Blütenfarbe.

1 Suche Beispiele für Proteine, die selbst Merkmale darstellen oder als Enzyme an der Merkmalsbildung beteiligt sind.

2 Die Boten-RNA-Moleküle werden im Zellplasma sehr schnell wieder abgebaut. Begründe.

Erbinformation ist verschlüsselte Anweisung zum Aufbau von Proteinen. Dazu wird die DNA im Zellkern in Boten-RNA umkopiert. Diese wird im Zellplasma in Proteine übersetzt. Sie sind entweder selbst Merkmale oder steuern als Enzyme den Stoffwechsel zur Ausbildung der Merkmale.

1 *Blutform der Buche. Die Mutation kommt auch bei anderen Bäumen vor.*

2 *Katze von der Insel Man. Die Rasse entstand durch Mutation.*

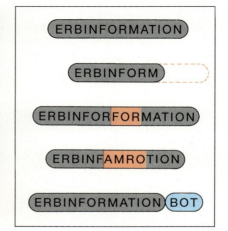

3 *Albino-Mädchen. Die Eltern sind dunkelhäutige Bantus.*

Im Laufe des Lebens muss die Erbinformation vielfach kopiert, umgeschrieben und übersetzt werden. Dabei können sich Fehler einschleichen. Man spricht dann von *Mutation* und versteht darunter eine *sprunghafte Veränderung der Erbinformation.* Ob eine *Veränderung im Phänotyp* auf eine Mutation zurückzuführen ist, lässt sich jedoch nicht ohne weiteres entscheiden. Sie kann *ebenso Folge einer Neukombination von mütterlichen und väterlichen Erbanlagen* während der Meiose sein. Bekannte Beispiele für durch Mutation entstandene Veränderungen im Phänotyp sind links abgebildet. Mutationen können in allen Zellen des Körpers vorkommen. *Vererbt* werden sie jedoch *nur, wenn Keimzellen betroffen sind.*

Umfang der Mutationen. Die Erbinformation kann in verschiedenem Ausmaß verändert sein. Je nach dem Umfang der veränderten Erbinformation unterscheidet man:

— *Genommutationen.* Das Erbgut oder *Genom* ist insgesamt gegenüber dem normalen Chromosomensatz verändert. Es kann zum Beispiel der ganze Chromosomensatz vervielfacht sein oder ein einzelnes Chromosom zu viel oder zu wenig vorliegen.

— *Chromosomenmutationen.* Der im Mikroskop sichtbare Bau von Chromosomen ist verändert. So können Stücke eines Chromosoms verloren gegangen oder Teile eines anderen Chromosoms eingebaut sein.

— *Genmutationen.* Der im Mikroskop nicht sichtbare Bau der DNA ist verändert. Die Reihenfolge ihrer Bausteine kann beispielsweise vertauscht sein.

Mutationsrate. Mutationen entstehen *spontan,* also zufällig und ohne erkennbaren Anlass. Die *Mutationsrate* gibt die Häufigkeit an, mit eine Mutation auftritt. Sie ist für die einzelnen Erbanlagen und Chromosomenabschnitte unterschiedlich hoch. Bei den am häufigsten betroffenen Genen oder Chromosomen des Menschen liegt sie bei 1:10 000 bis 1:1 000 000. Mutationen sind also *seltene Ereignisse.* Dennoch muss man bei der großen Zahl von Erbanlagen – beim Menschen ca. 100 000 – damit rechnen, dass fast jeder von uns Träger einer Mutation ist!

Mutagene. Verschiedene Einflüsse können die Mutationsrate um das Zehn- bis Hundertfache erhöhen. Sie werden als *Mutagene* bezeichnet. Dazu gehören *UV-Strahlung, Röntgen-* und *radioaktive Strahlung* sowie *viele Chemikalien.* Keines von ihnen kann jedoch eine bestimmte Mutation gezielt auslösen.

ERBINFORMATION

ERBINFORM

ERBINFOR**FOR**MATION

ERBINFA**MR**OTION

ERBINFORMATION **BOT**

4 *Verschiedene Formen von Chromosomenmutationen (Schema)*

Aufgaben

1 Kann man sich vor Mutationen schützen?

2 Welche Mutationen bei Haustieren kennst du? Zähle auf.

In Kürze

Mutationen sind sprunghaft auftretende, unvorhersehbare Veränderungen der Erbinformation. Nach ihrem Umfang unterscheidet man Gen-, Chromosomen- und Genommutationen.

645

Modifikation

Wenn wir uns im Sommer im Freien aufhalten, bildet unsere Haut vermehrt Pigmente und färbt sich dunkler. Die stärkere Pigmentierung ist eine Schutzreaktion gegen die Ultraviolett-Strahlen der Sonne. Bei Bergsteigern, die sich 2 bis 3 Wochen in Höhen über 4000 m aufhalten, nimmt die Zahl der roten Blutkörperchen um 20 bis 25 % zu. So stellt sich ihr Körper auf das geringe Sauerstoffangebot ein, das die dünne Luft in großer Höhe bewirkt.

Modifikation. Offensichtlich wird die Ausprägung der Merkmale durch die Gene nicht starr festgelegt, sondern kann innerhalb bestimmter Grenzen von der Umwelt beeinflusst werden. Solche umweltbedingten, nicht erblichen Merkmalsveränderungen nennt man *Modifikationen.* Wie sehr sich einzelne Merkmale durch Umwelteinflüsse modifizieren lassen, ist höchst unterschiedlich: *Umweltstabile Merkmale* wie die Blutgruppen oder die Hautleisten

1 Helle und sonnengebräunte Haut

der Fingerkuppen werden weitgehend unabhängig von Umwelteinflüssen ausgeprägt. *Umweltlabile Merkmale* wie das Körpergewicht sind dagegen in hohem Maße durch die Umwelt modifizierbar. Ihre Gene zeichnen sich durch eine *weite Reaktionsnorm* auf unterschiedliche Lebensbedingungen aus. Sie räumen also der Umwelt einen großen Spielraum an der Merkmalsbildung ein. Doch auch einem umweltlabilen Merkmal setzen die Gene Grenzen der Veränderlichkeit.

Die *meisten Modifikationen* zeigen zwischen den verschiedenen Merkmalsausprägungen *fließende Übergänge*, entsprechend den gradweise abgestuften Wirkungen der Umwelteinflüsse. So wird zum Beispiel die Ausbildung der Baumkrone je nach Lichtmenge mehr zur Licht- oder Schattenform hin verändert. Es gibt aber auch *umschlagende Modifikationen.* Sie können so verschieden sein, dass sie Alternativmerkmale unterschiedlicher Genotypen vortäuschen. Sie entstehen dann, wenn ein bestimmter Umweltfaktor die Wirkung von Genen schalterartig beeinflusst. So bewirkt beispielsweise der Faktor Tageslänge die beiden sich stark voneinander unterscheidenden Formen des *Landkärtchens,* eines einheimischen Tagfalters.

Aufgaben

1 Betrachte die Buchen auf den Fotos unten. Nenne Unterschiede in ihrer Kronenform. Wodurch werden sie verursacht?

2 Sammle Licht- und Schattenblätter eines Baumes und vergleiche.

3 Welche Faktoren können – in Bezug auf Modifikationen – noch eine Rolle für die Wuchsform von Pflanzen spielen?

In Kürze

Die Merkmale eines Lebewesens entstehen durch Wechselwirkung von Erbe und Umwelt. Für viele Merkmale setzen die Gene nur den Rahmen, innerhalb dessen die Umwelt die Merkmalsausprägung steuert. Umweltbedingt veränderte, nicht erbliche Merkmale bei gleicher Genausstattung nennt man Modifikationen.

2 und 3 Freistehende Buche und Buchen im Bestand

4 und 5 Frühjahrsform (oben) und Sommerform des Landkärtchens

Praktikum: Modifikationen

Linkshänder oder Rechtshänder?

Ist die Bevorzugung einer Hand genetisch festgelegt oder spielt die Erziehung eine Rolle? Teste selbst. Benötigt werden: Papier, Filzstift, Bleistift, Stoppuhr, Kopiergerät.

Durchführung:
Notiere die Zahl der Linkshänder in der Klasse. Zeichne ein Gitter von 100 Quadraten mit je 1 cm Länge. Kopiere das Blatt für jeden Mitschüler zweimal. Teste alle nacheinander.

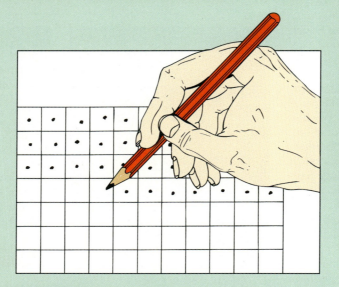

Die Versuchsperson hat die Aufgabe in jedes Quadrat so schnell wie möglich einen Punkt mit dem Bleistift zu setzen. Sie soll die erste Reihe von links nach rechts, die zweite von rechts nach links bearbeiten und so weiter. Der Versuch wird erst mit der rechten, dann mit der linken Hand (zweites Blatt!) durchgeführt und die Zeit jeweils gestoppt. Wie viele Personen sind mit der linken Hand schneller? Versuche eine Deutung.

Länge von Bohnensamen

Benötigt werden: mindestens 200 Bohnensamen derselben Sorte, Lineal, mehrere gleich große Reagenzgläser im Haltegestell oder Messzylinder, Heft, Schreibgerät.

Durchführung:
Die Bohnensamen werden zwischen den einzelnen Schülern oder Arbeitsgruppen aufgeteilt. Jede Gruppe misst die Länge aller ihrer Samen auf 1 mm genau und bestimmt die Zahl der Samen in jeder Längenklasse.

(Samen gleicher Länge bilden eine Klasse.) Aus den Zahlen aller Arbeitsgruppen wird ein Säulendiagramm erstellt: waagerechte Achse Samenlänge, senkrechte Achse Anzahl.
Die Samen einer Längenklasse werden jeweils in einem beschrifteten Reagenzglas gesammelt. Ordnet man die Gläser nach der Samenlänge, ergibt sich ein Bild, das dem Säulendiagramm entspricht. Wie lässt sich das Diagramm erklären?
Beachte: Bohnen einer Sorte sind reinerbig.

Modifikationen bei Buntnesselblättern

Benötigt werden: je eine buschig verzweigte Topfpflanze der Buntnessel von zwei deutlich verschiedenen Sorten, Blumenerde-Sand-Mischung (etwa 1:1), mehrere kleine Blumentöpfe, eventuell ein großes, leeres Aquarium als Anzuchtkasten, Messer.

Durchführung:
Von jeder Mutterpflanze werden 10 Stecklinge angezogen. Dazu schneidet man mit dem Messer Triebspitzen mit 4 bis 6 Blättern unmittelbar

unter einem Stängelknoten ab. Die Stecklinge kommen einzeln in Blumentöpfe mit feuchter Erde-Sand-Mischung. Wenn die Stecklinge nach drei Wochen bewurzelt sind und neue Blätter bilden, wird ein Teil der Töpfe sonnig, der andere schattig aufgestellt. Vergleiche nach mehreren Wochen die Pflanzen hinsichtlich Wuchsform, Blattform, Blattrand und Blattfärbung. Zeichne dazu typische Blätter.
Zeigen sich lichtbedingte Unterschiede zwischen den erbgleichen Pflanzen?

2449

Gregor Mendel (Unterschrift)

Gregor Johann Mendel wurde 1822 im mährischen Heinzendorf in der heutigen Tschechischen Republik geboren. Er entstammte einer Bauernfamilie und pflegte als Kind die Obstbäume des Gutsherrn. Im Kloster Brünn trat er in den Augustinerorden ein. 1847 wurde er zum Priester geweiht. Später sandte ihn der Orden zum Studium der Mathematik und Naturwissenschaften nach Wien. Dreimal fiel Mendel durch das Examen für Lehrer an höheren Schulen. Dennoch unterrichtete er anschließend 14 Jahre lang Naturlehre an der Oberrealschule in Brünn. Dann wurde er Abt seines Klosters.

Zwischen 1857 und 1864 führte Mendel im Klostergarten Kreuzungsexperimente mit der Gartenerbse durch und wertete sie statistisch aus. Dadurch fand er Regeln der Vererbung. Die Ergebnisse seiner „Versuche über Pflanzen-Hybriden" trug er 1865 dem Naturforschenden Verein zu Brünn vor und veröffentlichte sie 1866 in dessen Zeitschrift. Seine bahnbrechenden Ergebnisse fanden jedoch selbst unter Botanikern keine Beachtung. Mendel starb 1884. Erst 16 Jahre danach wurden seine Versuchsergebnisse in ihrer Bedeutung erkannt und „mendelsche Regeln" genannt.

Versuche über Pflanzen-Hybriden

Gregor Mendel

Die Auswahl der Pflanzengruppe, welche für Versuche dieser Art dienen soll, muss mit möglichster Vorsicht geschehen, wenn man nicht im Vorhinein allen Erfolg in Frage stellen will ...

Eine besondere Aufmerksamkeit wurde gleich Anfangs den Leguminosen wegen ihres eigenthümlichen Blüthenbaues zugewendet. Versuche, welche mit mehreren Gliedern dieser Familie angestellt wurden, führten zu dem Resultate, dass das Genus Pisum den gestellten Anforderungen hinreichend entspreche.

Einige ganz selbständige Formen aus diesem Geschlechte besitzen constante, leicht und sicher zu unterscheidende Merkmale und geben bei gegenseitiger Kreuzung in ihren Hybriden vollkommen fruchtbare Nachkommen. Auch kann eine Störung durch fremde Pollen nicht leicht eintreten, da die Befruchtungs-Organe vom Schiffchen enge umschlossen sind und die Antheren schon in der Knospe platzen, wodurch die Narbe noch vor dem Aufblühen mit Pollen überdeckt wird. Dieser Umstand ist von besonderer Wichtigkeit. Als weitere Vorzüge verdienen noch Erwähnung die leichte Cultur dieser Pflanze im freien Lande und in Töpfen, sowie die verhältnismässig kurze Vegetationsdauer derselben. Die künstliche Befruchtung ist allerdings etwas umständlich, gelingt jedoch fast immer ...

Aus mehreren Samenhandlungen wurden im Ganzen 31 ... Erbsensorten bezogen und einer zweijährigen Probe unterworfen ... Für die Befruchtung wurden 22 davon ausgewählt und jährlich, während der ganzen Versuchsdauer angebaut ... Die ... ausgewählten Erbsenformen zeigten Unterschiede in der Länge und Färbung des Stengels, in der Grösse und Gestalt der Blätter, in der Stellung, Farbe und Grösse der Blüthen, in der Länge der Blüthenstiele, in der Farbe, Gestalt und Grösse der Hülsen, in der Gestalt und Grösse der Samen, in der Färbung der Samenschale und des Albumens. Ein Theil der angeführten Merkmale lässt jedoch eine sichere und scharfe Trennung nicht zu, indem der Unterschied auf einem oft schwierig zu bestimmenden „mehr oder weniger" beruht. Solche Merkmale waren für die Einzel-Versuche nicht verwendbar, diese konnten sich nur auf Charaktere beschränken, die an den Pflanzen deutlich und entschieden hervortreten.

Begriffserklärungen

Leguminosen: Schmetterlingsblütler, eine Pflanzenfamilie
Genus Pisum: Gattung Erbse
Hybriden: Nachkommen aus einer Kreuzung verschiedener Sorten
Anthere: Staubbeutel, Endabschnitt des Staubblatts, enthält den Pollen
Albumen: eiweißreiches Nährgewebe im Samen

Aufgaben

1 Mendel suchte nach Regeln der Vererbung. Hierzu kreuzte er jeweils zwei Erbsensorten miteinander, die sich in einem Merkmal unterschieden, und verfolgte das Merkmal über die Generationen hinweg. Er hatte Erfolg dank seiner klugen Vorüberlegungen. Schildere sie mit deinen Worten.

Die mendelschen Regeln der Vererbung

1   Zur Kreuzung werden die Staubblätter bei der einen Sorte entfernt.

2   Pollen der zweiten Sorte wird zur
Bestäubung der ersten abgenommen.

3   Zum Schutz vor Fremdbestäubung
werden die Blüten umhüllt.

Gregor Mendel (1822–1884) war nicht der erste Wissenschaftler, der das Geheimnis der Vererbung zu lüften versuchte. Er überragte jedoch alle seine Vorgänger durch den Umfang seiner Versuche, durch die Sorgfalt bei Planung und Durchführung und durch die scharfsinnige Deutung seiner Ergebnisse.

Wahl der Versuchspflanze. Mendel führte seine Versuche mit der Gartenerbse durch. Klar erkannte er ihre Vorteile: Die verschiedenen Erbsensorten zeigen Merkmale, die über Generationen hinweg unverändert auftreten. Sie sind *reinerbig.* Die Reinerbigkeit erklärt sich aus der bei Erbsen üblichen *Selbstbestäubung.*

Kreuzungstechnik. Grundlage von Mendels Arbeit waren *gezielte Kreuzungen zwischen zwei verschiedenen Sorten.* Dazu werden die Blüten der einen Sorte rechtzeitig vor der Selbstbestäubung geöffnet und die Staubblätter entfernt. Dann wird jeweils die Narbe mit Pollen der zweiten Sorte bestäubt und die Blüte mit einer Hülle umschlossen.

Untersuchte Merkmale. Mendel untersuchte an seinen Erbsenpflanzen immer nur ein oder zwei *Merkmale, die eine sichere Unterscheidung zuließen,* zum Beispiel die Samenfarbe (gelb oder grün), die

Samenform (rund oder kantig), die Blütenfarbe (rot oder weiß).

Auswertung. Ungewöhnlich für die damalige Zeit war Mendels quantitatives Vorgehen. Er gewann seine Ergebnisse durch Auszählen und berechnete daraus die Zahlenverhältnisse, in denen die Merkmale auftraten. Nur durch die *statistische Auswertung* konnte er Regeln der Vererbung erkennen.

Ergebnisse. Als Mendel reinerbige Erbsenpflanzen mit gelber Samenfarbe und solche mit grüner Samenfarbe kreuzte *(Elterngeneration P),* waren die Nachkommen aus dieser Kreuzung alle gelbsamig. Vergleichbares fand er bei anderen Kreuzungen zwischen reinerbigen Elternpflanzen, die sich in einem Merkmal unterschieden. Ihre Nachkommen, die Pflanzen der *ersten Tochtergeneration* oder F_1, waren stets untereinander gleich: *Uniformitätsregel.* Wurden die gelbsamigen Erbsenpflanzen der ersten Tochtergeneration miteinander gekreuzt, traten in der *zweiten Tochtergeneration* oder F_2 beide Samenfarben auf, doch überwogen gelbe Samen. Mendel zählte 6022 gelbe und 2001 grüne Samen. Das entspricht einem Zahlenverhältnis von rund 3:1. Dieses Aufspalten im Verhältnis 3:1 stellte Mendel bei allen Kreuzungen zwi-

schen Pflanzen der ersten Tochtergeneration fest: *Spaltungsregel.*
Die Kreuzung von Erbsenpflanzen, die sich in zwei Merkmalen unterschieden, beispielsweise Samenform und Samenfarbe (gelb und rund oder grün und kantig), ergab in der ersten Tochtergeneration einheitliche Nachkommen. In der zweiten Tochtergeneration traten Erbsen mit allen denkbaren Merkmalskombinationen der Elterngeneration im Verhältnis von etwa 9:3:3:1 auf. Es waren 315 Erbsen rund und gelb, 101 kantig und gelb, 108 rund und grün, 32 kantig und grün. Die Merkmale der Elterngeneration waren demnach nicht miteinander gekoppelt, sondern kamen in der zweiten Tochtergeneration unabhängig voneinander vor: *Unabhängigkeitsregel.*

In Kürze

Gregor Mendel entdeckte erstmals Vererbungsregeln. Mit seinen Kreuzungsexperimenten beginnt die wissenschaftliche Genetik. Reinerbigkeit der Versuchspflanzen, Beschränkung auf wenige, klar unterscheidbare Merkmale und statistische Auswertung der Ergebnisse führten zu seinem Erfolg.

635

Die mendelschen Regeln

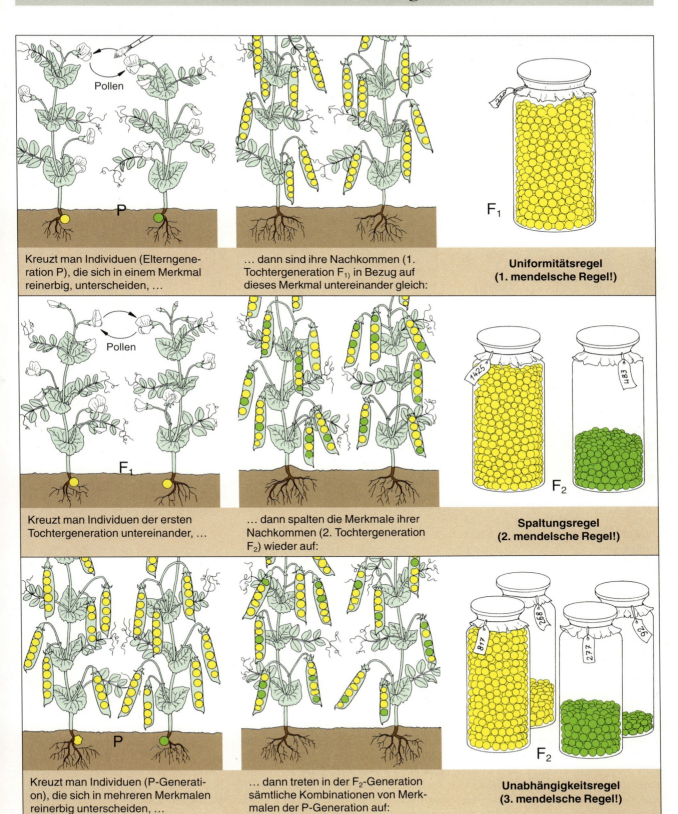

Kreuzt man Individuen (Elterngeneration P), die sich in einem Merkmal reinerbig, unterscheiden, …

… dann sind ihre Nachkommen (1. Tochtergeneration F_1) in Bezug auf dieses Merkmal untereinander gleich:

**Uniformitätsregel
(1. mendelsche Regel!)**

Kreuzt man Individuen der ersten Tochtergeneration untereinander, …

… dann spalten die Merkmale ihrer Nachkommen (2. Tochtergeneration F_2) wieder auf:

**Spaltungsregel
(2. mendelsche Regel!)**

Kreuzt man Individuen (P-Generation), die sich in mehreren Merkmalen reinerbig unterscheiden, …

… dann treten in der F_2-Generation sämtliche Kombinationen von Merkmalen der P-Generation auf:

**Unabhängigkeitsregel
(3. mendelsche Regel!)**

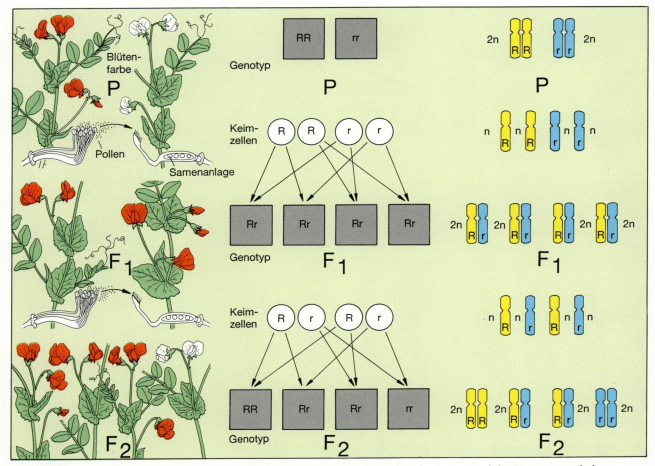

1 Mendels Kreuzungsversuch, seine Deutung des Versuchs (dargestellt als Erbschema) und die Deutung nach der Chromosomentheorie. Im Erbschema bedeuten Großbuchstaben dominante, Kleinbuchstaben rezessive Erbanlagen.

Gregor Mendel war zu seinen Vererbungsregeln durch die Beobachtung von Merkmalen gelangt. Da er mit einer großen Zahl von Versuchspflanzen arbeitete und die Ergebnisse statistisch auswertete, fielen zufällige Abweichungen bei Einzelpflanzen nicht ins Gewicht. Die Gesetzmäßigkeiten traten klar zutage und forderten eine Erklärung.

Mendels Deutung der Versuchsergebnisse. Mendel unterschied als erster Wissenschaftler zwischen den beobachteten *Merkmalen* und den ihnen zugrunde liegenden *Erbfaktoren* – wir sagen heute: zwischen dem *Phänotyp*, dem äußeren Erscheinungsbild eines Lebewesens, und dem *Genotyp*, seiner Ausstattung mit Erbanlagen oder *Genen*. Zu

Mendels Zeit glaubte man, dass sich väterliche Substanz aus dem Spermium und mütterliche Substanz aus der Eizelle bei der Befruchtung vermischen und daraus der Plan für das neue Lebewesen entsteht. Mendel kam zu völlig anderen Schlüssen:
Die beobachtete Aufspaltung in der zweiten Tochtergeneration lässt sich nur erklären, wenn man *feste Erbanlagen* annimmt, die sich *nicht vermischen*. Jedem Merkmal müssen zwei Erbanlagen zugrunde liegen. Die Keimzellen der Eltern liefern je eine Erbanlage. Bei Reinerbigkeit sind beide Erbanlagen gleich, bei Mischerbigkeit – wie im Falle der ersten Tochtergeneration – sind sie verschieden. Von den zwei verschiedenen Erbanlagen prägt

sich nur eine im Merkmal aus. Mendel bezeichnete eine solche Erbanlage als *dominant*, die von ihr überdeckte Erbanlage als *rezessiv*.

Mendelsche Regeln und die Chromosomentheorie der Vererbung.
Mendel wusste nichts über die Natur der Erbfaktoren. Er konnte sie nur durch seine Untersuchungen vorhersagen. Heute ist sicher, dass die Chromosomen Träger der Erbanlagen sind. Die *Chromosomentheorie der Vererbung* bestätigt und erklärt die mendelschen Regeln:
Körperzellen sind diploid. Sie besitzen, wie Mendel es gefordert hatte, *zwei Erbanlagen* für dasselbe Merkmal *auf den zwei homologen Chromosomen*. Keimzellen sind haploid, haben also nur eine Erbanlage für

das Merkmal. Die Erbanlagen für ein Merkmal können auf den homologen Chromosomen gleich sein – dann ist das Lebewesen *reinerbig* oder *homozygot* für das Merkmal – oder sie sind verschieden – dann ist das Lebewesen *mischerbig* oder *heterozygot* für das Merkmal. Die zwei einander entsprechenden Erbanlagen auf den homologen Chromosomen nennt man *Allele*.

Bei der Meiose gelangen die vom Vater geerbten und die von der Mutter geerbten Chromosomen zufallsgemäß in die Keimzellen. *Erbanlagen, die auf verschiedenen Chromosomen liegen, sind daher unabhängig voneinander.* Sie werden dem Zufall entsprechend neu kombiniert. Daraus erklärt sich Mendels Unabhängigkeitsregel. Sie gilt nicht für Erbanlagen, die auf dem gleichen Chromosom liegen.

Heutige Bedeutung der mendelschen Regeln. Die mendelschen Regeln sind noch immer von grundlegender Bedeutung für die Genetik. Sie werden zum Beispiel zur Analyse von Stammbäumen in der Humangenetik benötigt und in der angewandten Genetik bei der Tier- und Pflanzenzucht.

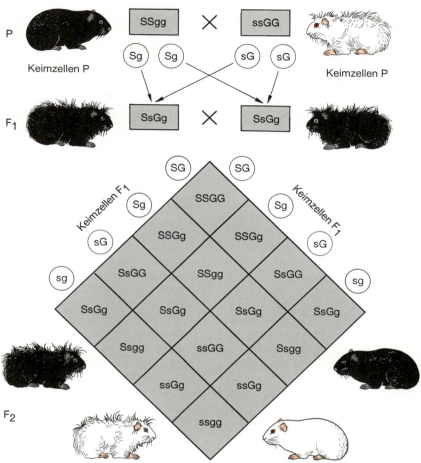

1 *Erbschema zur Unabhängigkeitsregel.* S *bedeutet Erbanlage für schwarz,* s *für weiß,* G *für wirbelhaarig,* g *für glatthaarig.*

Aufgaben

1 Die Kreuzung reinerbig weiß blühender und reinerbig rot blühender Malven ergibt in der F_1 rosafarbene, in der F_2 weiße, rosa und rote Malven. Um welchen Erbgang handelt es sich? Zeichne dazu ein Erbschema. Verwende für die Allele die Symbole B^W (weißblütig) und B^R (rotblütig).

2 Mendel erhielt durch Kreuzung von gelb- und grünsamigen Erbsen in der F_2 reinerbig und mischerbig gelbe Erbsen. Wie ging er vermutlich vor um beide Gruppen zu unterscheiden?

In Kürze

Die Chromosomentheorie der Vererbung erklärt die mendelschen Regeln.

Intermediäre Vererbung

Der Botaniker Carl Correns, einer der Wiederentdecker der mendelschen Regeln, führte um 1900 Vererbungsversuche mit der Wunderblume durch. Dabei stieß er auf ein interessantes Phänomen: Die Kreuzung von reinerbig dunkelrosa und weiß blühenden Elternpflanzen ergab eine erste Tochtergeneration, deren Blütenfarbe zwischen denen der Elterngeneration lag. In der zweiten Tochtergeneration erfolgte eine Aufspaltung im Verhältnis 1:2:1. Diesen Erbgang nannte Correns intermediär und stellte ihn dem dominant-rezessiven Erbgang gegenüber. Er beruht darauf, dass sich hier bei Mischerbigkeit beide Allele gleichermaßen ausprägen.

Vererbung beim Menschen

Gelten die mendelschen Regeln auch für Menschen? Der Bau der Chromosomen und die Vorgänge bei der Meiose sind bei Mensch und vielen Tieren und Pflanzen gleich. Daher ist zu erwarten, dass die mendelschen Regeln auch für den Menschen gelten. Das ist aber oft schwierig nachzuweisen:

Vererbungsversuche schließen sich beim Menschen aus. Außer bei *Krankheiten* und *Missbildungen* gibt es kaum Aufzeichnungen, die über mehrere Generationen reichen. Oft ist auch die *Zahl der Nachkommen* für eine aussagekräftige Auswertung zu gering. Die meisten Merkmale des Menschen zeigen außerdem *fließende Übergänge* und sind daher nicht eindeutig abgrenzbar. Dies gilt beispielsweise für die Farbe der Haut und der Haare. Heute weiß man, dass in solchen Fällen häufig nicht nur ein, sondern mehrere Paare von Erbanlagen die Ausprägung des Merkmals bewirken.

Erbmerkmale. Trotz dieser Probleme sind heute etwa 2000 Merkmale des Menschen bekannt, deren Vererbung den mendelschen Regeln

1 *Bei der Form und Farbe der Haare sind die Übergänge fließend.*

folgt. Bei 2000 weiteren Merkmalen vermutet man dies. Die meisten davon sind allerdings äußerlich nicht erkennbar, sondern entsprechen Stoffwechselvorgängen.

Zu den auffälligsten Erbmerkmalen, für die die Gültigkeit der mendelschen Regeln nachgewiesen ist, zählen die *erbliche Kurzsichtigkeit* und *erbliche Taubstummheit*, *überzählige Finger und Zehen*, *Kurzfingrigkeit*, *Augenfarbe*, *Körperbehaarung* und *Haarfarbe*.

Stammbaumanalyse. Die wichtigste Methode zur Ermittlung von Erbgängen beim Menschen ist die *Stammbaumanalyse*. Tritt ein Merkmal in einer Familie gehäuft auf, kann man vermuten, dass es erblich ist. In einem Stammbaum, der über Geschlecht und Verwandtschaftsbeziehung Auskunft gibt, werden die Merkmalsträger markiert. Bild 2 zeigt dafür ein Beispiel. Anschließend wird geprüft, ob sich der Erbgang mit den mendelschen Regeln erklären lässt.

Aufgaben

1 Analysiere den Stammbaum in Bild 2. Folgt der Erbgang den mendelschen Regeln?

In Kürze

Die mendelschen Regeln gelten auch für den Menschen. Die wichtigste Methode zur Untersuchung menschlicher Erbgänge ist die Stammbaumanalyse.

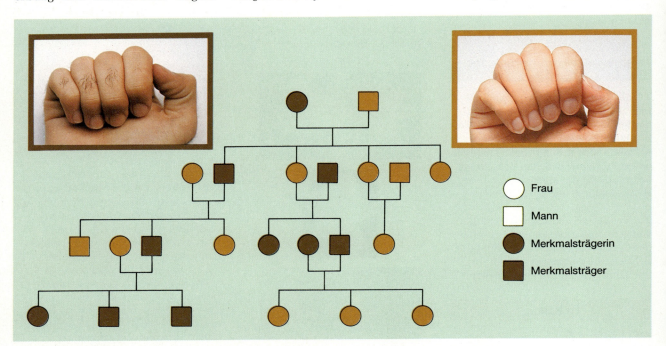

○ Frau
□ Mann
● Merkmalsträgerin
■ Merkmalsträger

2 *Stammbaum einer Familie, in der das Merkmal „behaarte mittlere Fingerglieder" auftritt.*

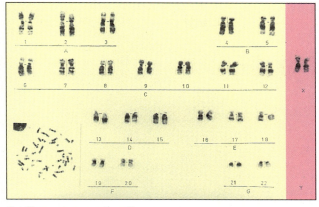

1 Karyogramm einer Frau

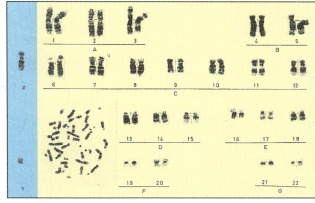

2 Karyogramm eines Mannes

Die Zugehörigkeit zum einen oder anderen Geschlecht bestimmt unser Leben sehr stark. Es ist daher nicht verwunderlich, dass die Menschen schon früh hinter das Geheimnis der *Geschlechtsbestimmung* zu kommen suchten. Ende des 17. Jahrhunderts zählte ein Gelehrter mehr als 250 Annahmen, Behauptungen und Lehren darüber auf. Nachdem zu Anfang unseres Jahrhunderts die Chromosomen als Bestandteile des Zellkerns und als Träger der Erbanlagen erkannt waren, trat begründete Vermutung an die Stelle von Spekulation. Man entdeckte, dass sich die Geschlechter bei vielen Lebewesen in ihrer Ausstattung mit Chromosomen unterscheiden.

Autosomen und Gonosomen.
Karyogramme von Frau und Mann zeigen neben 22 Chromosomenpaaren, die bei beiden Geschlechtern vorhanden sind und *Autosomen* genannt werden, jeweils zwei Geschlechtschromosomen oder *Gonosomen*. Sie bestimmen das Geschlecht.
Beim Menschen und allen Säugetieren enthalten die Zellen *im weiblichen Geschlecht zwei homologe Gonosomen, die X-Chromosomen.* Die Zellen *im männlichen Geschlecht* besitzen dagegen *ein X-* und ein zu diesem *nicht homologes Y-Chromosom.* Bei der Meiose werden nicht nur die Autosomenpaare, sondern auch die Gonosomen getrennt und auf die

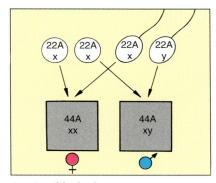

3 Geschlechtsbestimmung

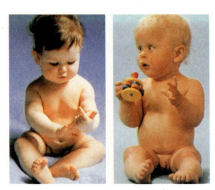

4 und 5 Ob Mädchen oder Junge, steht schon seit der Befruchtung fest.

Keimzellen verteilt: Neben einem Satz Autosomen enthalten *Eizellen immer ein X-Chromosom, Spermien entweder ein X- oder ein Y-Chromosom.*

Geschlechtsbestimmung bei der Befruchtung. Vereinigt sich bei der Befruchtung eine Eizelle mit einem Spermium, das ein Y-Chromosom besitzt, ist die entstehende Zygote männlich. Verschmelzen dagegen eine Eizelle und ein Spermium mit X-Chromosom, wird die Zygote weiblich. Da die Zahl der Spermien mit X- und mit Y-Chromosom gleich groß ist, liegt auch das Geschlechterverhältnis bei etwa 1:1.
Bereits bei der Befruchtung ist damit das *genetische Geschlecht* eines Kindes festgelegt. In einem komplizierten Zusammenspiel von Erbanlagen, Keimdrüsen und Hormonen bilden sich im Laufe der Entwicklung alle weiteren Geschlechtsmerkmale aus. Welchem Geschlecht sich jemand seelisch zugehörig fühlt, hängt jedoch von der Erziehung ab.

Aufgaben

1   Die ersten drei Kinder eines Paares sind Jungen. Wie groß ist die Wahrscheinlichkeit, dass das nächste Kind ein Mädchen wird?

2   In manchen Kulturen darf ein Mann seine Frau verstoßen, wenn sie keine Söhne bekommt. Welche irrige Auffassung steckt dahinter?

In Kürze

Das genetische Geschlecht des Menschen wird bei der Befruchtung durch die Ausstattung mit Geschlechtschromosomen festgelegt.

Praktikum: Statistische Modelle der Vererbung

1 Modell zur Spaltungsregel

Benötigt werden:
kleiner Sack oder undurchsichtige Plastiktüte sowie je 20 Kugeln oder Murmeln in zwei verschiedenen Farben;
außerdem Heft oder Protokollblatt, Schreibgerät.

Durchführung:
Die 40 Kugeln kommen in den Sack oder die Plastiktüte. Jeder Schüler greift mehrmals nacheinander aus dem Sack „blind" 2 Kugeln heraus. Im Protokoll wird jedes Mal festgehalten, welche Farbkombination gezogen wurde. Nach jedem Zug kommen die Kugeln in den Sack zurück. Erneut durchmischen.

• Wie häufig werden die drei möglichen Farbkombinationen gezogen?
• Inwiefern entspricht das Modell der 2. mendelschen Regel?
• Warum müssen die Kugeln nach jedem Zug wieder in den Sack zurück?
• Was veranschaulichen die Kugeln?
• Beeinflussen sich die Kombinationen aufeinander folgender Züge?
Wie könnte man diese Frage klären?

2 Modell zur Chromosomenverteilung

Benötigt werden:
je etwa 50 Plastikwäscheklammern in zwei verschiedenen Farben, kleiner Sack oder undurchsichtige Plastiktüte;
außerdem zwei Stativgeräte, Klemmen und Stativstangen. Sie werden so zusammengebaut, wie im Bild rechts gezeigt.

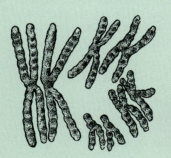

Durchführung:
Je vier Wäscheklammern von jeder Farbe kommen in den Sack und werden durchmischt. Durch „blindes" Zugreifen nimmt man nacheinander vier davon heraus und klammert sie in der gezogenen Reihenfolge an die oberste Stativstange. Die übrigen vier Klammern befestigt man in entgegengesetzter Farbfolge an der obersten Stange des zweiten Stativgerätes.
Das Vorgehen, bei dem die Wäscheklammern als Chromosomenmodelle dienen, wiederholt man mehrfach in gleicher Weise.
• Welcher Vorgang wird im Modell nachgeahmt?
• Welche Bedeutung haben die beiden Farben?
• Was simuliert die verschiedenen Chromosomen?
• Wie viele Farbfolgen gibt es theoretisch?

641

Praktikum: Untersuchung von Erbmerkmalen beim Menschen

Wie die Fotos zeigen, können manche Menschen die Zunge beim Herausstrecken um die Längsachse rollen oder in der Querachse falten. Diese Fähigkeiten sind erblich. Zunächst soll geprüft werden, wie häufig sie auftreten. Anschließend wird ihr Erbgang untersucht.

1 Merkmale Zungenrollen und Zungenfalten
Benötigt wird:
Taschenspiegel zur Selbstbeobachtung.

Durchführung:
Prüfe bei dir selbst, bei deinen Klassenkameraden, Bekannten und Verwandten, wer die Zunge rollen und wer sie falten kann.
• Wie groß ist der Prozentsatz der Zungenroller und der Zungenfalter?
• Kommen die beiden Merkmale immer nur einzeln oder auch kombiniert vor?
• Lässt sich die Ausprägung der Merkmale durch Übung beeinflussen?

2 Erbgang
Benötigt wird:
Transparentpapier.

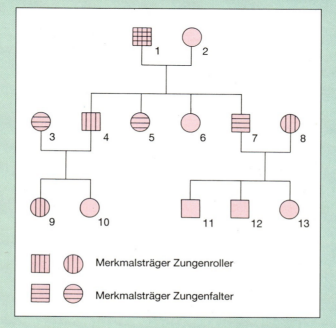

		Merkmalsträger Zungenroller
		Merkmalsträger Zungenfalter

Durchführung:
Die Vererbung der Merkmale Zungenrollen und Zungenfalten entspricht nicht vollständig den mendelschen Regeln. Trotzdem kann davon ausgegangen werden, dass Zungenrollen dominant und Zungenfalten rezessiv vererbt wird.
• Lege Transparentpapier auf den Stammbaum links oder übertrage ihn in dein Heft. Notiere dann zu jeder Person den Genotyp, soweit er sich feststellen lässt.
• Werden die Erbanlagen für beide Merkmale unabhängig voneinander vererbt?
• Versuche einen ähnlichen Stammbaum für deine Familie aufzustellen.

Vererbung der Blutgruppen und des Rhesusfaktors

Die *Blutgruppen* A, B, AB und 0 gehören zu den Merkmalen des Menschen, deren Erbgang den mendelschen Regeln folgt. Das gilt auch für eine Reihe von weiteren Blutfaktoren wie den *Rhesusfaktor*.

AB0-System. Die Blutgruppen A, B, AB und 0 unterscheiden sich durch bestimmte Merkmale auf der Oberfläche der roten Blutkörperchen, die Antigene. Stimmt bei Blutübertragungen die Blutgruppe von Spender und Empfänger nicht überein, können die Blutkörperchen verklumpen. Es besteht Lebensgefahr.

Die Vererbung der Blutgruppen ist ein Beispiel dafür, dass eine Erbanlage für ein bestimmtes Merkmal in mehr als zwei Allelen existieren kann. Von den drei Blutgruppenallelen A, B und 0 besitzt jeder Mensch nur zwei auf den homologen Chromosomen. Hinter den Phänotypen A, B, AB und 0 verbergen sich folgende Genotypen:

Blutgruppe A: AA oder A0
Blutgruppe B: BB oder B0
Blutgruppe AB: AB
Blutgruppe 0:   00

Gegenüber 0 sind die Allele A und B *dominant*. Eine Besonderheit im Erbgang des AB0-Systems besteht darin, dass die Allele A und B gleich stark ausgeprägt werden, wenn sie zum Genotyp AB kombiniert sind. Sie sind kodominant.

Rhesusfaktor. 85 % der Europäer sind *rhesuspositiv*. Ihr Erbgut enthält ein oder zwei dominante Allele des Rhesusfaktor-Gens D. Sie haben den Genotyp DD oder Dd. *Rhesusnegative* Menschen besitzen den Genotyp dd.

Die Kenntnis des Rhesusfaktors und seiner Vererbung ist von großer praktischer Bedeutung: Bei der Geburt gelangen oft rote Blutkörperchen des Kindes in den Blutkreislauf der Mutter. Ist das Kind rhesuspositiv und die Mutter rhesusnegativ, bilden sich im Blut der Mutter Antikörper. Dadurch können bei weiteren Schwangerschaften rhesuspositive Kinder geschädigt werden.

Phänotyp der Eltern		A	A	B	B	AB	0
	Genotypen	AA	A0	BB	B0	AB	00
A	AA	AA	AA / A0	AB	AB / A0	AA AB	A0
A	A0	AA / A0	AA|A0 / 00	AB / B0	AB|00 / A0|B0	AA/A0 AB/B0	A0 00
B	BB	AB	AB / B0	BB	BB / B0	BB AB	B0
B	B0	AB / A0	AB|00 / A0|B0	BB / B0	BB|B0 / 00	BB/B0 AB/A0	B0 00
AB	AB	AA AB	AA/A0 AB/B0	BB AB	AB/A0 BB/B0	AA AB BB	A0 B0
0	00	A0	A0 / 00	B0	B0 / 00	A0 / B0	00

1 *Vererbung der Blutgruppen.* Hellgrau: *mögliche Genotypen der Kinder*

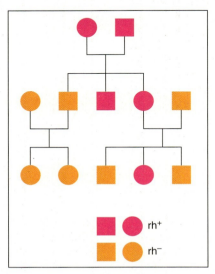

2 *Stammbaum zur Vererbung des Rhesusfaktors. Welche Genotypen lassen sich den einzelnen Personen zuordnen?*

- ■ ● rh+
- ■ ● rh−

2451

Erbanlagen und Umwelt

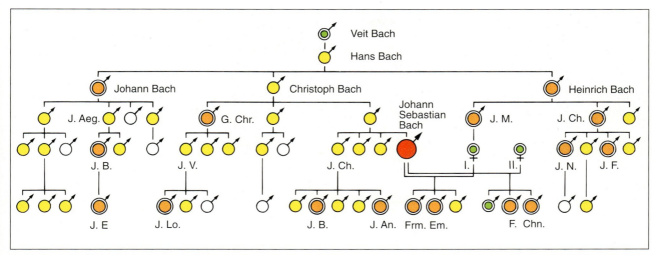

1 *Johann Sebastian Bach – seine Vorfahren und seine Nachkommen. Gelbe Kreise: Berufsmusiker, orangefarbene Kreise: Berufsmusiker und Komponisten, großer roter Kreis: Johann Sebastian Bach, grüne Kreise: Komponisten.*

Menschliche Individualität. Mit Ausnahme von eineiigen Zwillingen gibt es keine zwei identischen Menschen auf der Erde. Dies ist die Folge der Einmaligkeit der Erbanlagen, die in den Chromosomen als DNA verschlüsselt vorliegen. Sie stammen bei jedem Menschen zu gleichen Teilen aus der *haploiden Spermazelle* des Vaters und der *haploiden Eizelle* der Mutter. Vererbt werden allerdings nicht fertige Eigenschaften, sondern *Erbanlagen* in Form von *Genen*. Deren Gesamtheit trägt zur Verwirklichung der Persönlichkeit bei, das heißt, zur Ausformung der individuellen Merkmale. Untersuchungen haben gezeigt, dass es nicht nur *Gene* für die *körperlichen*, sondern auch für die *geistigen* und *seelischen Eigenheiten* gibt. Es bestehen daher kaum noch Zweifel, dass bestimmte *Begabungen* – etwa Musikalität oder logisches Denken – genauso genetisch bedingt sind wie etwa die Körpergröße oder das Lebensalter.

Wechselbeziehung mit der Umwelt. Im Laufe seines Lebens steht jeder Mensch in dauernder Wechselbeziehung mit seiner Umwelt. Ständig wird er in seiner Individualentwicklung von dieser Umwelt beeinflusst: Er nimmt Bau- und Betriebsstoffe, Reize und Informationen auf. Wie diese allerdings auf seinen Organismus wirken, das hängt weitgehend von seinen Erbanlagen ab. Beispielsweise konnte man feststellen, dass Menschen aufgenommene Giftstoffe, Pharmaka oder Genussmittel in der Regel mit deutlich ungleicher Geschwindigkeit oder Intensität abbauen und wieder ausscheiden. Andererseits aber wirken auch die Menschen aufgrund ihrer differenten genetischen Anlagen unterschiedlich auf die Umwelt ein: In einem Verkehrsstau etwa reagieren die festsitzenden Menschen – je nach ererbtem Temperament – völlig anders auf ihre Mitwelt ein: ruhig, aufgeregt oder aggressiv.

Dominanz der Erbanlagen. Es wird heute kaum mehr bestritten, dass die *menschliche Individualentwicklung* sowohl von den *Erbanlagen* als auch von der *Umwelt* gesteuert wird. Noch nicht endgültig entschieden ist aber die Frage, wem von beiden die größere Bedeutung zukommt. Vieles spricht gleichwohl dafür, dass die Erbanlagen eine *Dominanz* gegenüber den normalen Umwelteinflüssen besitzen. Als Beleg dafür kann die Familie des Barockmusikers *Johann Sebastian Bach (1685 – 1750)* gelten. Zwischen 1550 und 1845 spielte die Familie Bach eine führende Rolle im Musikleben Mitteldeutschlands. Von den 55 männlichen Angehörigen des Geschlechtes gelten 48 als besonders musikalisch, 28 waren zudem Berufsmusiker und 19 sind als bedeutende Komponisten anerkannt. Eine genetisches Übergewicht ist in diesen Fällen, selbst wenn die Umgebung die Begabungen noch förderte, mehr als wahrscheinlich.

Aufgaben

1 Diskutiere die Aussage Goethes: Vom Vater hab ich die Statur … vom Mütterchen die Frohnatur.

2 Stelle zusammen, durch welche Faktoren die Ausbildung einer Persönlichkeit beeinflusst wird.

In Kürze

Die Gene steuern die individuelle Ausformung der körperlichen, geistigen und seelischen Merkmale.
Die Individualentwicklung des Menschen wird von Erbanlagen und Umwelt gesteuert.

Genmutation: Sichelzellenanämie

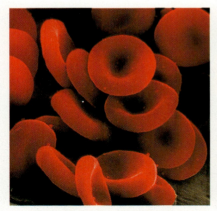

1 *Rote Blutkörperchen gleichen in ihrer Form einem Drops.*

2 *Sichelförmige Rote Blutkörperchen*

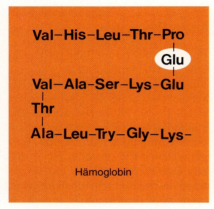

Val–His–Leu–Thr–Pro

Glu

Val–Ala–Ser–Lys–Glu

Thr

Ala–Leu–Try–Gly–Lys–

Hämoglobin

3 *Hämoglobin, Ausschnitt aus der β-Proteinkette*

Val–His–Leu–Thr–Pro

Val

Val–Ala–Ser–Lys–Glu

Thr

Ala–Leu–Try–Gly–Lys–

Sichelzellenhämoglobin

4 *Sichelzellenhämoglobin, Ausschnitt aus der β-Proteinkette.*

Rezessiver Erbgang. Bei Menschen, die das mutierte Gen für die Sichelzellenanämie von beiden Elternteilen geerbt haben, findet man ausschließlich deformierte rote Blutzellen. Diese homozygot Kranken sterben meist schon vor Erreichen des 18. Lebensjahres an Nieren- oder Herzversagen. Da das Leiden *rezessiv* vererbt wird, treten bei heterozygoten Trägern keine schwerwiegenden Krankheitssymptome auf. Bei diesen Personen ist nur ein Teil der roten Blutzellen verändert. Diese heterozygoten Träger des Sichelzellengens sind widerstandsfähiger gegen Malaria. Dies führte dazu, dass in den Malariagebieten Afrikas bis zu 30 % der Bevölkerung von der Sichelzellenanämie betroffen sind.

Aufgaben

1 Erläutere, wie es in Malariagebieten zu einer Anreicherung der Sichelzellenanämie kommen konnte.

2 Erkläre, was man unter einem rezessiven Erbgang versteht.

3 Das Gen für die Sichelzellenanämie kann von Vater und Mutter vererbt werden. Welchen Schluss lässt dies in Bezug auf das Trägerchromosom zu?

4 Wie unterscheidet sich ein homozygoter Träger der Sichelzellenanämie von einem heterozygoten im Geno- und im Phänotyp?

In Kürze

Die Sichelzellenanämie beruht auf einer Genmutation, durch die ein einziges Basenpaar in der DNA verändert wurde. Das dadurch falsch synthetisierte Hämoglobin fällt für den Sauerstofftransport weitgehend aus. Sichelzellenanämie wird rezessiv vererbt. Homozygote Träger sterben meist schon vor dem 18. Lebensjahr.

Die *Sichelzellenanämie* ist eine Blutkrankheit, die vor allem in Afrika vorkommt. Bei dieser Erkrankung ist in der menschlichen DNA nur ein einziges der rund 3 Milliarden Basenpaare verändert. Diese Punktmutation, die ein einziges Gen betrifft, hat zur Folge, dass die normalerweise *rundlichen* roten Blutkörperchen bei Sauerstoffmangel eine *sichelförmige* Gestalt annehmen. Schuld daran sind Veränderungen in der Struktur des Hämoglobins, des roten Blutfarbstoffes.

Im Gen, das für die Synthese des Hämoglobins verantwortlich ist, hat sich die Basensequenz geringfügig verändert: Das 6. Basentriplett enthält anstelle von *Thymin* die Base *Adenin*. Dadurch wird als 6. Aminosäure nicht *Glutaminsäure*, sondern *Valin* synthetisiert und in das Hämoglobinmolekül eingebaut. Statt des normalen Hämoglobins entsteht so das Sichelzellenhämoglobin. Die Folgen sind schwerwiegend: Die üblicherweise im Blut einzeln auftretenden Hämoglobinmoleküle verkleben miteinander und bilden lange Fäden, die die Verformung der roten Blutkörperchen verursachen. Aufgrund dessen fallen sie aber für den Sauerstofftransport weitgehend aus und führen häufig zu Gefäßverschlüssen. Zudem werden diese veränderten Zellen vom Immunsystem des Körpers wesentlich schneller abgebaut als die normalen roten Blutkörperchen, was zu Blutarmut führt.

2453

Fehler bei der Chromosomenverteilung

1 Kind mit Downsyndrom

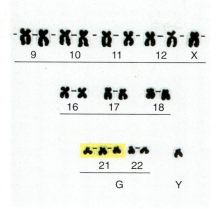

2 Ausschnitt aus dem Karyogramm

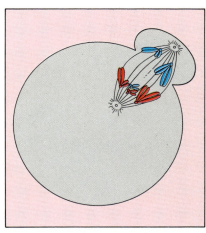

3 Ursache des Downsyndroms

Fehler bei der Chromosomenverteilung und ihre Ursachen. Zu den relativ häufigen Ursachen von Mutationen beim Menschen gehören *Fehler bei der Verteilung der Chromosomen*. So kommt es vor, dass sich *homologe Chromosomen bei der Meiose nicht trennen*, sondern beide in dieselbe Keimzelle gelangen. Nach der Befruchtung ist in der Zygote das betreffende Chromosom dreifach vorhanden. Der Mensch, der aus der Zygote hervorgeht, besitzt in allen seinen Zellen ein Chromosom zu viel. Diesen Verteilungsfehler nennt man *Trisomie*. Erhält dagegen eine Keimzelle gar kein Chromosom des Chromosomenpaares, entsteht eine Zygote, in der das betreffende Chromosom nur einfach vorliegt. Dieser Verteilungsfehler heißt *Monosomie*. Im Karyogramm stellt man solche Veränderungen der Chromosomenzahl fest.

Auswirkungen. Die Folgen der veränderten Chromosomenzahl sind oft so schwerwiegend, dass der Embryo oder Fetus abstirbt. Es kommt zur Fehl- oder Totgeburt. Mit Ausnahme des X-Chromosoms gilt das für Monosomien immer. Es fehlt ja ein Chromosom mit der Information von mehreren tausend Erbanlagen. Doch können auch Trisomien solche Folgen haben. Offensichtlich ist für die richtige Funktion des Erbguts nicht allein das Vorhandensein der

Erbanlagen notwendig, sondern auch ihr ausgewogenes Mengenverhältnis. Weniger gravierend – für die Betroffenen jedoch schlimm genug – sind Trisomien bei den Geschlechtschromosomen und bei relativ kleinen Chromosomen wie dem Chromosom 21.

Downsyndrom. Auf 650 Geburten kommt im Durchschnitt ein Kind, bei dem das Chromosom 21 dreifach vorhanden ist. Man spricht von einer *Trisomie 21* oder dem *Downsyndrom*. Es ist der häufigste Verteilungsfehler beim Menschen.

Kinder mit Downsyndrom bleiben in verschiedenen geistigen Bereichen unterschiedlich stark gegenüber der Normalentwicklung zurück. Rechnen zum Beispiel wie überhaupt abstraktes Denken bereitet ihnen größte Schwierigkeiten. Lesen dagegen fällt ihnen leichter. Auch Schreiben können sie lernen. Für ihre Entwicklung ist entscheidend, dass sie *in den ersten Lebensjahren intensiv gefördert* werden. In der Freude am Spielen und Toben, an Musik und Rhythmus sind Kinder mit Downsyndrom genau wie alle anderen. Sie empfinden ebenso Trauer, Freude, Zuneigung und Abneigung, doch zeigen sie ihre Gefühle viel offener. Auch als Erwachsene bedürfen sie besonderer Fürsorge, zumal sie oft in ihrer Gesundheit beeinträchtigt sind.

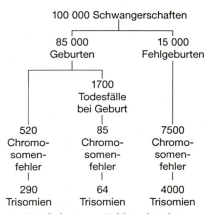

100 000 Schwangerschaften

| 85 000 Geburten | 15 000 Fehlgeburten |

1700 Todesfälle bei Geburt

| 520 Chromosomenfehler | 85 Chromosomenfehler | 7500 Chromosomenfehler |

| 290 Trisomien | 64 Trisomien | 4000 Trisomien |

4 Häufigkeit von Fehlern bei der Chromosomenverteilung (Zahlen nach UNSCEAR-Report)

Aufgaben

1 An manchen Schulen besteht die Möglichkeit, dass nichtbehinderte Kinder und Kinder mit Downsyndrom dieselbe Klasse besuchen. Überlege dir, was damit erreicht werden kann.

2 Ein Mann hat die Geschlechtschromosomen XXY. Erkläre.

In Kürze

Fehler bei der Chromosomenverteilung in der Meiose führen zu überzähligen oder fehlenden Chromosomen mit oft schwersten Folgen. Relativ häufig ist das Downsyndrom. Dabei liegt das Chromosom 21 dreifach vor.

Rezessiv vererbte Krankheiten

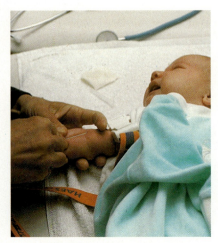

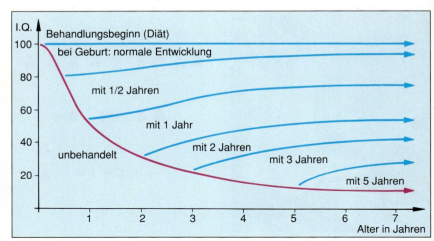

1   *Blutentnahme bei Neugeborenem*

2   *Bei Phenylketonurie hängt die geistige Entwicklung vom Beginn der Diät ab.*

Häufige Erbkrankheiten. Es gibt Krankheiten, die auf den Durchschnitt der Bevölkerung bezogen selten sind, in manchen Familien jedoch gehäuft auftreten. Für diese *Erbkrankheiten* gilt, dass sie nach den Vererbungsregeln an die Nachkommen weitergegeben werden.

Zu diesen Krankheiten zählt auch die *Mukoviszidose*. Sie wird rezessiv vererbt und verursacht unter anderem Hustenreiz, Lungenentzündung und schwere Verdauungsstörungen. Dies sind die Folgen einer Genmutation auf dem *Chromosom 7*. Sie führt zu Funktionsstörungen der Drüsen, deren Sekrete dadurch einen zähen Schleim enthalten, der vor allem die Bronchien und Ausfuhrgänge der Bauchspeicheldrüse verstopft.

Beim *Albinismus* können die Pigmentzellen der Haut kein Melanin bilden, da ein dafür notwendiges Gen mutiert ist. Haut und Haare von Albinos erscheinen weiß, die Augen rot.

Phenylketonurie. Auch diese Krankheit wird rezessiv vererbt. Bei uns leidet einer von 10 000 Menschen daran. Die Ursache ist eine Genmutation auf dem *Chromosom 12*. Den Betroffenen fehlt ein Enzym der Leber. Dadurch kann die Aminosäure Phenylalanin, die in allen natürlichen Proteinen der Nahrung vorkommt, nicht verwertet werden.

Sie reichert sich im Blut, der Rückenmarks- und Gehirnflüssigkeit sowie in den Geweben an. Unbehandelt verursacht dies Hirnschädigungen und Krämpfe oder verkürzt die Lebenserwartung.

Bei uns hat die Phenylketonurie, PKU genannt, allerdings ihren Schrecken weitgehend verloren. Kurz nach der Geburt werden alle Neugeborenen in Deutschland auf diesen Gendefekt hin untersucht und können dadurch im Falle einer Erkrankung entsprechend behandelt werden. Dies geschieht durch eine phenylalaninarme Diät. Ging man lange davon aus, dass hierfür die ersten 10 Lebensjahre, in denen das Gehirn ausreift, ausreichten, weiß man inzwischen, dass diese Diät lebensbegleitend eingehalten werden muss.

Häufigkeit rezessiv vererbter Krankheiten	
Mukoviszidose	1: 2000
Taubstummheit	1: 3000
Phenylketonurie	1:10 000
Milchunverträglichkeit	1:17 000
Albinismus	1:10 000

X- chromosomal rezessiv vererbt	
Rotgrün-Verwechslung	8: 100
Bluterkrankheit	1:5000

Bei den X-chromosomalen Erbgängen beziehen sich die Angaben nur auf Männer.

Aufgaben

1   Was versteht man unter rezessiven Erbmerkmalen? Wann erscheinen sie im Phänotyp?

2   Versuche zu erklären, warum bei Verwandtenehen für die Kinder ein erhöhtes Risiko besteht, an einem rezessiv vererbten Leiden zu erkranken.

In Kürze

Phenylketonurie ist eine Krankheit, die rezessiv vererbt wird. Ausgelöst wird sie durch eine Genmutation. Durch Früherkennung und eine spezielle Diät lassen sich die Symptome des Leidens weitgehend beseitigen.

1859

Dominant vererbte Krankheiten

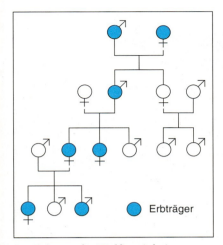

1 Erbgang für Vielfingrigkeit

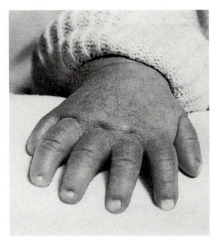 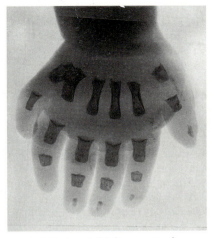

2 Foto einer Kinderhand mit sechs Fingern und Röntgenbild dieser Hand

Häufigkeit dominant vererbter Krankheiten

Schielen	1:75
Vielfingrigkeit	1:500
Kurzfingrigkeit	1:5000
Chondrodystropher Zwergwuchs (Arme und Beine sind extrem kurz)	1:10 000
Veitstanz	1:15 000
Erblicher Augenkrebs (Retinazerfall)	1:20 000
Spaltfuß (Verwachsung von Fingern und Zehen)	1:100 000
Erbliche Nachtblindheit	1:100 000

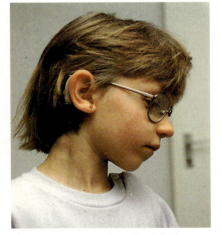

4 Angeborene Schwerhörigkeit wird dominant vererbt.

Dominante Erbkrankheiten. Ein Teil der menschlichen Erbkrankheiten wird nicht *rezessiv*, sondern *dominant* an die Nachkommen weiter gegeben. Es genügt, wenn die Kinder das mutierte Gen nur von einem Elternteil besitzen, damit – im Gegensatz zur rezessiven Vererbung – die Krankheit dennoch zur Ausprägung kommt.

Zu diesen dominant vererbten Krankheiten gehören unter anderem die *angeborene Schwerhörigkeit, der Spaltfuß, der Minderwuchs oder die angeborene Nachtblindheit.* Auch die *Kurzfingrigkeit* zählt zu dieser Art von Krankheiten. Bei ihr sind aufgrund eines Gendefektes die Finger- oder Handwurzelknochen verkürzt oder sie fehlen ganz. Anhand der Kurzfingrigkeit konnte man im Jahre 1905 erstmals den dominanten Erbgang beim Menschen nachweisen.

Vielfingrigkeit. Verschiedentlich kommen Kinder mit mehr als 5 Fingern oder Zehen zur Welt. Bei ihnen ist meist ein Fingerstrahl verdoppelt. Man spricht dann von *Polydaktylie.* Auch diese Krankheit, die häufig in Verbindung mit anderen Leiden auftritt, wird dominant vererbt. Auch sie beruht auf einem fehlerhaften Gen. Während man die Vielfingrig-

keit schon weitgehend operativ behebt oder einem Schwerhörigen mit einem Hörapparat sein Leben erleichtern kann, gibt es bei vielen anderen Erbkrankheiten noch kaum eine Hilfe. Heilen lassen sich die meisten Erbkrankheiten bis heute überhaupt noch nicht. Betroffene verdienen daher rücksichtsvolle Beachtung und sensible Behandlung.

Aufgaben

1 Wie groß ist die Wahrscheinlichkeit, dass Kinder mit Vielfingrigkeit geboren werden, wenn ein Elternteil diese Krankheit besitzt?

2 Ein Kind leidet an angeborener, dominant vererbter Schwerhörigkeit. Skizziere ein Kreuzungsschema, das zu diesem Phänotyp führt. Bezeichne das Normalgen mit A, das mutierte Gen mit a.

In Kürze

Wird ein mutiertes Gen dominant vererbt, tritt die Krankheit in jedem Fall bei dem Betroffenen, dem Empfänger, auf. Eine Heilung der meisten Erbkrankheiten ist bisher noch nicht möglich.

Pränatale Diagnostik

Um mögliche Erkrankungen eines Ungeborenen feststellen zu können, bedient man sich verschiedener Untersuchungsmethoden.

Ultraschalluntersuchung. Bei dieser gefahrlosen Untersuchung werden *Schallwellen* in den Körper gesendet. Deren Echo wandelt man in elektromagnetische Wellen um und macht sie auf einem Bildschirm sichtbar. So kann der Arzt schon sehr früh beispielsweise *Missbildungen der Gliedmaßen* oder eine *offene Wirbelsäule* erkennen.

Chorionzottenbiopsie. Mit Hilfe einer Sonde entnimmt man den Chorionzotten, mit denen der Embryo in der Gebärmutter verankert ist, etwa in der 10. Schwangerschaftswoche *lebendes Gewebe*. Die daraus gewonnenen Chromosomen werden untersucht.

Fruchtwasseruntersuchung. Bei der sogenannten Amniozentese entnimmt der Arzt in der 16. Schwangerschaftswoche mit einer feinen Nadel etwas *Fruchtwasser* aus der Fruchtblase. Daraus züchtet man Zellkulturen, anhand derer man über 100 Stoffwechselstörungen bestimmen kann. Auch eine Chromosomenuntersuchung ist möglich.

Nabelschnurpunktion. Aus der Nabelschnur des Ungeborenen wird etwas *Blut* entnommen. Mit diesem etwa in der 20. Schwangerschaftswoche gewonnenen Blut überprüft man unter anderem, ob Chromosomenveränderungen oder Stoffwechselstörungen vorliegen.

Problematik. Die Grenzen dieser pränatalen Diagnostik liegen im *ethischen Bereich*. Die Untersuchungen sollten stets nur dazu dienen, mögliche Krankheiten festzustellen, um frühzeitig Hilfsmaßnahmen einleiten zu können. Niemals dürfen die Untersuchungen gesellschaftspolitischen oder familienplanerischen Maßnahmen dienen. Es ist undenkbar, die Ergebnisse als Grund für einen Schwangerschaftsabbruch zu nehmen, nur weil das Kind nicht das gewünschte Geschlecht besitzt.

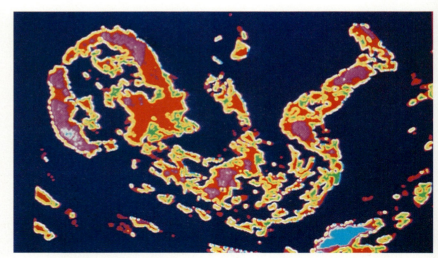

1 *Ultraschallbild eines Fetus*

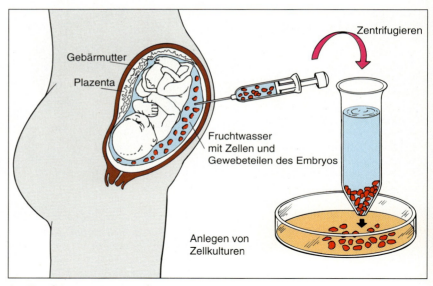

2 *Fruchtwasseruntersuchung*

Aufgaben

1 Mit Hilfe der Nabelschnurpunktion lässt sich das Geschlecht eines Kindes bestimmen. Welcher Teil des dabei gewonnenen Blutes kommt dafür infrage?

2 Was hältst du davon, schon vor der Geburt zu wissen, ob dein Kind ein Junge oder ein Mädchen wird?

3 Erkläre, welche Ziele die pränatale Diagnostik verfolgt.

In Kürze

Mit Hilfe der pränatalen Diagnostik kann der Arzt schon im Mutterleib mögliche Krankheiten des Ungeborenen feststellen.
Methoden der pränatalen Diagnostik sind: Ultraschall- und Fruchtwasseruntersuchung, Chorionzottenbiopsie und Nabelschnurpunktion.

1861

Genetische Familienberatung

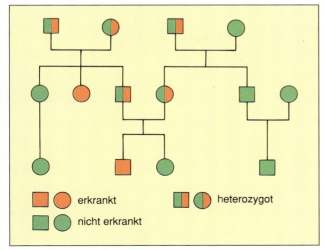

1 Grundlage der Beratung: die Stammbaumanalyse

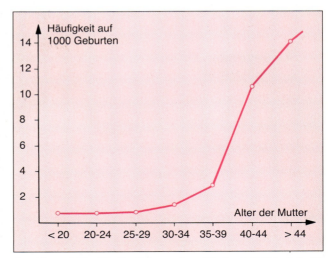

2 Altersrisiko für die Geburt eines Kindes mit Trisomie 21

Ziele und Aufgaben. Die genetische Beratung durch einen Fachmann kann Ratsuchenden im Hinblick auf ihre Nachkommenschaft Hilfen zu verantwortungsbewussten Entscheidungen bieten. Andererseits ist bei einer tatsächlichen Erkrankung frühzeitig die Einleitung therapeutischer Maßnahmen möglich.

Risikofälle. Eine genetische Beratung scheint dann angebracht, wenn es sich um einen der folgenden Risikofälle handelt:

– Einer der beiden Partner leidet selbst an einer erblichen Krankheit oder bei einem nahen Verwandten ist ein derartiges Leiden aufgetreten.

– Gesunden Eltern wird ein Kind mit einer Erbkrankheit geboren.

– Die Eltern waren vor der Zeugung oder die Frau während der Schwangerschaft besonderen Belastungen ausgesetzt, etwa radioaktiver Strahlung, starken Medikamenten oder besonderen Virusinfektionen.

– Die Schwangere ist älter als 35 Jahre. Die Erfahrung zeigt, dass ältere Mütter überdurchschnittlich viele Kinder mit Trisomien zur Welt bringen, beispielsweise der Trisomie 21, dem Down-Syndrom. Ein Zusammenhang zwischen diesen erblichen

Krankheiten und dem Alter des Vaters konnten Wissenschaftler bisher nicht eindeutig belegen.

– Die Ratsuchende hatte schon mehrere vorangegangene Fehlgeburten.

– Die Eltern sind miteinander verwandt. Kinder aus Verwandtenehen sind dann gefährdet, wenn die Eltern Träger von rezessiv vererbten Leiden sind. Das Risiko zu erkranken kann dann bis zu 50 % betragen.

Familienanalyse. Am Anfang der genetischen Beratung steht meist eine Stammbaumanalyse, die möglichst viele Familienmitglieder erfassen sollte. Deren Krankheitsdaten können Aufschluss geben, ob weitere Untersuchungen notwendig sind.

Gründe, die für pränatale Diagnostik sprechen

- Erbkrankheiten in der Verwandschaft
- Geburt eines erbkranken Kindes
- besondere Belastungen, zum Beispiel:
- radioaktive Strahlung
- Einnahme von starken Medikamenten
- bestimmte Virusinfektionen
- Alter der Schwangeren
- mehrere Fehlgeburten
- Verwandtschaft der Eltern

Aufgaben

1 Nenne Gründe für eine genetische Familienberatung.

2 Begründe, weshalb Kinder aus Verwandtenehen häufiger von Erbkrankheiten betroffen sind als Kinder nicht verwandter Partner.

3 Eine Stammbaumanalyse steht in der Regel am Anfang jeder genetischen Beratung. Erläutere.

In Kürze

Die genetische Familienberatung will den Ratsuchenden helfen, anhand einer Familienanalyse das Risiko abschätzen zu können, ein erbkrankes Kind zu zeugen.
Am Beginn der genetischen Beratung steht die Stammbaumanalyse.

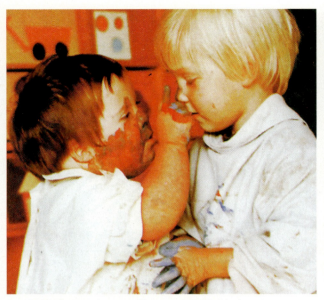

1 Behinderung ist vor allem soziale Behinderung: Die Umwelt kann sie verringern oder verstärken.

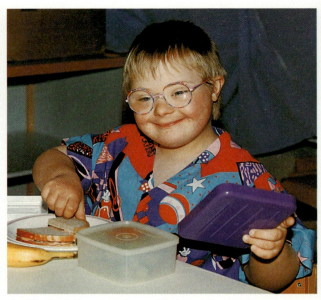

2 Kind mit Downsyndrom. Die intensive Förderung dieser Kinder in den ersten Lebensjahren ist besonders wichtig.

Info 1

Aus dem Gesetz zur Verhütung erbkranken Nachwuchses vom 14. Juli 1933

„§ 1 Wer erbkrank ist, kann durch chirurgischen Eingriff unfruchtbar gemacht (sterilisiert) werden, wenn … mit großer Wahrscheinlichkeit zu erwarten ist, dass seine Nachkommen an schweren körperlichen oder geistigen Erbschäden leiden werden.

Erbkrank im Sinne dieses Gesetzes ist, wer an einer der folgenden Krankheiten leidet: 1. angeborener Schwachsinn, … 6. erblicher Blindheit, 7. erblicher Taubheit …

Ferner kann unfruchtbar gemacht werden, wer an schwerem Alkoholismus leidet."

Info 2

Aus einer Stellungnahme der AG Erwachsener mit Mukoviszidose

„Wir Betroffenen sollten uns klar gegen die Pränatal-Diagnostik aussprechen. Es gilt nicht nur, dagegen Stellung zu beziehen, dass andere über die Werthaftigkeit unseres Lebens urteilen bzw. diesem Leben die Werthaftigkeit absprechen.

Es geht auch darum, zu verhindern, dass mit der angewandten Pränatal-Diagnostik und dem damit eng verknüpften Schwangerschaftsabbruch in unserer Bevölkerung ein Bewusstsein entsteht, welches Behinderten und ihren Angehörigen zunächst immer ablehnender, vielleicht bald feindlich gegenübersteht.

Nicht zuletzt gilt es auch, mit den Behinderten ihre speziellen Tugenden … zu erhalten – in einer und für eine Gesellschaft, die an menschlichen Werten zu verarmen droht."

Info 3

Das sagen Eltern eines Kindes mit Downsyndrom

„Es dauerte lange, bis wir unser Kind so annehmen konnten, wie es ist, aber heute ist es super."

3 Aus dem Tagebuch einer 25-jährigen Frau mit Downsyndrom

Überblick

Die meisten Merkmale der Lebewesen sind in der Erbinformation festgelegt. Ihre Weitergabe von Generation zu Generation ist die Vererbung. Die Erbsubstanz ist die Desoxiribonukleinsäure oder kurz DNA. In der Reihenfolge ihrer Bausteine ist die Erbinformation verschlüsselt. Sie wird immer durch Proteine verwirklicht. Diese sind entweder selbst Merkmale oder steuern als Enzyme den Stoffwechsel zur Ausbildung der Merkmale.

Bei den meisten Lebewesen liegt die DNA in Form von Chromosomen vor. Die Zahl der Chromosomen ist artspezifisch. Der Zellkern jeder Körperzelle enthält einen doppelten Chromosomensatz. Jeweils ein Satz stammt von einem Elternteil.

Bei der Meiose, der Bildung der Keimzellen, wird der doppelte Chromosomensatz auf den einfachen Satz reduziert. Dabei werden die homologen Chromosomen zufallsgemäß auf die Keimzellen verteilt. Nach der Befruchtung besitzt die Zygote wieder den doppelten Chromosomensatz.

Die von Gregor Mendel entdeckten Regeln der Vererbung lassen sich mit den Vorgängen bei Meiose und Befruchtung erklären.

Mit Hilfe der Stammbaumanalyse gelang es, den Erbgang zahlreicher Merkmale des Menschen zu entschlüsseln. Viele Merkmale lassen sich nur dann untersuchen, wenn sie, als Folge einer Mutation fehlerhaft, als Erbkrankheit auftreten.

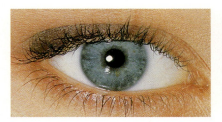

Alles klar?

1   Die Augenfarbe ist ein Erbmerkmal des Menschen. Erkläre mit den Fotos oben, welcher Teil des Auges die Farbe trägt.

2   Die Augenfarbe wird nach den Mendelschen Regeln vererbt. Formuliere sie und erkläre ihre Bedeutung.

3   Ist die Augenfarbe ein geeignetes Merkmal zur Analyse des Erbgangs?

4   Erkläre den Unterschied zwischen Mitose und Meiose.

5   Warum leiden fast nur Männer an der Bluterkrankheit?

6   Was versteht man unter einer Mutation? Nenne Beispiele.

7   Mutationen können sowohl in Keimzellen als auch in Körperzellen auftreten. Beschreibe und erkläre die Folgen.

8   Das Geschlechterverhältnis von Männern zu Frauen ist etwa 1:1. Erkläre, wie das zustande kommt.

9   An der Erzeugung des Iris-Farbstoffes aus der Aminosäure Tyrosin sind mehrere Enzyme beteiligt. Erkläre an dem Beispiel den Zusammenhang zwischen Gen, Enzym und Merkmal.

Lebewesen haben sich entwickelt

In den *Jahrmillionen*, die unsere Erde schon existiert, hat sich ihr Gesicht ständig gewandelt. Aber auch die Lebewesen haben sich verändert. In langen Zeiträumen entstand eine Vielfalt verschiedenster Formen. Über das Leben in früheren Erdzeitaltern geben Überreste und Spuren Auskunft. Vor 170 Jahren wurden die ersten Knochen von *Dinosauriern* identifiziert. Seither stehen die Dinosaurier wegen ihrer Größe und faszinierenden Gestalten im Mittelpunkt des Interesses. Durch jede neue Entdeckung wird unser Wissen über sie vervollkommnet.

Der Riese von Tendaguru. Tagelang hatte es über den Taranguru-Hügeln in Tansania wolkenbruchartig geregnet. Die vom Himmel niedergehenden Wassermassen spülten das Land aus. Riesige Schlammlawinen bewegten sich hügelabwärts. Dabei wurde ein Knochen freigelegt. Er hatte ungewöhnliche Ausmaße und konnte keinem lebenden Wirbeltier zugeordnet werden. Ausgrabungen an dieser Stelle förderten im Jahre 1906 weitere Skelettreste zutage.

Von 1909 bis 1913 wurden durch Ausgrabungen 225 Tonnen versteinerter Knochen freigelegt! Sie stammten überwiegend von riesigen Dinosauriern aus der Gruppe der Sauropoden (Echsenfüßer). Darunter waren der gewaltige *Brachiosaurus* und *Dicraeosaurus*. Auch Skelette von *Kentrurosaurus* und *Dysalotosaurus* konnten geborgen werden. Alle diese Funde sind im *Naturkundemuseum* in Berlin ausgestellt.

Was erzählt das Brachiosaurus-Skelett? Die meisten Knochen des Skeletts stammen von einem einzigen Tier. Die Schwanzwirbelsäule gehört zu einem zweiten Brachiosaurier und wurde in der Nähe gefunden. Die Wirbel von Hals und Rumpf weisen Fenster auf. Dadurch wurde ihre Masse verringert, die Stabilität jedoch erhöht, wie bei den Streben und Stützen eines Kranauslegers. Auch der Schädel ist leicht gebaut. Öffnungen und Knochenspangen vermindern das Gewicht. Die Schädelkapsel umschloss ein winziges Gehirn. Es wog nur etwa 1/200 000 des gesamten Körpergewichts. Das Brachiosaurus-Skelett ist das größte, das in einem Museum aufgestellt ist.

1 Das freigelegte Skelett von Brachiosaurus am Tendaguru-Berg

Was weiß man heute über Brachiosaurus? Brachiosaurus gehörte zu den größten Landsauriern. Sein Gewicht betrug nach neueren Berechnungen etwa 80 Tonnen. Mit den meißelartigen Zähnen riss er Blätter von Bäumen ab, dann zerkleinerte er sie. Im Magen unterstützten „Magensteine" die weitere Zerkleinerung. Der Tagesbedarf an Blättern wird auf eine Tonne geschätzt. Brachiosaurus war wahrscheinlich *Warmblüter*, seine Körpertemperatur jedoch niedriger als bei den heute lebenden Vögeln oder Säugetieren. Der massige Körper speicherte Wärme, sodass die Tiere im Gegensatz zu heutigen Reptilien auch nachts aktiv waren. Brachiosaurus zog wahrscheinlich in kleinen Herden umher. Ausgewachsene Tiere schützten so die Jungtiere.

2 Das Brachiosaurus-Skelett im Naturkundemuseum in Berlin. Es ist über 22 m lang, fast 12 m hoch und 145 Millionen Jahre alt!

Aufgaben

1 Betrachte das Bild auf der *linken Seite*. Welchem heute lebenden Säugetier ähnelt die Gestalt von Brachiosaurus? Gibt es auch Ähnlichkeiten in der Lebensweise?

2 Woraus schließen Wissenschaftler, dass Brachiosaurus Blätter von den Bäumen fraß?

3 Einmal einen Dinosaurier in seinem Lebensraum sehen, diesen Wunsch erfüllt der Saurierpark von Kleinwelka bei Bautzen – jedenfalls fast. Falls du schon einmal dort warst, berichte über deine Eindrücke.

Im Erdmittelalter erreichten die Saurier ihre größte Vielfalt und hatten alle Lebensräume erobert. Eine der größten Sauriersammlungen der Welt findest du im Naturkundemuseum in Berlin.

Überblick Saurier

Verschaffe dir zunächst einen Überblick über die im Naturkundemuseum ausgestellten Saurierarten. Notiere in einer Tabelle:

Dinosaurier	Flugsaurier	Fischsaurier

Gliedmaßenstellung und Fortbewegung

Zwischen Gliedmaßenstellung und Fortbewegung besteht ein Zusammenhang. Betrachte Beckenknochen und Hintergliedmaßen von Bradysaurus, Kentrurosaurus und Plateosaurus. Stelle dich dazu hinter die Skelette. Fertige jeweils eine Skizze an, die die Stellung dieser Knochen wiedergibt. Welche Schlüsse für die Fortbewegung ziehst du? Beziehe in deine Überlegung die entsprechenden Knochen von Krokodil und Pferd mit ein.

Flugsaurier

Die Flugsaurier waren die ersten aktiv fliegenden Wirbeltiere. Betrachte die Versteinerung von Pterodactylus. Welche Unterschiede zu einem Vogelskelett fallen dir besonders auf?

Dinosaurier ordnen

Aufgrund unterschiedlich gebauter Beckenknochen werden die Dinosaurier in zwei große Gruppen (Ordnungen) eingeteilt: Echsenbecken-Saurier und Vogelbecken-Saurier.
Betrachte bei Elaphrosaurus und Kentrurosaurus die Beckenknochen von der Seite. Welche Unterschiede im Beckenbau erkennst du? Ordne die beiden Arten den zwei Gruppen zu.
Finde weitere Vogelbecken- und Echsenbecken-Dinosaurier und schreibe sie auf.

Gebiss und Nahrung

Vergleiche die Gebisse der Dinosaurier.
Ordne die ausgestellten Arten den Pflanzenfressern beziehungsweise den Fleischfressern zu.

Größen und Körpermaße

Wie groß sind die Halswirbel und die Oberarmknochen von Brachiosaurus, die in der Vitrine vor dem großen Saal ausgestellt sind? Sammle weitere dir interessant erscheinende Größenangaben und stelle Vergleiche an.

Fisch- und Nothosaurier

Reptilien konnten den Lebensraum Wasser nur mithilfe spezieller Anpassungen erobern. Betrachte die Ausstellungsstücke von Fischsauriern besonders hinsichtlich Körperform, Gliedmaßen, Rücken- und Schwanzflosse sowie Fortpflanzung. Vergleiche mit Fischen. Welche Säugetiere nehmen in den heutigen Meeren die Stelle der Fischsaurier ein?
Nur die Küstenbereiche der Meere bewohnten die Nothosaurier. Berichte über den Fund von Rüdersdorf.

Fossilien

1 Präparation eines Fischsauriers mit Hammer, Meißel und Grobstichel. Ein feiner Farbunterschied zeigt die Grenze zwischen Fossil und Gestein.

2 Bergung eines Fossils in der berühmten Fundstätte Holzmaden

Die Saurier sind heute ausgestorben. Es ist erstaunlich, was man trotzdem heute alles über sie weiß. Versteinerte Überreste gaben Auskunft. Selbst Eier und Fußspuren fand man.

Versteinerte Überreste. Fossilien entstehen, wenn tote Lebewesen im Wasser absinken und von Sand und Schlamm zugedeckt werden. Im Laufe der Zeit werden diese Ablagerungen zu Gestein. Die Fossilfunde zeigen, dass die Saurier eine Wirbelsäule und zwei Paar Gliedmaßen hatten. Die Zähne geben über die Ernährung Auskunft. Aus dem Bau der Gliedmaßenknochen kann man auf die Fortbewegung schließen. Saurier pflanzten sich durch Eier fort. Diese wurden bei den meisten Arten von der Sonne ausgebrütet.

Altersbestimmung. Woher weiß man, wann die verschiedenen Saurierarten lebten? Wie genau lässt sich das Alter von Fossilien überhaupt bestimmen?

Fossilien sind meist in eine Gesteinsschicht eingeschlossen. Je älter diese ist, umso tiefer liegt sie in der Regel. In einem Steinbruch wird man *unten* also immer *ältere Fossilien* finden als oben. Damit hat man erste Anhaltspunkte.

Mit *chemischen* und *physikalischen Methoden* lässt sich heute das Alter von Gesteinen und damit auch der eingeschlossenen Fossilien *recht genau bestimmen*.

Auf diese Weise konnte man ermitteln, dass das abgebildete Fossil eines Fischsauriers rund 190 Millionen Jahre alt ist.

Die Auswertung aller bekannten Fossilien von Wirbeltieren ergab: Die ältesten Fossilien stammen von Fischen. Sie sind mehr als 400 Millionen Jahre alt. Fossilien von Uramphibien stammen aus einer Zeit, die 350 Millionen Jahre zurückliegt. Die ersten Reptilien lebten vor etwa 300 Millionen Jahren. Fossilien urtümlicher Säuger sind 200 Millionen Jahre alt und die ersten Vögel lebten vor etwa 180 Millionen Jahren.

Aufgaben

1 Welcher Wirbeltierklasse müssen die Saurier zugeordnet werden? Begründe.

2 Wie lässt sich das Alter von Fossilien ermitteln?

In Kürze

Fossilien sind versteinerte Überreste von Lebewesen aus früheren Erdzeitaltern.

Als erste Wirbeltiergruppe traten die Fische auf der Erde auf. Amphibien, Reptilien, Vögel und Säugetiere folgten später.

3 Die Präparation ist beendet. Skelett und Körperform sind gut erhalten.

Fossilfunde in Deutschland

Farn aus dem Karbon von Dudweiler (Saarland). Länge des Fossils ungefähr 40 cm. Typische Pflanzen der Karbonzeit waren in Deutschland Farne und Schachtelhalme. In den Wäldern dominierten riesige Schuppen- und Siegelbäume. Aus den Überresten der Pflanzen aus der Karbonzeit entstanden teilweise mächtige Steinkohlenlager.

Dinosaurierspuren aus dem Jura von Barkhausen (Niedersachsen). Die Spuren sind in der Wand eines Steinbruchs im Wiehengebirge zu sehen. Die rundlichen, etwa 27 cm großen, elefantenartigen Trittsiegel stammen von einem pflanzenfressenden Saurier. Die dreizehigen, ungefähr 63 cm großen Abdrücke werden einem räuberisch lebenden Dinosaurier zugeschrieben.

In Deutschland gibt es zahlreiche *Fossilfundstätten* aus ganz verschiedenen *Erdzeitaltern*. Manche von ihnen sind weltberühmt. Erforscht werden die Fossilien von der *Paläontologie*. So nennt man die Wissenschaft vom Leben in vergangenen Erdzeitaltern.

Vogel aus der Grube Messel bei Darmstadt (Hessen). Der Ölschiefer, in dem das Fossil gefunden wurde, entstand im Tertiär aus Ablagerungen in einem Süßwassersee. Er ist ungefähr 50 Millionen Jahre alt. Länge des Fossils etwa 9 cm. Es ist ungewöhnlich gut erhalten, sogar Federreste sind zu erkennen.

Urpferd aus dem Geiseltal bei Halle/Saale (Sachsen-Anhalt). Vor etwa 50 Millionen Jahren, im Tertiär, war hier ein subtropischer Sumpf. Länge des Fossils gut 50 cm; Vorderbeine mit 3, Hinterbeine mit 4 Zehen.

Trilobit aus dem Kambrium von Wildenstein im Frankenwald (Bayern). Länge des Fossils etwa 5 cm. Der Körper der Trilobiten, auch Dreilapper genannt, war in der Längs- und Querrichtung in drei Abschnitte untergliedert. Die Trilobiten bewohnten vorwiegend küstennahe Flachmeere.

1794

Die Erdzeitalter

Wie die Geschichte der Menschheit wird auch die *Erdgeschichte* in Abschnitte gegliedert, die *Erdzeitalter*. Die Einteilung erfolgt dabei nach den Entwicklungsstufen der Tierwelt.

Erdurzeit. Im ersten Zeitabschnitt nach Entstehen der Erde vor etwa 5 Milliarden Jahren entwickelten sich die *Wirbellosen*. Dieses Zeitalter wird *Erdurzeit* genannt. Es umfasst mit mehr als 4 Milliarden Jahren den größten Teil der Erdgeschichte.

Erdaltertum. Im *Erdaltertum* entwickelten sich die *Wirbeltiere*. Es begann vor etwa 600 Millionen Jahren, nach Ansicht anderer Wissenschaftler vor 530 Millionen Jahren. Das Erdaltertum endete vor etwa 245 bis 220 Millionen Jahren. Es wird in sechs Unterabschnitte unterteilt: *Kambrium, Ordovicium, Silur, Devon, Karbon* und *Perm*. Unter den Wirbeltieren waren *Fische* und – mit der Eroberung des Landes – *Amphibien* die vorherrschenden Gruppen.

Erdmittelalter. Das *Erdmittelalter* dauerte bis vor etwa 70 Millionen Jahren. Es wird in die Abschnitte *Trias, Jura* und *Kreide* unterteilt. Im Erdmittelalter waren die *Reptilien* die vorherrschende Tiergruppe.

Erdneuzeit. Mit dem *Tertiär* begann die *Erdneuzeit*. *Säugetiere* und *Vögel* beherrschten jetzt die Erde. Vor 2 Millionen Jahren ging das Tertiär in das *Quartär* über. Der Mensch beginnt die Erde zu erobern.

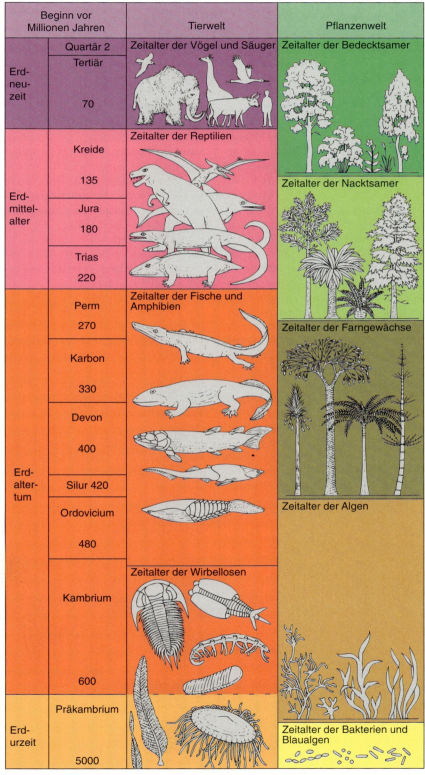

Beginn vor Millionen Jahren		Tierwelt	Pflanzenwelt
Erd-neu-zeit	Quartär 2	Zeitalter der Vögel und Säuger	Zeitalter der Bedecktsamer
	Tertiär		
	70		
Erd-mittel-alter	Kreide	Zeitalter der Reptilien	Zeitalter der Nacktsamer
	135		
	Jura		
	180		
	Trias		
	220		
Erd-alter-tum	Perm	Zeitalter der Fische und Amphibien	Zeitalter der Farngewächse
	270		
	Karbon		
	330		
	Devon		
	400		
	Silur 420		Zeitalter der Algen
	Ordovicium		
	480		
	Kambrium	Zeitalter der Wirbellosen	
	600		
Erd-urzeit	Präkambrium		Zeitalter der Bakterien und Blaualgen
	5000		

1   *Die Erdzeitalter mit charakteristischen Tieren und Pflanzen*

Pflanzen ...

Wasserpflanzen. Im Wasser herrschen für Pflanzen günstigere Lebensbedingungen als auf dem Land: Wasser *gibt Auftrieb* und es enthält ausreichend *Sauerstoff, Kohlenstoffdioxid* und *Mineralstoffe*. Es schützt vor dem *Austrocknen* und kann als *Transportmittel* für Keimzellen dienen.

Die ersten Pflanzen sind in Meeren und Seen entstanden. Viele Wasserpflanzen, wie Algen, sind klein und kommen ohne Wurzeln und Leitungsbahnen aus.

Landpflanzen. Rechnet man die gesamte Evolutionszeit von rund 4,5 Milliarden Jahren auf einen Tag um, so begann die Eroberung des Landes durch Pflanzen erst gegen 21.00 Uhr. Wahrscheinlich stammen die Landpflanzen von *Grünalgen* ab. Pioniere waren vermutlich Süßwasserpflanzen, die in Ufernähe wuchsen und als Anpassung an das Leben im Flachwasser Schutzvorrichtungen gegen ein zeitweiliges Austrocknen entwickelt hatten.

Die ersten Wälder bildeten sich im Devon. Sie bestanden vor allem aus *Schachtelhalmen, Bärlappgewächsen* und *Farnen,* die Höhen von bis zu 40 m erreichten. Sie vermehrten sich durch *Sporen* und bevorzugten feuchte Lebensräume. Wie ihre heutigen Vertreter waren sie bei der Fortpflanzung an das Wasser gebunden. In einem Wassertropfen schwimmen die männlichen Samenzellen zur Eizelle und befruchten sie. Fossile Reste der sogenannten *Steinkohlewälder* des Karbons sind die mächtigen Steinkohlelager in Europa und Nordamerika.

Samenpflanzen. Im Perm breiteten sich die *Nacktsamer* aus. Sie waren an das trockenere Klima angepasst. Hinsichtlich der Fortpflanzung waren sie vom Wasser unabhängig. Als urtümlicher Nacktsamer gilt der Ginkgobaum, ein lebendes Fossil. In der jüngeren Kreide entstanden die *Bedecktsamer* und eroberten in kurzer Zeit alle Kontinente.

Heutige Landpflanzen sind stark an das Landleben angepasst: Die Blätter haben ein *Abschlussgewebe,* das vor Verdunstung und Überhitzung schützt. Zur Aufnahme von Kohlenstoffdioxid und Abgabe von Wasserdampf dienen *Spaltöffnungen*. Meist übernehmen *Leitungsbahnen* den Transport von Wasser und Mineralstoffen. *Stützzellen* verleihen dem Spross Festigkeit. *Wurzeln* verankern ihn im Boden und nehmen Wasser und Nährstoffe auf.

2 Ein lebendes Fossil – der Ginkgo

Tiere. Nachdem die Pflanzen das Land besiedelt hatten, fanden dort allmählich auch Tiere günstige Lebensbedingungen vor. Die ersten Landtiere waren vermutlich *Gliedertiere* wie Tausendfüßer und Skorpione. Ihr *Chitinpanzer* schützte sie vor Austrocknung.

Zwischen den Samenpflanzen und den Insekten entwickelten sich enge Beziehungen. Blütenpflanzen werden meist von Insekten bestäubt. Diese nutzen den Nektar und Pollen der Blüte als Nahrungsquelle. Dadurch beeinflussten sich beide Gruppen gegenseitig in der Evolution.

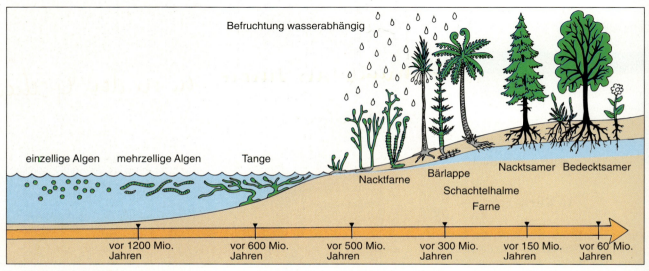

Befruchtung wasserabhängig

einzellige Algen   mehrzellige Algen   Tange   Nacktfarne   Bärlappe   Schachtelhalme   Farne   Nacktsamer   Bedecktsamer

| vor 1200 Mio. Jahren | vor 600 Mio. Jahren | vor 500 Mio. Jahren | vor 300 Mio. Jahren | vor 150 Mio. Jahren | vor 60 Mio. Jahren |

1   Evolution der Pflanzen

1969

... und Tiere erobern das Land

Quastenflosser. Bei den *Wirbeltieren* erfolgte der Übergang aufs Land durch die *Quastenflosser.* Sie hatten Kiemen und eine Lunge. Ihre muskulösen Flossen besaßen ein Innenskelett. Wahrscheinlich konnten sie über den Grund kriechen.

Urlurche. Aus Quastenflossern entwickelten sich *Urlurche.* In etwa 400 Millionen Jahre alten Gesteinsschichten in Grönland wurden Fossilien von Urlurchen gefunden. Wegen ihres Schädels, der noch stark an den von Fischen erinnert, bezeichnet man sie auch als *Fischschädellurche* oder *Ichthyostega.* Die seitlich abstehenden Beine mit je fünf Zehen sind jedoch schon Merkmale, die man von Landwirbeltieren kennt. Sie ermöglichten vermutlich noch kein richtiges Laufen, sondern eher ein Schieben des Körpers. Sicher hat sich das Leben der Fischschädellurche noch weitgehend im Wasser abgespielt.

Da diese Urlurche sowohl Fisch- als auch Lurchmerkmale besaßen, betrachtet man sie als eine *Übergangsform* zwischen Fischen und Lurchen. Wie der Übergang vom Wasser zum Land erfolgt sein könnte, zeigt uns heute noch der *Schlammspringer.* Dieser Fisch kommt in den Mangrovensümpfen an tropischen Küsten vor. Er kann sowohl im Wasser als auch an Land leben. Man bezeichnet dies auch als amphibisch.

Urkriechtiere. Aus Urlurchen entstanden neben den Lurchen auch *Urkriechtiere,* auf die alle übrigen landlebenden Wirbeltiere zurückgehen. Mit *Seymouria* glaubt man, eine Übergangsform zwischen den Lurchen und Kriechtieren zu kennen.

Die Kriechtiere wurden zunehmend vom Wasser unabhängig. *Hornschuppen* in der Haut und die dicke Schale der *Eier* verringerten die Gefahr des Austrocknens an Land.

Im Erdmittelalter wurden die Kriechtiere zur beherrschenden Tiergruppe der Erde. Zu ihnen gehörten die Dinosaurier, die größten Landwirbeltiere, die jemals auf der Erde lebten.

Warmblütigkeit. Wahrscheinlich konnten schon manche Kriechtiere des Erdmittelalters ihre Körpertemperatur konstant halten. So wurden sie von der Außentemperatur unabhängig. Urvögel und Ursäuger erbten diese Fähigkeit der *Warmblütigkeit* von ihren Reptilienvorfahren. Sie konnten Lebensräume erschließen, in denen es für wechselwarme Tiere zu kalt war.

Aufgaben

1   Das Leben an Land ist für Pflanzen und Tiere sehr viel „schwieriger" als das Leben im Wasser. Erkläre.

2   Die Eroberung des Landes durch die Pflanzen war Voraussetzung für die Besiedlung des Landes durch Tiere. Begründe.

3   Gib Beispiele dafür an, wie durch einschneidende „Erfindungen" der weitere Verlauf der Evolution beeinflusst wurde.

4   Vögel und Säugetiere können auch kalte Gebiete auf der Erde besiedeln. Erkläre.

In Kürze

Die ersten Lebewesen, die das Land eroberten, waren Pflanzen.
Die Vorfahren der landlebenden Wirbeltiere sind die Quastenflosser. Aus ihnen entwickelten sich Urlurche. Ichthyostega könnte eine Übergangsform sein. Aus Urlurchen entwickelten sich mit der Zwischenform Seymouria Urkriechtiere. Sie führten zu den Vögeln und den Säugetieren.

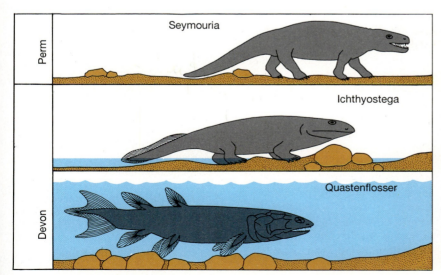

1   Übergangsformen zwischen Fischen, Lurchen und Kriechtieren?

2   Schlammspringer

Stammbaum der Wirbeltiere

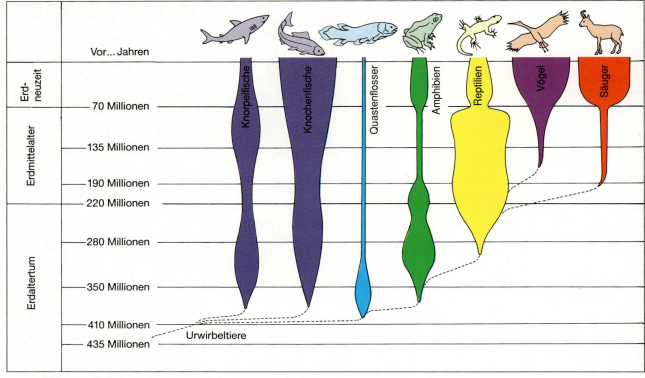

Vor... Jahren

Erd-
neuzeit

Erdmittelalter

Erdaltertum

70 Millionen
135 Millionen
190 Millionen
220 Millionen
280 Millionen
350 Millionen
410 Millionen
435 Millionen

Knorpelfische
Knochenfische
Quastenflosser
Amphibien
Reptilien
Vögel
Säuger

Urwirbeltiere

1   *Auftreten und Verbreitung der Wirbeltierklassen auf der Erde.*
Wie man sich die Abstammung vorstellt, ist mit unterbrochenen Linien eingezeichnet.

Fossilien sind aus der ganzen Welt bekannt. Vergleicht man die Fossilfunde, so fallen zwei Tatsachen auf:
— Je älter Fossilien sind, umso weniger ähneln die Reste den Tier- und Pflanzenarten, die heute die Erde besiedeln. Kann man daraus schließen, dass sich die Lebewesen im Laufe der Erdgeschichte verändert haben?
— In Schichten, die etwa 500 Millionen Jahre alt sind, findet man erstmals Fossilien von Wirbeltieren, und zwar von Fischen. In älteren Gesteinen gibt es nur Reste von wirbellosen Tieren. In Gesteinsschichten, die 350 Millionen Jahre alt sind, findet man Fossilien, die zu den Amphibien gerechnet werden können. Die ersten Reptilien lebten vor etwa 300 Millionen Jahren. Fossilien urtümlicher Säuger sind 200 Millionen Jahre alt. Die ersten Vögel lebten vor 180 Millionen Jahren.

Die einfachste Erklärung dafür lautet: Die Wirbeltiere entwickelten sich aus wirbellosen Vorfahren. Die ersten Wirbeltiere waren Fische. Aus diesen entwickelten sich die Amphibien. Aus Uramphibien gingen die Reptilien hervor. Reptilien schließlich sind die Vorfahren der Säugetiere und Vögel. Den Prozess, der zu dieser stammesgeschichtlichen Entwicklung geführt hat, bezeichnet man auch als *Evolution. Die Evolutionslehre besagt, dass die heutigen Wirbeltiere Nachfahren der ersten Wirbeltiere sind.* Alle Wirbeltiere sind also miteinander verwandt.
Leider gibt es zu wenig Funde, um die stammesgeschichtliche Entwicklung lückenlos rekonstruieren zu können. Auch die „Übergangsformen" zwischen heute getrennten Gruppen kennt man meist nicht. Ausnahmen sind beispielsweise der *Quastenflosser,* der *Urvogel Archaeopteryx* und das *Schnabeltier.*

Aufgaben

1   Lies auf den folgenden Seiten über den Archaeopteryx und das Schnabeltier. Suche die Stellen im Stammbaum der Wirbeltiere, an denen sie eingeordnet werden müssten.

2   Wie könnte man die Verwandtschaft beschreiben, die zwischen den Säugetieren und den Vögeln besteht?

In Kürze

Die einzelnen Wirbeltierklassen haben sich im Laufe der Stammesgeschichte nacheinander gebildet.
Aus Fischen entwickelten sich Uramphibien, aus Uramphibien die ersten Reptilien. Vögel und Säugetiere wiederum haben sich aus Reptilienvorfahren entwickelt. Für diese Evolution spricht die zeitliche Reihenfolge im Alter der jeweiligen Fossilien und das Auftreten von Übergangsformen.

1985

Übergangsform: Quastenflosser

Ein sensationeller Fund. Am 22. Dezember 1938 erhielt Marjorie Courteney-Latimer, eine Mitarbeiterin des Museums von East London in Südafrika, von einem Fischdampfer einige Fische für das Museum. Ein blauer, kräftig beschuppter Fisch war ihr unbekannt. Er war etwa einundeinhalb Meter lang, wog etwas mehr als 50 Kilogramm und hatte einen kräftigen Unterkiefer mit einem Raubfischgebiss.

Besonders auffällig an diesem Fisch waren die *Flossen*. Mit Ausnahme der vorderen Rückenflosse saßen alle auf fleischigen, muskulösen Stielen, die im Innern von Knochen gestützt wurden. Die paarigen Brust- und Bauchflossen standen seitlich vom Körper ab. Ihr Aussehen und ihr Bau erinnerte an die Gliedmaßen landlebender Wirbeltiere.

Ein lebendes Fossil. Die Sensation war perfekt, als man erkannte, dass es sich bei diesem Fisch um einen *Quastenflosser* handelte. Man gab ihm den Namen *Latimeria*. Durch Fossilfunde wusste man, dass diese Fischgruppe schon im Erdaltertum vor 400 Millionen Jahren vorkam. Seit dem Ende der Kreidezeit vor rund 70 Millionen Jahren fehlten jedoch Fossilien, sodass man Quastenflosser für längst ausgestorben hielt. Das Aussehen von Latimeria hat sich im Vergleich zu 200 Millionen Jahre alten Fossilfunden von Quastenflossern kaum geändert. Man bezeichnet Latimeria daher auch als *lebendes Fossil*.

Lebensweise. Nur eine Art dieser Fischgruppe hat im Gebiet um die Inselgruppe der Komoren diese lange Zeit überlebt. Die nachtaktiven Tiere leben in einer Tiefe von 200 bis 800 m an den erstarrten Lavahängen der Inselgruppe. Auf der Suche nach Beutefischen driften sie langsam über den Untergrund. Obwohl die fleischigen Flossen nicht zum Schreiten eingesetzt werden, erinnert die schlängelnde Bewegung doch stark an landlebende Lurche oder Kriechtiere.

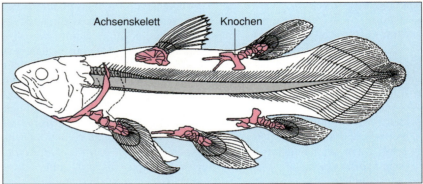

Achsenskelett   Knochen

1 und 2   Der Quastenflosser Latimeria. Seine Flossen werden von einem Innenskelett gestützt.

Vorfahren der Landwirbeltiere. Heute geht man davon aus, dass Quastenflosser im Devon die Eroberung des Landes durch Wirbeltiere einleiteten. Anders als Latimeria lebten sie in relativ kleinen, flachen Süßwassertümpeln unter tropischen Klimabedingungen. Diese Gewässer waren sauerstoffarm und trockneten leicht aus. Die einfache *Lunge,* die sie zusätzlich zu den Kiemen besaßen, ermöglichte es den Quastenflossern, an der Wasseroberfläche durch Luftschnappen zu atmen. In den flachen Gewässern spielte möglicherweise die Fortbewegung durch *Kriechen* mithilfe der muskulösen, gliedmaßenartig ausgebildeten Flossen eine große Rolle. Die Flossen und die Lunge ermöglichten es ihnen auch, beim Austrocknen ihres Gewässers ein anderes Gewässer auf dem Landweg zu erreichen. So konnten sie Trockenzeiten überstehen.

Aufgaben

1   Wo leben die letzten Quastenflosser? Schaue im Atlas nach.

2   Aufgrund welcher Merkmale gilt der Quastenflosser als Übergangsform zwischen Fischen und Landwirbeltieren?

3   Der Quastenflosser wird auch als „lebendes Fossil" bezeichnet. Erkläre.

In Kürze

Der Quastenflosser Latimeria hat sich über Millionen Jahre hinweg kaum verändert. Er wird als lebendes Fossil bezeichnet.
Quastenflosser gelten als Übergangsform zwischen Fischen und Landwirbeltieren.

Übergangsform: Archaeopteryx

Im Juragestein bei Eichstätt/Bayern wurde im Jahre 1860 der Abdruck einer Feder entdeckt. Er musste rund 160 Millionen Jahre alt sein und von einem Vogel stammen, denn nur Vögel haben Federn. Man suchte einen Namen für den Träger dieser Feder und benannte ihn *Urvogel, Archaeopteryx* (griech. *archaios:* uralt; *pteryx:* Feder). Archaeopteryx war taubengroß. 1877 endlich wurde das erste vollständige Skelett gefunden. Man stellte fest: Archaeopteryx besaß
— Federn,
— Zähne,
— einen Hornschnabel,
— eine lange Schwanzwirbelsäule,
— eine nach hinten gerichtete erste Zehe,
— freie Fingerglieder mit Krallen,
— teilweise miteinander verwachsene Mittelfußknochen,
— zwei nicht verwachsene Unterschenkelknochen,
— ein Gabelbein,
— Bauchrippen.

Wissenschaftler verglichen das Skelett des Urvogels Stück für Stück mit den Skeletten der verschiedenen Wirbeltierklassen. Ihr Urteil fiel einhellig aus: Archaeopteryx vereinte Reptilienmerkmale und Vogelmerkmale in sich. War Archaeopteryx etwa eine *Übergangsform* zwischen den Reptilien und den Vögeln?
Die *Federn* von Archaeopteryx entsprachen in allen wesentlichen Merkmalen den Federn heute lebender Vögel. An den zum *Gabelbein* verwachsenen Schlüsselbeinen waren wahrscheinlich kräftige Flugmuskeln befestigt. Hohle Knochen könnten das Fliegen erleichtert haben – auch wenn sie noch nicht mit Luft gefüllt waren, wie dies bei den heutigen Vögeln der Fall ist. Auch die *teilweise verwachsenen Flügelknochen*, der *Gehirnschädel* und das im Vergleich zu den Kriechtieren deutlich *vergrößerte Kleinhirn* deuten darauf hin, dass Archaeopteryx wahrscheinlich *fliegen* konnte.

Aufgaben

1   Stelle in einer Tabelle Reptilienmerkmale und Vogelmerkmale des Archaeopteryx einander gegenüber.

2   Was soll der Begriff „Übergangsform" ausdrücken?

In Kürze

Archaeopteryx lebte vor rund 160 Millionen Jahren. Er besitzt sowohl Merkmale der Reptilien als auch der Vögel. Daher wird er als Übergangsform zwischen diesen beiden Wirbeltierklassen angesehen.

1   *Der 1877 gefundene Archaeopteryx. Er befindet sich heute im Naturkundemuseum in Berlin.*

2   *Reptilienmerkmale* (blau) *und Vogelmerkmale* (rot) *des Archaeopteryx*

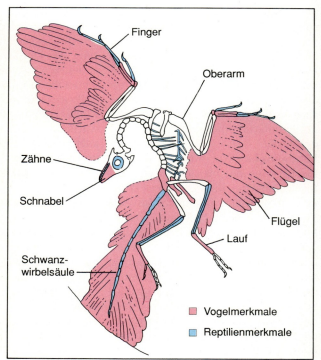

Finger
Oberarm
Zähne
Schnabel
Flügel
Lauf
Schwanz-
wirbelsäule

■ Vogelmerkmale
■ Reptilienmerkmale

1986

Biologie aktuell: Archaeopteryx

Seit 1860 fand man im Gebiet von Solnhofen/Eichstätt sieben unterschiedlich gut erhaltene Fossilien von Archaeopteryx. Einige Wissenschaftler hielten sie noch bis vor wenigen Jahren für Fälschungen. Doch Untersuchungen mit modernsten technischen Geräten haben inzwischen die Echtheit der Fossilien bestätigt. Heute diskutiert man in erster Linie darüber, wie der Urvogel wirklich aussah, wie er lebte und ob er schon richtig fliegen konnte.

Federn

Archaeopteryx hatte Federn, die wie die Federn der Vögel aus einem Kiel, einem Schaft und einer Fahne mit Federstrahlen und Häkchen bestanden. Mit der Lupe sind die Häkchen am Fossil gut zu sehen.

Fuß

In der Röntgenaufnahme des neuesten Fundes aus Solnhofen sieht man, dass die erste Zehe wie bei den Vögeln nach hinten zeigt und die Mittelfußknochen auch schon teilweise verwachsen waren.

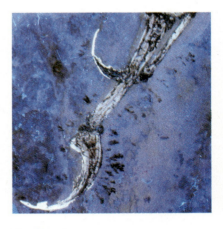

Krallen

Bei Archaeopteryx tragen alle Zehen wie bei den Vögeln eine scharfe, spitze Kralle. Man nimmt an, dass der Urvogel damit greifen und sich im Geäst festklammern konnte. Aufnahme im ultravioletten Licht.

Läufer?

Einige Forscher nehmen an, dass der Urvogel nicht fliegen konnte. Die Federn dienten lediglich als Schutz vor Wärme, Kälte und Wasser. Das Tier lief am Boden und fing mit den Krallen an den Flügeln herumschwirrende Insekten. Oder hielt es sich damit Feinde vom Leib?

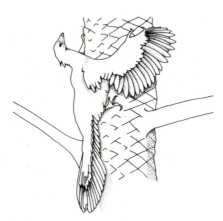

Kletterer?

Dass Archaeopteryx mit seinen Krallen klettern konnte, daran zweifelt kaum jemand. In schnellem Lauf hätte er bei Gefahr zum nächsten Baum eilen und sich dort durch Hochklettern retten können. Oder suchte er in der Rinde Insektenlarven und andere Nahrung?

Gleitflieger?

Wie kam Archaeopteryx wieder zum Boden herab? Die Vermutung liegt nahe, dass er die Flügel ausbreitete und im Gleitflug niederging. Aus dem Gleitflug entwickelte sich im Laufe der Zeit der Schlagflug. Diese Leistung wird ihm von Wissenschaftlern durchaus zugetraut.

Übergangsform: Schnabeltier

Merkmale. Im Jahre 1798 wurde in Australien ein sonderbares Lebewesen entdeckt. Es hält sich dort meist im Wasser auf, baut im Uferbereich einen Kessel und ist nur in der Dämmerung aktiv.

— Das Tier hat die Größe eines Hasen.
— Sein dichter Pelz gleicht dem eines Fischotters.
— Die Schwimmhäute und Krallen an den Füßen erinnern ebenso an einen Biber wie der breite Ruderschwanz.
— Die Männchen tragen am Fußgelenk einen Stachel, in dem sich ein starkes Gift befindet. Dieser Fersendorn lässt sich mit dem Giftzahn von Schlangen vergleichen.
— Besonders auffällig aber ist der entenartige Schnabel des Tieres.

Lebensweise. Der Schnabel gab dem *Schnabeltier* seinen Namen. Mit ihm gründelt es im Schlamm der Gewässer nach Schnecken, Insektenlarven oder Würmern. Dabei bleibt es etwa eine Minute unter Wasser und taucht dann zum Luftholen auf. Wegen seines *Felles*, das bei den Säugetieren zur Erhaltung einer konstanten Körpertemperatur beiträgt, hielt man das Tier zunächst für ein gleich warmes Lebewesen. Zudem wiesen die *Milchdrüsen* an seinem Bauch auf ein *Säugetier* hin. Daher war die Verwirrung groß, als man 1884 beobachtete, dass das Schnabeltier *Eier* legt. Diese sind wie bei den Reptilien mit einer *pergamentartigen Hülle* umgeben. Wie bei den *Reptilien* gelangen die Eier über die *Kloake* nach außen. Heute weiß man, dass das Schnabeltier zwar Eier legt und sie sieben bis zehn Tage ausbrütet, die Jungen dann aber mit Milch aufzieht. Auch stellte sich bald heraus, dass die Schnabeltiere *weder richtig gleich warm noch richtig wechselwarm* sind: Die Körpertemperatur liegt bei 30 °C, ist aber erheblichen Schwankungen unterworfen.

Aufgrund all dieser Merkmale kann man das Schnabeltier ebenfalls als eine *Übergangsform* ansehen: Vor über 200 Millionen Jahren leiteten solche Tiere wahrscheinlich die *Entwicklung von den Reptilien zu den Säugetieren* ein.

Aufgaben

1   Als 1798 die ausgestopfte Haut eines Schnabeltieres nach Europa kam, glaubte man zunächst, der Balg stamme von verschiedenen Tieren und sei zusammengesetzt. Erkläre.

2   Warum kann man das Schnabeltier als Übergangsform zwischen Reptilien und Säugern ansehen?

In Kürze

Das Schnabeltier, das noch heute in Australien und Tasmanien vorkommt, gilt als eine lebende Übergangsform. Es legt Eier wie die Reptilien, hat wie die Säugetiere ein Fell und ernährt die Jungen mit Milch.
Es ist weder richtig wechselwarm noch richtig gleich warm.

1 und 2   Schnabeltiere gibt es nur in Australien und Tasmanien.

1987

Ernst Haeckel wurde 1834 in Potsdam geboren. Auf Wunsch seines Vaters studierte er zunächst Medizin und wurde Arzt. Diesen Beruf übte er aber niemals aus: Die hässlichen Seiten des Lebens, zum Beispiel Krankheiten, stießen ihn ab.

Schon während seines Medizinstudiums wandte er sich der Zoologie zu. Bei einer Exkursion auf Helgoland lernte er die damals noch nahezu unbekannte Formenvielfalt des Meeresplanktons kennen. Seine Arbeiten über die Strahlentierchen machten ihn international bekannt. 1862 wurde er Professor für Zoologie in Jena. Als Erster erkannte er die vielfältigen Wechselbeziehungen, die zwischen den Lebewesen untereinander und ihrer Umwelt bestehen. Damit wurde er der Begründer der Ökologie.

Bereits 1863 bekannte sich Haeckel offen zur Evolutionstheorie Darwins. Als streitbarer Wissenschaftler und Philosoph wandte er sich leidenschaftlich gegen die Schöpfungslehre der Kirche. Mit seinem „Biogenetischen Grundgesetz" versuchte er der Abstammungslehre oder Deszendenztheorie zum Durchbruch zu verhelfen.

Haeckel war einer der großen Wegbereiter der modernen Biologie in Deutschland. Er starb am 9. September 1919 in Jena.

NATÜRLICHE SCHÖPFUNGSGESCHICHTE

„… Auf Taf. II und III habe ich die Embryonen von sechs verschiedenen Säugetieren in drei aufeinander folgenden Entwicklungsstufen zusammengestellt … Ist es nicht im höchsten Grade merkwürdig, dass alle Wirbeltiere aus den verschiedensten Klassen, … in den ersten Zeiten ihrer embryonalen Formentwicklung kaum zu unterscheiden sind …? Wie ich … nachwies, ist die Ontogenesis, oder die Entwicklung des Individuums, eine kurze und schnelle, durch die Gesetze der Vererbung und Anpassung bedingte Wiederholung der Phylogenesis oder

und verwickelter Organismus, wie der … eines Säugetiers, von jener einfachen Zellenstufe an aufwärts erhebt, … durchläuft er dieselbe Reihe von Umbildungen, welche seine … Ahnen vor undenklichen Zeiten … durchlaufen haben … Gewisse, sehr frühe … Entwicklungsstadien … der höheren Wirbeltiere überhaupt entsprechen durchaus gewissen Bildungen, welche zeitlebens bei niederen Fischen fortdauern. Es folgt dann eine Umbildung des fischähnlichen Körpers zu einem amphibienartigen. Viel später erst entwickelt sich aus diesem der Säugetierkörper…"

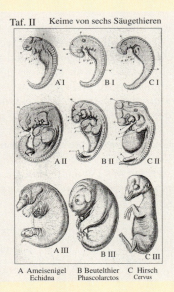

Taf. II — Keime von sechs Säugethieren — auf drei Entwickelungs Stufen — Taf. III

A I, B I, C I, D I, E I, F I
A II, B II, C II, D II, E II, F II
A III, B III, C III, D III, E III, F III

A Ameisenigel Echidna — B Beutelthier Phascolarctos — C Hirsch Cervus — D Katze Felis — E Affe Macacus — F Mensch Homo

der Entwicklung des zugehörigen Stammes, das heißt der Vorfahren, welche die Ahnenkette des betreffenden Individuums bilden. Dieser fundamentale Satz ist das wichtigste Gesetz der organischen Entwicklung, das Biogenetische Grundgesetz … In dem innigen Zusammenhange der Keimes- und der Stammesgeschichte erblicke ich einen der wichtigsten und unwiderleglichsten Beweise der Deszendenztheorie. … Indem sich ein so hoch stehender

Aufgaben

1 Stelle die oben vorkommenden Fachausdrücke zusammen! Erkläre sie! Vielleicht musst du ein Lexikon zu Rate ziehen.

2 Erläutere mit eigenen Worten, was das Biogenetische Grundgesetz aussagt.

Die ersten Lebewesen

Vor 20 Milliarden Jahren

1. Atmosphäre vor 10 Mrd. Jahren vor allem Wasserstoff, Wasserdampf, Ammoniak Methan

Vor 4,5 Milliarden Jahren

1 Crab-Nebel. Sah so der Beginn des Weltalls aus?

2 Die erste Atmosphäre der Erde

3 Vulkanausbruch im Meer. Entstand das Leben unter solchen Bedingungen?

Entstehung des Universums

Wahrscheinlich entstand das Weltall vor rund 20 Milliarden Jahren. Bei einem unvorstellbaren Energieausbruch, dem *Urknall,* bildeten sich Atome und Moleküle. Riesige Gas- und Staubwolken entwickelten sich, die sich schließlich zu Sternen und Sternsystemen verdichteten. So entstand vor rund 12 Milliarden Jahren auch unser Sonnensystem. Die im Vergleich zu heute riesige Urerde war an der Oberfläche etwa 1000 °C heiß. Die *erste Atmosphäre,* die sie umgab, bestand vor allem aus *Wasserstoff.* Die hohen Temperaturen und die geringe Anziehungskraft der Urerde sorgten dafür, dass der größte Teil der ersten Atmosphäre in den Weltraum entwich.

Die frühe Erde

Vor etwa 4,5 Milliarden Jahren hatte sich die Oberfläche der Erde stark abgekühlt und bildete eine feste Kruste. Der aus dem Erdinnern austretende Wasserdampf kondensierte zu Wasser. Starke, von heftigen Gewittern begleitete Niederschläge führten zur Entstehung der *Urozeane.* Vor allem durch die Gasausscheidungen der Vulkane bildete sich

nun eine *zweite Atmosphäre.* Diese „Uratmosphäre" enthielt *Wasserdampf, Kohlenstoffdioxid* und *Stickstoff* sowie etwas *Wasserstoff* und andere Gase. Vielleicht waren auch *Methan* und *Ammoniak* Bestandteile der Uratmosphäre. Sauerstoff fehlte.

Chemische Voraussetzungen

Wann, wie und wo die für die Entstehung des Lebens wichtigen *organischen Verbindungen* entstanden sind, ist bis heute ungewiss.

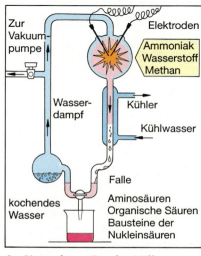

3 Versuch von Stanley Miller

„Ursuppe". 1953 erzeugte der Amerikaner Stanley Miller in einem Glaskolben aus Wasserdampf, Wasserstoff, Ammoniak und Methan eine Atmosphäre, wie sie nach seiner Vorstellung der Uratmosphäre entsprach. Durch elektrische Entladungen, Gewittern vergleichbar, führte er Energie zu. Organische Verbindungen bildeten sich, darunter auch *Aminosäuren,* die *Bausteine der Proteine.* Bei anderen Versuchen entstanden *zudem Bausteine von Nukleinsäuren* wie DNA und RNA. Miller nahm an, dass sich diese Stoffe in den Ozeanen zu einer „Ursuppe" anreicherten und schließlich *größere Moleküle* bildeten.

„Schwarze Raucher". In der Tiefsee gibt es Stellen, an denen unter hohem Druck bis 400 °C heißes, mit Mineralien und Schwefelwasserstoff angereichertes Wasser aus dem Boden schießt. Auch in solchen „Schwarzen Rauchern" stehen Energie und Stoffe für den Aufbau organischer Stoffe zur Verfügung. Dies beweisen *urtümliche Bakterien,* die heute noch die Energie aus den *Schwefelverbindungen* für den *Aufbau organischer Stoffe* nutzen. Entstand das Leben auf der Erde hier?

Die ersten Lebewesen

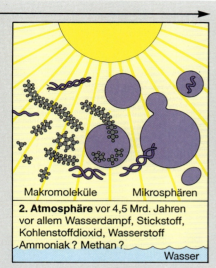

Makromoleküle   Mikrosphären

2. Atmosphäre vor 4,5 Mrd. Jahren
vor allem Wasserdampf, Stickstoff,
Kohlenstoffdioxid, Wasserstoff
Ammoniak? Methan?

Wasser

1   Die zweite Atmosphäre der Erde,
die Uratmosphäre

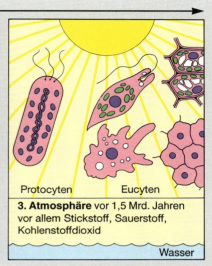

2   Grüne Pflanzen geben Sauerstoff
an die Atmosphäre ab.

Protocyten   Eucyten

3. Atmosphäre vor 1,5 Mrd. Jahren
vor allem Stickstoff, Sauerstoff,
Kohlenstoffdioxid

Wasser

3   Die dritte Atmosphäre
der Erde

Chemische Evolution

Die Bildung organischer Verbindungen in der frühen Erdgeschichte bezeichnet man als chemische Evolution. Energiequellen für chemische Reaktionen waren in Fülle vorhanden: elektrische Entladungen bei Gewittern, Hitze durch Vulkanausbrüche und die damals sehr starke UV-Strahlung. Möglicherweise förderten Oberflächen von einigen Mineralien oder Tonkristallen die Zusammenlagerung der einfachen organischen Moleküle zu großen Molekülen wie *Proteinen* und *Nukleinsäuren.*

Mikrosphären. Im Experiment lagern sich größere Moleküle an geeigneten Mineralien zu winzigen Kugeln zusammen. Solche Mikrosphären können aus ihrer Umgebung *Stoffe aufnehmen* und *sich vergrößern.* Gelegentlich entstehen sogar *Tochterbläschen.* Diese Eigenschaften erinnern an Lebewesen. Die im Labor erzeugten Mikrosphären ähneln winzigen Fossilien, die man in 3,8 Milliarden Jahre alten Gesteinen fand. Mikrosphären, die Nukleinsäuren und Proteine enthielten, könnten Vorstufen von Lebewesen gewesen sein.

Biologische Evolution

Wann und wie der Übergang von der chemischen zur biologischen Evolution erfolgte, also die ersten *Lebewesen* entstanden sind, ist ungewiss.

Bakterien. In 3,5 Milliarden Jahre alten Meeresablagerungen findet man Abdrücke von Bakterien. Ihre Zellen haben keinen Zellkern. Man bezeichnet die Bakterien daher auch als *Protocyten,* als *Urzellen.* Sie beherrschten mehr als 2 Milliarden Jahre lang die Erde. Diese ersten Lebewesen ernährten sich von energiereichen organischen Stoffen ihrer Umgebung. Da aber der Sauerstoff noch fehlte, war Zellatmung nicht möglich. Sie gewannen die Energie *ohne Sauerstoff* durch *Gärung.*

Entwicklung der Fotosynthese. Wahrscheinlich wurden die organischen Stoffe im Laufe der Zeit knapp. Durch die „Erfindung" der *Fotosynthese* konnte eine weitere Energiequelle genutzt werden: das Sonnenlicht. Die ersten Lebewesen, die durch Fotosynthese zur „Eigenproduktion" energiereicher Stoffe übergingen, waren vermutlich *Blaualgen,* die auch als *Cyanobakterien* bezeichnet werden. Sie entwickelten Farbstoffe, mit denen sie das Sonnenlicht einfangen und verwerten konnten. Fossilien solcher Lebewesen findet man in 3,2 Milliarden Jahre alten Gesteinen.

Sauerstoff. Bei der Fotosynthese entsteht als „Abfallprodukt" *Sauerstoff.* Im Laufe der Zeit reicherte sich dieser an. So entstand die sauerstoffhaltige *dritte Atmosphäre* der Erde. Vor 1,5 Milliarden Jahren lag der Sauerstoffgehalt der Atmosphäre mindestens bei 0,2 %.

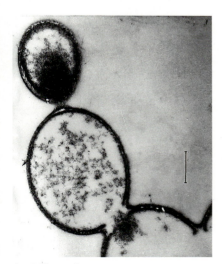

4   Mikrosphären

Entwicklung der Zelle

Zellatmung. Der Anstieg des Sauerstoffgehalts vor 1,5 Milliarden Jahren bedeutete für viele Lebewesen eine Bedrohung. Eisen zum Beispiel wird durch Sauerstoff *oxidiert* und rostet. Die meisten Stoffe, etwa Fette und Proteine, reagieren mit Sauerstoff. Er wirkt daher wie Gift.

Einigen Protocyten gelang es jedoch, den Sauerstoff zu nutzen, um energiereiche Nährstoffe abzubauen. Sie konnten dabei mehr Energie gewinnen als bei der Gärung. Man bezeichnet Lebewesen, die diese *Zellatmung* durchführen, als *aerob*.

Evolution der Eucyte. Vor etwa 1,3 Milliarden Jahren traten Zellen mit *Zellkernen* auf, sogenannte *Eucyten*. Sie sind größer als Protocyten und besitzen *Zellorganellen* wie Mitochondrien und Chloroplasten. Alle Tiere und Pflanzen bestehen aus diesen kernhaltigen Zellen.

Bislang sind *keine Zwischenformen* von Protocyten zu Eucyten bekannt. Man nimmt an, dass die Mitochondrien in den Eucyten von aeroben, selbstständigen Protocyten abstammen. Diese könnten von amöbenartigen Zellen aufgenommen worden sein. Allerdings wurden sie nicht verdaut, sondern blieben im Zellplasma erhalten. Ihre Fähigkeit, durch Zellatmung Energie zu gewinnen, nutzte auch die Wirtszelle. Diese Form des Zusammenlebens, die für beide Lebewesen vorteilhaft ist, nennt man *Symbiose*. Entsprechend stellt man sich die Entstehung der Chloroplasten aus einer Symbiose mit Ur-Blaualgen vor.

Belege. Für diese *Endosymbiontenhypothese* sprechen eine Reihe von Merkmalen der Zellorganellen. Mitochondrien und Chloroplasten sind etwa *so groß wie Protocyten*. Sie können von der Zelle nicht neu hergestellt werden, sondern vermehren sich nur durch *Teilung*. Sie enthalten *eigene DNA*, die meist wie bei Protocyten *ringförmig* gebaut ist. Mitochondrien wie Chloroplasten sind von einer *doppelten Membran* umgeben, wobei die innere Membran der Membran der Protocyten gleicht, während die äußere der Eucytenmembran entspricht.

Ein Beispiel für eine ähnliche Symbiose ist der Süßwasserpolyp Hydra. Grüne Polypen enthalten in manchen Zellen einzellige Grünalgen, von denen sie Sauerstoff und Nährstoffe erhalten. Im Gegenzug bieten sie den Algen „Wohnung" und liefern Stoffe, die die Algen für ihren Stoffwechsel benötigen.

1   *Hydra mit Grünalgen in Symbiose*

Aufgaben

1   Wie unterscheiden sich Protocyte und Eucyte?

2   Welche heute noch vorkommenden Lebewesen gehören zu den Protocyten?

In Kürze

Wichtige Schritte der Evolution waren die Entwicklung der Fotosynthese und der Zellatmung.

Durch die Symbiose mit Protocyten sind möglicherweise die Mitochondrien und Chloroplasten entstanden.

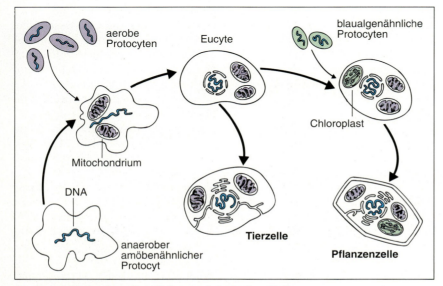

2   *Entwicklung der pflanzlichen und tierischen Zelle*

1968

Die Entwicklung der Vielzeller

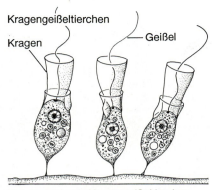

Kragengeißeltierchen
Kragen
Geißel

Kolonie bildende Kragengeißeltierchen

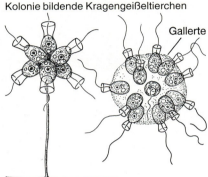

Gallerte

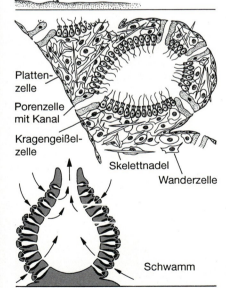

Platten-
zelle

Porenzelle
mit Kanal

Kragengeißel-
zelle

Skelettnadel

Wanderzelle

Schwamm

1 Die Kragengeißelzellen der
Schwämme ähneln manchen
Geißeltierchen. Vermutlich entwickelten sich die Schwämme aus
solchen Einzellern über Kolonie
bildende Formen.
Dieses Beispiel kann als Modell für
die Entwicklung von Vielzellern angesehen werden.

Vielzeller. Erst vor ungefähr 1 Milli-
arde Jahren traten die ersten *Vielzeller* auf. Möglicherweise entstanden
sie aus *einzelligen Organismen,* die
sich nach der Zellteilung nicht trenn-
ten, sondern in *Kolonien* zusammen-
blieben. Fossilien von Vielzellern mit
unterschiedlichen Zelltypen sind ungefähr 700 Millionen Jahre alt. Es
handelte sich um weichhäutige, wir-
bellose *Meerestiere.* Am häufigsten
sind dabei Tiere, die an Quallen und
andere Hohltiere erinnern. Andere
ähnelten Gliedertieren.

Bei echten Vielzellern übernehmen
spezialisierte Zellen verschiedene
Aufgaben. Sinneszellen, Nervenzellen, Muskelzellen und Keimzellen
entstehen. Die Zellen schließen sich
zu *Geweben* und *Organen* zusammen. Nur noch die Keimzellen werden an die nächste Generation weitergegeben.

Neben der Erhöhung des Sauerstoff-
gehaltes der Atmosphäre könnte
ein weiterer Entwicklungsschritt die
Evolution beschleunigt haben: die
geschlechtliche Vermehrung. Durch
die Kombination des Erbguts nach
der Verschmelzung der Keimzellen
wurde eine Vielzahl von Erbvarian-
ten möglich. Dadurch erhöhte sich
das Angebot an die Selektion.

Die Lebewesen des Kambriums.
Die erste erdgeschichtliche Periode
des *Erdaltertums,* das vor knapp
600 Millionen Jahren begann, bezeichnet man als *Kambrium.* Fossili-
en in Gesteinsschichten aus dieser
Zeit zeigen, dass fast schlagartig eine
Fülle neuer Lebewesen die Erde be-
siedelten. Vor allem unter den Tieren
traten jetzt die verschiedensten Bau-
pläne auf. Auffällig ist dabei, dass
viele dieser Meereslebewesen harte
Skelette oder Schalen hatten. Manche Fossilfunde stammen von Tiergruppen, die es heute nicht mehr
gibt, beispielsweise die zu den Glie-
derfüßern gehörenden *Trilobiten.*
Sie ähnelten Asseln und gehörten
zur vorherrschenden Tiergruppe jener Zeit. Andere sahen wie Grund-
muster von heute lebenden Tieren
aus. Sie sind die Vorfahren der Tiere,
die heute die Erde besiedeln. Von
fast allen heute bekannten Tierstäm-
men lassen sich verwandte Formen
unter den kambrischen Fossilien
nachweisen. Mit *urtümlichen Fischen* traten gegen Ende des Kambriums vor etwa 500 Millionen Jahren auch die *ersten Wirbeltiere* auf.
Warum es im Kambrium zu einer
so auffälligen Entwicklung neuer
Arten kam, ist bis heute ein Rätsel.

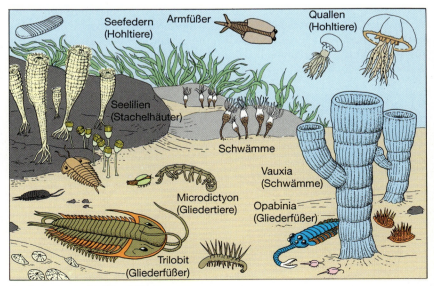

Seefedern
(Hohltiere)

Armfüßer

Quallen
(Hohltiere)

Seelilien
(Stachelhäuter)

Schwämme

Vauxia
(Schwämme)

Microdictyon
(Gliedertiere)

Opabinia
(Gliederfüßer)

Trilobit
(Gliederfüßer)

2 Lebewesen im Kambrium

Arten wandeln sich

„Und Gott schuf große Walfische und alles Getier, das da lebt und webt, davon das Wasser wimmelt, ein jedes nach seiner Art, und alle gefiederten Vögel, einen jeden nach seiner Art …"

Bis in das 18. Jahrhundert nahm man den Schöpfungstext der Bibel wortwörtlich. Doch immer wieder kamen den Naturforschern Zweifel. Sie beriefen sich vor allem auf die vielen Fossilfunde, die man kannte. Fossilien bezeugen, dass früher andere Tiere und Pflanzen lebten als heute und dass viele Pflanzen- und Tierarten vor langer Zeit noch nicht existierten.

Lamarck (1744–1829)

Woher kamen die neuen Pflanzen- und Tierarten? Der französische Naturforscher Jean-Baptiste de Lamarck hatte um 1800 unterschiedlich alte Fossilien aus der Umgebung von Paris untersucht und festgestellt, dass sich viele Lebewesen im Laufe der Erdgeschichte *verändert* hatten. Daraus gewann er die Überzeugung, dass *aus vorhandenen Arten neue Arten* entstehen können. Immer mehr Wissenschaftler schlossen sich dieser Meinung an. Diese Vorstellung, die damals revolutionär anmuten musste, wurde nun als *stammesgeschichtliche Entwicklung* und *Evolution der Lebewesen* bekannt. Lamarck glaubte auch die Ursachen für solche Veränderungen gefunden zu haben:

— Organe, die häufig gebraucht werden, entwickeln sich stärker.
— Wenig gebrauchte Organe bilden sich während des Lebens zurück.

Falls es möglich wäre, dass im Laufe des Lebens *erworbene Eigenschaften* an die Nachkommen *vererbt* werden, könnten über viele Generationen hinweg neue Arten entstehen. Bis heute gibt es allerdings keinen Hinweis darauf, dass erworbene Eigenschaften vererbbar sind.

Darwin (1809–1882)

Wie Lamarck war auch der Engländer Charles Darwin der Ansicht, dass sich Arten im Laufe der Zeit verändern. Davon hatten ihn vor allem Beobachtungen überzeugt, die er während einer 5 Jahre dauernden Weltreise sammeln konnte.

Im Gegensatz zu Lamarck gab Darwin eine andere, bis heute anerkannte Erklärung, wie es zur Entstehung neuer Arten kommen kann: Pflanzen und Tiere bringen in der Regel mehr Nachkommen hervor als nötig wäre, um die Eltern zu ersetzen. Die Nachkommen wiederum unterscheiden sich in verschiedenen Merkmalen, die weitervererbt werden. Diejenigen Nachkommen, die besser an die Umwelt angepasst sind, haben größere Chancen, selbst wieder Nachkommen zu haben. Daher vererben sie ihre positiven Eigenschaften weiter. Darwin bezeichnete dies als *natürliche Zuchtwahl*.

2   *Jean-Baptiste de Lamarck*

Aufgaben

1   Wie hätte Lamarck deiner Ansicht nach die Entstehung der Schildkröten, Fledermäuse oder des Maulwurfs erklärt?

2   Darwin fand eine andere Erklärung für den Wandel der Arten. Lies die folgenden Seiten und entwirf dann für das Beispiel Giraffe eine entsprechende Bildgeschichte.

In Kürze

Die Lebewesen haben sich im Laufe der Erdgeschichte verändert. Diese Entwicklung nennt man stammesgeschichtliche Entwicklung oder Evolution.

Kurzhalsige, kurzbeinige „Urgiraffen" versuchten immer wieder saftiges Laub von den Bäumen zu fressen. Hals und Beine wurden länger.

Diese Eigenschaften vererbten sich an ihre Nachkommen. Deren Hälse und Beine wurden durch das ständige Strecken noch länger.

Auf diese Weise entstanden im Laufe der Zeit die heutigen Giraffen mit langem Hals und langen Beinen.

1   *Lamarcks Vorstellung von der Entstehung neuer Arten am Beispiel der Giraffe*

1041

Charles Darwin

Charles Darwin wurde 1809 in Shrewsbury, England, geboren. Sein Vater war Arzt. Auch Charles Darwin begann ein Medizinstudium. Auf Wunsch seines Vaters wechselte er zur Theologie über. Häufig besuchte er naturwissenschaftliche Lehrveranstaltungen. Durch die Vermittlung eines Botanikprofessors erhielt er die Einladung an einer Expedition mit dem Segelschiff Beagle teilzunehmen. Die Reise dauerte fünf Jahre.

Besonders faszinierte Darwin die Artenvielfalt der vorgefundenen Tier- und Pflanzenwelt. Auf den Galapagosinseln westlich von Südamerika fiel ihm eine Gruppe von Finkenvögeln auf, die nur dort vorkamen. Obgleich sie einander ähnelten, gehörten sie offensichtlich verschiedenen Arten an. Dies brachte ihn auf den Gedanken einer Evolution der Lebewesen. Veröffentlicht hat Darwin seine Theorie in den Werken „On the Origin of Species by Means of Natural Selection" (1859) und „The Descent of Man, and Selection in Relation to Sex (‚Die Abstammung des Menschen und die geschlechtliche Zuchtwahl', 1871)". Er wurde in der Öffentlichkeit heftig angegriffen, aber viele Wissenschaftler stimmten ihm zu. 1882 starb Darwin.

On the Origin of Species by Means of Natural Selection

Natürliche Zuchtwahl
oder Überleben des Tüchtigsten

„... Ich bin fest überzeugt, dass die Arten nicht unveränderlich, sondern dass die zu einer Gattung gehörenden die Nachkommen anderer, meist schon erloschener Arten und dass die anerkannten Varietäten einer bestimmten Art Nachkommen dieser sind. Und ebenso fest bin ich überzeugt, dass die natürliche Zuchtwahl das wichtigste, wenn auch nicht einzige Mittel der Abänderung war."

„... Die natürliche Zuchtwahl kann einzig und allein zum Nutzen eines Wesens wirken, und wir sehen, dass sie auch Eigenschaften und Strukturen berücksichtigt, denen wir nur geringe Bedeutung zuschreiben. Wenn blattfressende Insekten grün und rindefressende Insekten grau gesprenkelt sind, wenn das Alpenschneehuhn im Winter weiß ist und das schottische Schneehuhn die Farbe der Heide trägt, so müssen wir annehmen, dass diese Farben den Insekten und Vögeln nützen, insofern sie sie vor Gefahren behüten. Wären die Waldhühner nicht in einer gewissen Zeit ihres Lebens vernichtenden Einflüssen ausgesetzt, so müssten sie sich riesig vermehren. Bekanntlich haben sie viel unter Raubvögeln zu leiden; der Habicht z. B. entdeckt seine Beute durch sein scharfes Auge, weshalb in manchen Gegenden Europas die Leute häufig davor gewarnt werden, weiße Tauben zu halten. Die Zuchtwahl dürfte demnach dahin wirken, jeder Art von Waldhuhn eine eigentümliche Farbe zu verleihen und diese, wenn sie einmal hergestellt ist, dauernd und rein zu erhalten ..."

H.M.S. Beagle

3 Alpenschneehühner im Winterkleid

Aufgaben

1 Das Alpenschneehuhn lebt in den Felsregionen der Alpen und in den Gebirgen Skandinaviens und Schottlands. Im Sommer ist es graubraun gefärbt. Im Herbst bekommt es ein weißes Winterkleid.
Versuche mit Darwins Theorie von der natürlichen Zuchtwahl (Auslese) diesen Wechsel in der Gefiederfarbe zu erklären.

2 Was meint Darwin, wenn er sagt, die natürliche Zuchtwahl wirke allein „zum Nutzen eines Wesens"?

Wie die Artenvielfalt entstand

Mutation. Auf einem Bauernhof in Clackmanshire, Schottland, wurde im Jahre 1961 eine ganz besondere Katze geboren. Anders als ihre Geschwister hatte sie keine Stehohren, sondern seitlich abgeknickte Ohren. Die ungewöhnliche Eigenschaft war durch eine *Mutation*, eine sprunghafte Veränderung der Erbinformation, entstanden. Betreffen Mutationen – wie hier – die Keimzellen, werden sie an die Nachkommen weitergegeben. Auch die Jungen dieser Katze hatten Kippohren. Eine neue Katzenrasse hatte sich gebildet, die Schottische Faltohrkatze. Mutationen kommen bei allen Lebewesen vor. Im Jahre 1190 trat erstmals die Blutbuche, im Jahre 1836 die Trauerbuche auf. Sie entstanden durch Mutationen der Rotbuche.

Selektion. Viele Mutationen wirken sich für die betroffenen Lebewesen negativ aus. In manchen Fällen führt die Mutation jedoch zu Eigenschaften, durch die die Lebewesen an ihre Umgebung besser angepasst sind als die Artgenossen. Das zeigt ein Beispiel aus England: Dort lebt der Birkenspanner, ein Nachtfalter. Noch zu Beginn des letzten Jahrhunderts gab es fast nur helle Exemplare mit grauen Flügeln. Tagsüber ruhte der Falter an Ästen und Stämmen, die mit grauen Flechten bewachsen waren. Dort war er gut ge-

1 *Junge Faltohrkatzen. Erst von der dritten Lebenswoche an zeigt es sich, welche Kätzchen Stehohren und welche Faltohren haben.*

tarnt und wurde von seinen Fressfeinden nur schwer erkannt.

Mit Einsetzen der Industrialisierung vor etwa 150 Jahren wurde die Luft in weiten Gebieten Großbritanniens verschmutzt. Die Flechten starben ab und die Rinde der Bäume wurde rußig. Auf ihr wurde der helle Birkenspanner von den Vögeln leicht entdeckt und gefressen.

Immer wieder traten aber durch eine Mutation Birkenspanner mit dunklen Flügeln auf. Auf der dunklen Baumrinde waren solche Falter schwer zu erkennen. Sie hatten bes-

sere Überlebenschancen und konnten sich ausbreiten. So findet man heute in Industriegebieten Englands die dunkle Form des Birkenspanners, in industriearmen Landschaften aber noch die helle Form.

Von der Umwelt hängt es ab, ob sich eine Mutation für ein Tier als vorteilhaft erweist. Lebewesen mit einem ungünstigen Merkmal (hier die helle Flügelfarbe) haben weniger Nachkommen als ihre Artgenossen. Das betreffende Merkmal wird also nach einiger Zeit verschwinden. Man spricht dann von *Selektion*.

2 *Die Blätter der Blutbuche sind rot.*

3 *Die Trauerbuche hat hängende Seitenäste.*

4 *Nur der dunkle Birkenspanner ist gut getarnt.*

1798

Wie die Artenvielfalt entstand

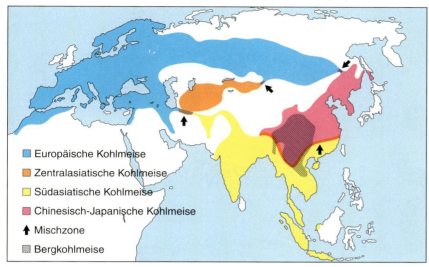

Europäische Kohlmeise
ähnlich:
Bergkohlmeise

Südasiatische Kohlmeise
ähnlich: Zentralasia-
tische Kohlmeise

Chinesisch-Japanische
Kohlmeise

Legende:
- Europäische Kohlmeise
- Zentralasiatische Kohlmeise
- Südasiatische Kohlmeise
- Chinesisch-Japanische Kohlmeise
- Mischzone
- Bergkohlmeise

1 Heutige Verbreitung der Kohlmeisen

2 Formen der Kohlmeise

Isolation. Ein wichtiger Faktor für das Entstehen neuer Arten ist die räumliche Trennung, die *geographische Isolation*. Das lässt sich am Beispiel der Kohlmeise zeigen.

Die letzte Eiszeit überstand die Kohlmeise in kleinen, klimatisch begünstigten Gebieten in Europa und Asien. Durch Mutationen bildeten sich zwischen den isolierten Meisen der verschiedenen Gebiete Unterschiede heraus. So entstanden fünf verschiedene Kohlmeisenformen. Nach der Eiszeit breiteten sie sich aus. Wo benachbarte Kohlmeisenformen aufeinander trafen, konnten

sie sich meist noch miteinander verpaaren. Sie sind also Rassen einer Art. Für die Europäische und die Chinesisch-Japanische Kohlmeise, die sehr lange voneinander getrennt waren, gilt das nur mit Einschränkungen: Als sie am Amur in Sibirien aufeinander trafen, waren die Unterschiede in Färbung und Gesang schon zu beträchtlich; zudem bevorzugten sie verschiedene Lebensräume – die Europäische Kohlmeise menschliche Siedlungen, die Chinesisch-Japanische Kohlmeise lichten Wald. Mischlinge zwischen beiden treten daher nur selten auf.

Ganz zu einer neuen Art wurde die Bergkohlmeise. Sie ähnelt der Europäischen Kohlmeise, singt aber anders. Sie vermischt sich nirgends mehr mit den übrigen Kohlmeisenformen.

Evolution. Fossilien wie auch Beobachtungen an lebenden Tieren hatten Charles Darwin an einem einmaligen Schöpfungsakt zweifeln lassen. Seine Forschungsergebnisse fasste er zur *Evolutionstheorie* zusammen. Nach ihr entwickeln sich durch *Mutation*, *Selektion* und *Isolation* ständig neue Rassen und Arten aus gemeinsamen Vorfahren.

Evolutionsspiel
Die Wirkungsweise der Selektion kann man sich gut mit einem Evolutionsspiel klarmachen. Bildet dazu drei Gruppen. Jede Gruppe benötigt:
- 1 Stück bunt gemusterten Stoff (je 1 m x 1 m, unterschiedliche Muster!) als Spielfläche,
- Papierplättchen in 10 Farben (mit Locher aus Tonpapier ausstanzen, pro Farbe 100 Stück).

Spielbeginn: Je 10 Plättchen von jeder Farbe werden wahllos auf der Spielfläche verteilt. Die Spieler sollen 75 Plättchen absammeln.

Anschließend wird notiert, wie viele Plättchen jeder Farbe auf der Spielfläche „überlebt" haben.
2. Durchgang: Die „überlebenden" Plättchen vermehren sich, sie und ihre je 3 „Nachkommen" (gleiche Farbe!) werden neu wahllos auf der Spielfläche verteilt. Dann wieder 75 Plättchen absammeln und „überlebende" nach Farbe getrennt auszählen.
Wertet nach 4 Durchgängen aus. Wie hat sich die Anzahl der Plättchen jeder Farbe verändert? Gibt es Unterschiede zwischen den drei Gruppen? Ursache?

Aufgaben

1   Erkläre, warum Mutationen die Voraussetzung für das Entstehen neuer Arten sind.

2   Erläutere den Begriff geographische Isolation.

In Kürze

Durch das Zusammenwirken von Mutation, Selektion und Isolation entstehen immer wieder neue Arten. Die Weiterentwicklung von Lebewesen bezeichnet man als Evolution.

Der Stammbaum der Pferde

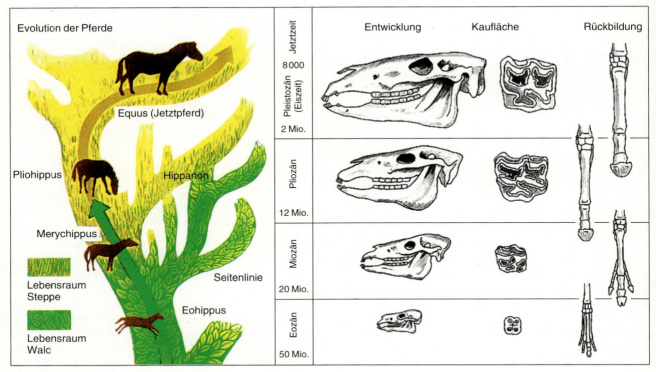

Evolution der Pferde

Equus (Jetztpferd)

Pliohippus

Hipparion

Merychippus

Lebensraum Steppe

Seitenlinie

Lebensraum Wald

Eohippus

	Entwicklung	Kaufläche	Rückbildung
Jetztzeit / 8000 / Pleistozän (Eiszeit) / 2 Mio.			
Pliozän / 12 Mio.			
Miozän / 20 Mio.			
Eozän / 50 Mio.			

1   Der Stammbaum der Pferde

Bei einigen Tiergruppen gelang es, mit Hilfe von Fossilfunden ihre Entwicklungsgeschichte fast lückenlos zu belegen. Hierzu gehört der *Stammbaum der Pferde*. Wichtige Merkmale sind dabei der Bau der *Beine,* der *Backenzähne* und die *Körpergröße.* Diese Merkmale geben sowohl Hinweise auf den *Lebensraum* als auch die *Lebensweise* der Pferdevorfahren.

Eohippus. Dieses Urpferdchen lebte vor etwa 50 Millionen Jahren. Es war so groß wie ein Fuchs und ernährte sich von Laubblättern. Dies kann man an der Form der Backenzähne, aber auch am Mageninhalt erkennen, der bei einem der Fossilfunde noch erkennbar ist. *Eohippus* lebte im *Wald*, was auch die Füße verraten, die an das Laufen auf weichem Boden angepasst waren. An den Vorderbeinen hatten sie 4, an den Hinterbeinen 3 kleine Zehen mit Hufen.

Merychippus. 25 Millionen Jahre alt sind Fossilfunde von Pferdevorfahren, die etwa ponygroß waren.

Man bezeichnet sie als *Merychippus* (sprich: Meryk-hippus). Bei ihnen ist die mittlere Zehe gut ausgebildet, die äußeren Zehen sind kleiner und berührten den Boden nicht mehr. Diese Füße eigneten sich besonders zum Laufen auf hartem Untergrund. Die Backenzähne hatten hohe Kronen. Damit konnte auch harte Nahrung wie Steppengras zerkaut werden. Dies lässt darauf schließen, dass die Tiere nicht im Wald, sondern eher in der *Steppe* lebten. Wahrscheinlich breiteten sich damals Grassteppen immer weiter aus, während die Wälder durch das kühlere und trockenere Klima zurückgedrängt wurden.

Hipparion. Das Urpferd *Hipparion* stammt von Merychippus ab. Von ihm wurden in Süddeutschland Fossilien gefunden. Es gehört allerdings in einen Seitenweg der Entwicklung.

Pliohippus. Vor etwa 13 Millionen Jahren lebte ein etwa eselgroßer Pferdevorfahre, der an jedem Fuß nur noch eine einzige große Zehe mit

Huf hatte. Die Kaufläche der Backenzähne hatte stark zugenommen. Die Anpassung an das Steppenleben war noch besser geworden. Man bezeichnet diesen Pferdevorfahren als *Pliohippus.* Von ihm stammen das heutige Pferd, *Equus* genannt, das *Zebra* und der *Esel* ab.

2455

Differenzierung

Im Laufe der Stammesgeschichte eroberten die Pflanzen, ausgehend vom Lebensraum Wasser, allmählich das trockene Land. Dabei veränderten sich ihre Zellen, Gewebe und Organe und spezialisierten sich auf jeweils bestimmte Aufgaben.

Je größer und verzweigter eine Pflanze wird, umso größer wird auch ihre Oberfläche. Eine große Oberfläche bedeutet jedoch, dass die Pflanze viel Feuchtigkeit an die Umgebung abgibt. Sie muss das verdunstende Wasser aber nicht nur ersetzen, sondern auch möglichst rasch zu den verschiedenen Organen bringen, etwa von der Wurzel in die einzelnen Blätter.

Bei den Moosen, Farnen und Samenpflanzen kann man die *Differenzierung* am Beispiel der *Leitgewebe* deutlich nachvollziehen. Leitgewebe besteht aus lang gestreckten Zellen, die miteinander zu Röhren verbunden sind. In ihnen werden Wasser und die bei der Fotosynthese hergestellten Stoffe geleitet.

Moose. Bei den Moosen findet die Wasseraufnahme durchweg über die Blätter statt. Bei einigen Laubmoosen wird jedoch schon ein einfach gebauter, wenig differenzierter *Leitstrang* ausgebildet. Er durchzieht das Innere des Moosstämmchens. Das Gewebe des Leitstrangs besteht aus verdickten Zellen gebildeten Röhren, die Wasser transportieren und die Pflanze zugleich versteifen. Dieses Festigungs- und Transportsystem ist nicht sehr leistungsfähig. Es funktioniert nur bei hoher Luftfeuchtigkeit.

Farne. Ein ganz anderes Bild zeigt der Sprossquerschnitt eines Farns. Deutlich erkennt man im Zentrum große Röhren. Diese, dem Wassertransport dienenden *Gefäße,* werden von einem Gürtel kleinerer Röhren, den *Siebröhren,* umschlossen. In ihnen fließen die bei der Fotosynthese gebildeten Stoffe nach unten. Zwischen den Gefäßen und den Siebröhren liegen Parenchymzellen, die die Röhren abdichten und

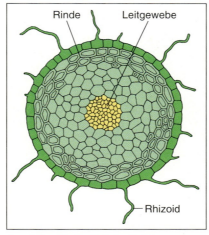

1   Querschnitt durch ein Moosstämmchen

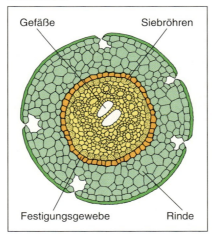

2   Querschnitt durch einen Farn

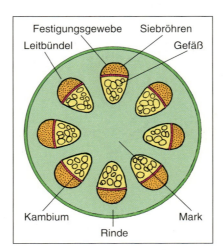

3   Querschnitt durch die Sprossachse einer zweikeimblättrigen Pflanze

der Pflanze Festigkeit verleihen. Ein Ring aus verkorkten Zellen grenzt das Leitgewebe schützend nach außen ab. Farne haben mit den Gefäßen und den Siebröhren zwei verschiedene Leitungssysteme. Man fasst sie unter der Bezeichnung *Leitbündel* zusammen.

Zweikeimblättrige. Die Sprossachse der zweikeimblättrigen Samenpflanzen zeigt die größte Differenzierung. Kennzeichnend sind die stets in großer Anzahl vorhandenen Leitbündel. Wie auf einer Perlenkette aufgereiht umschließen sie das Mark. Jedes Leitbündel ist von *Festigungsgewebe* umgeben, das der Pflanze große Stabilität verleiht. Die stets außen liegenden Gefäße sind durch eine Schicht *teilungsfähiger Zellen,* dem Kambium, von den Siebröhren getrennt. Mit Hilfe dieser Zellen wächst die Pflanze in die Breite. Zudem bilden sie neue Leitbündel. Dadurch können Samenpflanzen viel Wasser durch ihren rasch wachsenden Körper leiten.

Aufgaben

1   Erläutere, was man unter dem Begriff Differenzierung versteht.

2   Vergleiche die Bilder 1, 2 und 3 miteinander. Nenne Gemeinsamkeiten und Unterschiede.

3   Im Unterschied zu Moosen und Farnen können die Sprossachsen der Zweikeimblättrigen in die Breite wachsen. Welche Zellschicht macht dies möglich?

In Kürze

Die im Verlauf der Evolution zunehmende Höhe der Organisationsstufe ist gekennzeichnet durch Differenzierung von Zellen, Geweben und Organen. Die Organismen werden dadurch leistungsfähiger.

Entwicklungsreihen

Beim Vergleich homologer Organe und Organsysteme lässt sich oft eine *Höherentwicklung* erkennen.

Lungen. Unter den Wirbeltieren nimmt die Oberfläche der Lungen immer mehr zu. Die Lungen der *Amphibien* sind *glattwandige Säcke,* deren Oberfläche teilweise durch nach innen ragende Falten vergrößert ist. Bei *Reptilien* ist die Innenfläche der Lungen durch *Falten* und *Kammern* noch stärker vergrößert. Bei den *Säugetieren* enden die feinen Verzweigungen der Bronchien an einer riesigen Zahl traubig angeordneter *Lungenbläschen.* Dadurch wird die atmende Innenfläche der Lungen gewaltig vergrößert.

Mit der Oberflächenvergrößerung steigt die Fähigkeit der Lungen, Sauerstoff ins Blut aufzunehmen. Die *Leistungsfähigkeit nimmt zu.*

Herz und Kreislauf. Das Kreislaufsystem wird so verändert, dass es den Körper besser mit Sauerstoff und Nährstoffen versorgen kann. Auch dies führt zu einer *Steigerung der Leistungsfähigkeit:* Während die *Amphibien* eine *einheitliche Herzkammer* haben, ist die Herzkammer bei den *Reptilien teilweise,* bei *Vögeln* und *Säugetieren vollständig* durch eine Scheidewand *getrennt.* Sauerstoffreiches und sauerstoffarmes Blut vermischen sich jetzt nicht mehr.

Aufgaben

1 Sind die Flügel einer Fledermaus und eines Vogels analog oder homolog?

2 Suche weitere Beispiele für Höherentwicklungen bei den Wirbeltieren.

In Kürze

Für eine Stammesgeschichte der Wirbeltiere sprechen auch Entwicklungsreihen bei verschiedenen Organsystemen. Im Verlauf der Entwicklung tritt eine Leistungssteigerung auf.

1 *Atmung und Blutkreislauf bei verschiedenen Klassen der Wirbeltiere*

2457

Entwicklungsreihe: Nervensysteme

Je höher entwickelt ein Lebewesen ist, umso vielfältiger und komplizierter sind die Aufgaben, die sein Nervensystem zu erfüllen hat. Eine *Evolution der Nervensysteme* kann man aber nur sehr schwer nachweisen, da entsprechende Fossilien fehlen. Durch Vergleich der Nervensysteme bei heute lebenden Tieren lässt sich ein theoretisch möglicher Evolutionsweg nachzeichnen.

Nervennetz. Die einfachsten Nervensysteme findet man bei *Hohltieren*, zum Beispiel Quallen und Polypen. Sie besitzen ein *Nervennetz.* Es besteht aus zahllosen Nervenzellen, die über den gesamten Körper verteilt und netzartig miteinander verbunden sind. Besonders dicht ist dieses Netz am Mund und an den Fangarmen. Eine Höherentwicklung zeigt das Nervennetz der Strudelwürmer. Zahlreiche Nervenzellen vereinigen sich zu zwei seitlichen Nervenbahnen.

Strickleiternervensystem. Das Nervensystem der *Gliedertiere*, zum Beispiel der Insekten, besteht aus zwei Nervensträngen, die auf der Bauchseite parallel zueinander verlaufen. Jedes Körpersegment enthält je zwei Ganglien, Nervenknoten, die aus zahlreichen Nervenzellen bestehen. Jedes Ganglienpaar steuert die Lebensvorgänge im Segment. Durch Längs- und Querstränge sind die Ganglien miteinander verbunden. Wegen seinem Aussehen spricht man von einem *Strickleiternervensystem*. Zwei besonders große Nervenknoten in Kopf und Brust, Ober- und Unterschlundganglion, bilden eine Art Gehirn. Es wertet die von den Sinnesorganen kommenden Informationen aus und stimmt die Bewegungsabläufe aufeinander ab.

Zentralnervensystem. Bei den *Wirbeltieren* konzentrieren sich die Nerven auf *Rückenmark* und *Gehirn*. Sie bilden zusammen die Funktionseinheit des *Zentralnervensystems*. Das Gehirn ist das wichtigste, dem übrigen Nervensystem übergeordnete Steuerzentrum des Wirbeltierkörpers. Den höchsten Grad an Zentralisierung, Differenzierung und Spezialisierung hat das menschliche Gehirn erreicht. Jeder seiner fünf Teile hat ganz bestimmte Aufgaben zu erfüllen.

Aufgaben

1   Nenne Aufgaben, die das Nervensystem erfüllt.

2   Ein Insekt lebt auch ohne Kopf weiter. Laufen kann es aber nicht. Erkläre.

3   Das Nervensystem der Strudelwürmer stellt eine Übergangsform dar. Erläutere.

4   Benenne einige Grade der Differenzierung und Spezialisierung der verschiedenden Nervensysteme.

In Kürze

Im Laufe der Stammesgeschichte haben sich verschiedene Nervensysteme entwickelt.
Das Nervennetz, das Strickleiter- und Zentralnervensystem zeigen eine zunehmende Differenzierung und Spezialisierung. Damit verbunden ist die Leistungssteigerung dieses Organsystems.

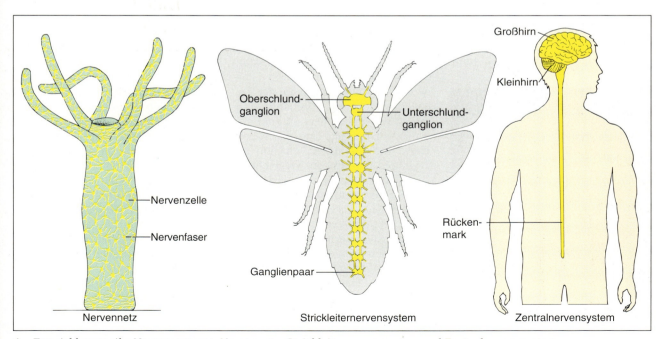

Oberschlundganglion
Unterschlundganglion
Nervenzelle
Nervenfaser
Ganglienpaar
Nervennetz
Strickleiternervensystem
Großhirn
Kleinhirn
Rückenmark
Zentralnervensystem

1   *Entwicklungsreihe Nervensysteme: Nervennetz, Strickleiternervensystem und Zentralnervensystem*

Spezialisierung

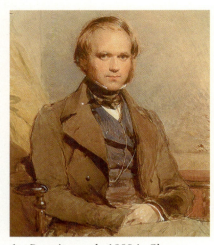

1 *Darwin wurde 1809 in Shrewsbury, England, geboren.*

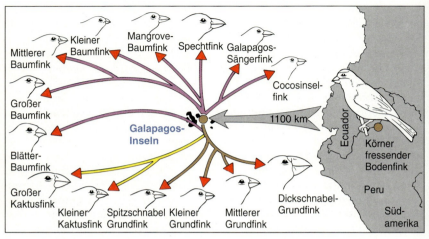

2 *Im Laufe von Jahrtausenden entstanden auf den Galapagosinseln verschiedene Arten von Finken.*

Diagram labels: Kleiner Baumfink, Mittlerer Baumfink, Mangrove-Baumfink, Spechtfink, Galapagos-Sängerfink, Großer Baumfink, Cocosinsel-fink, Galapagos-Inseln, Blätter-Baumfink, 1100 km, Ecuador, Körner fressender Bodenfink, Großer Kaktusfink, Kleiner Kaktusfink, Spitzschnabel Grundfink, Kleiner Grundfink, Mittlerer Grundfink, Dickschnabel-Grundfink, Peru, Süd-amerika

1835 erreichte Charles Darwin auf seiner Weltreise die Galapagosinseln. Diese Inselgruppe im Pazifischen Ozean wird von mehreren größeren und kleineren Inseln vulkanischen Ursprungs gebildet.

Schnabelformen. Darwin fielen finkenartige Vögel auf, die nur auf dieser Inselgruppe vorkamen. Sie ähnelten sich in vielen Merkmalen. In der Ernährung unterschieden sie sich jedoch voneinander. So gab es Finken mit kräftigen Schnäbeln, mit denen sie Früchte und Samen aufbrechen konnten. Manche dieser Pflanzenfresser suchten ihre Nah-

3 *Der Spechtfink benutzt einen Stachel als Werkzeug.*

rung auf dem Boden, andere auf Kakteen, wieder andere auf Büschen oder Bäumen. Andere Finken besaßen feine spitze Schnäbel, die sich zum Fangen und Fressen von Insekten eigneten. Am auffälligsten war der Spechtfink. Er brach mit dem Schnabel Kaktusdornen oder Ästchen ab, mit denen er, wie ein Specht mit seiner Zunge, Insekten aus Ritzen und Fraßgängen herausholte.

Adaptive Radiation. Wie war es zur Evolution dieser außergewöhnlichen Finkenarten gekommen? Als die Inseln vor etwa fünf Millionen Jahren aus erstarrter Lava entstanden, gab es zunächst keine Lebewesen auf ihnen. Im Laufe der Zeit bevölkerten sie sich: Samen und Insekten wurden vom Wind oder von Seevögeln herbeigetragen. Größere Tiere wie Reptilien wurden mit Treibholz angetrieben. Vielleicht bei einem Sturm gelangten die Vorfahren der sogenannten Darwinfinken auf die Inseln. Es waren *Körner fressende Bodenfinken,* wie sie noch heute in Südamerika vorkommen.

Da es kaum Feinde und Nahrungskonkurrenten gab, fanden die Finken ideale Lebensbedingungen vor. Sie breiteten sich aus. Das Nahrungsangebot für Körner fressende Vögel war jedoch begrenzt. Die *Selektion* begünstigte die Bildung von

Arten, die auch andere Nahrungsquellen nutzen konnten. Dies führte zur Entstehung von 14 Finkenarten. Jede kommt nur auf wenigen Inseln der Gruppe vor. Da die Inseln relativ weit auseinanderliegen, war vermutlich auch die *geographische Isolation* ein wichtiger Faktor für die Entstehung der Arten.

Durch Mutation und Selektion hatte sich die *Stammart,* der Körner fressende Bodenfink, nach der Besiedlung eines neuen Lebensraumes an verschiedene Umweltbedingungen angepasst. Sie hat sich *adaptiert.* Dadurch spaltete sie sich in mehrere neue Arten auf. Dies wird auch als *adaptive Radiation* bezeichnet.

Konkurrenzvermeidung. Jeder Lebensraum bietet viele Möglichkeiten zum Beispiel sich zu ernähren oder zu nisten. Die meisten Tiere nutzen nur eine oder wenige dieser Möglichkeiten. Man bezeichnet die Anpassung an unterschiedliche Umweltfaktoren als *Einnischung.*

Durch die Spezialisierung in der Ernährung konnten sich die Darwinfinken auf verschiedene Weise einnischen. So wurden die Ressourcen, die die Umwelt bot, besser genutzt und die Konkurrenz verringert. *Konkurrenzvermeidung* führte zu der ungeheuren Vielfalt der Pflanzen und Tiere auf der Erde.

2459

Blüten und Insekten sind aufeinander angepasst

Ein großer Entwicklungsschritt für die Eroberung des festen Landes durch die Pflanzen war die Entstehung von *Blüten*. Nun war es möglich, Pollen oder Blütenstaub gezielt von einer Pflanze auf die Narbe einer anderen der gleichen Art zu bringen. Diese *Bestäubung* übernehmen in den meisten Fällen Tiere. Bei uns sind das Insekten, in den Tropen auch Vögel, zum Beispiel Kolibris, und Fledermäuse. Blüten und Tiere, hier am Beispiel Insekten, sind dabei wechselseitig aufeinander angewiesen: Bestäubung auf der einen Seite – Nahrung auf der anderen Seite.

Angepasstheit der Blüten. Das auffallendste Merkmal der Blüten ist ihre *leuchtende Farbe*. Diese „optische Reklame" wird meist noch durch *Duftstoffe* verstärkt. Auffallende Flecken oder Striche in der Blüte, „Saftmale" genannt, führen die Insekten zum Nektar, dem eigentlichen Ziel ihres Besuchs. Die Bestäuber haben sich in ihrer Ernährung ausschließlich auf Nektar und Pollen eingestellt.

Angepasstheit der Insekten. Fast alle Insekten, die Blüten besuchen, sind dicht behaart. In ihrem „Fell" bleibt möglichst viel Pollen haften. Der Blütenpollen selbst ist sehr klebrig oder sogar mit Stacheln versehen. Dadurch kleben die Pollenkörner aneinander fest und haften so besser am Haarkleid der Insekten. Mit ihren hochempfindlichen Sinnesorganen, den Netzaugen und den Fühlern, finden sie zielsicher zu „ihrer" Blüte im Blumenmeer einer Wiese. Die Blütenfarben sind der Leistungsfähigkeit der Insektenaugen angepasst. Da nur sehr wenige Insekten rot sehen können, ist in der heimischen Pflanzenwelt diese Blütenfarbe sehr selten.

Fast alle Blüten besuchenden Insekten besitzen einen *Saugrüssel*. Mit ihm erreichen sie auch tief sitzende Nektardrüsen. Oft erkennt man bereits an der Form der Blüten, von welchen Insekten sie hauptsächlich bestäubt werden. Abhängig von der

1 Biene auf Wiesensalbeiblüte

2 Dunkle Saftmale beim Sandmohn

3 Fliegenorchis

Tiefe der Blütenröhre unterscheidet man zwischen Fliegen-, Bienen-, Hummel- und Schmetterlingsblumen. In Südamerika gibt es einen Schwärmer, dessen Rüssel 25 cm misst. Der Schmetterling selbst ist etwa 12 cm groß.

Zusammenarbeit Insekt – Blüte. *Blütenstetigkeit* heißt, dass ein Insekt über einen längeren Zeitraum stets Blüten der gleichen Art anfliegt. Dieses Verhalten gewährleistet eine erfolgreiche Bestäubung. Honigbienen sind besonders blütenstet.

Manche Blüten haben Mechanismen entwickelt, mit deren Hilfe sie die Bestäubung sichern. Salbeiblüten zwingen Bienen, beim Nektarsaugen gegen eine Platte zu drücken. Dadurch lösen sie einen Hebelmechanismus aus: Die langen Staubbeutel klappen wie Schlagbäume nach unten und laden Pollen auf den Rücken der Biene ab. Fliegt sie nun zu einer anderen Salbeiblüte, dann streift sie mit ihrem Rücken deren Narbe und bestäubt sie.

Die Blüten einiger Orchideen täuschen durch ihr Aussehen ein Insektenweibchen vor. Beim Versuch es zu begatten, bestäubt das Männchen die Blüte.

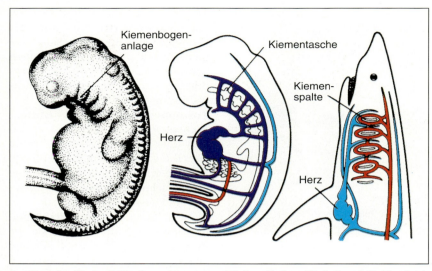

1 *Kreislauf beim 5 Wochen alten menschlichen Embryo* (links) *und Hai* (rechts)

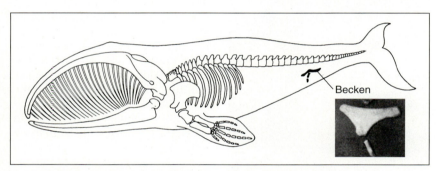

2 *Rudimente von Becken und Beinskelett beim Grönlandwal*

3 *Skink*

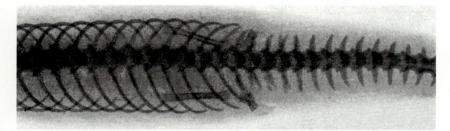

4 *Pythonschlange mit rudimentärem Beinskelett. Röntgenaufnahme*

Keimesentwicklung. Auch die Keimesentwicklung der Wirbeltiere gibt Hinweise auf Verwandtschaft:
Die Embryonen aller Wirbeltierarten – ob sie später an Land oder im Wasser leben – zeigen Gebilde, die an Kiemenspalten erinnern. In diesem Stadium haben sie zudem einen Blutkreislauf, der dem der Fische sehr ähnlich ist. Auch der Mensch macht keine Ausnahme. Er entwickelt außerdem im 5. Monat für kurze Zeit ein dichtes Haarkleid, die Lanugo-Behaarung. Vorübergehend hat er auch eine Schwanzanlage. Diese *Übereinstimmungen in der Keimesentwicklung* lassen darauf schließen, dass die Wirbeltiere sich im Laufe ihrer Stammesgeschichte aus gemeinsamen Vorfahren entwickelt haben.

Rückentwicklung. Beim *Grönlandwal* findet man im Körper winzige Reste vom Becken und von den Ober- und Unterschenkelknochen.

Unter den Glattechsen gibt es die Gruppe *Skink* mit vielen Arten. Einige von ihnen haben verkürzte Beine. Der *Blindschleiche* fehlen die Beine. Sie hat aber einen Schultergürtel und Reste des Beckengürtels.

Bei der *Pythonschlange* zeigt das Röntgenbild, dass im Körper Skelettreste einer Hinterextremität liegen.

Der Gedanke liegt nahe, dass Vorläufer dieser Tiere einmal voll ausgebildete Gliedmaßen hatten. Beim Wal könnten diese funktionslos geworden sein, als seine Vorfahren vom Land- zum Wasserleben übergingen. Sie verkümmerten im Laufe der Zeit. Man spricht bei solchen nicht mehr gebrauchten, verkümmerten Organen von rudimentären Organen oder Rudimenten. Auch rudimentäre Organe sind ein Beleg dafür, dass die Wirbeltiere miteinander verwandt sind und sich im Laufe langer Zeiträume änderten.

Selbst beim Menschen gibt es Rudimente: Der Eckzahn, die Restbehaarung des Körpers, die segmentierten Bauchmuskeln, der Wurmfortsatz und das Steißbein zählen dazu.

2461

Homologe Organe

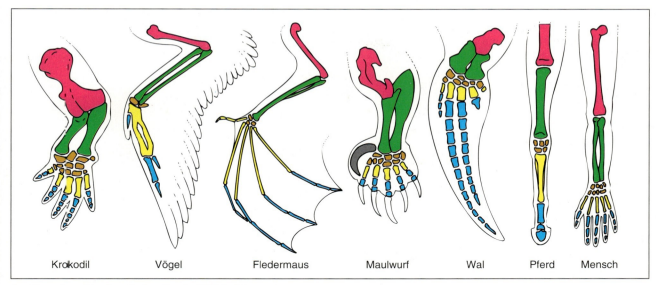

1 *Homologe Vordergliedmaßen bei Wirbeltieren*

Krokodil Vögel Fledermaus Maulwurf Wal Pferd Mensch

Außer den Fossilienfunden gibt es noch eine ganze Reihe weiterer Hinweise darauf, dass sich die Lebewesen im Laufe der Erdgeschichte entwickelt haben. Vergleicht man beispielsweise die heute lebenden Pflanzen und Tiere untereinander, so erkennt man viele *Gemeinsamkeiten im Grundbauplan.*

Homologe Organe. Die *Vordergliedmaßen der Wirbeltiere* werden ganz unterschiedlich genutzt. Der Schimpanse setzt die Hand zum Klettern, Gehen, aber auch zum Greifen ein. Der Fuß des Pferdes befähigt auf hartem Untergrund zu schnellem Lauf. Auf weichen Tatzen schleicht sich die Katze geräuschlos an ihre Beute. Auch die Grabschaufeln des Maulwurfs, die Flossen des Wals und die Flügel der Fledermäuse und Vögel werden von den Vordergliedmaßen gebildet. Trotz der Unterschiede im Aussehen und in der Funktion weisen diese Vordergliedmaßen alle denselben Grundbauplan auf: Sie bestehen aus einem *Oberarmknochen, zwei Unterarmknochen,* den *Handwurzelknochen, Mittelhandknochen* und *Fingerknochen.* Aber nicht nur der Grundbauplan, auch die *Lage am Körper* stimmt überein.

Bei den Pflanzen sind die Dornen der Berberitze, die Dornen der Robinie und die der Wolfsmilchgewächse homologe Gebilde.

Organe, die bei verschiedenen Lebewesen die gleiche Lage einnehmen und den gleichen Grundbauplan aufweisen, bezeichnet man als *homolog.* Homologien sind ebenfalls ein Hinweis auf Verwandtschaft. Man bezeichnet sie daher auch als *Verwandtschaftsähnlichkeiten.* Je mehr sich homologe Organe ähneln, umso enger ist die Verwandtschaft.

Aufgaben

1   Gib weitere Beispiele für homologe Organe an.

2   Sind die Hörner des Rindes und das Geweih des Hirsches homologe Gebilde?

In Kürze

Homologe Organe haben einen gleichen Grundbauplan und die gleiche Lage. Sie sind ein Hinweis auf eine Abstammung von gemeinsamen Vorfahren.

2   *Homologie bei Blättern:*
   1 Blatt der Kannenpflanze,
   2 Blatt der Venusfliegenfalle,
   3 Blattranke der Blatterbse,
   4 Nebenblattdornen des Christusdorns,
   5 Rollblatt des Heidekrauts,
   6 Blatt des Ahorns.

Analoge Organe

Bedeutet ähnliches Aussehen Verwandtschaft? Der *Maulwurf* ist uns allen bekannt. Auffallend sind seine kräftigen, mit starken Nägeln bewehrten Vorderbeine, die zu schaufelartigen Grabwerkzeugen umgebildet sind. In seinen unterirdischen Gängen sucht er nach Larven und Würmern.

Ganz ähnlich aussehende Grabbeine hat die *Maulwurfsgrille* oder Werre. Dieses etwa 5 cm große Insekt gräbt sich ebenfalls durch die Erde, um nach Nahrung zu suchen. Beide Tiere, Wirbeltier und Insekt, sind miteinander nicht verwandt. Ihre Körperbaupläne sind vollkommen verschieden. Trotzdem sehen sich ihre Grabbeine auffallend ähnlich, obwohl auch deren Grundbaupläne nicht identisch sind: Das Grabbein des Maulwurfs ist eine „Konstruktion" des knöchernen Innenskeletts; bei der Werre ist es Teil des Außenskeletts aus Chitin. Die große Ähnlichkeit beruht lediglich auf der Anpassung an den gleichen Lebensraum und an eine ähnliche Lebensweise. Organe, die bei nicht verwandten Lebewesen ähnlich aussehen, die gleiche Funktion erfüllen, aber verschiedene Grundbaupläne haben, nennt man *analoge Organe* oder *Anpassungsähnlichkeiten*. Sie geben keinen Hinweis auf Verwandtschaft und damit auf eine gemeinsame Abstammung. Andererseits zeigen Analogien, dass sich im Verlauf der Evolution aus völlig verschiedenen Ausgangsformen unter gleichen oder ähnlichen Umweltbedingungen, unabhängig voneinander, ähnliche Organe oder Strukturen gebildet haben.

Tierreich. Ein typisches Beispiel für Analogie im Tierreich sind die Augen der Wirbeltiere und die der Tintenfische. Beide sind sich sehr ähnlich und stimmen in vielen Details miteinander überein. Sie haben sich aber im Verlauf der Evolution aus vollkommen verschiedenen Teilen entwickelt. Während der Augenbecher der Wirbeltiere eine Ausstül-

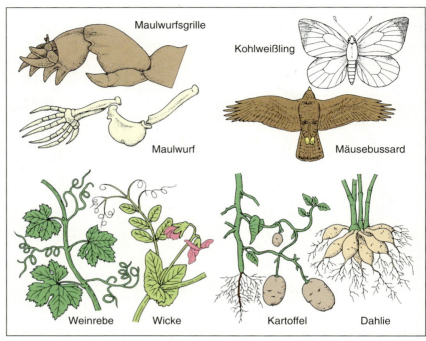

1   Analogien im Tier- und Pflanzenreich

pung des Zwischenhirns darstellt, entstand beim Tintenfisch die Augenblase aus einer Abschnürung der Haut.

Analog sind auch die *Flügel* bei Insekten und Wirbeltieren. Bei Insekten werden sie vom Chitinpanzer, bei Vögeln von den Vordergliedmaßen gebildet. Solche Parallelentwicklungen bei nicht verwandten Lebewesen nennt man *Konvergenzen*. Ein Beispiel hierfür ist die „Erfindung" der Fischgestalt als strömungsgünstige Körperform bei Hai, Pinguin, Delfin und fossilem Fischsaurier.

Pflanzenreich. Sowohl Kartoffeln als auch Dahlien besitzen Knollen. Bei der Kartoffel sind diese unterirdischen Speicherorgane Bildungen des Sprosses, bei der Dahlie der Wurzel. Die in Südamerika beheimateten Kakteen und einige aus Afrika stammende Arten von Wolfsmilchgewächsen sehen sich zum Verwechseln ähnlich. Obwohl sie verschiedenen Pflanzengruppen angehören, haben sie nahezu identische Anpassungen an die Trockenheit hervorgebracht. Die verdickten

Sprosse speichern Wasser, die Blätter sind zu Stacheln zurückgebildet, um die Oberfläche der Pflanze zu verringern.

Aufgaben

1   Begründe, weshalb Analogien kein Hinweise auf eine gemeinsame Abstammung sind.

2   Unterscheide zwischen Analogie und Homologie bei den Flügeln von Insekten, Vögeln und Fledermäusen. Begründe.

3   Kannst du weitere Beispiele für Analogien im Pflanzenreich aufführen?

In Kürze

Analogien sind Anpassungsähnlichkeiten, die bei nicht verwandten Pflanzen und Tieren im Verlauf der Evolution, unabhängig voneinander, entstanden sind.

Stichwort: Lebewesen haben sich entwickelt

Überblick

Im Laufe der chemischen Evolution bildeten sich auf der Erde biologisch wichtige organische Moleküle. Die ältesten Lebewesen, kernlose Protocyten, traten vor 3,5 Milliarden Jahren auf. Kernhaltige Einzeller, die Eucyten, entstanden vor 1,3 Milliarden Jahren. Vielzeller sind seit 700 Millionen Jahren bekannt. Am Ende des Kambriums waren alle heute bekannten Tierstämme auf der Erde vertreten.

Die biologische Evolution zeichnet sich durch eine Höherentwicklung und eine ständig bessere Nutzung der sich bietenden Lebensmöglichkeiten aus. Der Engländer Charles Darwin fand als Erster eine Begründung für die Evolution: Mutationen des Erbguts, Überproduktion an Nachkommen und Selektion durch die Umwelt.

Fossilien zeigen, dass die Lebewesen vergangener Erdzeitalter anders ausgesehen haben als heute. Gelingt es, das Alter der Fossilien zu bestimmen und Entwicklungslinien zwischen verschiedenen Fossilien zu erkennen, lassen sich Stammbäume rekonstruieren. Homologien, Entwicklungsreihen, Rudimente sowie Ähnlichkeiten vor allem im mikroskopischen und molekularen Bereich ermöglichen es, eine stammesgeschichtliche Verwandtschaft aufzudecken.

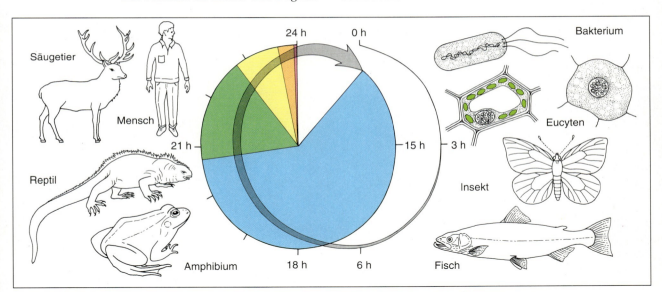

Alles klar?

1 In der Grafik wird die Erdgeschichte mit einem 24-Stunden-Tag gleichgesetzt. Rechne aus, zu welchen Uhrzeiten dann die folgenden Lebewesen erstmals aufgetreten wären. Das Alter der Erde beträgt 4,5 Milliarden Jahre.
Protocyten: 3,5 Milliarden Jahre alt,
Eucyten: 1,3 Milliarden Jahre alt,
Insekten: 400 Millionen Jahre alt,
Fische: 500 Millionen Jahre alt,
Amphibien: 350 Millionen Jahre alt,
Reptilien: 300 Millionen Jahre alt,
Säugetiere: 200 Millionen Jahre alt,
Mensch: 2 Millionen Jahre alt.

2 Erläutere die Entstehung von Fossilien.
3 Erkläre an Beispielen, was mit „Übergangsform" gemeint ist.
4 Nenne „Erfindungen" der Evolution, die den Verlauf der Entwicklung der Lebewesen auf der Erde stark beeinflusst haben.
5 Tiere, die in dunklen Höhlen leben, sind häufig hell, sehen schlecht oder haben gar keine Augen. Wie lässt sich dies nach Lamarck und wie nach Darwin erklären?
6 Was versteht man unter chemischer und biologischer Evolution?

Biologische und kulturelle Evolution des Menschen

Schon seit Tagen steigen dunkle Wolken aus dem Innern des Vulkans empor und lassen Asche auf das Land herabrieseln. Ein leichter Regenschauer verwandelt den Aschenteppich in eine weiche, zementartige Masse, in der die umherlaufenden Tiere ihre Spuren hinterlassen. Die tropische Sonne brennt alles rasch steinhart. Auch menschenähnliche Fußspuren sind zu sehen: Die großen Abdrücke weisen auf einen Mann hin. Ein kleineres Wesen, vielleicht eine Frau, geht in den Spuren des Mannes – wahrscheinlich um in dem Matsch leichter voranzukommen. Neben ihnen läuft ein Kind.

So oder so ähnlich hat es sich in der Nähe des heutigen Laetoli in Tansania zugetragen – aber bereits vor rund 3,6 Millionen Jahren. Woher wissen wir heute, dass die Abdrücke von Menschen stammen? Waren es Menschen wie wir?

Evolution und Schöpfung. Eine Antwort auf die Frage nach der Abstammung des Menschen gibt der biblische *Schöpfungsbericht.* Im christlichen Kulturkreis wurde er bis vor 150 Jahren, wie alles in der Heiligen Schrift, wortwörtlich ausgelegt: Demzufolge war die Erde mit allen Lebewesen innerhalb von sechs Tagen geschaffen worden. Der irische Bischof James Ussher hat sogar das Schöpfungsjahr nach Angaben aus der Bibel errechnet. Er kam auf das Jahr 4004 vor Christus.

Dieses Weltbild erschütterte *Charles Darwin* mit seinem 1859 erschienenen Buch „On the Origin of Species by Means of Natural Selection". Darin widerspricht er der herrschenden Meinung von der *Unveränderlichkeit der Arten.* Er behauptet, dass alle Lebewesen im Laufe einer langen Entwicklung, während der *Evolution,* entstanden seien. Über den Menschen heißt es in dem Buch nur ganz kurz und vorsichtig: „Viel Licht wird auch auf den Ursprung ... des Menschen fallen."

Darwins Lehre – in Deutschland vor allem durch Ernst Haeckel verbreitet – wurde anfangs heftig bekämpft. Für die Kirchen stellte die Lehre lange Zeit eine Gotteslästerung dar. Den Gedanken, womöglich vom Affen abzustammen, empfanden die Menschen als Beleidigung.

◁ *Versteinerte Fußabdrücke*
von Hominiden bei Laetoli
in Tansania.
Sie sind etwa 3,6 Millionen Jahre alt.

1   *Karikatur auf Darwin aus einer englischen Zeitschrift von 1871*

2   *Mary Leakey, die Entdeckerin der Fußspuren von Laetoli*

Heute gilt die Abstammungslehre – auch für den Menschen – als eines der am besten belegten Forschungsgebiete der Biologie.

Fossilien. Die *Paläoanthropologie,* die *Kunde von den alten Menschen,* erforscht die Ursprünge unserer Herkunft. Wie haben sich die *Hominiden,* die *Familie der Menschenartigen,* entwickelt? Wie sahen sie aus? Wie bewegten sie sich? Was führte dazu, dass aus ihnen die Wesen wurden, die die Erde bis heute am stärksten geprägt haben?

Fossilien klären viele dieser Fragen. Unterkiefer und Zähne sind die häufigsten Fossilienfunde. Sie lassen wertvolle Schlüsse auf die *Ernährung* zu. Aus Becken- und Fußknochen kann man die Art der *Fortbewegung* ableiten, aus Schädelfragmenten auf das *Gehirnvolumen* schließen. Werkzeuge und Höhlenmalerei belegen die Entwicklung von *Kultur.* Funde wie die Fußspuren von Laetoli, das älteste Zeugnis für den aufrechten Gang, sind ein seltener Glücksfall.

Aufgaben

1   Was meinte Darwin mit „Viel Licht wird auch auf den Ursprung ... des Menschen fallen"? Vergleiche dazu auch die Karikatur in Bild 1.

2   Beschreibe mithilfe des Bildes auf der *linken Seite* und von Bild 2 auf dieser Seite die Arbeit der Paläoanthropologen an einer Fundstelle.

Der Mensch ...

Die nächsten Verwandten. Von allen Tieren sind die Menschenaffen, vor allem die Schimpansen, dem Menschen am ähnlichsten. Viele ihrer Merkmale stimmen völlig überein. So sind zum Beispiel die Schwanzwirbel zurückgebildet und zum *Steißbein* verwachsen. Die Hände eignen sich zum *Greifen*. Finger und Zehen tragen *Nägel* statt Krallen. Die Augen sind nach vorn gerichtet und ermöglichen ein *räumliches Sehen*. Große Ähnlichkeiten im molekularen Bereich konnten bei *Chromosomen* und *Proteinen* nachgewiesen werden. Bei Menschen und Menschenaffen sind die *Blutgruppen* A, B, AB und 0 ausgebildet. Die *Kindheitsentwicklung* dauert bei Menschen und Menschenaffen mehrere Jahre. In der ersten Zeit werden die Kinder oder Jungen von der Mutter getragen und intensiv betreut. Auch viele *Verhaltensweisen* ähneln sich: das Umarmen beim Begrüßen, die Mimik bei Wut, Angst oder Freude. *Lebenslanges Lernen*, die *Weitergabe erlernter Verhaltensweisen* und der *Gebrauch von Werkzeugen* sind weitere Gemeinsamkeiten. All diese Übereinstimmungen weisen auf eine *enge Verwandtschaft* zwischen dem Menschen und den Menschenaffen hin.

Der aufrechte Gang. Menschenaffen gehen nur zeitweise aufrecht. Meist bewegen sie sich auf allen Vieren, wobei sie sich mit den Handknöcheln abstützen. Der Mensch ist das einzige Säugetier, das dauernd *aufrecht geht*. Sein Körper ist an diese Art der Fortbewegung angepasst. Die Beine sind länger als die Arme. Das *schüsselförmige Becken* trägt die nach unten drückenden Eingeweide. Die *doppelt S-förmig gebogene Wirbelsäule* ermöglicht eine aufrechte Haltung. Die Großzehe ist nicht abspreizbar, der Fuß zu einem *Standfuß* geformt. Menschen haben einen *flacheren Brustkorb*. Der Körperschwerpunkt liegt daher weiter hinten, sodass der Körper beim Gehen nicht nach vorne gezogen wird.

1 und 2   Menschenaffen verfügen aufgrund ihrer Gesichtsmuskulatur über eine vielfältige Mimik.
Sie spielt bei der Verständigung eine wesentliche Rolle.

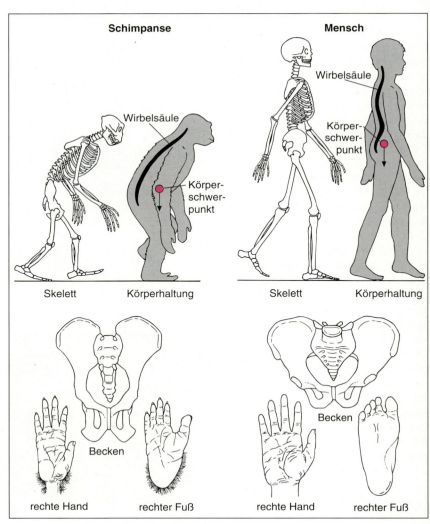

3   Schimpanse und Mensch im Vergleich

1873

Schädel. Ein weiterer Unterschied zwischen Mensch und Menschenaffen besteht in der Form des Schädels. Durch die große, vorspringende Schnauze ist bei den Menschenaffen der *Gesichtsschädel* fast doppelt so groß wie der *Gehirnschädel*. Beim Menschen jedoch wölbt sich der Gehirnschädel über die hohe, fast senkrecht aufsteigende Stirn mächtig nach hinten. Sein Ober- und Unterkiefer sind zudem stark verkürzt, sodass der Gesichtsschädel kleiner ist als der Gehirnschädel.

Bei den Menschenaffen sind *Überaugenwülste* und der *Stirnkamm* zum Ansatz der starken Kaumuskulatur deutlich ausgeprägt. Sie fehlen beim Menschen vollständig. Dagegen treten bei ihm der *Nasenvorsprung* und das *Kinn* deutlich hervor. Das *Hinterhauptsloch,* die Ansatzstelle für die Wirbelsäule, liegt fast genau in der Mitte der Schädelbasis, sodass der Schädel beim Menschen auf der Wirbelsäule „balanciert".

Gebiss. Das Gebiss eines Menschenaffen unterscheidet sich von dem eines Menschen so stark, dass man sie kaum miteinander verwechseln kann. Es spielt deshalb eine wichtige Rolle bei der Festlegung, ob ein Fossil zu den Affen oder bereits zu den Hominiden zählt.

Bei den Menschenaffen sind die Zähne so angeordnet, dass sie ein nach hinten offenes *Rechteck* bilden. Auffallend sind die zwei großen und spitzen *Eckzähne* in beiden Kiefern. Zwischen ihnen und den Schneidezähnen ist eine Zahnlücke. In diese auch als *Affenlücke* bezeichnete Spalte greift der Eckzahn des jeweils gegenüberliegenden Kiefers. Menschenaffen haben außerdem einen flachen Gaumen.

Der menschliche Kiefer ist dagegen *bogenförmig.* Die Eckzähne sind viel kleiner als bei den Menschenaffen, sodass eine seitliche Bewegung der Kiefer, etwa beim Zermahlen von Körnern, möglich ist. „Affenlücken" fehlen beim Menschen. Sein Gaumen ist deutlich nach oben gewölbt.

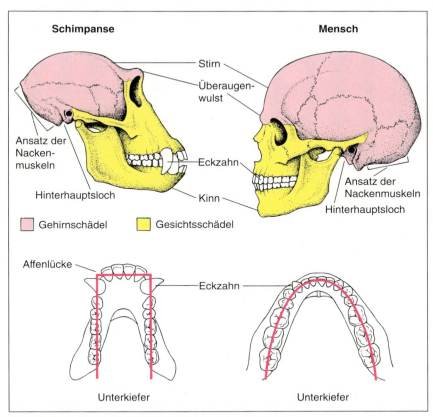

1   *Schimpanse und Mensch: Schädel und Unterkiefer*

Aufgaben

1   Fasse in einer Tabelle Gemeinsamkeiten und Unterschiede zwischen Mensch und Menschenaffe zusammen.

2   Der Mensch hat keine „Affenlücke" in seinem Gebiss. Erkläre.

In Kürze

Viele ähnliche oder übereinstimmende Merkmale weisen auf eine enge Verwandtschaft zwischen Menschen und Menschenaffen hin. Eine Reihe von Merkmalen sind jedoch „typisch menschlich": der aufrechte Gang, der Gegensatz zwischen großem Gehirn- und kleinem Gesichtsschädel, der bogenförmige Kiefer.

2   *Menschenaffen: Orang-Utan, Gorilla, Schimpanse und Zwergschimpanse*

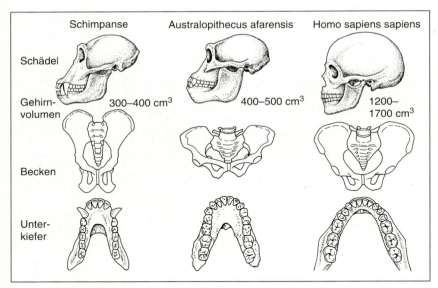

1 *Vergleich von Menschenaffe, Australopithecus und Homo sapiens sapiens*

Auf der Suche nach den ersten Hominiden haben Forscher eine Vielzahl von Skelett- und Schädelknochen zusammengetragen. Sie liefern einen – lückenhaften – Überblick über die Entwicklung der Hominiden.

Australopithecus. Die frühesten Funde, die in die menschliche Abstammungslinie gehören, fasst man unter der Bezeichnung Australopithecus, „Südaffe", zusammen. Diese Hominiden lebten in der Zeit vor 4,5 Millionen bis 1 Million Jahren.

Es gab mehrere Australopithecus-Arten, die zum Teil gleichzeitig vorkamen. Die 1 bis 1,5 m großen Hominiden waren vorwiegend Pflanzenfresser. Schädel, Gebiss und Becken zeigen Merkmale, die sie *zwischen Mensch und Menschenaffen* stellen. Ihr Gehirn war noch relativ klein. Das Becken lässt erkennen, dass sie bereits aufrecht gingen. Die deutlich verkürzten Zehen konnten beim Gehen abrollen. Das Fußgewölbe federte die Schritte ab.

Die 3,6 Millionen Jahre alten Fußspuren von Laetoli belegen, dass diese Hominiden aufrecht gegangen sind. Sie lassen auch auf ein *Zusammenleben* in einer Gruppe oder Familie schließen. Die Spuren von Savannentieren neben den Fußabdrücken dieser Hominiden deuten darauf hin, dass sie das offene Grasland bewohnten.

Bei den Fossilien lagen häufig bearbeitete Steine oder Knochen. Möglicherweise stellte Australopithecus bereits einfache *Werkzeuge* her.

1993 fand man in Äthiopien die Überreste des bisher ältesten Hominiden, des 4,5 Millionen Jahre alten *Australopithecus ramidus*. Er könnte das Bindeglied zum Urahn von Mensch und Schimpanse sein. Ob er aufrecht ging, wissen wir nicht.

Der aufrechte Gang. Wie es zur Entstehung des aufrechten Ganges kam, kann man nur vermuten. Als vor etwa 5 Millionen Jahren das Klima trockener wurde, dehnten sich Savannen aus und drängten die Regenwälder zurück. In der Savanne dürfte ein aufrechter Gang von Vorteil gewesen sein: Feinde waren früher zu erkennen, die Hände waren frei zum Tragen von Gegenständen und zur Verteidigung. Zudem verbraucht das aufrechte Gehen weniger Energie als die Fortbewegung auf allen Vieren. Ein aufgerichteter Körper ist der Sonne weniger ausgesetzt. Er erhitzt sich nicht so stark.

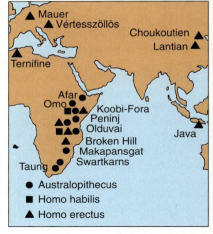

2 *Fundorte von Australopithecus, Homo habilis und Homo erectus*

3 *Australopithecus africanus*

... die Wiege des Menschen

Homo habilis – der älteste Mensch. Die Olduvai-Schlucht in Tansania ist eine der reichsten Hominiden-Fundstätten der Welt. Über 35 Jahre forschte hier das englische Ehepaar Leakey nach den Ursprüngen des Menschen. Neben zahlreichen Hominiden-Funden stießen sie immer wieder auf Steinwerkzeuge, die wesentlich feiner gearbeitet waren als die, die man von Australopithecus kannte.

1960 fand Louis Leakey in Olduvai einen Schädel, der ein erheblich *größeres Gehirnvolumen* als Australopithecus hatte. Er vermutete, dass die Werkzeuge von diesem Lebewesen geschaffen worden waren. Mit seiner Fähigkeit, Werkzeuge herzustellen, besaß es die Voraussetzung zur Schaffung von *Kulturen.* Diesen „Werkzeugmacher" nannte man daher *Homo habilis,* „geschickter Mensch". Er war etwa 1,45 m groß, sein Gehirnvolumen betrug 500 bis 650 cm^3. Er ernährte sich auch von Fleisch. Die ältesten Funde reichen 2,5 Millionen Jahre zurück.

Homo erectus. Vor 1,8 Millionen Jahren tauchte in Ostafrika *Homo erectus,* der „aufgerichtete Mensch", auf. Sein großes Hirn versetzte ihn in die Lage die vielfältigsten Gerätschaften herzustellen. Die Werkzeuge waren aus Feuerstein, Holz, später sogar aus Horn und Quarz gefertigt. Auch das Feuer beherrschte Homo erectus bereits.

Die etwa 1,65 m großen Menschen kleideten sich mit Tierfellen und lebten in Höhlen, aber auch in hüttenähnlichen Unterständen. Sie waren Jäger, die in Treibjagden auch große Tiere, wie zum Beispiel Elefanten, erlegten.

Homo erectus war der erste Hominide, der sich vor knapp einer Million Jahren über Afrika hinaus ausbreitete. Die Sahara war damals keine zusammenhängende Wüste und stellte somit kein Hindernis dar. Fossilien von Homo erectus wurden in Nordafrika, in Europa, in der Nähe von Peking und auf Java gefunden. Der bekannteste Fund in Deutschland ist ein etwa 600 000 Jahre alter Unterkiefer, den man in Mauer, in der Nähe von Heidelberg, fand. Vor etwa 300 000 Jahren verschwand Homo erectus von der Erde.

1 Baumsavanne in Ostafrika. Hier lebten die ersten Hominiden.

Wie alt sind Fossilien?

Kohlenstoff ist in allen Pflanzen und Tieren enthalten. Er besteht aus verschiedenen Isotopen. Das radioaktive Isotop ^{14}C hat eine Halbwertszeit von etwa 5700 Jahren. In dieser Zeit zerfällt die Hälfte des ^{14}C in Stickstoff. Geht man davon aus, dass früher der Gehalt an ^{14}C in Pflanzen und Tieren so hoch war wie heute, so kann man aus dem ^{14}C-Gehalt eines Fundes auf dessen Alter schließen.

Mit ^{14}C lässt sich bis zu 40 000 Jahre zurückrechnen. Isotope mit höheren Halbwertszeiten, wie Kalium und Uran, erschließen noch größere Zeiträume.

2 Homo erectus aus Mauer

Aufgaben

1   Die Bezeichnung „Australopithecus" ist nicht ganz korrekt. Erkläre.

2   Erläutere, ab wann man einen Fund der Gattung „Homo" zurechnet.

3   Vergleiche Menschenaffe, Australopithecus und Homo erectus miteinander. Beschreibe Gemeinsamkeiten und Unterschiede.

In Kürze

Australopithecus ist der erste aufrecht gehende Hominide.

Homo habilis zählt zu den ersten Menschen. Er hatte ein größeres Gehirnvolumen als Australopithecus und stellte vermutlich bereits Werkzeuge her.

Homo erectus beherrschte das Feuer. Er verbreitete sich als erster Hominide über Afrika hinaus.

Die Entdeckung von „Lucy"

Donald Johanson gehört neben dem Ehepaar Leakey zu den erfolgreichsten Paläoanthropologen. Er wurde 1943 in Chicago geboren. 1974 nahm er an der internationalen Expedition ins Afar-Gebiet in Äthiopien teil. Hier, etwa 160 km nordöstlich von Addis Abeba, fand er am 30. November 1974 „Lucy", eines der ältesten, am vollständigsten und am besten erhaltenen Skelette eines Hominiden. Es ist rund 3,5 bis 3,8 Millionen Jahre alt.

An der Breite des Beckens erkannte Johanson, dass es sich um ein weibliches Skelett handelte. Lucy war etwa 1,05 m groß und 25 kg schwer. Die Zähne, insbesondere die voll ausgebildeten Weisheitszähne, lassen auf ein Alter von 25 bis 30 Jahre schließen. Vermutlich starb sie eines natürlichen Todes, denn an den Knochen fand man keine Spuren von Zähnen, wie sie Löwen oder andere Raubtiere hinterlassen.

„… An diesem Morgen hätte ich im Lager bleiben sollen – ich tat es aber nicht. Ich hatte das Gefühl, ich müsste Tom* unter allen Umständen begleiten, und folgte diesem inneren Drang …

In der Senke fanden wir praktisch keinen einzigen Knochen, aber als wir uns zum Gehen wandten, sah ich auf halber Höhe am Hang etwas liegen … „Das ist das Fragment eines hominiden Arms", sagte ich. „Das kann nicht sein. Es ist viel zu klein. Es muss von irgendeinem Affen stammen". Wir knieten uns hin um den Knochen genauer anzusehen. „Viel zu klein", sagte Gray* noch einmal. Ich schüttelte den Kopf. „Es ist ein Hominide." „Weshalb glauben Sie das?", sagte er. „Sehen Sie doch das Stück rechts neben Ihrer Hand. Auch das ist hominid." „Mein Gott", rief Gray. Er hob es auf. Es war die Rückseite eines kleinen Schädels. „Mein Gott", rief er wieder. Wir standen auf und sahen nun noch weitere Knochenfragmente am Hang: zwei Rückenwirbel und das Bruchstück eines Beckenknochens … Mir schoss ein unglaublicher, eigentlich unver-

1   „Lucy" und eine Rekonstruktion

zeihlicher Gedanke durch den Kopf. Wie wäre es, wenn all diese Knochen zusammenpassten? Könnten es Teile eines einzigen, sehr primitiven Skeletts sein? Ein solches Skelett war bisher noch nirgends gefunden worden …

Am Nachmittag versammelten sich alle Expeditionsteilnehmer in der Senke. Die Fundstelle wurde in Sektoren eingeteilt und wir beschlossen das Gelände so gründlich wie möglich abzusuchen … Als die Arbeit getan war, hatten wir ein paar hundert Knochenstücke, … die zusammen etwa 40 Prozent eines einzigen Individuums ausmachten. Die erste Vermutung von Tom und mir bestätigte sich. Von keinem einzigen Knochen gab es ein Duplikat.

… In der ersten Nacht nach der Entdeckung gingen wir nicht ins Bett. Wir redeten unaufhörlich und tranken ein Bier nach dem anderen. Wir hatten ein Tonbandgerät im Lager und dazu ein Band mit dem Beatles-Song „Lucy in the Sky with Diamonds". Wir ließen dieses Band immer wieder mit voller Lautstärke ablaufen. Irgendwann an diesem unvergesslichen Abend … gaben wir dem Skelett den Namen Lucy und seither heißt es so …"

* Tom Gray: Teilnehmer der Expedition

Der Bericht stammt aus dem Buch „Lucy. Die Anfänge der Menschheit" von Donald Johanson und Maitland Edey, Piper Verlag.

Aufgaben

1   Johanson erkannte sofort, dass er den Arm eines Hominiden gefunden hatte. Woraus schloss er das?

2   Lucy ist ein ganz besonderes Skelett. Erkläre.

Ein seltsamer Fund im Neandertal

Zeugnisse der Menschheitsgeschichte. Im Jahre 1856 fanden Arbeiter eines Steinbruchs im Neandertal bei Düsseldorf ungewöhnlich kräftige Knochen: zwei gebogene Oberschenkelknochen und ein flaches Schädeldach mit starken Überaugenwülsten. Sie hielten die Knochen für Überreste eines Höhlenbären. Der Lehrer Johann Carl Fuhlrott erkannte jedoch, dass es sich um die Knochen eines *Urmenschen* handelte, der sich von heute lebenden Menschen deutlich unterschied. Der Fund war der erste Beleg für die *Evolution des Menschen*.

Viele Wissenschaftler lehnten damals Fuhlrotts Behauptung ab. Auch der berühmte Arzt Rudolf Virchow: Wegen der gebogenen Oberschenkelknochen tippte er auf einen Reiter. Dieser müsse so starke Schmerzen gehabt haben, dass er ständig seine Brauen runzelte. So erklärte er die Überaugenwülste. Andere glaubten die Knochen stammten von einem verkrüppelten Kelten oder Germanen. Diese Meinung änderte sich erst, als in Europa und Asien Knochen mit gleichen Merkmalen wie im Neandertal gefunden wurden.

Ursprung. Vor etwa 300 000 Jahren entwickelte sich in Afrika eine Menschenart, die Steinwerkzeuge, wie Klingen und Äxte, herstellen konnte. Man nannte sie *Homo sapiens*, „weiser Mensch". Aus ihr ging vor etwa 150 000 Jahren der *Neandertaler* hervor. Vor 75 000 bis 35 000 Jahren lebte er in Europa und Asien.

Aussehen. Anhand von Fossilien lässt sich das Aussehen eines Neandertalers recht genau nachbilden. Einzelheiten wie die Form von Nase und Ohren, die Farbe der Augen, Haut und Haare und die Art der Behaarung sind jedoch spekulativ. Neandertaler waren etwa 1,70 m groß. Charakteristisch für sie waren eine sehr *kräftige Muskulatur, massive Knochen*, ein *flacher Schädel* mit *Überaugenwülsten* und einem *fliehenden Kinn*. Sie gingen ebenso aufrecht wie wir.

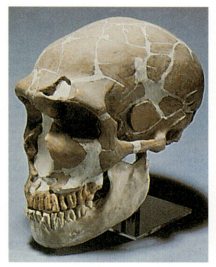

1 *Der Schädel eines Neandertalers, aus Einzelteilen rekonstruiert*

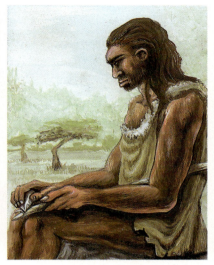

2 *So etwa könnte ein Neandertaler ausgesehen haben.*

Ihre Kleidung bestand aus Fellen. Würden die Neandertaler heute unter uns leben, würden sie uns vermutlich nicht besonders auffallen.

Lebensweise. Neandertaler lebten vor allem in Europa und Asien. Sie waren an das kalte Klima der Eiszeit angepasst. Sie jagten hauptsächlich Großwild wie Höhlenbären oder Mammuts. In Höhlen und hüttenähnlichen Behausungen suchten sie Schutz. Ihre Werkzeuge und Waffen waren aus Feuerstein.

Vor etwa 35 000 Jahren verschwanden die Neandertaler in relativ kurzer Zeit. Vermutlich wurden sie vom modernen Menschen verdrängt.

Aufgaben

1 Wo liegt das Neandertal? Schaue im Atlas nach.

2 Die Behauptung Fuhlrotts wurde zunächst abgelehnt. Welche Theorien standen dagegen?

3 Was spricht alles dafür, dass der Neandertaler bereits ein echter Mensch war?

3 *Mammut*

In Kürze

Der Fund von Fossilien eines Urmenschen im Neandertal war der erste Nachweis für die Evolution des Menschen.

Mit den heutigen Menschen haben die Neandertaler viele Merkmale gemeinsam, unterscheiden sich aber zum Beispiel durch einen flacheren Schädel, eine kräftigere Muskulatur, massivere Knochen und Überaugenwülste deutlich von ihnen.

Homo sapiens sapiens: Der Jetztmensch

1   Höhlenmalereien der Cro-Magnon-Menschen in Lascaux/Südfrankreich

Die Urheimat des Menschen
Die Erbinformation weist bei Afrikanern für bestimmte Merkmale mehr Unterschiede auf als bei den Bewohnern der übrigen Kontinente. Eine Erklärung hierfür bietet das „Out of Africa-Modell": Bei den Menschen, die Afrika verließen und die Vorfahren aller außerafrikanischen Völker wurden, handelte es sich um eine sehr kleine Gruppe. Ihre Erbanlagen stellten nur einen kleinen Ausschnitt der Gesamtpopulation dar. Nach diesem Modell wären alle Menschen afrikanischen Ursprungs.

Jetztmensch. Während der Neandertaler in Europa und Asien lebte, entwickelte sich in Afrika vor etwa 120 000 Jahren unser eigentlicher Vorfahre. Dieser *Jetztmensch* oder *moderne Mensch* war an das Leben am Waldrand angepasst. Er ernährte sich hauptsächlich von Pflanzen. Von Afrika aus breitete er sich vor etwa 100 000 Jahren über die ganze Erde aus. In einigen Gebieten lebte er zeitgleich mit dem Neandertaler. Möglicherweise kam es hier zu einer Vermischung von modernen Menschen und Neandertalern.
Der bekannteste Vertreter des modernen Menschen in Europa ist der *Cro-Magnon-Mensch*, so benannt nach seinem Hauptfundort, einer Höhle in Südfrankreich. Die Skelette dieser Menschen der Steinzeit sind von unseren nicht mehr zu unterscheiden. *Höhlenmalereien* dokumentieren, dass sie geistig schon hoch entwickelt waren. Sie zeigen auch, dass Cro-Magnon-Menschen auf die Jagd spezialisiert waren.
Der Hauptzweig der *Ausbreitung* der modernen Menschen zeigte nach Osten. Mit Booten oder Flößen erreichten sie vor rund 40 000 Jahren Australien. Die Aborigines sind Nachfahren dieser Erstbesiedler. Über die damals trockene Beringstraße kamen unsere Vorfahren vor etwa 11 000 Jahren nach Amerika.
Rassen. Alle lebenden Menschen gehören zu der biologischen Art *Homo sapiens sapiens*. Die meisten lassen sich nach äußeren und inneren Merkmalen einer der Großrassen zuordnen: Europide, Mongolide oder Negride. Einige Wissenschaftler halten jedoch die Einteilung in Rassen biologisch nicht für sinnvoll, da die Menschen so eng miteinander verwandt seien, dass die Unterschiede kaum ins Gewicht fallen.

Aufgaben

1   Der Neandertaler ist nicht der Vorfahre der heute lebenden Menschen. Wie könnte er mit ihm verwandt sein? Zeichne einen Stammbaum.

2   Liste Gemeinsamkeiten und Unterschiede zwischen Neandertaler und Cro-Magnon-Mensch auf.

In Kürze

Homo sapiens entwickelte sich vor rund 300 000 Jahren in Afrika und breitete sich nach Europa und Asien aus. Der Neandertaler und der moderne Mensch, Homo sapiens sapiens, gingen aus dieser Art hervor.
Homo sapiens sapiens entwickelte sich vor etwa 120 000 Jahren in Afrika. Er verdrängte den Neandertaler und besiedelte die ganze Erde.

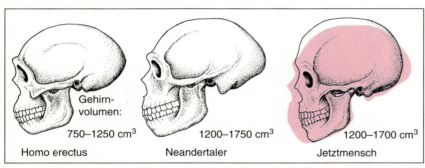

Gehirnvolumen:

Homo erectus	Neandertaler	Jetztmensch
750–1250 cm³	1200–1750 cm³	1200–1700 cm³

2   Im Laufe der Evolution veränderte sich die Schädelform (rot: Neandertaler). Das Gehirnvolumen nahm bis zum Neandertaler zu.

1803

Übersicht: Meilensteine der Menschwerdung

Evolution. Die Evolution des Menschen hat etwa 10 bis 15 Millionen Jahre in Anspruch genommen. Ausgangspunkt dieser Entwicklung war vermutlich ein im Urwald auf Bäumen lebender, schimpansenähnlicher Vorfahre. Vor etwa 6,5 Millionen Jahren trennte sich die Entwicklung der Menschenaffen und Hominiden. Die ersten Hominiden hatten sich wahrscheinlich in gebückter Haltung, dem „Knöchelgang", bewegt.

Das älteste derzeit bekannte Fossil der Menschheitsgeschichte gehört zu *Australopithecus ramidus*. Es ist etwa 4,5 Millionen Jahre alt. „Lucy" gehört zu einem bereits näher beim Menschen stehenden Hominiden, zu *Australopithecus afarensis*. Später tauchten dann *Australopithecus africanus* und *Australopithecus robustus* auf. Sie alle lebten in der Baumsavanne Ostafrikas und gingen bereits aufrecht.

Der erste eigentliche Mensch war *Homo habilis*. *Homo erectus*, sein nächster Verwandter, trat gleichzeitig mit späten Australopithecus-Arten auf. Der *Neandertaler* wurde vom *modernen Menschen* verdrängt, der die ganze Erde besiedelte.

Einige Hominidenarten lebten gleichzeitig nebeneinander. Möglicherweise kam es zu Vermischungen der verschiedenen Gruppen.

Aufgaben

1   Für welchen der hier vorgestellten Hominiden trifft die Bezeichnung „Urmensch" am ehesten zu? Begründe.

2   Wann begann die Evolution des Menschen, wenn man das Alter der Erde, 4,5 Milliarden Jahre, auf 365 Tage umrechnet?
Wann traten die verschiedenen Hominiden auf?
Entwirf ein Plakat hierzu.

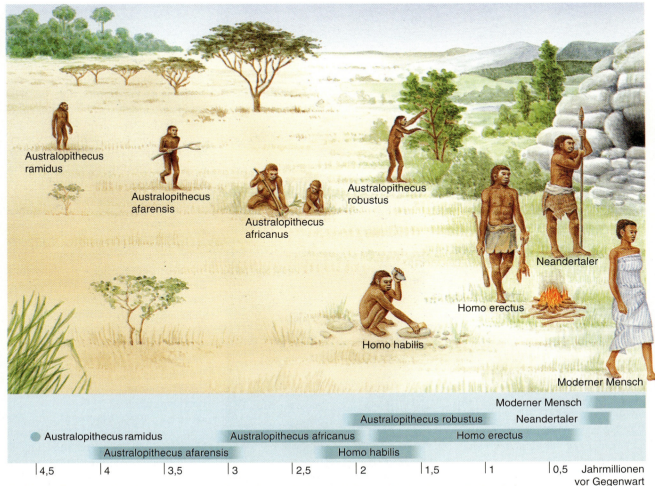

1   *Unser Bild von der Abstammung des Menschen ist lückenhaft. Für große Zeiträume fehlen Belege durch Fossilien. Vorhandene Funde lassen sich nicht nahtlos aneinander fügen oder voneinander ableiten.*

Die kulturelle Evolution

Epoche: **Altsteinzeit**	**Altsteinzeit**	**Altsteinzeit**
Australopithecus, Homo habilis	Neandertaler, moderner Mensch	Moderner Mensch

1 *Geröllwerkzeuge*

2 *Faustkeil*

3 *Schaber* (links) *und Stichel*

Was ist „Kultur"? Kultur leitet sich vom lateinischen Wort „cultura" ab, das „Bearbeitung, Anbau, Veredelung" bedeutet. Sie berührt alle Bereiche des Lebens. Kultur äußert sich in Kunst, Wissenschaft und Religion ebenso wie in Kleidung, Werkzeugen und Gebäuden. Sie umfasst auch Verhaltensweisen und Wertvorstellungen, wie zum Beispiel Sitten, Gebräuche, Moral oder Gesetze. Unter *kultureller Evolution* versteht man die Entwicklung der Menschen zu *denkenden, sprechenden* und *kulturschaffenden Wesen.*

„Kulturfossilien" wie Werkzeuge, Höhlenmalereien, Grabbeigaben oder Mumien spiegeln den Ablauf der kulturellen Evolution wider. Je nach ihrer Beschaffenheit unterscheidet man zwischen den Epochen *Alt-* und *Jungsteinzeit* sowie *Bronze-* und *Eisenzeit.*

Altsteinzeit. Die Hominiden der Altsteinzeit benutzten neben Holz vor allem Stein zur Herstellung ihrer Werkzeuge und Waffen. Sehr frühe Werkzeuge aus Knochen und Holz haben sich jedoch nicht erhalten.

Homo habilis und möglicherweise auch Australopithecus verwendeten vor etwa zwei Millionen Jahren vermutlich *Geröllwerkzeuge* aus grob behauenen Steinen. Homo erectus stellte bereits *einfache Faustkeile* her. Der Neandertaler produzierte *hoch entwickelte Faustkeile*, meist aus Feuerstein. Dieses sehr harte Material bildet beim Behauen scharfe Kanten. Funde von *Grabstätten* belegen, dass Neandertaler ihre Toten bestattet haben.

Mit dem Cro-Magnon-Menschen wurde die höchste Kulturstufe der Altsteinzeit erreicht. In kurzer Zeit entstanden vor rund 35 000 Jahren bis dahin unbekannte Werkzeuge

4 *Schon die Neandertaler begruben ihre Toten.*

aus Stein, Knochen und Geweih: *Nadeln* mit feinen Ösen, *Harpunenspitzen* mit Widerhaken sowie *Bohrer.* Diese Menschen stellten auch *symbolische Gegenstände* her: Figuren und Perlen aus Elfenbein, die wahrscheinlich als Schmuck getragen wurden. Die ersten *Höhlenmalereien* entstanden. Diese Höhlen waren vielleicht Kulträume, in denen das Jagdglück beschworen wurde.

Jungsteinzeit. Zu Beginn der Jungsteinzeit, die von 8000 bis etwa 2000 v. Chr. reichte, wurde der Mensch vom *Jäger* und *Sammler* zum sesshaften *Bauern* und *Viehzüchter*, der bereits Vorratshaltung betrieb. *Töpferei* und *Weberei* entwickelten sich.

In dieser Epoche entstanden die ersten Städte, zum Beispiel Babylon und Jericho. Vermutlich die Sumerer legten mit der Erfindung des Rades, künstlicher Bewässerung und Metallverarbeitung die Grundpfeiler aller Hochkulturen.

Bronze- und Eisenzeit. In der Bronzezeit begann der Mensch Metall zu bearbeiten und daraus langlebigere und kompliziertere Werkzeuge herzustellen. Sie dauerte etwa bis 800 v. Chr. und wurde von der Eisenzeit abgelöst.

1878

Die kulturelle Evolution

Jungsteinzeit	Bronzezeit	Eisenzeit
Moderner Mensch	Moderner Mensch	Moderner Mensch

1   *Vase (Keramik), Beil (Steinschliff)*

2   *Beil aus Bronze*

3   *Schere aus Eisen*

Biologische und kulturelle Evolution. Um aus einem Feuerstein einen Faustkeil herauszuarbeiten, muss man seine Form vorher festlegen. Diese Leistung wird vom *Großhirn* erbracht. Seine Vergrößerung im Laufe der Zeit war die Grundlage für die kulturelle Evolution. Es befähigt die Menschen zu Denk- und Lernprozessen, die nur sie beherrschen. Sowohl bei der biologischen als auch bei der kulturellen Evolution werden Informationen weitergegeben. Genetische Information wird von *Eltern* auf die *Kinder* vererbt. Sie ist nur durch *Mutation* veränderbar. Das ist ein sehr langsamer Prozess. Die kulturelle Informationsweitergabe erfolgt zwischen *Mitgliedern einer Gruppe*. Da Menschen ihr Leben lang lernfähig sind, kann das Erlernte ständig überprüft und verbessert werden. Die kulturelle Evolution verläuft daher *schneller* als die biologische. Werden die erlernten Erkenntnisse und Verhaltensweisen von Generation zu Generation weitergegeben, bilden sich *Traditionen*.

Kultur bei Japanmakaken

„Im Herbst 1953", so erzählt der japanische Affenforscher Dr. Masao Kawaj, „nahm ein junges Weibchen namens Imo eine mit Sand bedeckte Batate, tauchte sie – wohl zufällig – ins Wasser und wusch den Sand ab. Einen Monat später fing einer von Imos Spielgefährten an die Bataten ebenfalls zu waschen und nach vier Monaten tat Imos Mutter desgleichen. Allmählich verbreitete sich dieses Verhalten. Es waren fast nur ein- bis dreijährige Kinder, die es lernten. Zu den wenigen, die das nicht taten, gehörten die meisten erwachsenen Affen. Nach zehn Jahren gehörte das von Imo erfundene Waschen der Bataten zum üblichen Essverhalten dieser Affen, das von jeder Generation auf die nachfolgende übertragen wird. Wir nannten derartiges Verhalten Affen- oder Vorkultur."

Aufgaben

1   Die Entwicklung der Flügel durch die biologische Evolution beanspruchte Jahrmillionen. Die kulturelle Evolution schaffte den Weg vom Gleitflug bis zur Landung auf dem Mond in rund 80 Jahren. Erkläre.

2   Welche Elemente der Kultur kannst du in der Bildleiste oben erkennen?

3   Informiere dich im Heimat- oder Naturkundemuseum in deiner Nähe über Funde aus der Frühgeschichte des Menschen. Fasse die Ergebnisse in deinem Biologieheft zusammen.

4   Erkläre das kulturelle Verhalten der Japanmakaken.

In Kürze

Mithilfe von Kulturfossilien kann man den Verlauf der kulturellen Evolution nachvollziehen. Der für die Herstellung der Werkzeuge hauptsächlich verwendete Rohstoff ist namengebend für die jeweilige Epoche. Die kulturelle Evolution verläuft wesentlich schneller als die biologische. Sie beeinflusst auch den Verlauf der biologischen Evolution.

Entwicklung von Sprache, Kunst und Schrift

Sprache. Die Sprache ist eines der wichtigsten Merkmale des Menschen. Über die Sprache kann er sich über Vergangenes, Gegenwärtiges und Zukünftiges unterhalten, Probleme lösen und Erfahrungen austauschen.

Bestimmte Bereiche des menschlichen Gehirns und der Bau des Mund- und Rachenraumes sind die Grundlage um Sprache verstehen und verschiedene Laute bilden zu können. Der *geschlossene Zahnbogen* mit den gleich hohen Zähnen ermöglicht Laute wie d, t, s, f, der *gewölbte Gaumen* Laute wie g, k, ch, und der tief liegende *Kehlkopf* stimmlose Konsonanten wie h.

Bei *Homo erectus* waren diese Anpassungen nur teilweise ausgebildet. Vermutlich konnte er weniger Laute bilden als wir. Die Jagd auf große Tiere setzte jedoch Planung und Zusammenarbeit in der Gruppe voraus. Dies spricht dafür, dass er eine *einfache Sprache* beherrscht hat.

Kunst. Mit dem modernen Menschen trat ein bis dahin unbekanntes Phänomen auf: Kunst. Er begann sich selbst zu erkennen und Bilder von sich und seinen Jagdtieren auf Stein zu malen oder zu ritzen, aus Ton zu formen und in Holz oder Elfenbein zu schnitzen.

Schrift. Erste Ansätze der Schrift waren Kerben in Holz oder Striche auf Zeichnungen. Sie symbolisierten Ernte- oder Abgabemengen. Auch einfache Zeichen zum Beispiel für Schaf, Wein oder Krug entstanden. Im Laufe der Zeit gab man diesen Zeichen auch übertragene Bedeutungen, etwa dem Symbol „Fuß" die Bedeutung „gehen". Durch die Kombination verschiedener Zeichen wie „Auge" und „Wasser" = „weinen" entstanden neue Bedeutungen und damit einfache *Bilderschriften*.

Die Schrift führte zur Beschleunigung der kulturellen Evolution: Das wachsende Wissen konnte auf Stein- oder Tontafeln, in Büchern oder heute auf Disketten gespeichert werden. Somit wurde das Gehirn entlastet.

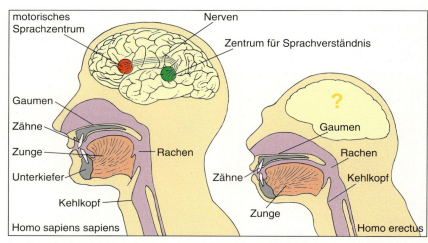

1   Der Sprachapparat des heutigen Menschen und von Homo erectus

2   Pferd, Löwe, junges Nashorn oder Löwe (von oben nach unten), *Flöte und Frau. Die Kunstwerke sind etwa 20 000 Jahre alt.*

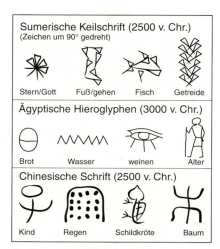

3   Die ersten Bilderschriften

Aufgaben

1   Homo erectus konnte vermutlich nicht so wie wir sprechen. Begründe unter Zuhilfenahme von Bild 1.

2   In der schriftlosen Zeit nahmen alte Menschen vermutlich einen besonderen Platz in der Gruppe ein. Erkläre.

In Kürze

Sprache eröffnete dem Menschen neue Möglichkeiten des Erkennens. Typisch menschlich ist die Fähigkeit zur Kunst und die Entwicklung der Schrift.

Der Mensch heute

Die Menschenrassen

Alle heute lebenden Menschen bilden die biologische Art *Homo sapiens sapiens*. Sie stimmen in der überwiegenden Zahl ihrer Merkmale überein. Dennoch kann man zwischen verschiedenen Gruppen deutliche Unterschiede feststellen. Sie zeigen, dass die Entwicklung auch nach dem Cro-Magnon-Menschen weitergegangen ist.

Heute kann man 20 bis 30 Menschenrassen unterscheiden. Die meisten davon lassen sich 3 Rassenkreisen zuordnen: den Europiden, den Mongoliden und den Negriden.

Die Europiden. Zu ihnen zählen die Mitteleuropäer. Zu den Merkmalen dieses Rassenkreises gehören helle Haut, schmale, relativ große, schlanke Nasen und helles, oft glattes Haar. Die Farbe der Augen variiert von hell bis dunkel.

Die Mongoliden. Die auffälligsten Merkmale sind ein gedrungener Körperbau, stark ausgeprägte Wangenknochen und schlitzförmig verengte Augen. Die Haut hat eine leicht bräunliche Farbe und verfügt über ein gut entwickeltes Fettgewebe. Die Haare sind dunkel und glatt. Zu den Mongoliden zählen beispielsweise die Mongolen, die Indianer und die Eskimos.

Die Negriden. Die Menschen dieser Rassengruppe sind meist schlank und groß. Die Haut ist dunkel und dadurch sogar für ultraviolettes Licht kaum durchlässig. Die Nase ist häufig breit. Die Haare sind dunkel und kraus.

Die Altrassen. Am *Rand* der Verbreitungsgebiete der großen Rassekreise hat sich eine Reihe kleiner, älterer Rassen erhalten. Zu ihnen gehören unter anderen die *Wedda Südindiens*, die *Buschmänner Afrikas* und die *Ureinwohner Australiens*. Besonders die Uraustralier zeigen eine Reihe *urtümlicher Merkmale* wie *welliges Haar, starke Körperbehaarung, Überaugenwülste, flache Nase, vorspringenden Kiefer* und *kräftigen Knochenbau.*

Vorurteile gegen Menschen anderer Rassen

Weder aus der körperlichen Verschiedenheit noch aus unterschiedlichem Verhalten lässt sich eine unterschiedliche Wertigkeit der Rassen ableiten. Dennoch gibt es nach wie vor überall auf der Welt Vorurteile gegen Menschen anderer Rassenzugehörigkeit. Solche Vorurteile sind weder zu begründen noch zu rechtfertigen. Sie verletzen das Grundrecht auf Gleichberechtigung und Menschenwürde.

Die Zukunft der Menschheit

Vor 1 Million Jahren lebten vielleicht 100 000 Menschen auf der Erde. Gegen Ende der Eiszeit, vor etwa 10 000 Jahren, wuchs die Erdbevölkerung auf etwa 1 Million Menschen an. Im Jahr 2000 v. Chr. waren es etwa 50 Millionen Menschen. Um die Zeit von Christi Geburt lebten auf der Erde etwa 200 Millionen Menschen, heute sind es etwa 5 Milliarden. Im Jahr 2000 werden es rund 6,3 Milliarden sein.

In vielen Ländern der Erde ist schon heute die Ernährung der rasch wachsenden Bevölkerung nicht mehr gesichert. Rund 500 Millionen Menschen hungern.

Auch die Umwelt wird im Übermaß vom Menschen genutzt. Wälder werden abgeholzt, Steppen veröden. Die Wüste rückt vor.

In Europa fallen dem Verkehr und dem Siedlungsbau immer mehr Naturflächen zum Opfer. Die Natur ist bis an ihre Grenzen belastet. Es muss gelingen, das Bevölkerungswachstum weltweit zu stoppen und den Verbrauch an Natur zu beenden.

Aufgaben

1 Wie unterscheiden sich die verschiedenen Rassenkreise?

2 Welche Probleme müssen für zukünftige Generationen bewältigt werden?

In Kürze

Die Menschen aller Rassen sind gleichwertig.

1 *Junger Mitteleuropäer*

2 *Mongolin aus China*

3 *Massai-Mädchen aus Ostafrika*

Zur Diskussion: Schöpfung – Evolution

„Die ersten beiden Kapitel im ersten Buch Mose ... stellen die groben Umrisse der Schöpfung in Form einfacher historischer Tatsachen dar ... Die Bibel sagt uns, dass es zu gewisser Zeit der Geschichte nur einen Menschen auf der Erde gab – einen Mann mit dem Namen Adam. Diese Aussage steht im ... Widerspruch zur Evolutionslehre, da sich gemäß jener Theorie ganze Populationen entwickelten und keine Einzelwesen."

Aus: Gish,
Fossilien und Evolution, 1982

„Die heute lebenden Organismen gehen auf getrennt erschaffene Grundtypen von Lebewesen zurück. Die erschaffenen Arten waren von Anfang an perfekt organisiert und zu beschränkter Variation innerhalb bestimmter Grenzen befähigt ... Der Schöpfungsakt selber ist naturwissenschaftlich nicht nachvollziehbar."

Aus: R. Junker und S. Scherer
Entstehung und Geschichte
der Lebewesen, 1992

„Mit vollem Recht wird die Evolutionstheorie die bedeutendste Theorie der Biologie genannt. Die Vielfalt der Organismen, die Ähnlichkeiten und Unterschiede einmal zwischen Lebewesen, der Art ihrer Verbreitung, der Verhaltensweisen, der Anpassung und Wechselwirkung, all dies war nur ein verwirrendes Chaos von Fakten, bis es durch die Evolutionstheorie Sinn erhielt. Es gibt kein Gebiet der Biologie, dem sie nicht als Ordnungsprinzip gedient hätte."

Aus: Ernst Mayr,
Artbegriff und Evolution, 1967

Rechte für Menschenaffen?
„Radikale Tierschützer, Zoologen und Verhaltensforscher, angeführt von dem australischen Bioethiker Peter Singer, fordern für die Orangs, Gorillas oder Schimpansen die gleichen Freiheitsrechte wie für Menschen. Einige Biologen sind überzeugt, man müsse den Homo sapiens der Gattung der Schimpansen zurechnen. Gründe, die dafür sprechen: Die Erbinformation von Menschen und Schimpansen unterscheidet sich in weniger als zwei Prozent."

Aus: *Der Spiegel 27/1993*

Überblick

Die dem Menschen am nächsten stehenden Tiere sind die Menschenaffen. Typisch menschliche Merkmale sind der aufrechte Gang, der große Gehirnschädel und das bogenförmige Gebiss.

Die frühesten Funde von Hominiden stammen aus Ostafrika. Die verschiedenen Australopithecus-Arten sind die bisher ältesten aufrecht gehenden Hominiden. Sie zeigen Merkmale, die sie zwischen Mensch und Menschenaffen stellen. Zu den ersten Menschen zählt aufgrund seines großen Gehirnvolumens und seiner Fähigkeit, Werkzeuge herzustellen, Homo habilis. Homo erectus verließ als erster Mensch Afrika. Vor etwa 300 000 Jahren tauchte in Afrika Homo sapiens auf. Aus ihm entwickelte sich der Neandertaler. Der Jetztmensch, Homo sapiens sapiens, verbreitete sich vor etwa 70 000 Jahren von Afrika aus über die gesamte Erde. Es bildeten sich verschiedene Rassen.

Körpergröße und Gehirnvolumen nahmen während der Evolution zu, der Gesichtsschädel wurde flacher. Der Jetztmensch ist der kulturellen Evolution stark unterworfen. Darunter versteht man seine Entwicklung zu einem denkenden, sprechenden und kulturschaffenden Wesen. Die kulturelle Evolution verläuft wesentlich schneller als die biologische. Einerseits verbessert sie die Lebensgrundlagen für den Menschen, andererseits birgt sie auch große Gefahren in sich.

Alles klar?

1   Welche Merkmale haben Mensch und Menschenaffen gemeinsam? In welchen Merkmalen unterscheiden sie sich?

2   Erkläre, wie es zur Entwicklung des aufrechten Ganges kam.

3   Wo stand die „Wiege der Menschheit"? Begründe.

4   Ordne „Lucy" in den Stammbaum der Menschen ein.

5   Der Gebrauch des Feuers veränderte das Leben der Menschen von Grund auf. Erkläre.

6   Das linke Bild zeigt Blattspitzen für einen Speer oder ein Messer aus der Zeit 50 000 v.Chr. Auf dem rechten Bild sind Gegenstände aus dem 6. Jahrhundert n.Chr. dargestellt. Erläutere die wichtigsten Entwicklungsschritte in dem dazwischenliegenden Zeitraum.

7   Vergleiche die biologische und kulturelle Evolution miteinander.

8   Nenne Beispiele dafür, wie der Mensch den Verlauf der biologischen Evolution beeinflusst.

Verhalten

Schimpansen sind mit uns näher verwandt als alle anderen Tiere. Schauen wir ihnen im Zoo zu, werden wir oft zum Lachen gereizt, weil wir ihr Verhalten unwillkürlich mit menschlichem Verhalten gleichsetzen. Dabei vergessen wir, dass Schimpansen aus einem anderen Lebensraum stammen und auf ihn in Körperbau und Verhalten abgestimmt sind. Das Foto links zeigt eine Schimpansin mit ihrem Jungen in Afrika beim Termitenangeln.

Das Termitenangeln. Ein Schimpansenweibchen geht „vierfüßig", gestützt auf die Fingerknöchel, auf einen Termitenbau zu. Ein etwa vierjähriges Schimpansenkind folgt ihr. Die Schimpansin untersucht die Eingangslöcher des Termitenbaus, beschnuppert und beäugt sie. Das Jungtier sitzt neben ihr und kaut auf einem Blatt. Dann sieht sich die Schimpansin um. Sie ergreift einen festen Grashalm und beknabbert beide Enden, bis sie ein langes, gerades Stück zwischen den Fingern hält. Behutsam schiebt sie den Halm in eines der Termitenlöcher und bewegt ihn darin langsam kreisend, zieht ihn etwas heraus und schiebt ihn wieder tiefer hinein. Dann holt sie den Halm vorsichtig wieder heraus. Drei Termiten haben sich darin verbissen. Die Schimpansin schiebt die Unterlippe vor und zieht den Halm mit den Termiten zwischen den Lippen hindurch. Mit offenkundigem Behagen zerkaut sie die Beute und schiebt den Halm anschließend erneut ins Loch.

Wilde Schimpansen. Schimpansen leben in den Urwäldern und Savannen West- und Zentralafrikas. In Gruppen von etwa 50 Tieren ziehen sie von einem Nahrungsplatz zum anderen. Sie ernähren sich von Früchten und Baumknospen, daneben von Insekten und kleinen Säugetieren. Auf Nahrungssuche erklettern sie hohe Bäume und verbringen dort viele Stunden mit Fressen. Auch ihre Schlafnester bauen sie meist auf Bäumen. Dazu ziehen sie biegsame Äste zusammen und verflechten sie miteinander. Das so entstandene Nest polstern sie mit Zweigen und Blättern aus. Jeder baut für sich allein ein Schlafnest. Nur Jungtiere, die noch gesäugt werden, übernachten bei ihrer Mutter.

Der Zusammenhalt zwischen den Schimpansenmüttern und ihren Kindern ist eng. Bis zum Alter von etwa 4 Jahren sind junge Schimpansen ganz auf ihre Mutter angewiesen. Sie werden gesäugt, gestreichelt, überallhin mitgenommen und beim Spielen überwacht.

Wie wilde Schimpansen leben, weiß man erst seit kurzer Zeit, vor allem durch die Arbeiten der englischen Verhaltensforscherin *Jane Goodall*. Von ihr stammt auch die Beobachtung der Termiten angelnden Schimpansin.

Aufgaben

1   Zu den wichtigsten Arbeitstechniken von Verhaltensforschern wie Jane Goodall gehört das genaue Beobachten und Beschreiben. Dabei wird zwischen der Beschreibung und Vermutungen darüber, wozu das Verhalten dient, streng unterschieden. Beschreibe in dieser Weise Körperhaltung und Gesichtsausdruck der Schimpansen auf dem Foto links.

2   Man könnte vermuten, dass der junge Schimpanse durch Zusehen von der Mutter lernt. Wie ließe sich prüfen, ob diese Vermutung zutrifft?

3   Informiere dich über das Leben der Schimpansen in Afrika.

Schimpansenforschung

In den Sechzigerjahren begann die junge Engländerin Jane Goodall frei lebende Schimpansen in Tansania zu beobachten. Sie gewöhnte mehrere Schimpansengruppen an ihre Anwesenheit und lernte die Tiere einzeln kennen. Über alle Beobachtungen an den Schimpansen führte sie sorgfältig Protokoll.

So entstand im Laufe der Zeit ein genaues Bild vom Tagesablauf der Schimpansen und von den Beziehungen innerhalb der Gruppe. Heute gibt es dort, wo Jane Goodall ihre Untersuchungen in Zelt und einfacher Hütte begann, eine eigene Forschungsstation.

Jane Goodall mit einem ihr schon lange bekannten Schimpansen

Was ist Verhalten?

Schon wenn du in den Spiegel schaust, siehst du Verhalten, wie es für Menschen typisch ist: Du kannst lächeln oder gähnen, du wirst vielleicht plötzlich rot, du runzelst die Stirn, hebst die Hand oder wendest den Kopf ab. Was nicht im Spiegel zu sehen ist: Du kannst reden, singen, schreien. All diese einzelnen Abläufe nennt man Verhaltensweisen.

Menschen und Tiere verhalten sich immer. Auch Schlafen und Ruhen sind Verhaltensweisen.

Manche Verhaltensweisen sind beim Menschen und vielen Tierarten ähnlich. Wir können das Gähnen von Tieren als Gähnen erkennen, auch wenn es ein wenig anders aussieht als bei uns. Jede Tierart hat daneben aber auch eigene, unverwechselbare Verhaltensweisen.

Verhaltensweisen können geordnet werden. Ein Mensch oder ein Tier ruht, nimmt Nahrung auf, pflegt seine Haut, läuft davon, kämpft gegen einen Artgenossen und sorgt für seine Nachkommen. Alle Verhaltensweisen lassen sich sechs Bereichen oder Funktionskreisen zuordnen:

— Ruhe, z. B. Schlafen;
— Fortbewegung, z. B. Laufen;
— Körperpflege, z. B. Gähnen;
— Nahrungserwerb, z. B. Zerteilen einer Beute;
— Angriff und Flucht, z. B. Beißen;
— Fortpflanzung, z. B. Füttern der Nachkommen.

Wie funktioniert Verhalten?

Wenn eine Katze eine Maus von weitem erblickt, schleicht sie auf diese zu und versucht sie zu fangen. Die Maus hat auf sie als *Reiz* gewirkt, er ist der *Schlüssel* zur Handlung, der sogenannte *Schlüsselreiz*. Solche Schlüsselreize können von der belebten oder unbelebten Umwelt eines Tieres ausgehen, beispielsweise von Feinden, Beutetieren, von Regen oder Dunkelheit.

Wird die Reaktion allerdings von einem Artgenossen ausgelöst, bezeichnen wir diesen Reiz als *Auslöser*. Taucht beispielsweise eine

1   *Gähnendes Kind*

fremde Katze im Revier auf, kommt es zu einer Auseinandersetzung zwischen den Tieren. Die fremde Katze ist der Auslöser eines Droh- und Aggressionsverhaltens.

Jeder Schlüsselreiz oder Auslöser kann nur bestimmte Verhaltensweisen in Gang setzen. Dafür sorgen *Auslösemechanismen* im Gehirn und in den Sinnesorganen. Man kann sie sich als Filter vorstellen, die für das Tier bedeutsamen Reize, die mit einer Verhaltensweise beantwortet werden müssen, aus den eintreffenden Reizen ausfiltern.

Weder Mensch noch Tier sind jederzeit bereit aggressiv zu sein oder Nahrung aufzunehmen. Sie müssen in der passenden „Stimmung" sein. Diese wird als *Handlungsbereitschaft* bezeichnet. Die Handlungsbereitschaft zur Nahrungsaufnahme nennen wir Appetit. Nur wenn die Handlungsbereitschaft da ist, funktionieren die zugehörigen Auslösemechanismen. Handlungsbereite Lebewesen gehen sogar auf die Suche nach den Auslösern oder Schlüsselreizen, so beispielsweise ein hungriger Mensch auf der Suche nach Kuchen.

2   *Gähnender Fuchs*

Aufgaben

1   Nenne und beschreibe Verhaltensweisen von Tieren, die du gut kennst.

2   Lege eine Liste mit Verhaltensweisen von Menschen und Tieren an und ordne sie den Funktionskreisen zu.

In Kürze

Unter Verhalten versteht man Bewegungen, Körperhaltungen, Lautäußerungen und einige weitere Signale. Man gliedert Verhalten in einzelne Einheiten, die Verhaltensweisen. Sie laufen immer wieder gleich ab. Reize, die ein Verhalten auslösen, heißen Schlüsselreize oder, wenn sie von einem Artgenossen kommen, Auslöser. Ist das Tier oder der Mensch handlungsbereit und wirken die richtigen Reize ein, sorgt ein Auslösemechanismus dafür, dass das zugehörige Verhalten abläuft.

EIN SCHLÜSSEL-REIZ?

NEIN, EIN AUSLÖSER!

Praktikum: Amselbeobachtung

Um Tiere im Freien zu beobachten, sind viel Geduld und Zeit Voraussetzung. Vögel im Garten, in einem Park oder auf dem Schulhof, wie der Haussperling, die Straßentaube und die Amsel, bieten sich für Verhaltensbeobachtungen an. Sie sind meist nur wenig scheu. Ein Verhalten zu beschreiben ist gar nicht so einfach. Versuche es einmal am Beispiel der Amsel. Vielleicht kannst du eine Amsel auch bei verschiedenen Verhaltensweisen fotografieren · oder filmen.

Das vielfältige Verhalten der Amsel
Benötigt werden: Notizblock, Schreibzeug, Fernglas, Bestimmungsbuch, eventuell Fotoapparat oder Videokamera. Beobachtungszeitraum: ab Februar/März bis Sommer.

Nahrungssuche
• Beschreibe, wie sich die Amsel vor und bei der Entdeckung der Beute bewegt. Welche Körperteile sind bei der Nahrungssuche beteiligt? Was frisst sie? Wie fängt sie ihre Beute, wie hält sie sie fest? Wie und wo frisst sie ihre Beute?

Revierverhalten
• Beobachte, welche Amsel das Schulgelände als ihr Revier in Besitz genommen hat.
• Hat das Amselmännchen einen Stammplatz? Zu welcher Tageszeit und wie lange singt es? Beobachte über einen Zeitraum von vier Wochen. Trage das Ergebnis grafisch auf.
• Stelle eine ausgestopfte Eule, die mit einem Tuch bedeckt ist, auf einem Sockel im Freien auf.

Beobachte fünf Minuten. Ziehe dann das Tuch ab und beobachte weitere fünf Minuten. Welche Laute äußern die Amseln? Wo halten sie sich auf? Wohin blicken sie? Wie bewegen sie sich?

Die folgenden Beobachtungen lassen sich nur durchführen, wenn das Nest an einer günstigen Stelle gebaut ist. Gehe sehr vorsichtig vor um die Elterntiere nicht zu vertreiben. Benutze möglichst ein Fernglas.

Nestbau
• Beschreibe, wie beide Elterntiere nach Nistmaterial suchen. Welches Nistmaterial wählen sie? Wo bauen sie das Nest? Wie lange brauchen die Amseln für den Nestbau? Mit welchen Körperteilen wird das Nest gebaut? Wann werden die Eier abgelegt? Wie viel Junge schlüpfen?
• Suche im Herbst ein leeres Nest. Untersuche es. Wie ist das Nistmaterial verarbeitet worden?

Jungenaufzucht
• Notiere, wie oft die Amseln das Nest anfliegen. Beteiligen sich beide Elterntiere gleichmäßig an der Fütterung? Welches Verhalten zeigen die Jungen, wenn die Alten am Nest ankommen? Wie füttern die Alten die Jungen? Mit welcher Nahrung füttern die Elterntiere? Wie lange dauert es, bis die Jungen flügge werden? Wie verhalten sie sich, nachdem sie das Nest verlassen haben?

Tragt in der Klasse eure Aufzeichnungen und Fotos zusammen. Stellt einen Verhaltenskatalog zusammen.

Singen

balzendes Männchen

Brüten

1.

2.

3.

1-3: aufeinander folgende Verhaltensweisen

Kampf

Imponieren

Unterwerfung

Verhalten des Kampffisches

1 *Kampffischmännchen. Intensive Färbung, große Flossen und ein großer Körper gelten als gute Kampfeigenschaften.*

Kampffische stammen aus Südostasien. Dort leben sie in meist flachen, stehenden Gewässern wie sumpfige Teiche oder überflutete Reisfelder. Von den Malayen werden sie seit 1850 für Wettkämpfe gezüchtet und ausgewählt.

Labyrinthfische. Die Kampffische gehören zu den sogenannten *Labyrinthfischen*. Neben der für alle Fische typischen Kiemen- und Hautatmung verfügen sie über ein zusätzliches Atmungsorgan, das Labyrinth, mit dem sie atmosphärische Luft einatmen können. Es besteht aus labyrinthartigen Ausbuchtungen in der Mundhöhle, die mit einer intensiv durchbluteten Haut ausgekleidet sind. Regelmäßig wird von den Fischen Luft an der Wasseroberfläche aufgenommen und so ein Leben in Gewässern mit niedrigem Sauerstoffgehalt ermöglicht.

Nestbau. Bei guten Haltungsbedingungen holen die Fische häufig Luft. In speziellen Zellen der Mundhöhle produzieren die Tiere Schleim, mit dem sie die Luftblasen einschleimen und danach an geeigneten Stellen als Blasen ausstoßen. So entstehen an der Wasseroberfläche *Schaumnester*, in denen sich die Eier entwickeln können.

Kampfbereitschaft. Da die natürlichen Lebensräume der Kampffische besonders außerhalb der Regenzeiten durch Austrocknungen stark eingeengt werden, entstehen häufig sehr *hohe Populationsdichten*. Die dauernde Kampf- und Paarungsbereitschaft der Männchen ist wahrscheinlich eine Verhaltensanpassung an diese Situation. Schon die sich entwickelnden Jungmännchen liefern sich Scheingefechte; mit etwa neun Wochen ist der *Kampfinstinkt* bereits voll ausgereift. Die Männchen sind *Beschädigungskämpfer*, die sich bei ihren Kämpfen gegenseitig oft aber auch die Weibchen umbringen können.

Imponierverhalten. Treffen zwei Kampffischmännchen aufeinander, so lassen sich eine Reihe *typischer Verhaltensweisen* beobachten. Abwechselnd kommt es zum „*Den-Gegner-Ansehen*" und „*Sich-seitwärts-Drehen*". Die Kiemendeckel sind beim frontalen Gegenüberstehen meist aufgerichtet, beim Seitwärtsdrehen schlagen die Tiere mit gespreizten Bauchflossen und dem Schwanz sich gegenseitig Wasser zu. Im Verlaufe des Imponierverhaltens werden die Reaktionen zunächst intensiver. Dabei entspricht sich das

Verhalten der Tiere: Die Aktion des einen Fisches löst als Reaktion das gleiche Verhalten beim anderen Männchen aus. Als auslösende Signale oder *Schlüsselreize* wirken: das *Ausspreizen der Kiemendeckel*, das *Aufrichten der Flossen*, eine *Intensivierung der Färbung*, ein *breitseitiges Nebeneinander-Stehen*, das *frontale Zuwenden, Beißen* in den Körper und die Flossen des Gegners. Die Verhaltensweisen scheinen nach einer Art *Reiz-Reaktions-Kette* abzulaufen. Das Imponieren endet, wenn ein Tier seine Kiemendeckel immer länger aufstellt, ohne dass der Gegner darauf in gleicher Art antwortet. Kann das unterlegene Tier nicht durch Flucht ausweichen und damit die Aggressivität des überlegenen Männchens hemmen, wird es oftmals gebissen und seine Färbung verblasst zunehmend, es wird „unsichtbar".

Attrapenversuche. Sie dienen in der Verhaltensforschung dazu, die auslösenden Reize, *Schlüsselreize*, einer Verhaltensweise herauszufinden. *Attrappen* sind vereinfachte Nachbildungen eines Tieres oder Gegenstandes. Ein zu untersuchendes Merkmal wird dabei kontinuierlich verändert, während alle anderen Merkmale konstant gehalten werden. Form, Umriss und Größe, Farbe, Geruch, Geschmack und Bewegungen können so einzeln analysiert werden.

In Kürze

Kampffische sind von den Malayen auf Kampfeigenschaften gezüchtete Fische.

Treffen zwei Kampffischmännchen aufeinander, kann man typische Verhaltensweisen beobachten, die nach Art einer Reiz-Reaktions-Kette abzulaufen scheinen.

Mit Hilfe von Atrappenversuchen kann man einzelne Verhaltensmerkmale untersuchen und analysieren.

Praktikum: Beobachtungen an Kampffischen

Haltung der Kampffische

Benötigt werden: Kampffischmännchen, ein großes oder mehrere kleine Haltungsbecken, undurchsichtige und durchsichtige Trennwand, Versuchsbecken, Heizregler, Thermometer, Beleuchtung, Fangnetz, Trockenfutter.

Kampffische sind bei uns in vielen Zoohandlungen erhältlich. Für die Versuche sollten sie gleich groß sein. Die Männchen müssen getrennt voneinander gehalten werden: einzeln in klei-

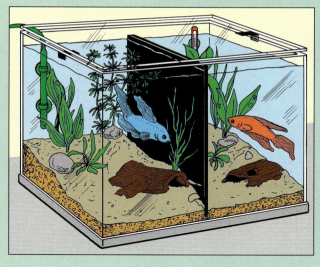

nen Becken oder gemeinsam in einem großen Becken, das durch undurchsichtige Trennwände unterteilt ist. Eine Belüftung ist nicht notwendig, da die Fische an der Wasseroberfläche Luft holen können. Deckt das Becken mit einer Glasscheibe ab.
Das Wasser sollte möglichst klar und sauber sein. Die Wassertemperatur im Haltungs- und Versuchsbecken liegt bei 24 bis 28 °C. Füttert die Fische täglich mit Trockenfutter.

Revierverhalten der Kampffische

Benötigt werden: Kampffischmännchen, Stoppuhr, Notizblock und Schreibzeug, Versuchsbecken, Spiegel.

Durchführung:
• Setzt ein Männchen in das Versuchsbecken, am besten einen Tag vor dem Versuch.
Vorversuch: Beobachtet den Fisch einige Minuten. Achtet auf die Bewegungsweise, die Haltung und Bewegung der Flossen, die Schwimmhöhe und das Luftschnappen. Stellt dann einen Spiegel an die Schmalseite des Beckens. Beobachtet.
• *Versuch 1:* Bildet fünf Gruppen. Jede Gruppe beobachtet eine der folgenden Verhaltensweisen:
A Frontalimponieren: wie oft schwimmt der Fisch näher als 2,5 cm an den Spiegel heran?
B Häufigkeit des Seitwärtsimponierens.
C Häufigkeit des Schwanzschlags.
D Dauer des Flossenspreizens in Sekunden.
E Häufigkeit des Luftschnappens.

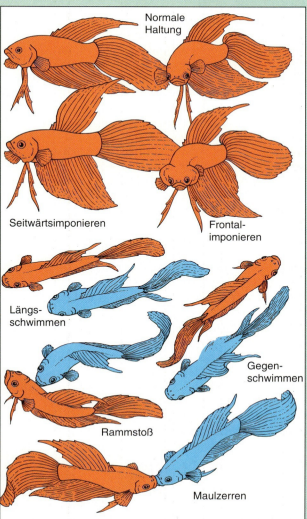

Normale Haltung

Seitwärtsimponieren

Frontalimponieren

Längsschwimmen

Gegenschwimmen

Rammstoß

Maulzerren

Stellt einen Spiegel an die Schmalseite des Beckens. Schreibt auf, wie häufig oder wie lange der Fisch die Verhaltensweisen in der ersten Minute, in der zweiten Minute, in der dritten Minute … ausübt. Achtet auch auf seine Färbung.
Da ihr euch auf das Beobachten konzentrieren müsst, sollte einer von euch laut die Minuten ansagen. Registriert die Verhaltensweisen, bis nach etwa zehn Minuten eine Abnahme der Reaktionen erfolgt ist. Stellt die Werte für jede Verhaltensweise einzeln grafisch dar.
• *Versuch 2:* Unterteilt ein Aquarium mit einer durchsichtigen und gleich dahinter einer undurchsichtigen Trennwand. Setzt in jede Hälfte einen Fisch ein. Teilt euch auf zwei Gruppen auf. Jede Gruppe beobachtet einen Fisch. Entfernt die undurchsichtige Trennwand. Beobachtet beide Tiere wie in dem vorangegangenen Versuch. Stellt ein Protokoll zusammen. Lassen sich Unterschiede im Verhalten der Fische erkennen?

1 *Der junge Kuckuck wirft das Ei des Teichrohrsängers aus dem Nest.*

2 *Kaisermantel auf Blüten des Blutweiderichs*

3 *Wie Glieder einer Kette greifen Reiz und Reaktion ineinander.*

Ein Kuckuck hat ein Ei in das Nest eines Teichrohrsängers gelegt. Sobald der Kuckuck geschlüpft ist, besteht seine erste Handlung darin die Eier des Rohrsängers eines nach dem anderen über den Nestrand zu drücken. Dieses Verhalten kann er vorher weder geübt noch von seinen Eltern abgeschaut haben. Die Eier haben dabei als *Schlüsselreize* gewirkt, er hat sie ohne vorherige Erfahrung als solche erkannt. Man spricht in diesem Fall von *angeborenem Erkennen*. Auch die Bewegung, mit der er die Eier aus dem Nest befördert, beherrscht er von Anfang an. Man nennt es daher *angeborenes Können*.

Werden Reize, Schlüsselreize oder Auslöser angeborenermaßen mit Handlungen verknüpft, dann liegt ein *instinktives Verhalten*, eine *Instinkthandlung* vor.

Instinkthandlung. Der Kaisermantel ist einer der schönsten einheimischen Tagschmetterlinge. Während der Balzzeit kann man das Männchen beobachten, wie es scheinbar ziellos, ohne sich an ein bestimmtes Revier zu halten, umherfliegt. Es legt dabei oft weite Strecken zurück. Begegnet es dabei zufällig einem Lebewesen, das einem Weibchen ähnelt, fliegt es sofort darauf zu. Die Weibchen senden während der Balzzeit einen bestimmten Duft aus. Nimmt das Männchen diesen Duft wahr, so balzt es vor dem Weibchen und versucht sich mit ihm zu paaren.

Dieser angeborene Ablauf des Verhaltens lässt sich in drei Phasen unterteilen:

– Das Männchen fliegt zunächst scheinbar ziellos umher.
  Dieses Umherfliegen ist auf eine hohe Handlungsbereitschaft zurückzuführen, die in der Balzzeit zu einer Bewegungsunruhe führt.
  Diese Phase des ungerichteten Suchens wird als *Appetenzverhalten* bezeichnet.

– Entdeckt das Männchen das gesuchte Objekt, so fliegt es zielgerichtet auf dieses Objekt zu.
  Es findet also eine gerichtete Annäherung, die sogenannte *Orientierungsreaktion*, statt.

– Trifft das Männchen so tatsächlich auf ein Weibchen, zeigt das Männchen diejenige Verhaltensweise, zu der seine Handlungsbereitschaft bestand: Es kommt zum Balzverhalten und möglicherweise zur Paarung.
  Diese dritte Phase der Instinkthandlung wird als *Endhandlung* bezeichnet.

Erbkoordination. Besteht die Endhandlung aus einer fest programmierten Abfolge von Einzelbewegungen und verläuft sie im Gegensatz zur Orientierungsreaktion relativ formstarr, artspezifisch und von Außenreizen unabhängig, nennt man diesen Verhaltensteil oft auch *Erbkoordination*.

In Kürze

Eine typische Instinkthandlung setzt sich aus den drei Phasen Appetenzverhalten, Orientierungsreaktion und Endhandlung zusammen.

In the figure (3):

Weibchen
- Färbung der Flügel, Bewegung
- flattert auf der Stelle, Duftstoff
- fliegt geradlinig weiter
- landet auf einer Blüte

Männchen
- fliegt auf das Weibchen zu
- umfliegt das Weibchen
- folgt dem Weibchen, umfliegt es

Begattung

Handlungsketten

1 Bienenwolf

Brutfürsorge des Bienenwolfs.
Der *Bienenwolf* zählt zu den Grabwespen. Die erwachsenen Tiere ernähren sich von Nektar. Zur Arterhaltung betreiben die Weibchen eine komplizierte *Brutfürsorge*: Sie graben im Sandboden Brutröhren, in die erjagte und gelähmte Bienen eingetragen werden. Auf jeweils drei bis sechs Bienen legt das Weibchen ein Ei ab. Danach verschließt es den Gang wieder mit Sand.

Jagdverhalten. Oft kann man den Bienenwolf dabei beobachten, wie er in scheinbar ziellosen Schleifen dicht

über Blumen kreist. Nimmt er dabei ein bewegtes Objekt wahr, das ungefähr die Größe einer Biene hat, so fliegt er darauf zu und stellt sich leewärts davon in 8 bis 15 cm Entfernung in der Luft auf. Jetzt prüft er den *Geruch*. Kommt die entsprechende Witterung, stürzt er sich auf das Insekt und packt es mit den Beinen. Handelt es sich um eine Biene, wirbelt er sie so lange herum, bis Kopf und Brust ihm zugewandt sind. Nun *sticht* er in die dünne Haut des Brustabschnittes hinter dem ersten Beinpaar der Biene ein. Das Gift lähmt das Tier. Im Flug wird die Beute zur *Brutröhre transportiert* und eingebracht

Handlungskette. Mit der Durchführung einer Verhaltensweise hat sich der Bienenwolf jeweils in eine neue *auslösende Reizsituation* gebracht. Fehlt der entsprechende Reiz, wird das weitere Verhalten nicht mehr gezeigt. Auf die Ausführung einer Verhaltensweise folgt also zeitlich klar geordnet eine nächste, man spricht von einer *Handlungskette*.

Verhalten des Stichlings. Stichlinge leben den größten Teil des Jahres in Schwärmen. Nur im Frühjahr kommt es zu Verhaltensweisen, die

sonst nicht auftreten. Die Männchen *verlassen* den *Schwarm*. Sie sind jetzt intensiv gefärbt: Ihr Bauch ist rot, die Iris ihrer Augen leuchtet blau. Jedes Männchen besetzt nun an flachen, warmen Stellen im Gewässer ein eigenes *Revier* von ungefähr 1 m Durchmesser. Dieses Revier wird gegenüber anderen Stichlingsmännchen verteidigt. Aus feinem Pflanzenmaterial und Schleim baut es in seinem Revier ein *geschlossenes Nest*, in das es mit seinem Körper einen *Tunnel* bohrt.

Balzverhalten. Erscheint ein *laichbereites Stichlingsweibchen* im Revier – das Männchen erkennt es an seinem dicken, silbrigen Bauch – wird eine *Handlungskette* in Gang gesetzt: Dabei wirkt jede Verhaltensweise des einen Partners als Auslöser für die nächste Verhaltensweise des anderen Partners. Läuft die Handlungskette ungestört ab, legt das Weibchen am Ende die Eier im Nest ab und das Männchen besamt sie.

Aufgaben

1 Stelle die Verhaltensweisen beim Jagdverhalten des Bienenwolfes als Handlungsketten dar.

2 Erkläre den Begriff Handlungskette am Beispiel der Stichlingsbalz.

3 Wie könnte man zeigen, dass für jede neue Verhaltensweise auch ein neuer Reiz notwendig ist?

In Kürze

Das Jagdverhalten des Bienenwolfs und die Balz der Stichlinge sind Handlungsketten. Die zeitliche Aufeinanderfolge einzelner Verhaltensweisen ist dabei klar geordnet. Die Tiere bringen sich durch ihr Verhalten jeweils in eine neue auslösende Reizsituation.

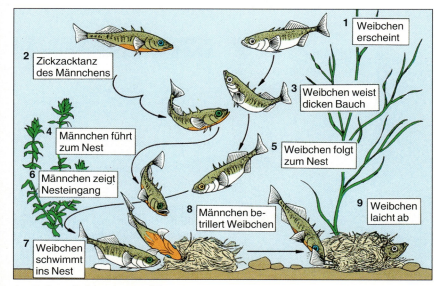

2 Balzverhalten des Stichlings

1 Weibchen erscheint
2 Zickzacktanz des Männchens
3 Weibchen weist dicken Bauch
4 Männchen führt zum Nest
5 Weibchen folgt zum Nest
6 Männchen zeigt Nesteingang
7 Weibchen schwimmt ins Nest
8 Männchen betrillert Weibchen
9 Weibchen laicht ab

Vererbung und Evolution des Verhaltens

Vererbung von Verhalten. Wie neuere Untersuchungen zeigen, ähnlen sich eineiige Zwillinge in vielen Merkmalen ihres Verhaltens auch dann sehr stark, wenn sie unter verschiedenen Umweltbedingungen aufgewachsen sind. Diese Beobachtungen sprechen für die Erblichkeit von Verhaltensmerkmalen.

Zur Feststellung der Erblichkeit dienen in der Genetik unter anderem *Erbganganalysen* und *Kreuzungsexperimente*. Die Ergebnisse solcher Experimente deuten meist auf komplizierte, *polygene Erbmechanismen* hin. So zeigt der Transport von Nistmaterial von zwei Papageienarten deutliche Unterschiede: Agapornis fischeri trägt Nistmaterial einfach im Schnabel zum Nest, Agapornis roseicollis steckt dagegen das Nestbaumaterial unter seine Rückenfedern, wo es von Häckchen festgehalten wird. Kreuzt man die beiden Arten, führen die Nachkommen der ersten Folgegeneration die Unterschiebebewegung durch, lassen aber das Material nicht aus. Die Artbastarde zeigen ebenfalls ein Mischverhalten.

Verhalten und Evolution. Konrad Lorenz verglich die *Balzbewegungen* verschiedener *Entenarten* und entwickelte daraus eine Entwicklungsreihe, die die bekannten Verwandtschaftsverhältnisse untermauerte. Viele Erpel putzen bei der Balz scheinbar ihre Flügel: Der Branderpel bearbeitet beim „Scheinputzen" noch sein gesamtes Gefieder; der Stockerpel hebt die dem Weibchen zugewandte Seite des Flügels deutlich an, während er sie innen putzt; der Knäkerpel putzt nur die Flügelaußenseite, wobei die blauen Schulterfedern sichtbar werden; der Mandarinerpel berührt nur noch seine segelartig hochragende rostrote Armschwinge. Aus der ursprünglichen Säuberungsfunktion hat sich im Verlaufe der Evolution eine reine *Balzbewegung* entwickelt.

Vergleiche des Balzverhaltens von Hühnervögeln zeigen ähnliche Ergebnisse: Ein *Haushahn* lockt Hennen an, ähnlich wie eine Henne ihre Küken. Er scharrt, tritt zurück, pickt unter Lockrufen auf den Boden, hebt etwas auf und lässt es wieder fallen: ein *symbolisches Futterlocken*. Die Henne kommt herbei und sucht vor dem Hahn. Balzende *Glanzfasane* locken ganz ähnlich, spreizen aber zusätzlich ihre Schwanzfedern und neigen sich langsam vor und zurück. Der *Pfauhahn* spreizt die Schwanzfedern, schüttelt sie, tritt zurück, biegt den Schwanz nach vorne und zeigt mit dem Schnabel nach unten. Junge Pfauhähne locken beim Radschlagen sogar noch durch Scharren und richtiges Picken die Hennen an.

Schrittmacher der Evolution. Sind Verhaltensweisen bei der Balz nicht exakt aufeinander abgestimmt, kommt es zu keiner Fortpflanzung mehr. Unterschiede im Verhalten wirken sich als *Kreuzungsbarrieren* aus. Die Veränderungen von Verhaltensweisen werden so zum Schrittmacher für die Evolution.

1 Bei der Balz verschiedener Entenarten tritt häufig das sogenannte „Scheinputzen" auf. Dabei handelt es sich vermutlich um homologe Verhaltensweisen, die auf Verwandtschaft beruhen.

2 Rad schlagender Pfau

Aufgaben

1 Erkläre, wie es zu Kreuzungsbarrieren kommen kann.

In Kürze

Angeborene Verhaltensweisen beruhen meist auf komplizierten, polygenen Erbmechanismen und unterliegen ebenso einer Evolution wie Körpermerkmale. Sie können zum Schrittmacher der Evolution werden, da sehr schnell Kreuzungsbarrierren entstehen.

2466

Angeborenes Verhalten beim Menschen

1 Augengruß eines Huri auf Neu-Guinea

Ein Huri auf Neu-Guinea. Zunächst schaut er uninteressiert. Dann erregt eine Person seine Aufmerksamkeit. Er lächelt und zieht für Sekundenbruchteile die Augenbrauen hoch. So fremd uns Europäern diese Kultur auch ist – den *Augengruß* verstehen wir auch ohne Worte. Ob in Frankreich, auf Bali oder in Afrika – dieses Grußverhalten findet sich bei Menschen *aller Kulturen*. Es ist uns *angeboren*.

Bei Untersuchungen von *Naturvölkern,* die keinen oder nur wenig Kontakt zu anderen Kulturen hatten, ließen sich eine Vielzahl von angeborenen Verhaltensweisen beobachten. Durch die Ähnlichkeit der Ausdrucksbewegungen erkennen wir auf der ganzen Welt zum Beispiel Grüßen, Flirten, Zuneigung, Verachtung, Unterwerfung, Aggression, Drohen oder Imponieren.

Einen weiteren Hinweis auf angeborenes Verhalten liefern Beobachtungen bei *Taubblinden.* Da sie weder sehen noch hören, können sie den Gesichtsausdruck bei verschiedenen Gefühlen nicht durch die Nachahmung anderer Menschen lernen. Sie lachen, weinen, schmollen und zürnen jedoch auf die gleiche Weise wie alle Menschen.

Auch durch den *Vergleich mit Tieren* lässt sich ererbtes Verhalten beim Menschen untersuchen. Bei Schimpansen gibt es einen Gesichtsausdruck, der Angstgrinsen genannt wird. Er ähnelt unserem Lächeln.

Beide Ausdrucksformen werden von homologen Muskeln hervorgebracht. Das Lächeln des Menschen und das Angstgrinsen des Schimpansen dienen in erster Linie der Besänftigung und Beruhigung des Gegenübers. Dies alles spricht dafür, dass diese Verhaltensweise bereits bei den gemeinsamen Vorfahren von Mensch und Schimpanse vorhanden war, also schon sehr früh in der Evolution.

Beim Menschen hat das Lächeln weitere Funktionen übernommen: Lächeln kann freundlich, schüchtern oder grausam sein. Manchmal lächelt man auch, wenn man allein ist und an etwas Schönes denkt. Ein Lächeln kann aber auch einen anderen täuschen.

Aufgaben

1 Stummfilme und Pantomimen versteht man auch ohne Worte. Erkläre.

2 Wie stellt man fest, ob Verhaltensweisen beim Menschen angeboren sind? Erläutere und bewerte die verschiedenen Untersuchungsmethoden.

In Kürze

Das menschliche Verhalten weist viele angeborene Anteile auf, zum Beispiel Mimik und Gestik. Durch Untersuchungen bei anderen Kulturen, Naturvölkern und Taubblinden und durch den Vergleich mit Tieren lässt sich angeborenes Verhalten erkennen.

2 Taubblindes Mädchen

3 Angstgrinsen beim Schimpansen

1 Saugreflex des Säuglings

2 Handgreifreflex beim Säugling

Reflexe bei menschlichen Säuglingen

Suchreflex. Streicht man einem Säugling mit dem Finger um die Mundwinkel, führt er Pendelbewegungen des Kopfes aus. Er sucht damit die vermeintliche Brustwarze.

Lippenreflex. Berührt man mit dem Finger die Lippen eines Säuglings, so öffnet er den Mund und „schürzt" die Lippen wie zum Saugen.

Saugreflex. Berührt man das Munddach eines Säuglings, löst diese Berührung eine rhythmische Pump-Saug-Bewegung aus.

Gehreflex. Wird der Fußrücken eines Säuglings leicht berührt, streckt sich das Bein und der Geh- oder Schreitreflex ist aktiviert: Der Säugling führt Gehbewegungen aus. Der Reflex verliert sich während der ersten Monate.

Stützreflex. Stellt man einen Säugling durch Hochhalten auf die Füße, gerade so, dass die Fußsohlen noch belastet werden, strecken sich die Beine und der ganze Körper strafft sich.

Handgreifreflex. Berührt man die Handballen von Säuglingen leicht mit dem Finger, löst dieser Reiz eine Greifreaktion aus.

Fussgreifreflex. Berührt man die Fußballen von Säuglingen leicht mit dem Finger, kommt es zur Einwärtskrümmung der Zehen.

Augenschlussreflex. Klatscht man laut in die Hände, schließt der Säugling reflektorisch die Augen.

Moro-Reflex. Neigt man einen Säugling oder seinen Kopf schnell hintenüber, reagiert der Säugling durch ausbreiten der Arme, Spreizen der Finger und Strecken der Beine.

Saugverhalten. Ein Säugling wacht auf, seine letzte Nahrungsaufnahme liegt mehrere Stunden zurück. Sofort beginnt er zu schreien und den Kopf hin- und herzudrehen. Die Mutter nimmt den Säugling auf und legt ihn an die Brust. Durch die Pendelbewegungen des Kopfes, die er nach wie vor ausführt, berührt er mit der Außenseite der Lippen die Brustwarze. Sein Suchverhalten war erfolgreich. Sofort öffnet er den Mund und umschließt die Brustwarze fest mit den Lippen. Er führt nun rhythmische Pump-Saug-Bewegungen mit den Wangen aus und schluckt. Nach einiger Zeit lässt er die Brust los, sein Kopf sinkt zur Seite. Deutlich lassen sich die Elemente einer Instinkthandlung feststellen:

– Der Säugling hat eine hohe *Handlungsbereitschaft* zur Nahrungsaufnahme.

– Durch Schreien macht er die Mutter auf sich aufmerksam.

– Das Hin- und Herdrehen des Kopfes erhöht die Wahrscheinlichkeit, den Auslöser zu finden; beide wirken als *Appetenzverhalten*.

– Von der Mutter in die Arme genommen, kommt es zur gerichteten Annäherung, der *Orientierungsreaktion*.

– Ist die Brustwarze als Auslöser gefunden, wird durch den Auslösemechanismus die relativ formstarre Endhandlung in Gang gesetzt, eine *Erbkoordination*.

Danach ist die Handlungsbereitschaft abgesenkt, der Kopf des Säuglings sinkt zur Seite.

Nähert sich dem Auge rasch ein Gegenstand oder Luftstrom kommt es zum *reflektorischen Schließen* der Augenlider, dem *Lidschlussreflex*. Er ist eine Schutzreaktion und zählt zur einfachsten Form einer *Reizbeantwortung*. Reflexe sind angeboren, sie laufen relativ starr ab und sind jederzeit auslösbar. Als *Schutzreaktionen* sollen sie den Körper vor Schaden bewahren. Rückzieh-, Schluck-, Nies-, Husten-, Brechreflex sind Beispiele hierfür.

An *Neugeborenen* lassen sich Reflexe beobachten, die im Laufe der Entwicklung wieder verschwinden. Teilweise sichern sie das *Überleben* des Säuglings, teilweise deuten sie auf die *Entwicklungsgeschichte* des Menschen hin. Sie machen deutlich, dass die menschlichen Säuglinge einst echte Traglinge waren.

In Kürze

Reflexe sind relativ einfache, starr ablaufende, angeborene Reaktionen. Das Saugverhalten des menschlichen Säuglings stellt ein Instinktverhalten dar.

2467

Mutter und Kind

1 Kind mit Kindchenschema

2 Übernormales Kindchenschema

„Ach, wie niedlich!" Ein häufiger Ausruf beim Anblick eines Säuglings. Man hat den Wunsch das Kind zu liebkosen und zu beschützen. Verschiedene Merkmale des Kindes rufen diese Art von Brutpflegeverhalten hervor: ein, im Verhältnis zum Rumpf, großer Kopf, eine hohe Stirn, große Augen, kurze dicke Extremitäten, rundliche Körperformen, runde Pausbacken, eine weiche, elastisch erscheinende Haut, meist tollpatschige Bewegungen. Diese Merkmalskombination wird als Kindchenschema bezeichnet. Auch einzelne Merkmale lösen eine Reaktion aus, nach dem Prinzip der Reizsummierung wirken sie zusammen aber stärker. Diese Reize des Kindchenschemas wirken auf Menschen aller Kulturen gleichermaßen, die

Reaktion ist angeboren. Auch die Jungen vieler Säugetiere weisen ähnliche Reize auf, die erwachsenen Tiere reagieren ebenfalls mit Brutpflegeverhalten. Auf das Kindchenschema sprechen wir noch stärker an, wenn die Merkmale übertrieben werden. Comicfiguren, Plüschtiere und Puppen weisen solche übernormalen Merkmale auf. Gerade mit ihnen wird in der Werbung häufig gearbeitet. Sie sollen bei den möglichen Käufern angenehme Gefühle hervorrufen, die er mit dem Produkt verbindet und es deshalb erwirbt.

Harlow-Versuche. H.F. Harlow untersuchte, gemeinsam mit seiner Frau in den Jahren 1958–1966 die Bedeutung der Mutter-Kind-Bindung. Da Isolationsexperimente am Menschen aus ethisch-moralischen

Gründen ausscheiden, nutzte er bei seinen Untersuchungen den Tier-Mensch-Vergleich. Seine Experimente mit Rhesusaffen haben traurige Berühmtheit erlangt: Isoliert aufgezogene Rhesusaffen-Jungen hatten die Möglichkeit, zwischen einer „weichen", mit kuscheligem Stoff überzogenen Mutter-Attrappe und einer Draht-Attrappen-Mutter zu wählen. Selbst wenn sie ausschließlich bei der Draht-Mutter Nahrung bekamen, bevorzugten die Jungen eindeutig die Stoff-Mutter – oft hielten sie sich beim Trinken zusätzlich an ihr fest. Das Kontaktbedürfnis der jungen Rhesusaffen dominierte eindeutig über das Nahrungsbedürfnis. Im Laufe der weiteren Entwicklung stellten sich bei diesen Versuchstieren schwere *Entwicklungsschäden* ein: allgemeine Unruhe, stereotype Bewegungsabfolgen, hohe Aggressionsbereitschaft, Teilnahmslosigkeit. Viele der Tiere waren später *paarungsunfähig*, Weibchen waren nicht in der Lage ihre Jungen zu versorgen, die Lernleistungen waren deutlich gestört.

Mutter-Kind-Bindung. Fehlen in frühen Entwicklungsphasen die *sozialen Reize* einer normalen Mutter-Kind-Bindung, führt dies unweigerlich zu *Entwicklungsstörungen* und *Verhaltensanormalitäten*, die dauerhaft und irreversibel sind: Die Schäden sind umso schwerer, je länger die Trennung andauert und je früher sie vollzogen wird.

3 Rhesusäffchen der Harlows bei der Stoffmutter

4 Verhaltensgestörte Rhesusäffchen der Harlows

Aufgaben

1 Regelmäßiges Bewegen von Säuglingen kann Unruhe und Weinen vermindern. Kannst du das erklären?

2 Geht man davon aus, dass der Säugling ein Tragling ist, welche Konsequenzen könnte man für die Säuglingspflege daraus ableiten?

3 Welche Folgerungen lassen sich aus den Versuchen der Harlows ziehen?

Angeboren oder erlernt

Kaspar-Hauser-Versuche. Tiere, die im Versuch ohne Kontakt zu Artgenossen aufwachsen, nennt man *Kaspar-Hauser-Tiere*, die Versuche *Kaspar-Hauser-Versuche*. Versuche unter solchen Isolationsbedingungen dienen in der Verhaltensforschung dazu, herauszufinden, welche Verhaltensanteile den Tieren *angeboren* sind und welche *erlernt* sind. Versuche, bei denen Tiere unter völliger Isolation heranwachsen, führen zu *schweren Entwicklungsstörungen*. Ihr Verhalten ist dann nicht mehr vergleichbar mit dem Verhalten normal aufgewachsener Artgenossen. Deshalb werden heute Tiere nur teilweise oder für kurze Zeiträume unter Erfahrungsentzug aufgezogen.

Caspar Hauser

1828 wurde in der Nähe von Nürnberg ein junger Mann gefunden, der sich nur unkoordiniert bewegen konnte und unverständliche Laute von sich gab. Er war in einem dunklen Verlies nahezu ohne menschliche Kontakte aufgewachsen. Er nannte sich selbst Caspar Hauser. Fünf Jahre nach seinem Auftauchen starb er am 17.12.1833 an einer Stichwunde durch einen Unbekannten. Kein Wunder also, dass er zu einer Legende wurde. Vielfach nimmt man an, dass sein ungewöhnliches Aufwachsen und seine Ermordung mit Erbfolgestreitigkeiten zu tun hatten und er möglicherweise ein Urenkel des Großherzogs Karl Friedrich von Baden gewesen sein könnte.

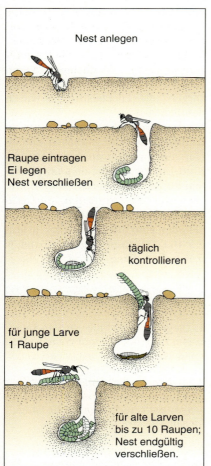

Nest anlegen

**Raupe eintragen
Ei legen
Nest verschließen**

**täglich
kontrollieren**

**für junge Larve
1 Raupe**

**für alte Larven
bis zu 10 Raupen;
Nest endgültig
verschließen.**

2   *Brutfürsorge der Sandwespe*

Angeborenes und erlerntes Verhalten bei der Sandwespe. Die *Sandwespe Ammophila* gräbt in lichten Kiefernwäldern eine *Brutröhre* in den Sandboden und merkt sich den Ort. Dann erbeutet sie eine *Raupe*. Mit Stichen in das Nervensystem wird sie gelähmt und in die Brutröhre transportiert. Dort legt die Sandwespe ein *Ei* an die Raupe und verschließt den Eingang. Aus dem Ei entwickelt sich eine Larve. An den folgenden Tagen kontrolliert die Wespe jeden Morgen den Entwicklungsstand ihrer Larve und den Futtervorrat. Ist Futter erforderlich, trägt sie weitere Raupen ein. Nach 5 bis 6 Tagen ist die Larve so groß, dass die Sandwespe ihr nochmals bis zu 10 Raupen einträgt. Danach verschließt sie die Brutröhre endgültig. Sobald der letzte Raupenvorrat verzehrt ist, spinnt sich die Larve in der Brutkammer in einen Kokon ein und verpuppt sich. Im kommenden Sommer schlüpft daraus die Sandwespe. Ähnlich wie bei der Brutfürsorge der Sandwespe wirken bei den meisten Verhaltensweisen *angeborene* und *erlernte* Anteile zusammen. Man spricht in solchen Fällen deshalb von einer *Instinkt-Dressur-Verschränkung*.

Aufgaben

1   Benenne die angeborenen und erlernten Anteile im Brutfürsorgeverhalten der Sandwespe Ammophila mit Hilfe der nebenstehenden Grafik.

2   Wie könnte man prüfen, dass der Eintrag von neuen Raupen tatsächlich vom Zustand der Larven abhängig ist?

3   Wozu dienen in der Verhaltensforschung Kaspar-Hauser-Versuche? Welchen Einschränkungen unterliegen sie?

4   Führe Gründe an, weshalb Tiere, die unter vollständiger Isolation aufwachsen, schwerste Verhaltensstörungen zeigen.

In Kürze

Kaspar-Hauser-Versuche sind Versuche unter Erfahrungsentzug. Sie dienen dazu, herauszufinden, welche Verhaltensanteile angeboren sind. Bei den meisten Verhaltensweisen wirken angeborene und erlernte Anteile in Form von Dressur-Instinkt-Verschränkungen zusammen.

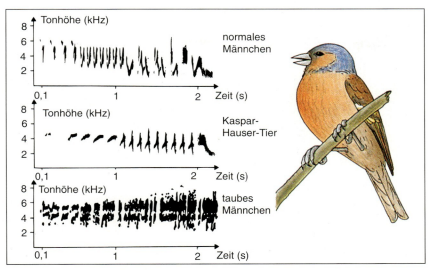

1 *Sonagramme von Buchfinkengesängen. Sonagramme sind Aufzeichnungen von Tönen, Klängen und Geräuschen mit dem Sonagraphen.*

Reifung. Beobachtet man Tauben bei ihren ersten Flugversuchen, könnte man meinen, sie müssten das Fliegen erst lernen. Zieht man eine Gruppe von Tauben normal auf und hält eine andere Gruppe in so engen Käfigen, dass sie die Flügel nicht öffnen können, zeigen beide Gruppen nach etwa acht Wochen das gleiche Flugvermögen, sobald man sie erstmals ins Freie lässt. Fliegenkönnen ist also den Tieren angeboren; die Flügelmuskulatur bedarf aber einer Entwicklungszeit, sie muss reifen. Man spricht von *Reifung*.

Lernen durch Erfahrung. Der Vogelgesang ist für die meisten Arten ebenso charakteristisch wie ihr Federkleid. Vergleicht man den Gesang verschieden großgezogener Buchfinken, stellt man jedoch fest: Freilandtiere zeigen ein sehr vielgestaltiges Gesangssonagramm; wachsen mehrere Männchen in der Gruppe ohne Elterntiere auf, ist ihr Gesang schon viel einfacher; der Gesang eines in völliger Schallisolation aufgewachsenen Tieres, eines Kaspar-Hauser-Tieres, weist ein noch einfacheres Sonagramm auf. Angeboren

ist den Buchfinken also das Singen überhaupt, die ungefähre Strophenlänge und Aufteilung in Elemente. Alles andere müssen sie erst durch Erfahrung lernen. Es ist ein durch *Erfahrung ergänztes*, angeborenes Verhalten.

Bildung bedingter Reaktionen. Kennt eine Erdkröte noch keine Mehlwürmer, so löst der Geruch eines Mehlwurms auf einem Wattebausch keine Fangreaktion aus. Hat die Erdkröte aber bereits mehrfach Erfahrungen mit Mehlwürmern als geeignete Nahrungsobjekte gemacht, reagiert sie auch auf den dargebotenen Mehlwurmgeruch mit einer Fangreaktion.

Ein sich bewegender Mehlwurm führt stets zu einer Fangreaktion, er ist ein *angeborener unbedingter Reiz*, im Sinne von „*muss nicht erlernt werden*". Ein unbekannter Geruch führt dagegen zu keiner Reaktion, er wirkt als *neutraler Reiz*. Macht eine Erdkröte mehrfach die gleichzeitige Erfahrung von Mehlwurm und typischem Geruch, wird der Mehlwurmgeruch selbst zu einem *bedingten Reiz*, der Zusammenhang wurde gelernt. Reagiert das Tier nun auch allein auf den erlernten bedingten Reiz, liegt eine bedingte Reaktion vor. Diese als klassische Konditionierung oder Bildung bedingter Reaktionen bezeichnete Lernform wurde von dem russischen Forscher und Nobelpreisträger Iwan P. Pawlow (1849–1936) entdeckt und erstmals intensiv untersucht.

Aufgaben

1 Die Grafik links zeigt die klassische Versuchsanordnung von Pawlow. Einem Hund wird Fleisch geboten, während gleichzeitig eine Glocke ertönt. Der gebildete Speichel wird aufgefangen und gemessen. Beschreibe den Versuch und die Versuchsergebnisse.

Glocke

Futter

Speichel

Versuche 1-9   10   11-19   20   21-29   30

2 *Mit diesem Versuch entdeckte Pawlow den bedingten Reflex.*

Gewöhnung. Die Küken vieler Hühnerarten zeigen ein Alarmverhalten: Sie ducken sich in die Nestmulde, wenn Flugbildsilhouetten von Raubvögeln über ihnen fliegen. Flugbilder von „harmlosen" Vögeln werden dagegen nicht beachtet, die Küken zeigen darauf keine besondere Reaktion. 1961 entdeckte W. M. Schleidt bei einem Versuch an Kaspar-Hauser-Truthühnern, dass die frisch geschlüpften Küken sich zunächst bei jeder Attrappenform ängstlich ins Nest ducken, auch bei einem fallenden Blatt. Im Laufe der Entwicklung ließen allmählich die Fluchtreaktionen auf diejenigen Attrappen nach, die häufiger als andere gezeigt wurden. Die Küken wurden mit diesen Objekten vertraut, sie hatten sich an diese Objekte *gewöhnt*. Durch die Lernform der *Gewöhnung* werden unnötige Reaktionen vermieden, die Lebewesen lernen, zwischen bedeutungsvollen und bedeutungslosen Reizen zu unterscheiden.

Lernen am Erfolg. E. L. Thorndike schloss hungrige Katzen in Lattenkäfige ein und stellte außerhalb gut sichtbar Futter auf. Die meisten Katzen versuchten durch die Holzstäbe hindurch an das Futter zu kommen. Sie kratzten zunächst planlos an allen Gegenständen im Käfig. Die Käfigtür war so konstruiert, dass sie aufging, sobald die Tiere an einer bestimmten Schnur zogen oder einen Hebel niederdrückten. Irgendwann

häufig gezeigte Attrappen

1 *Küken von Truthühnern ducken sich zunächst bei jeder Attrappenform ängstlich ins Nest, dann gewöhnen sie sich an häufig gezeigte Attrappen.*

löste die Katze beim Kratzen zufällig diesen Mechanismus aus. Bei aufeinander folgenden Versuchen lösten die Katzen immer schneller und gezielter den Öffnungsmechanismus aus. Die Katzen hatten über *Versuch und Irrtum am Erfolg* gelernt.

Thorndike schloss aus seinen Versuchen, dass Aktionen, die kurz vor einem angenehmen Zustand auftreten, häufiger gezeigt werden. Wird die erfolgreiche Verhaltensweise belohnt, verstärkt, spricht man vom *Lernen durch bedingte Aktionen*. Hunger und Durst oder das Fehlen von sozialen oder sexuellen Kontakten werden von Tieren als Mangel empfunden. Verhaltensweisen, die diesen Zustand beseitigen, wirken positiv verstärkend und werden als bedingte Aktionen gelernt.

Bedingte Hemmung. Erwartet Ratten, die ihrem angeborenen Verhalten entsprechend ins Dunkle fliehen, dort ein elektrischer Schlag, lernen diese Tiere sehr schnell, das Dunkle zu meiden. Ihr Verhalten hat zu einer unangenehmen Erfahrung geführt, es hat eine *negative Verstärkung* stattgefunden, es entstand eine *bedingte Hemmung*. Schmerz und Schreck lassen sich als negative Verstärker einsetzen. Sie wirken als

Strafen. Bestrafung sollte allerdings nicht mit negativer Verstärkung gleichgesetzt werden: Meist zeigt die Bestrafung nicht, was getan werden soll, sondern nur, was zu lassen ist und löst in vielen Fällen zusätzlich Ängste aus, die das Lernen intensiv stören.

1   Wie würdest du vorgehen, wenn du einem Hund das „Pfötchengeben" beibringen wolltest?

2   Warum soll man einen Hund, der weggelaufen war, bei seiner Rückkehr nicht bestrafen? Was müsste man stattdessen tun?

In Kürze

Unter Gewöhnung versteht man, dass ein Lebewesen gelernt hat, auf einen Reiz nicht mehr zu reagieren.
Folgt auf eine Verhaltensweise eine positive Erfahrung, so wird dieses Verhalten in der Folgezeit häufiger gezeigt.

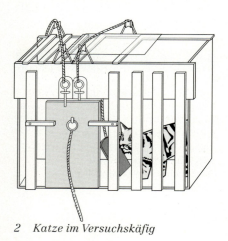

2   *Katze im Versuchskäfig*

2471

Lernen

Nachahmung. Seit 1948 werden von japanischen Forschern die *Rotgesichtsmakaken* sehr intensiv untersucht. Normalerweise leben die Tiere in kleinen Gruppen mit einer ausgeprägten Rangordnung. Um sich die Beobachtung zu erleichtern und die Affen am Beobachtungsort zu halten, werden sie mit Süßkartoffeln gefüttert. 1953 wurde nun erstmals beobachtet, wie das $1\frac{1}{2}$-jährige Weibchen Imo eine Süßkartoffel im Bach wusch und danach verzehrte. Den Waschvorgang, bei dem das anhaftende Erdreich sorgfältig abgespült wurde, wiederholte Imo in der Folgezeit regelmäßig. Es dauerte fast 4 Monate, bis dieses Verhalten von Imos Mutter und einem Spielgefährten übernommen wurde. 1957 wuschen bereits 15 Affen und 1962 wuschen 42 von den 59 Tieren der Beobachtungsgruppe ihre Süßkartoffel vor dem Verzehr. Nur die ranghohen erwachsenen Männchen übernahmen das Verhalten nicht. Allerdings taten es die folgenden Generationen. Das durch *Nachahmung* erlernte Verhalten ist zu einer Tradition geworden. Eine ähnliche *Traditionsbildung* wurde bei Gruppen von Makaken der nördlichen japanischen Inselgruppe beobachtet: Einzelne junge Tiere „erfanden" das Baden in den warmen Quellen. Auch hier fand anschließend die Nachahmung vor allem durch rangniedere Tiere statt. Das Lernen durch Nachahmung ist abhängig vom Zuschauen und Abgucken, es ist also an die jeweilige Situation gebunden. Nur in dieser Situation werden Informationen weitergegeben.

Einsichtiges Verhalten. 1920 machte W. Köhler in der Schimpansenstation auf Teneriffa folgende Beobachtung: Eine Banane war von ihm so hoch an der Decke eines Schimpansenkäfigs aufgehängt worden, dass der Schimpanse sie nicht erreichen konnte. Der Schimpanse saß da und betrachtete die Situation. Im Käfig lagen auch mehrere Holzkisten herum. Plötzlich sprang

1 Badende Rotgesichtmakaken

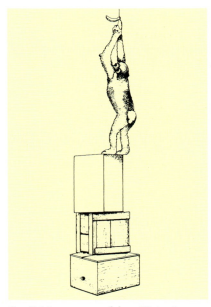

2 Schimpanse auf dem Kistenturm

3 Blätter dienen als Schwamm

das Tier auf und schob drei Kisten an die Stelle, über der die Banane hing. Vorsichtig stapelte es die Kisten übereinander und kletterte hoch, um sich die Banane zu holen.

Köhler konnte in anderen Versuchen auch beobachten, dass Schimpansen Stöcke ineinander steckten oder unterschiedliche Methoden kombinierten. Die Tiere fanden die Lösung auf Anhieb, sie benötigten keine Einübung und kein Vorbild. Köhler nannte dieses Verhalten, das zielgerichtet und neu kombiniert auftrat, *einsichtiges Handeln*. Auch bei frei lebenden Schimpansen konnte einsichtiges Handeln beobachtet werden, wie man an dem Foto unten gut erkennen kann: Um an Wasser in einem Astloch zu gelangen, hat der Schimpanse Blätter zusammengeballt und benutzt sie wie einen Schwamm.

Einsichtiges Verhalten findet man auch bei anderen Säugetieren und bei manchen Vögeln und selbstverständlich beim Menschen.

Neugier, Spiel und Prägung

Neugier. Löwenjungen, die fernab vom Rudel zur Welt gebracht wurden, verhalten sich ganz ruhig, solange die Löwin abwesend ist. Kommt sie zurück, werden die Jungen gesäugt. Sobald die Jungen satt sind, laufen sie in der näheren Umgebung herum und untersuchen alles, was ihnen begegnet. Ältere Junge üben spielend in allen Phasen des Jagdverhaltens: Anschleichen, Anspringen, Beißen. Durch *Erkunden*, *Neugierde* und *Spielen* sammeln lernbereite Lebewesen Erfahrungen, die sie später zur gezielten Auseinandersetzung mit ihrer Umwelt nutzen können.

Stets erfolgt das *Erkundungs-* und *Neugierverhalten* auf artgemäße Art: Junge Affen berühren Neues bevorzugt mit den Händen und führen es an den Mund, Eichhörnchen benagen, Hunde beschnuppern Gegenstände. Besonders gut können diese Erfahrungen in einem sogenannten entspannten Feld gesammelt werden: unter der Obhut der Eltern oder der sozialen Gruppe, immer dann, wenn keine besonderen Bedürfnisse anderer Art vorliegen.

Spiel. Dachse schlagen Purzelbäume, Robben werfen Steine in die Luft und versuchen sie wieder aufzufangen, Seelöwen schlittern auf glatten Flächen. Nahezu in allen Verhaltensbereichen finden sich *Spielformen*:

1 Spielende Löwenjunge

2 Spielende Kinder

Kampf- und Fluchtspiele, Beute- und Nahrungserwerbsspiele, Fortpflanzungs- und Brutpflegespiele. Spiele sind kreativ und experimentell, in ihnen werden die Sinne geschärft, die Muskeln trainiert, das Sozialverhalten eingeübt. Das Spiel ist für die normale Entwicklung absolut notwendig, verhindert man es, kommt es besonders im Bereich des Sozialverhaltens zu starken Verhaltensabnormitäten.

Prägung. Die Küken von Enten, Gänsen und Hühnern folgen ihrer Mutter überall hin. Um sich das Aussehen ihrer Mutter einzuprägen, brauchen die Küken oft nur wenige Minuten. Es geschieht durch einen besonderen Lernvorgang, die *Prägung*. Prägung ist meist irreversibel und muss innerhalb der sogenannten sensiblen Phase in der frühen Jugend ablaufen. Verstreicht sie ungenutzt, kommt es häufig zu Entwicklungs- und Verhaltensstörungen.

In Kürze

Neugier und Spiel sind vor allem bei Säugetieren und Vögeln in der Jugendphase ein wesentlicher Teil des Lernens.

Prägung ist eine Lernform, die nur in einer sensiblen Phase möglich ist und sehr schnell und irreversibel abläuft.

3 Die Stockentenküken folgen ihrer Mutter.

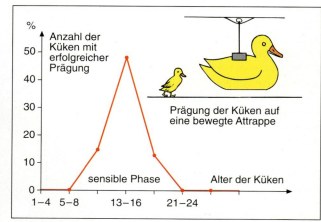

4 Im Versuch wurden verschieden alte Entenküken auf eine bewegte Attrappe geprägt. Was fand man heraus?

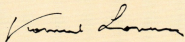

Konrad Lorenz wurde 1903 in Wien geboren. Als kleiner Junge war er von Selma Lagerlöfs Buch „Wunderbare Reise des kleinen Nils Holgersson mit den Wildgänsen" so begeistert, dass er selbst ein Wasservogel werden wollte. Da das nun einmal nicht ging, erhielt er zum Trost ein frisch geschlüpftes Entenküken. Das Küken prägte sich sofort auf ihn und betrachtete ihn fortan als seine Mutter. Lorenz' Interesse an Wasservögeln und am Vorgang der Prägung erlosch bis an sein Lebensende nicht mehr.

In Wien studierte Lorenz Medizin, Zoologie, Philosophie und Psychologie. Lange Jahre leitete er das Max-Planck-Institut für Verhaltensphysiologie in Seewiesen bei Starnberg. Als Begründer der modernen Verhaltensforschung erhielt er zusammen mit Nikolaas Tinbergen und Karl von Frisch 1973 den Nobelpreis für Physiologie und Medizin.

Lorenz untersuchte vor allem das Verhalten von Enten, Gänsen und Dohlen. Er zog viele von ihnen von Hand auf und hielt sie frei fliegend unter nahezu natürlichen Bedingungen. Die meisten Forscher vor ihm hatten sich dagegen nur für das Verhalten einzelner Tiere unter Laborbedingungen interessiert.
K. Lorenz starb am 27.02.1989.

Das Gänsekind Martina

„Meine erste kleine Graugans war also auf der Welt ... Den Kopf schief gestellt, sah sie mit großem, dunklem Auge zu mir empor ... Lange, sehr lange sah mich nun das Gänsekind an. Und als ich eine Bewegung machte und ein kurzes Wort sprach, löste sich mit einem Male die gespannte Aufmerksamkeit und die winzige Gans grüßte: Mit weit vorgestrecktem Hals und durchgedrücktem Nacken sagte sie sehr schnell und vielsilbig den graugänsischen Stimmfühlungslaut, der beim kleinen Küken wie ein feines, eifriges Wispern klingt ... Ich wollte nämlich die von der Truthenne ausgebrüteten Gänseküken nach dem Schlüpfen der erwähnten Hausgans anvertrauen ... Ich steckte mein Gänsekind tief unter den weichen warmen Bauch der Alten ... Doch anstatt sich daraufhin zu beruhigen, wie jedes vernünftige Gänsekind getan hätte, kam meines rasch unter dem wärmenden Gefieder hervorgekrochen, sah mit einem Auge empor, der Pflegemutter ins Gesicht – und lief laut weinend von ihr weg ... Hoch aufgerichtet, ununterbrochen laut pfeifend stand das arme Kind auf halbem Wege zwischen der Gans und mir. Da machte ich eine kleine Bewegung – und schon war das Weinen gestillt und das Kind kam, mit lang vorgestrecktem Halse, eifrigst grüßend auf mich zu ..."

1   Konrad Lorenz mit auf ihn geprägten Gänsen

Der Bericht über das Gänsekind Martina stammt aus dem Buch „Er redete mit dem Vieh, den Vögeln und den Fischen" von Konrad Lorenz.

Aufgaben

1   Lies den Bericht oben genau. Was hat das Gänsekind gelernt?

2   Wie ist Lorenz wohl in Zukunft vorgegangen, wenn er Küken von einer Pflegemutter aufziehen lassen wollte?

Lernen beim Menschen

1   *Lernen durch Nachahmung*

2   *Lernen fällt manchmal schwer.*

Lernformen. Menschen können ein Leben lang lernen. Voraussetzung hierfür ist eine angeborene Eigenschaft: Menschen sind auch als Erwachsene *neugierig*. Ihr hoch entwickeltes Großhirn kann sehr viel Wissen und Erfahrungen abspeichern. So können sie sich in kurzer Zeit an neue Umweltbedingungen anpassen. Menschen lernen auf verschiedene Weise:

Bei vielen Menschen beschleunigt sich der Herzschlag und steigt der Blutdruck, wenn sie das Surren eines Bohrers beim Zahnarzt nur hören. Man spricht von der *Bildung einer bedingten Reaktion*.

In einem Haus an einer Bahnlinie wacht man anfangs bei jedem Nachtzug auf. In kurzer Zeit hat man sich jedoch an die Züge *gewöhnt* und schläft weiter.

Viele Kleinkinder lernen die Bedeutung des Begriffes „heiß" erst, wenn sie zum Beispiel mit einer Flamme, einer heißen Herdplatte oder einem Bügeleisen in Berührung gekommen sind. Dann verbinden sie „heiß" mit Schmerz. Sie haben in diesem Fall *am Misserfolg gelernt*.

Vor allem bei Kleinkindern kann man gut beobachten, wie sie Meinungen oder Verhaltensweisen der Eltern *nachahmen*.

Säuglinge lernen etwa bis zum siebten Lebensmonat, das Gesicht ihrer Bezugspersonen von anderen Gesichtern zu unterscheiden. Dieser Vorgang ähnelt der *Prägung* bei Tieren. Dann lehnen sie einige Zeit fremde Gesichter ab, sie fremdeln. *Einsichtiges Verhalten* wenden Menschen zum Beispiel bei Knobelaufgaben an. Nach einigem Überlegen und Planen fällt die Lösung ein. Der größte Teil menschlichen Handelns beruht auf einsichtigem Verhalten.

Wissenszuwachs. Erfindungen, Entdeckungen, Techniken – ständig gibt es neues Wissenswertes. Erwachsenen fällt es manchmal schwer, mit dem anwachsenden Wissen Schritt zu halten. *Lerntechniken* helfen, die Informationsflut zu beherrschen. Kinder lernen dagegen im *Spiel* schon sehr früh, mit ihrer Umwelt umzugehen.

In Kürze

Beim Menschen findet man alle Formen des Lernens, von der Gewöhnung bis zum einsichtigen Verhalten. Der Mensch kann sehr viel und ein Leben lang lernen. Er kann sich daher in kurzer Zeit an veränderte Umweltbedingungen anpassen.

Lernen lernen

• Plane beim Lernen eine „Anwärmzeit" von etwa 15 Minuten ein, bis das Gehirn in Hochform arbeitet. Suche hierfür einen leichten Lernstoff aus, der dir Spaß macht.

• Teile die Hausaufgaben in Etappen von 15 bis 30 Minuten ein. Du kannst dir die Etappen auf Zetteln notieren und an die Pinnwand hängen. Sobald du eine Etappe erledigt hast, nimmst du den Zettel ab. Dieses Erfolgserlebnis spornt dich zur nächsten Etappe an.

• Mündliche wie schriftliche Arbeiten sollten sich abwechseln.

• Jeder braucht einen festen, angenehmen Arbeitsplatz mit guter Beleuchtung. Nur das Schreibzeug und die benötigten Hefte und Bücher sollten auf dem Schreibtisch liegen.

• Die beste Arbeitszeit muss jeder für sich herausfinden. Feste Arbeitszeiten sind von Vorteil. Nach dem Essen oder mit leerem Magen lernt es sich schlecht.

• Zur Arbeitszeit gehören auch Pausen, um vom Lernen abzuschalten. Besser sind mehrere kurze Pausen als eine lange.

• Benutze eine Lernmethode, die dir am ehesten entspricht: *Lerntyp Lesen:* Was in der Schule besprochen wurde, solltest du im Schulbuch nachlesen und durch Sachbücher und Artikel aus Zeitschriften ergänzen.

Lerntyp Hören: Lies den Lernstoff laut vor und nimm ihn mit einem Kassettenrekorder auf. Beim Abspielen kannst du dich ganz auf Hören einstellen. Nutze den Schul- und Jugendfunk.

Lerntyp Sehen: Nimm die Fotos und Zeichnungen im Schulbuch zu Hilfe. Fertige selbst Zeichnungen an. Versuche, dir die Vorgänge bildlich vorzustellen.

2474

Gedächtnis

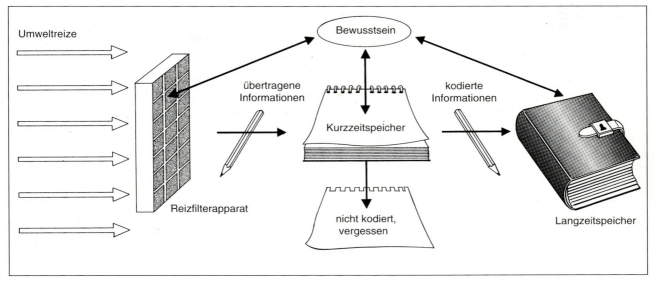

1   Gedächtnismodell

Oft wird scherzhaft behauptet, es gebe nur zwei Arten von Gedächtnissen: ein gutes und ein schlechtes – leider scheinen wir oft Letzteres zu haben. Untersuchungen zum Gedächtnis haben zu einem anderen Modell geführt. Danach existieren drei eindeutig zu unterscheidende Gedächtnisinstanzen: das *Langzeitgedächtnis*, das *Kurzzeitgedächtnis* und das *Ultra-Kurzzeitgedächtnis*.

Langzeitgedächtnis. Haben wir eine Information oder einen Lernstoff erst einmal in unserem *Langzeitgedächtnis* (LZG) abgelegt, kann sie nicht mehr gelöscht werden. Leider bedeutet dies jedoch nicht, dass man jederzeit über diese Information verfügen kann. Oft fehlt der *passende Schlüssel*, um sich zu erinnern oder die Erinnerung wird durch Störungen beeinflusst. Eine besondere Leistung dieses Speichers besteht darin, dass unser Gedächtnis sich nicht nur einfach erinnert, sondern die Informationen *neu strukturiert*, das heißt, mit vorhandenen Erfahrungen verknüpft und vergleicht. Alle Inhalte, die mit schon Bekanntem verknüpft werden können, bleiben besser in Erinnerung.

Kurzzeitgedächtnis. Dem Langzeitgedächtnis vorgeschaltet ist das *Kurzzeitgedächtnis*. Hier können Informationen bis zu 20 Minuten verweilen. Werden die Informationen *kodiert*, gehen sie in das Langzeitgedächtnis über. Ein großer Teil wird allerdings nicht kodiert und damit vergessen. Um die Kodierung abzusichern, ist die *Verknüpfung mit Bekanntem* und *regelmäßiges Wiederholen* günstig.

Ultra-Kurzzeitgedächtnis. Dem Kurzzeitgedächtnis ist seinerseits eine weitere Stufe vorgelagert, die als *Reizfilterapparat* oder *Ultra-Kurzzeitgedächtnis* bezeichnet wird. Schon hier werden die von den Sinnesorganen einströmenden Reize selektiert. Nur was als wichtig angesehen wird, wird an das Kurzzeitgedächtnis weitergeleitet. Wollen wir uns etwas auf jeden Fall merken, hilft *regelmäßiges Wiederholen*.
Der Reizfilterapparat ist stark *motivationsabhängig*. Gleiche Reize werden in verschiedenen Situationen ganz unterschiedlich wahrgenommen und bewertet.

Retrograde Amnesie. Menschen können nach einer *starken Schockeinwirkung*, beispielsweise nach einem Verkehrsunfall, das kurz zuvor Erlebte *nicht mehr erinnern*, der Unfallbericht spricht dann von *retrograder Amnesie*. Nach einer Erholungsphase werden zunächst länger zurückliegende Gedächtnisinhalte wieder erinnert, an den Unfallhergang selbst kann man sich oft überhaupt nicht mehr erinnern, es bleibt eine *Gedächtnislücke*.

Fixationszeit. Tierexperimente haben gezeigt, dass durch die Behandlung mit Elektroschocks, Unterkühlung oder Kohlenstoffdioxid-Inhalation gerade Gelerntes *vollständig gelöscht* wird. Je später diese Behandlung allerdings erfolgt, umso besser behalten die Tiere das Gelernte und umgekehrt. Nach 7 bis 20 Minuten ist das Gedächtnis durch die genannten Eingriffe kaum noch zu beeinflussen. Die Gedächtnisinhalte scheinen von einem *löschbaren* in einen *löschfesten* Zustand überführt zu werden. Die Zeit bis zur Überführung heißt *Fixationszeit*.

Aufgaben

1   Weshalb gelangen Informationen, mit denen man nichts anzufangen weiß, normalerweise gar nicht erst in das Kurzzeitgedächtnis?

Lerntypen

Lernwege. Unsere *Sinnesorgane* sind wie Fenster, mit denen wir die Welt um uns herum wahrnehmen. Auch Lernstoff wird über die unterschiedlichen Sinnesorgane aufgenommen. Mit den Augen lesen wir im Buch. Was der Lehrer sagt, nehmen wir mit den Ohren auf. Aber auch mit dem Geruchs-, dem Geschmacks- und dem Tastsinn nehmen wir Informationen auf.

Was die Sinnesorgane erfahren, wird zum Gehirn geleitet. Einen Teil davon speichert das Gedächtnis ab. Den Weg vom Sinnesorgan zum Gedächtnis nennt man *Lernweg*.

Im Unterricht werden Lernstoffe meist auf verschiedenen Lernwegen angeboten: In der Biologiestunde lest ihr einen Text über das Gedächtnis und schaut euch eine Abbildung zum Gehirn an. Dabei benutzt ihr die Lernwege *Lesen* und *Sehen*. Wenn der Lehrer etwas zu den Sinnesorganen erklärt, erfahrt ihr dies über den Lernweg *Hören*. Führt ihr die Versuche zur Ermittlung des Lerntyps auf der Praktikumseite durch, benutzt ihr den Lernweg *Handeln*.

Lerntypen. Die meisten Menschen haben einen *bevorzugten* Lernweg. Auf diesem Weg lernen sie am leichtesten und besten. So lernt Till besonders gut, wenn er sich Vokabeln ein paarmal durchliest. Er gehört zum Lerntyp *Lesen*. Barbara läßt sich am liebsten etwas erklären. Sie gehört zum Lerntyp *Hören*. Um möglichst erfolgreich zu lernen, solltest du deinen eigenen Lerntyp kennen. Dann kannst du dein Lernverhalten so einrichten, dass dieser Lernweg gezielt genutzt wird.

Lerntypentest. Dazu eignet sich ein *Lerntypentest*. Im „Praktikum: Lerntypen" auf der nächsten Seite ist angegeben, wie dieser durchgeführt wird. Wenn ihr den Test nicht in der ganzen Klasse durchführt, dann musst du jemanden bitten, dir beim Test zu helfen. Der Test besteht aus drei Teilen und sollte an drei aufeinander folgenden Tagen möglichst zur gleichen Uhrzeit durchgeführt werden. Alles, was ihr dazu braucht, ist ein Zettelblock, Schreibmaterial, eine Stoppuhr und ein Lineal.

Jeder Test läuft in drei Schritten ab, die ohne Pause aufeinanderfolgen.

Auswertung. Das Ergebnis lässt sich in einer Zeichnung verdeutlichen. Dazu benötigst du ein Blatt aus einem Rechenblock. Dann überträgst du das Muster aus Bild 1 auf das Blatt. Markiere beim Lesen, Hören und Sehen jeweils diejenige Zahl mit einem Kreuz, die du bei den Tests notiert hast. Verbinde die Kreuze durch rote Linien miteinander. Ein Dreieck entsteht.

Lerntyp. Man gehört zu dem Lerntyp, bei dem am meisten Begriffe noch gewusst werden.

Als *Lesetyp* solltest du natürlich intensiv und viel lesen. Am besten die Unterrichtsinhalte nochmals im Schulbuch nachlesen und zusätzliche Texte in Sachbüchern, Lexika oder Zeitschriften „studieren".

Als *Hörtyp* kannst du den Lernstoff auf Kassetten sprechen und dann konzentriert anhören. Bitte deine Mitschüler oder Eltern, dir etwas zu erklären. Höre genau zu.

Als *Sehtyp* solltest du dir alle Zeichnungen und Fotos genau anschauen. Zu Unterrichtsfilmen kannst du dir eigene Skizzen entwerfen.

Die besten Lernwege nutzen. Um erfolgreich zu lernen, sollte man seinen besten Lernweg nutzen. Trotzdem solltest du keinen der *Grundlernwege* Lesen, Hören und Sehen ganz auslassen, denn es gilt: Je mehr Lernwege genutzt werden, umso besser prägt sich der Lernstoff ein.

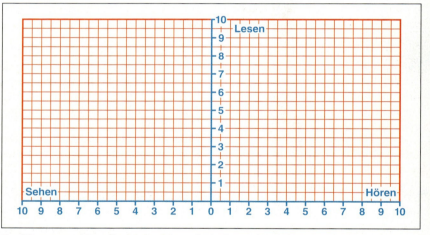

1   *Muster zur Erstellung eines Lerndreiecks und Ergebnis eines Schülers*

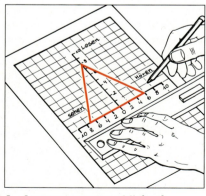

2   *Lerntypentest von Michael*

Aufgaben

1   Führe den Lerntest im Praktikum durch. Zeichne ein Lerndreieck mit deinem Ergebnis und bewerte es.

2   Zu welchem Lerntyp gehört Michael?

3   Besprecht in der Klasse, wie man die Lernwege am besten nutzen kann.

2476

Praktikum: Lerntypen

Test: Lesetyp

Auf 10 Zettel werden gut lesbar 10 unterschiedliche Begriffe geschrieben. Im mittleren Bild sind Beispiele abgebildet. Die Zettel werden verdeckt vor die Testperson gelegt.
Auf einem weiteren Zettel werden 10 einfache Rechenaufgaben notiert. Beispiele:

12 – 5   8 x 3   16 : 4
7 x 12   28 – 9   19 + 16
81 : 9   13 x 8   19 – 17
5 + 11

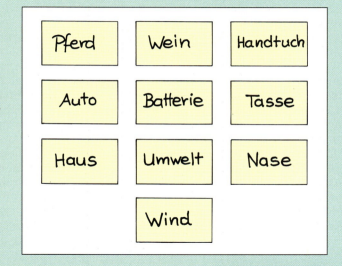

Die Zettel mit den Begriffen werden einer nach dem anderen für zwei Sekunden umgedreht und von der Testperson gelesen. Dann werden sie weggelegt.
Hat die Testperson alle Begriffe gelesen, bekommt sie genau 30 Sekunden Zeit, um die Rechenaufgaben im Kopf zu lösen. Diese werden ihr vorgelesen.
Dann muss sie in 20 Sekunden möglichst viele der vorher gelesenen 10 Begriffe nennen.
Die Anzahl der richtig behaltenen Begriffe wird als erstes Testergebnis notiert.

Test: Hörtyp

Am nächsten Tag schreibt dein Testpartner auf einem Zettel zehn neue Begriffe auf.
Außerdem bereitet er wie oben einen weiteren Zettel mit 10 Kopfrechenaufgaben vor. Beispiele:

15 – 9   6 x 7   18 + 23
32 : 8   17 – 4   12 x 9
11 – 7   19 x 3   48 : 12
27 + 32

Pferd	Wein	Handtuch
Auto	Batterie	Tasse
Haus	Umwelt	Nase
Wind		

Nun werden der Testperson die 10 Begriffe im Abstand von zwei Sekunden laut und deutlich einmal vorgelesen. Anschließend muss sie wieder für 30 Sekunden Kopfrechenaufgaben lösen. Danach hat die Testperson auch bei diesem Test 20 Sekunden Zeit, um sich an die Begriffe zu erinnern und sie aufzuzählen.
Die Anzahl der richtig behaltenen Begriffe wird als zweites Testergebnis notiert.

Test: Sehtyp

Zur Vorbereitung werden 10 verschiedene Gegenstände benötigt, die die Testperson vorher nicht sehen darf. Der Testpartner sollte sie deshalb aussuchen und von einem Tuch abgedeckt bereitlegen. Rechts siehst du einige Beispiele.
Ein Zettel mit 10 Kopfrechenaufgaben muss auch wieder vorbereitet werden. Beispiele:

17 x 3   23 – 8   12 + 9
24 : 6   12 x 7   29 – 14
56 : 7   4 x 14   93 + 12
54 : 9

Die vorher verdeckten Gegenstände werden der Testperson einer nach dem anderen für jeweils zwei Sekunden gezeigt. Danach werden sie sofort wieder verdeckt.
Gleich anschließend müssen wieder in 30 Sekunden 10 Kopfrechenaufgaben gelöst werden.
Danach hat die Testperson 20 Sekunden Zeit, um sich an die vorher gezeigten Gegenstände zu erinnern und sie dem Partner zu nennen.
Die Anzahl der richtigen Begriffe wird notiert.

1 *Mantelpaviane leben in Herden zusammen.*

Mantelpaviane leben in den Steppen und Savannen Afrikas und Asiens. Sie haben eine dichte Behaarung, die bei den Männchen bis zu 30 cm lang wird. Paviane sind Bodentiere und Allesfresser.

Sozialstruktur. Paviane leben in einer vielschichtigen Gemeinschaft: Die kleinste soziale Einheit ist die *Ein-Mann-Gruppe*. Sie besteht aus einem voll erwachsenen Mann, mehreren erwachsenen Frauen, Jugendlichen und Kindern. Zwei bis drei Ein-Mann-Gruppen leben jeweils enger zusammen: Sie ruhen und schlafen nebeneinander, wandern gemeinsam und zeigen häufig Interaktionen. Sie bilden den *Klan*. Mehrere Klane und einige Junggesellen bilden als nächst höhere Einheit die

Bande. Die Banden sind über Jahre hin stabile soziale Gruppen. Schlaffelsen sind neutrale Zonen, auf ihnen versammeln sich mitunter mehrere Banden zu einer *Herde* um die Nacht zu verbringen. Interaktionen zwischen den Banden finden kaum statt, sie gehen sich aus dem Weg oder verhalten sich sogar aggressiv zueinander.

Ein-Mann-Gruppe. Hier, in der Familie, ist das erwachsene Männchen der Ranghöchste und bildet den sozialen Mittelpunkt. Es wird *Pascha* genannt. Er schlichtet Streitigkeiten, frisst immer zuerst und nimmt sich auch die Leckerbissen. Der Pascha hindert seine Haremsweibchen daran, sich zu weit von ihm zu entfernen und unterbindet möglichst jeden

Sexualkontakt zu Jungmännchen. Entfernt sich ein Weibchen zu weit, blickt es der Pascha mit erhobenen Augenbrauen drohend an, greift es sogar an und beißt ihm in den Nacken. Präsentiert das Weibchen sein rotes Hinterteil, beschwichtigt es damit die Aggression des Männchens. Häufig besteigt das Männchen das präsentierende Weibchen wie zur Begattung. Untereinander respektieren die Paschas den Besitz von Weibchen. Die Weibchen sind allerdings grundsätzlich „Seitensprünge" nicht abgeneigt. Geschlechtsreif gewordene Männchen gründen eigene Familien, indem sie noch nicht geschlechtsreife Weibchen aus einer anderen Familie zum Nachfolgen zwingen.

Rangordnung. Das Zusammenleben innerhalb der Klane und Banden wird durch die erwachsenen Männchen geregelt: Sie bilden eine *lockere Rangordnung* aus. Dabei hängt die Ranghöhe nicht allein von der Stärke ab. Gewandtheit, Durchsetzungsvermögen und Erfahrung spielen ebenfalls eine große Rolle. Die ranghohen Männchen bestimmen die täglichen Wanderungen und die mittäglichen Rastplätze. Sie müssen eine Art „Lageplan" des Streifgebietes im Kopf haben. Sie halten nach Feinden Ausschau und verteidigen mit den restlichen Männern die Gruppe, falls sie von Feinden bedroht wird.

2 *Drohgähnen*

3 *Beschwichtigungsgeste*

4 *Fellpflege*

2478

... der Paviane

Verständigung. Die Sozialstruktur der Mantelpaviane setzt eine hohe Lebenserwartung, eine große Lernfähigkeit und ein gutes Gedächtnis sowie ein hoch entwickeltes System von sozialen Signalen voraus. Diese müssen von allen Tieren verstanden und akzeptiert werden.

Aggressionen. Bei Rangstreitigkeiten zwischen Männchen versuchen sich die Tiere mit Signalen zu beeindrucken: Beim *Drohpumpen* starren sich die Tiere an und führen mit dem Maul kauende und pumpende Bewegungen aus. Noch aggressiver ist das *Drohgähnen*: Das Tier reißt sein Maul weit auf und entblößt seine großen Eckzähne. Bleiben die Drohsignale ohne Erfolg, kann es zu Kämpfen kommen.

Beschwichtigung. Um die Sozialstruktur nicht zu gefährden, muss es auch Signale geben, die zur Vermeidung von aggressiven Verhalten beitragen. Das auffälligste davon ist das *Präsentieren des Hinterteils*. Rangniedere Tiere nähern sich einem ranghöherstehenden rückwärts und zeigen ihr rotes Gesäß. Mit dieser *Demutsgeste* machen sie deutlich, dass sie sich unterwerfen. Auch das *Angstgrinsen*, bei dem die fest geschlossene Zahnreihe bei zurückgezogenen Mundwinkeln entblößt wird, wirkt *aggressionshemmend*.

Soziale Bindung. Viel Zeit verbringen sozial lebende Affen mit der *Fellpflege*. Häufig werden ranghohe Tiere von rangniederen gepflegt. Die Weibchen pflegen sich untereinander und die Jungen. Die gegenseitige Fellpflege festigt das Kennen und die Bindung der Tiere untereinander, sie wird als *grooming* bezeichnet. Auch Kontaktsitzen und Grunzen festigt die soziale Bindung.

Mutter-Kind-Beziehung. Neugeborene Paviane klammern sich sofort im Fell ihrer Mutter in der Nähe der Brust fest. Dieses *Klammerverhalten* ist ihnen angeboren. Angeklammert werden sie von den Müttern am Bauch oder auf dem Rücken reitend getragen. Neugeborene sind oft Mittelpunkt des Gruppeninteresses, Kontakte mit ihnen und den jungen Müttern werden gezielt gesucht. Das Neugeborene lernt so schon früh die Mitglieder seiner Gruppe kennen. Zunächst werden die Mütter kaum verlassen, erst nach und nach kommt es zu Spielen mit gleichaltrigen Jungtieren der Gruppe. Die erwachsenen Männchen sorgen für Schutz, auch vor „Quälereien" durch ältere Gruppenmitglieder.

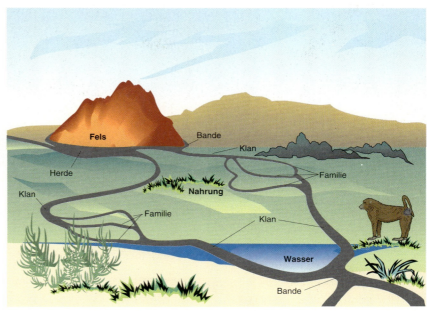

1   *Die Herde, die am Felsen gemeinsam die Nacht verbracht hat, zerfällt nach dem Aufbruch in die Banden, die sich bald in Klane aufspalten. Am Mittag findet sich die Bande am Wasser wieder zusammen.*

Aufgaben

1   Weshalb ist nicht immer der stärkste Pavian das ranghöchste Tier?

2   Worin zeigt sich bei der Fellpflege die Ranghöhe eines Tieres?

3   Hunde sind ebenfalls Herdentiere. Welche Droh- und Demutsgesten hast du schon bei ihnen beobachtet?

In Kürze

Die Pavianbande besteht aus mehreren Ein-Mann-Gruppen. Diese setzen sich aus einem erwachsenen Männchen und mehreren Weibchen mit ihren Jungen zusammen.
Die soziale Struktur ist klar geregelt. Über Signale findet eine Verständigung statt.

2   *Pavianfamilie*

Praktikum: Besuch am Affenfelsen

Paviane werden in den meisten zoologischen Gärten in großen Freigehegen gehalten. Da sie hier durch Besucher weniger gestört werden, können wir an ihnen relativ problemlos die verschiedenen Verhaltensweisen studieren. Mithilfe von Ferngläsern kann man die Tiere noch genauer beobachten.

Benötigt werden: Schreibmaterial und Unterlage; je Gruppe ein bis zwei Ferngläser und ein Fotoapparat.

Es werden fünf Gruppen gebildet. Belegt eure Ergebnisse möglichst mit Fotos.

Gruppe 1
Ihr sollt Angaben über Paviane allgemein und speziell über diese Herde sammeln.
• Lest die Informationstafel am Gehege sorgfältig durch. Was wird über die Paviane hier alles ausgesagt?
• Fertigt eine Skizze des Geheges an. Zeichnet alles ein, was für das Leben der Tiere wichtig ist. Entspricht das Gehege ihren natürlichen Bedürfnissen?
• Beobachtet nun die Pavianherde im Gehege. Welche unterschiedlichen Tiere könnt ihr erkennen? Beschreibt sie.
• Aus wie viel Tieren besteht die Herde?

Gruppe 2
Eine Pavianherde besteht aus mehreren Einmanngruppen.
• Wie viele solcher Gruppen könnt ihr zählen?
• Beobachtet eine Einmanngruppe 5 bis 10 Minuten lang. Notiert, was die Tiere jeweils tun und wie sie sich in verschiedenen Situationen verhalten.

Gruppe 3
Beobachtet ein Männchen mit Altersprachtkleid. So nennt man die silbergraue Haarmähne.
• Wo sitzt dieses Männchen?
• Wie verhält es sich den anderen Tieren gegenüber?
• Wie verhalten sich die Tiere, die sich diesem Männchen nähern?
• Wie verhalten sich Jungtiere, die sich ihm nähern?
• Was geschieht, wenn sich ihm ein anderes erwachsenes Männchen nähert?

Gruppe 4
Beobachtet eine Pavianfamilie, wenn sie gefüttert wird.
• Wie verhalten sich die Tiere der Gruppe, wenn das Männchen zum Futter schaut?
• Welches Tier nähert sich zuerst dem Futter?
• Könnt ihr dabei eine Reihenfolge feststellen?
• Teilen Paviane ihr Futter? Sucht nach einer möglichen Erklärung.

Gruppe 5
Beobachtet Paviane bei der Fellpflege.
• Wer pflegt wessen Fell, wer lässt sich pflegen?
• Lösen sich die Paviane bei der Fellpflege ab?
• Gibt es Tiere, deren Fell besonders häufig gepflegt wird?
• Wie verhalten sich diese Tiere gegenüber anderen Gruppenmitgliedern?

Auswertung:
Sammelt die Informationen der einzelnen Gruppen und stellt sie zusammen. Informiert auch eure Mitschüler über die Ergebnisse des Zoobesuchs, vielleicht mithilfe einer kleinen Ausstellung.

Aggressionen

1   *Löwin mit Beute*

2   *Kommentkampf bei Hirschen*

Aggressionen gehören leider zum Alltag wie das tägliche Brot. Von der Rangelei im Klassenzimmer bis hin zur kriegerischen Auseinandersetzung zwischen Interessengruppen oder Staaten: Aggressionen sind von entscheidender *soziologischer* und *politischer Bedeutung*. Für den Umgang mit Aggressionen ist es wichtig, ihre biologische Bedeutung, ihre Ursachen und die Möglichkeiten der Einflussnahme zu kennen.

Interspezifisch zwischenartliche Aggression. Allen *Räuber-Beute-Beziehungen* liegt *aggressives Verhalten* zugrunde: Der Räuber verfolgt seine Beute und tötet sie. Aggressives Verhalten steht hierbei im *Dienste des Nahrungserwerbs*. Auch bei der Vertreibung von *Nahrungs- und Territorialkonkurrenten* aus einem Lebensraum kommt es häufig zu aggressiven Auseinandersetzungen. Interspezifische Aggressionen dienen dazu, die eigenen *Lebensgrundlagen* zu sichern und das *Überleben* zu ermöglichen.

Intraspezifische, innerartliche Aggression. Aggressives Verhalten zwischen Artgenossen tritt in der Regel dann auf, wenn Tiere in *Konkurrenz* zueinander treten: sei es um Nahrung, Geschlechtspartner, Lebensraum oder um einen Rangplatz in einer Gruppe. Oft sind bei inner-

artlichen Auseinandersetzungen besondere Signale wirksam, die eine Schädigung des Artgenossen vermeiden helfen: Demuts- und Beschwichtigungsgesten, Vermeidung von Kämpfen durch Drohverhalten, Tötungshemmung.

Kommentkampf, Turnierkampf. Beim *Kommentkampf* werden insbesondere die „gefährlichen Waffen", die normalerweise beim Kampf mit artfremden Tieren zum Einsatz kommen, nicht benutzt. Vielmehr geht es um ein *Kräftemessen*. Der Artgenosse soll dabei nicht körperlich geschädigt werden. So versuchen die Galapagos Meerechsen im Rivalenkampf den Gegner mit der Stirn in eine Steinspalte zu drängen, während sie artfremde Feinde durch Beißen bekämpfen. Oft sind die Kampfabläufe stark *ritualisiert*; besondere Verhaltensweisen wirken als spezielle Signale und können zum Kampfabbruch führen. Das schwächere Tier zeigt seine Unterlegenheit an, was beim überlegenen Tier den weiteren Angriff blockiert und dem Verlierer den Rückzug ermöglicht.

Demutsgesten. Oft sind Demutsgesten aus Verhaltenselementen ritualisiert, die ursprünglich dem Kindchen- oder Sexualverhaltensbereich angehörten. So lässt sich zum Beispiel bei Hunden und Wölfen der

Verlierer wie ein Jungtier auf den Rücken fallen und harnt dabei. Pavianmännchen verwenden die weibliche Aufforderungsform zum Paarungsverhalten um sich zu unterwerfen.

Beschädigungskampf. Manche Arten tragen ihre *innerartlichen Konflikte* allerdings auch mit den Waffen aus, die sie gegen artfremde Tiere verwenden. Kämpfe zwischen Hunden oder Wölfen führen häufig zu *Beißereien*. Dabei entstehen oft *schwere Verletzungen* bis hin zur *Tötung* des unterlegenen Tieres. Allerdings wirken auch beim Beschädigungskampf *Unterwerfungsgesten*, die die Konflikte vorzeitig beenden können. Oft findet man Beschädigungskämpfe zwischen artgleichen Tieren aus unterschiedlichen Sozialverbänden, Sippen oder Rudeln.

In Kürze

Aggressives Verhalten tritt als inter- und intraspezifisches Verhalten auf. Die intraspezifische Aggression ist immer Anzeichen für eine Konkurrenzsituation. Neben dem Drohverhalten kommt es auch zu Komment- und Beschädigungskämpfen.

Drohen, Imponieren. Einer aggressiven Auseinandersetzung geht oftmals ein *gegenseitiges Drohen*, ein *Imponieren*, voraus. Säuger sträuben ihre Haare, Vögel richten ihre Federn auf, Kampffische spreizen die Kiemendeckel ab. Diese Verhaltensweisen dienen dazu, den *Körperumriss zu vergrößern*, um so den Gegner mit der eigenen Größe und Stärke einzuschüchtern. Oft werden auch die „Waffen" gezeigt: Hörner oder Geweihe werden demonstrativ vorgeführt, die Zähne entblößt. Meistens kommen zu den optischen auch noch *akustische Signale* hinzu: Knurren und Fauchen bei Säugern, „Sich-gegenseitig-ansingen" bei Vögeln.

Vielfach sind dabei Intentionsbewegungen, Andeutungs- oder Stimmungsbewegungen zu Signalen geworden, die nunmehr der Verständigung der Artgenossen dienen. So lässt sich das Entblößen der Zähne als deutliches Zeichen der Beißbereitschaft deuten.

Ziel des Drohens oder Imponierens ist es, eine *kämpferische Auseinandersetzung* zwischen den Gegnern zu *verhindern*. Einer der Gegner kann sich zurückziehen. Gibt keiner der beiden nach, kommt es unweigerlich zum Kampf.

Drohgebärden. Wenn uns jemand zu nahe kommt, in unser Zimmer platzt ohne vorher anzuklopfen, sich in Dinge einmischt, die ihn nichts angehen, werden wir aggressiv, verteidigen unser Revier oder die eigene Meinung.

Dabei reicht oft ein *zorniger Blick*, das *Aufstampfen mit dem Fuß*, das *Schütteln einer geballten Faust* um zu verdeutlichen, dass jetzt nicht mehr mit uns zu spaßen ist. Meist sind die Drohgebärden von einer starken Körperspannung, heftigem Atmen und einem Aufpumpen des Brustkastens begleitet. Wir wollen in voller Größe erscheinen, dem Gegenüber Furcht einflößen. Zum Glück für unser dicht gedrängtes menschliches Zusammenleben blufft

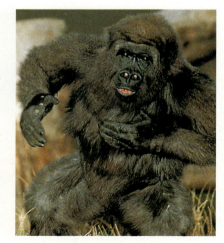

1   *Drohender Gorilla*

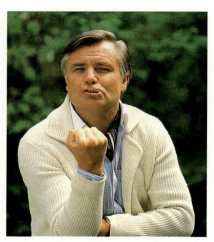

2   *Drohen mit geballter Faust*

3   *Vergrößerung der Schulterpartie*

der Mensch – ähnlich wie viele Tiere auch – weit häufiger durch Drohungen, als dass er tatsächlich gewalttätig wird.

Die Drohsignale werden also richtig verstanden und helfen gewalttätige Auseinandersetzungen zu vermeiden.

Bekleidungssignale. Der Mensch als „nackter Affe" hat sich in und mit seiner *Kleidung* ein Mittel geschaffen sich zu schützen, sich „sittsam zu bedecken" und soziale Signale auszusenden. Jede Bekleidung verrät einiges über die soziale Rolle, die der Träger innehat, und über seine eigene Einstellung gegenüber seinem Umfeld. So waren in früheren Jahrhunderten *Bekleidungsregeln* teilweise Gegenstand gesetzlicher Vorschriften: In England war es beispielsweise einem Ritter unter dem Rang eines Lords verboten, einen Leibrock zu tragen, der die Blöße und die Hinterbacken nicht bedeckte. Auch durften seine Schuhe keine Spitzen von mehr als zwei Zoll Länge haben. Der soziale Rang wurde damit sichtbar, Kleidung war Statussymbol. Auch zur Umrissvergrößerung werden Kleidung und Körperschmuck eingesetzt; fast in allen Kulturen wird besonders die *Schulterpartie von Männern* betont und übertrieben.

Zur Diskussion: Aggressionen

Menschen

Jede genügend scharf umschriebene Kulturgruppe neigt dazu, sich tatsächlich als eine Spezies zu betrachten, insofern nämlich, als sie die Mitglieder anderer vergleichbarer Einheiten nicht für vollwertige Menschen hält. In sehr vielen Eingeborenensprachen bedeutet die Bezeichnung des eigenen Stammes einfach „Mensch". Ein Mitglied des Nachbarstammes totzuschlagen bedeutet somit kein Mord! Diese Konsequenz der Schein-Artenbildung ist höchst gefährlich, weil durch sie die Hemmung, die Artgenossen zu töten, weitgehend beseitigt wird, während die durch Artgenossen und nur durch diese ausgelöste intraspezifische Aggression wirksam bleibt. Man hat auf die „Feinde" eine Wut, (...) denn sie sind ja keine wirklichen Menschen. Selbstverständlich gehört es zur bewährten Technik aller Kriegshetzer, dieser Meinung Vorschub zu leisten.

Aus: *Konrad Lorenz,*
Die acht Todsünden der zivilisierten
Menschheit, München 1973

Ein Volk, ein Reich, ein Führer!

Artikel 13 Grundgesetz

(1) Die Wohnung ist unverletzlich.
(2) Durchsuchungen dürfen nur durch den Richter, bei Gefahr im Verzug auch durch die im Gesetz vorgesehenen anderen Organe angeordnet und nur in der dort vorgeschriebenen Form durchgeführt werden.
(3) Eingriffe und Beschränkungen dürfen im Übrigen nur zur Abwehr einer gemeinen Gefahr oder Lebensgefahr für einzelne Personen, aufgrund eines Gesetzes auch zur Verhütung dringender Gefahren für die öffentliche Sicherheit und Ordnung, insbesondere zur Behebung der Raumnot, zur Bekämpfung von Seuchengefahr oder zum Schutze gefährdeter Jugendlicher vorgenommen werden.

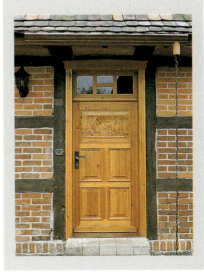

Lächeln und Lachen

Der Mensch besitzt im Lächeln einen wichtigen Aggressionspuffer. Ein Lächeln entwaffnet. (...) Jeder Reisende hat erfahren, wie ein Lächeln die Spannung zwischen Fremden löst. Man lächelt auch höflich, wenn man jemandem einen abschlägigen Bescheid erteilen muss, und man lächelt, wenn man sich entschuldigt. Aber das Lächeln hemmt nicht allein die Aggression eines anderen, es löst darüber hinaus auch freundliche Antworten aus. (...)
Es ist ziemlich sicher, dass im Lachen Aggression steckt. Die rhythmische Lautäußerung erinnert an ähnliche Lautäußerungen, mit denen viele Primaten einer Gruppe gemeinsam gegen einen Feind drohen (hassen). Ein solches gemeinsames Drohen verbindet die Mitglieder einer Gruppe, (...) Außerhalb der Gruppe Stehende berührt ein solches Lachen eher unangenehm, ja wenn es den Charakter des Auslachens trägt, wirkt es ausgesprochen aggressiv, herausfordernd. Lachen scheint in seiner ursprünglichen Funktion gegen Dritte zu verbinden.

Aus: *Irenäus Eibl-Eibesfeld,*
Grundriss der vergleichenden Verhaltensforschung, München 1987.

1   My home is my castle: Eigenheime in Großbritannien

Wie bilden sich Gruppen?

Der amerikanische Soziologe M. Sherif führte mit 12-jährigen Jugendlichen in einem Ferienlager ein Experiment zur Gruppenbildung durch. Die Jugendlichen, die sich vorher nicht kannten, wurden drei Tage nach der Ankunft in zwei Gruppen zu je zwölf Personen getrennt. Dabei wurden Jungen, die sich in den ersten Tagen befreundet hatten, verschiedenen Gruppen zugeordnet. Jede Gruppe zog in ein eigenes Haus.

In den folgenden Tagen verfestigten sich die Gemeinschaften durch gemeinsame Erlebnisse, sogenannte „Wir-Erlebnisse". Bald entstand der Wunsch sich mit „den anderen" zu messen. Wettkämpfe arteten in Raufereien aus, die Unterkunft der anderen wurde überfallen und die Fahne geraubt.

In einem Fragebogen, den beide Gruppen ausfüllten, ordneten die Jungen der eigenen Gruppe eher gute, der anderen Gruppe eher schlechte Eigenschaften zu.

Gruppenbildung. Ob zur Durchsetzung gemeinsamer Interessen eine Bürgerinitiative gebildet wird oder sich die Fans einer Fußballmannschaft zusammenschließen: Menschen bilden aus den unterschiedlichsten Gründen Gruppen. Die Mitglieder großer Gruppen kennen einander meist nicht. Stammesnarben, Tätowierungen, Uniformen, Vereinsabzeichen und Dialekte signalisieren ihre Mitgliedschaft. Durch diese Zeichen gehören sie dazu, andere werden ausgeschlossen.

Rangordnung. In allen menschlichen Gesellschaften bilden sich leicht Rangordnungen aus, häufig bereits im Kindergarten. Bei der Neuformung einer Gruppe, zum Beispiel beim Wechsel in die Schule, verändert sich diese Ordnung. Rangstreben ist mit Vernunft oft nicht begründbar. Über die *Ranghöhe* entscheiden je nach Gruppe

1   Rangordnung

2   Territorialverhalten

Eigenschaften wie Stärke, Alter, Wissen, Aussehen, Vermögen oder Geschicklichkeit. Sogenannte *Statussymbole* wie Titel, Orden oder bestimmte Automarken können dazu dienen, den eigenen Rang zu erhöhen oder zu demonstrieren.

Die Bildung von Rangordnungen setzt voraus, dass Menschen die Führung eines anderen akzeptieren und sich unterordnen.

Territorialverhalten. Menschen reagieren meist aggressiv, wenn Fremde ohne ein entsprechendes *Beschwichtigungsverhalten* wie Lächeln, Handzeichen oder erklärende Worte in den Garten oder in das Haus eindringen. Menschen und Gruppen beanspruchen ein Territorium für sich: das eigene Zimmer, die Stadt, das Land. Zäune und Verbotsschilder signalisieren die Reviergrenzen. Auch um den eigenen Körper herum gibt es ein unsichtbares Territorium. Diese *Individualdistanz* dürfen nur sehr nahe stehende Menschen unterschreiten. Werden die Grenzen verletzt, kommt es leicht zu Aggressionen.

Außenseiter. Bei körperlichen Auffälligkeiten wie Schielen, Stottern oder „falscher" Kleidung verhalten sich Kinder oft grausam. Auch Erwachsene reagieren Außenseitern gegenüber mit Distanz, Spott oder

Hänseln. In der Menschheitsgeschichte wurden immer wieder Fremdgruppen diskriminiert. Dies spricht dafür, dass die Ablehnung von Außergewöhnlichem und Fremdem eine ererbte Veranlagung ist. Sie sorgte ursprünglich dafür, dass der Gruppenzusammenhalt gestärkt wurde und die Gruppennormen erhalten blieben.

Bewusstsein. Viele Verhaltensformen sind während der langen Evolution als Anpassung an die Umwelt entstanden, der die Menschen ausgesetzt waren. Diese Umwelt hat sich stark verändert. Unsere angeborenen Verhaltensneigungen sind daher oft nicht mehr angepasst.

Indem wir uns unser Verhalten bewusst machen und unsere Handlungen kritisch bedenken, können wir entscheiden, ob wir unseren Verhaltensneigungen einfach nachgeben oder uns ganz anders verhalten.

Aufgaben

1   In Menschenmassen, zum Beispiel in einem vollen Bus oder in der Stadt, kommt es leicht zu Aggressionen. Erkläre.

2   Beobachte Menschen in einem Fahrstuhl. Beschreibe ihr Verhalten.

1949

Praktikum: Menschliches Verhalten

Leben in der Gruppe

• Überlegt, mit wie viel Klassenkameraden ihr euch am Vortag unterhalten habt. Notiert die Anzahl der Personen auf einem Zettel. Die Zettel werden eingesammelt und die Zahlen addiert.
Auswertung:
Wenn in einer Klasse zum Beispiel 20 Schüler sind, dann wäre die maximale Kontaktdichte $20 \times 19 = 380$ Kontakte $= 100\%$. Das bedeutet, dass sich jeder mit jedem unterhalten hat. Meist ist die Summe jedoch kleiner. Beträgt die Summe zum Beispiel 22, wäre das eine Kontaktdichte von $5,8\%$.
Vergleicht mit den Ergebnissen anderer Klassen.

• In deiner Klasse hat es Streit zwischen zwei Mitschülern gegeben. Überlege, wie du den Streit schlichten kannst. Vergleiche die Lösungen von Jungen und Mädchen miteinander.

• Versuche den Streit in einem Gespräch mit den Beteiligten zu schlichten. Welche Gesprächsregeln müssen beachtet werden? Zeichne das Schlichtungsgespräch mit der Videokamera auf und analysiere es.

• Was ist notwendig, damit sich alle in eurer Klasse wohl fühlen und gut lernen können? Überlegt euch Regeln, die von allen akzeptiert werden. Überprüft nach einer gewissen Zeit, ob sie noch eingehalten werden.

• Welche Regelsysteme gibt es in unserer Gesellschaft? Welche Absichten werden mit ihnen verfolgt?

• Zeige mithilfe von Körpersprache, wie du dich in verschiedenen Situationen fühlst, zum Beispiel wenn du Angst vor einer Klassenarbeit hast oder dich von deinem Nachbarn gestört fühlst. Haben alle Menschen die gleiche Körpersprache?

• Vier Schüler setzen sich auf einen frei stehenden Tisch. Ein fünfter Schüler bekommt den Auftrag sich dazuzusetzen, was die anderen aber nicht zulassen wollen. Sie schließen ihn aus ihrer Gruppe aus. Körperliche Handgreiflichkeiten sollen dabei nicht vorkommen.
Beschreibt, wie ihr euch bei diesem Versuch als Versuchsteilnehmer oder Beobachter fühlt.

Territorien

• Beobachte unauffällig Menschen in einem halbleeren Kino, Café, Bus oder Zug. Wo setzen sich Neuankömmlinge bevorzugt hin?

• Beschreibe deine Reaktion, wenn sich in einem Kino, Café, Bus oder Zug ein Fremder zu dir setzt, obwohl andere Sitzgruppen noch frei sind.

• Beobachte wartende Menschen, zum Beispiel an einer Bushaltestelle. Welchen Abstand halten sie etwa zueinander ein? Wie groß ist der Abstand zwischen Menschen, die sich kennen?

Wie groß ist der Abstand zwischen einem Liebespaar?

• Ab welchem Abstand wird die Nähe eines Fremden dir unangenehm?

• Protokolliere Reviermarkierungen wie Zäune oder „Betreten verboten"-Schilder auf deinem Schulweg.

1 *Mannschema und Frauschema können durch Kleidung betont werden.*

Für das Überleben einer Art kommt dem *Fortpflanzungsverhalten* eine große Bedeutung zu. Es ist deshalb nicht verwunderlich, dass sich auch beim menschlichen Sozialverhalten eine große Anzahl angeborener Verhaltenselemente finden.

Mann-Frau-Schema. Sowohl Männer als auch Frauen reagieren auf Fotos nackter Menschen des anderen Geschlechts mit erhöhter Aufmerksamkeit, auch wenn Frauen – ganz im Gegensatz zu Männern – dies selten zugeben. Spezielle optische Reize des anderen Geschlechts wirken auf das Verhalten von Männern und Frauen ein:

- Bei der Frau sind dies vor allem rote Wangen und Lippen, gerundete Körper- und Gesichtsformen, die weibliche Brust, schmale Schultern, schlanke Taille, breites Becken, die besondere Form der Schambehaarung.
- Beim Mann gehören breite Schultern, schmale Hüften, eine ausgeprägte Muskulatur, eine insgesamt eher kantige Kopf- und Körperform sowie der Bartwuchs dazu.

Die Kombination dieser Einzelreize macht das Frau- beziehungsweise das Mannschema aus. Sie lösen beim anderen Geschlecht ein sexuell geprägtes Interesse aus. Sie wirken als Auslöser.

Beschützen und Betreuen. Die Elemente des Frauschemas wirken beim Mann auf recht unterschiedliche Verhaltenstendenzen ein. Grundsätzlich wirken sie aggressionshemmend und fördern die Tendenz zu beschützen und betreuen. Diese Tendenz wird dann noch verstärkt, wenn in das Frauschema zusätzliche Merkmale des Kindchen-Schemas eingebunden sind: übergroß geschminkte Augen, leicht „unbeholfenes" Verhalten, besonders zart und weich erscheinende Haut. Die Folge ist der Wunsch, sich der Frau anzunähern, zu flirten.

Imponiersignale. Während das Frauschema zu positivem Sozialverhalten und zur Paarbildung auffordert, enthält das Mannschema deutlich aggressive Elemente. Vor allem die breiten Schultern sind als Droh- und Imponiersignale gegenüber möglichen Rivalen zu werten.

Sexuelle Auslöser. Die genannten Auslöser dürfen nicht mit Schlüsselreizen bei Tieren gleichgesetzt werden. Zwar werden Verhaltenstendenzen und Empfindungen aktiviert, denen Mann und Frau folgen können, aber nicht müssen. Eine rationale Kontrolle ist möglich. Dennoch wird die Bereitschaft auf sexuelle Auslöser zu reagieren, in vielen Bereichen unseres täglichen Lebens gezielt genutzt, um unsere Aufmerksamkeit zu erlangen oder zu erhöhen. Oft werden dabei die Reizkombinationen übertrieben, „Superattrappen" konstruiert:

- übernormal lange Beine bei Modeaufnahmen durch entsprechende Aufnahmetechniken,
- Superbusen durch BH-Einlagen oder operative Vergrößerungen.

Mode. Welche Figur man schön findet, hängt vom Geschmack eines jeden Einzelnen ab. Manche Figur kommt auch zu bestimmten Zeiten in „Mode". Das wird deutlich, wenn man die Schönheitsideale von früher und heute vergleicht.

Aufgaben

1 Sammle Werbeanzeigen, in denen mit dem Mann-Frau-Schema gearbeitet wird. Welche Merkmale werden verwendet und für welche Produkte wird damit geworben?

In Kürze

Frau-und-Mann-Schemen lösen beim jeweils anderen Geschlecht Zuwendung aus. Das Frauschema verstärkt die Tendenz zum Beschützen. Das Mannschema wirkt als Imponier- und Drohsignal.

1 Hausmann

Männer und Frauen verhalten sich unterschiedlich. Die Ursachen hierfür sind vielgestaltig, da angeborene, anerzogene und erlernte Verhaltensmuster ineinander greifen.

Rollenzuweisung. Trotz aller Bemühungen um Gleichberechtigung der Geschlechter gelten zum Beispiel Hausarbeit und Kindererziehung gekoppelt an Sanftmut, Warmherzigkeit und Bescheidenheit nach wie vor als typisch weiblich. Von Männern wird Mut, Durchsetzungsvermögen, Härte und Erfolg im Beruf erwartet. Rollen, die sich im Laufe einer langen Zeit herausgebildet haben und schwer zu verändern sind. Zum Teil basieren sie auf biologischen Ursachen mit dem Ziel, das Überleben der Kinder zu sichern.

Werbe- und Flirtverhalten. Eine erfolgreiche Fortpflanzung setzt voraus, dass sich Menschen unterschiedlichen Geschlechts finden und verbinden, es setzt Nähe und Intimität voraus. Gleichzeitig ist uns die körperliche Nähe Fremder aber unangenehm. Bei Annäherung müssen deshalb Signale ausgetauscht werden, die Angst, Abwendung und Aggressionen verhindern. Oft stammen diese Signale deshalb aus dem Bereich des Kindchenverhaltens.

Flirt der Frauen. Blickkontakt aufnehmen, lächeln, Kopf und Lider senken, den Kopf leicht drehen, wegsehen, Blickkontakt erneut herstellen: Verhaltensweisen der Zuwendung und der Abkehr kennzeichnen diese Kontaktaufnahme, die wir bei Frauen aller Kulturkreise beobachten können. In den weiteren Flirtphasen legen Frauen häufig den Kopf leicht schräg, präsentieren dabei die Nackenpartie und spielen mit ihren Haaren. Über die leicht geöffneten Lippen gleitet die Zunge. Verstärkt fallen Berührungen des Gesichts, der Arme und Herumgezupfe an der Kleidung auf; normalerweise Zeichen von Unsicherheit. Das Laufen wird zum Paradieren: den Kopf hoch erhoben, die Hüften schwingend, den Bauch eingezogen und die Brüste vorgeschoben. Trotzdem kann ganz plötzlich ein Abbruch erfolgen – die Frau ist es, die auswählt, sie behält sich die Entscheidung vor.

Flirt der Männer. Das männliche Werbeverhalten ist gekennzeichnet von ausgeprägter *Selbstdarstellung*. Beeindrucken, Imponieren, Coolsein ist alles: Die Beinstellung offen, breitbeinig, die Arme ausgebreitet – Platz da, jetzt komme ich. Kraft, Macht und Dominanz werden demonstriert, viel Wert auf „eine gute Figur" gelegt, das Interesse an einer Frau ganz offen bekundet. Männer treten gezielt in Konkurrenz zueinander. Doch Vorsicht: Nicht zuviel des Guten.

1   Nenne weitere Beispiele für Rollenzuweisung.

In Kürze

Das Rollenverhalten von Mann und Frau hat zum teil biologische Ursachen, ist aber auch das Ergebnis von Tradition und Erziehung. Weibliches Flirtverhalten ist gekennzeichnet durch das Wechselspiel von Abkehr und Zuwendung. Männliches Flirtverhalten enthält viele Elemente des Imponierens.

2   Blickkontakt aufnehmen

3   Kopf und Lider senken

4   Erneuter Blickkontakt

Zur Diskussion: Wir und die anderen

Sitten, Gebräuche und Verhalten des Londoners sind für jeden Ausländer immer wieder eine Quelle der Überraschung. Es kommt nicht selten vor, dass einem sein (völlig unbekannter) Nachbar im Autobus ein paar Pennies in die Hand drückt; er ... muss aussteigen, ehe ihm der Schaffner eine Fahrkarte verkaufen konnte. Er nimmt es als selbstverständlich an, dass man nun die Fahrkarte nachträglich für ihn bezahlt. Den besten Eindruck von „Londoner Korrektheit" und Disziplin gewinnt man vor Autobushaltestellen, wo die Leute sich in Reih und Glied anstellen. Wo drei Engländer auf dasselbe warten, bilden sie eine Schlange.
Aus: *London Reiseführer*

... trotz wuchernder Hässlichkeit haben sich die meisten Nepalesen ihre innere Ruhe und Gelassenheit nicht nehmen lassen. Sie haben die ... Probleme ihres Landes, das zu den ärmsten zählt, bisher mit ... Freundlichkeit zumindest überspielt: Sie fühlen sich geborgen in ihrer Welt, ihrem Glauben. Ihre Einstellung zu Leben und Tod, ihre Gewissheit, wieder geboren zu werden, vermitteln ihnen eine fröhliche Sicherheit, die unserer oft ziellosen Rastlosigkeit und ... Besitzbesessenheit fehlt.
Aus: *Merian – Himalaya*

2   *Orientalen aus Jemen*

Eine Europäern fremde, Orientalen jedoch selbstverständliche Sitte stellt der hautnahe Kontakt mit dem Gesprächspartner dar; sei es, dass man unter Männern Hand in Hand spazieren geht oder bei Gesprächen auf Tuchfühlung zusammenrückt. Bei Europäern löst diese Gewohnheit eine Abwehrreaktion, zumindest leichtes Unbehagen aus ... Es handelt sich hier ... um eine Schutzgeste, deren Ursprung in der Großfamilie zu suchen ist: „Wenn du mir nah bist, kann uns nichts passieren."
Aus: *Syrien und Jordanien, Reisehandbuch*

3   *Vielweiberei: Häuptling Denja Akuku aus Kenia mit seiner Familie*

Info
Die Anzahl erlaubter Ehepartner kann von Kultur zu Kultur stark variieren. Man unterscheidet Ehen mit einem Partner, die Einehe, und Ehen mit mehreren Partnern, die Vielehe. Diese unterteilen sich in Ehen von einem Mann mit mehreren Frauen, die Vielweiberei, und Ehen von einer Frau mit mehreren Männern, die Vielmännerei. Von 849 untersuchten Gesellschaften erlauben 83 % die Vielweiberei, praktizieren lediglich 16 % die Einehe und weniger als 1 % die Vielmännerei. Sehr selten kommen Vielmännerei und Vielweiberei gleichzeitig vor.

1952

Überblick

Zum Verhalten eines Tieres oder eines Menschen gehören alle beobachtbaren Bewegungen, Körperstellungen und Lautäußerungen. Das Verhalten wird in einzelne Verhaltensweisen unterteilt. Diese sind für jede Art typische Bewegungsfolgen oder Körperhaltungen. Sie lassen sich Funktionskreisen zuordnen. Verhalten kann angeboren oder erlernt sein. Bei den meisten Verhaltensweisen wirken angeborene und erlernte Verhaltensanteile zusammen. Durch Kaspar-Hauser-Versuche kann man feststellen, welche Verhaltensweisen angeboren sind. Reize, die angeborenes Verhalten auslösen, heißen Schlüsselreize, oder, wenn sie von einem Artgenossen ausgehen, Auslöser. Man kann die Auslöser oder Schlüsselreize mit Attrappenversuchen untersuchen. Wirkt eine Handlung als Auslöser für die nächste Handlung, spricht man von einer Handlungskette.

Beim Lernen wird ein Verhalten durch Erfahrung verändert. Formen des Lernens sind die Bildung bedingter Reaktionen, Gewöhnung, Lernen am Erfolg, Nachahmung und Prägung. Bei einsichtigem Verhalten wird eine unbekannte Aufgabe ohne Übung und ohne Vorbild gelöst.

Viele Tiere und der Mensch leben in Sozialverbänden zusammen, in denen das Verhalten untereinander zum Beispiel durch eine Rangordnung geregelt ist.

Das menschliche Verhalten weist angeborene Anteile auf. Der Mensch kann sich sein Verhalten bewusst machen. Er muss seinen angeborenen Verhaltensneigungen nicht folgen. Menschliche Kulturen sind durch unterschiedliche Wertvorstellungen geprägt.

Alles klar?

1 Nenne und beschreibe Verhaltensweisen eines Haustieres oder einer Amsel. Ordne sie den Funktionskreisen zu.

2 Erkläre die Begriffe Auslöser und Auslösemechanismus am Beispiel des Stichlings.

3 Beschreibe, wie Entenküken auf eine Attrappe geprägt werden.

4 Erkläre, was man unter Gewöhnung, bedingtem Reflex, Nachahmung, Lernen am Erfolg, Prägung und einsichtigem Verhalten versteht. Gib jeweils ein Beispiel an.

5 Beschreibe die Zusammensetzung einer Pavianherde. Woran wird die Ranghöhe eines Tieres ersichtlich?

6 Menschliches Verhalten ist schwer zu untersuchen. Erläutere.

7 Der Mensch handelt immer nach Vernunft und Einsicht. Nimm Stellung hierzu.

8 Beschreibe soziale Signale und ihre Bedeutung im menschlichen Verhalten.

9 Nenne Statussymbole, die in deinem Umfeld eine Rolle spielen.

Register

2487

Register

Register

2489

Register

Bildverzeichnis

Fotos:

dpa 108.1; Aberham/Mauritius 38.3; ACE/Mauritius 218.1; Agence France/dpa 22.1; Agence Nature/Silvestris 214.1; AKG, Berlin 23.3, 121.1, 141.2, 153.1, 158.2, 159.1, 166.1, 183.1, 184.4, 186.1; 200.1, 215.2; Albinger/Silvestris 71.2; Angermayer, T. 86.5, 93.5,6, 210.3,4, 212.1,2; Ardea Agentur 173.1; Arndt/Silvestris 90.1; Arnold/Okapia 72.3; aus:Jahn, Löther, Senglaub: Geschichte der Biologie 103.2; BCI/IFA 210.1; Bellmann, H. 86.1, 87.2,4, 90.2; Bender, Angelika 138.3; Benser/ZEFA 214.2; Berten, C. 217.1; Bertrand/Silvestris 203.1; Beuren/Interphoto 102.2; Binder/Bavaria 139.2; Blauscheck, R. 97.1; Brandl/Silvesris 47.4,6; Bräuer/Institut für Humanbiologie Hamburg 178.2,3; Bühler/Silvestris 49.2,10; Bundeszentrale für gesundheitl. Aufklärung, Köln 16.1, 17.2, 18.2; California Institute of Technology & Carnegy, Washington 154.1,3; Campbell, B. 173.2; Coleman, B. 183.4; Cornelsen Verlag 199.3,4; Crader/Mauritius 38.1; CVK/Nilsson, L. 15.3; CVK/Petri, P. 125.1-5; Dalton/Silvestris 49.7; Danegger/Okapia 191.1; Danegger/Silvestris 50.6; Jeske, D./ Silvestris 25.1, 72.4; 168.3; De Beer/Bildatlas der Evolution 168.4; Denninghaus/Bio-Info 100.1; dpa 186.2; Duve de, Chr, 106.1; Ebert, G. 105.1; Eibl-Eibesfeld, I. 197.1, 219.2-4; Feist, J. 187.1,2; Fiedler/IFA Bilder-Team 220.2; Fischer/H. Lade 139.3; Fisher, D. 133.1, 138.1,2; Five Seasons/Silvestris 92.3; Flößer, R. 66.1-4; Fox, S.W.; Miami/USA 155.4; FPG/Bavaria 30.2; FPG/Berlin 19.1; Geiersperger/Silvestris 78.3, 94.2; Gierth/Mauritius 20.3; Goebel/dpa 205.2; Gottschalk/IFA 8.2; Graf/dpa 98.3; Grasser/Mauritius 126.1; Gronefeld, G. 205.1; Gross/Silvestris 48.2; Gruyter Verlag 135.2; Haga/Superbild 214.3; Hamilton/Bavaria 23.1; Hanneforth/Silvestris 50.4; Harstrick/Bavaria 48.7; Hauff, B. 143.1-3; Heidt/Okapia 160.3; Heinrich D. 93.3,4; Herzinger, H. 126.3; Hiersche/Interfoto 220.1; Höch, U. 190.1; Hoechst AG; Frankfurt 100.4; Hofels/Silvestris 47.5; Hollatz, J. 18.1, 26.1, 32.1, 33.1, 37.2,3, 39.1,2, 120.2, 122.1-3, 126.2, 128.1,2, 129.1,2; Hollweg/Bio-Info 56.3; Hooge, H. 68.1,2,3; Hubatka/Mauritius 20.4, 48.6; Humperto, C./Contectpress/Focus 74.1; Institut für geologische Wissenschaften und Geiseltalmuseum, Halle 144.4; Institut für Paläontologie der Universität Würzburg 144.5; Institut für Paläontologie der Universität Bonn 144.1; Interstock/Bavaria 21.3; IRSCH/Bio-Info 78.4; Jeske/Silvestris 25.1; Johnson, L. 27.2; Kage, M. 13.1; Kaufmann, M. 90.3,4; Kerscher/Silvestris 215.1, 221.2; Kettlewell, H.B.D. 160.4; Keycolor/dpa 78.2; Kirmer/Lade, H. 75.1; Kleefeldt/dpa 29.1; Kleesattel, W. 72.2, 73.4, 74.2,3, 76.1,3-5; Kleinert, R. 204.2, 209.3, 215.4; Kotzke/Silvestris 167.1; Kraas/Mauritius 20.2, 198.2; Krammisch, W. 42.1-3, 52.1,2, 68.4, 71.1; Krasemann, S.J./ Okapia 73.2; Krischke, Kurt; Marbach/N. 194.3; Kuch/Silvestris 48.10-12, 49.11; Kuchlbauer/Mauritius 102.1; Kunze/Bilderberg 98.1; Kurpfälzisches Museum, Heidelberg 183.2,3; Lacz/Silvestris 210.2; Lane/Silvestris 195.1; Lange/Bavaria 146.2; Lawick, H. van; National Geographic Society 188.1; Leidmann/Bavaria 118.3; Lieder, J. 28.1,2, 107.1,2, 110.1, 133.2; Limbrunner, A. 159.3; Lindenburger/Silvestris 127.4, 196.2, 212.3; Linz/Silvestris 73.3; Lochstampfer/Silvestris 127.5; Lynn/NAS/Okapia 197.3; Raith, M./Eltern 20.1; Maier/Silvestris 48.9; Mainbild 134.1, 135.4; Malysko/FPG/Bavaria 10.1; Maydell, von/Silvestris 48.1; Mehl, J. 151.2,3; Meyers/Bio-Info 98.4; Mittet Photo/Mauritius 21.2; Museum für Naturkunde, Berlin 141.1, 142.1-3; 150.1; Nagel/Acaluso International 119.1; NAS/McHugh/Okapia 203.3; Naturmuseum Senckenberg, Frankfurt/Main 144.3; Neugebauer, M. 189.1; Newman, B./Bavaria 30.1; Newman, O./ Okapia 61.3; NHPA/Silvestris 104.3; Nilsson, L. 13.4, 15.1,2, 168.5; Otto, W. 217.3; Parks, P./Okapia 155.2; Pfletschinger/Angermayer 47.3, 60.2, 69.2,3, 86.2-4,6, 87.1,3, 88.1,2; Pforr, M. 59.6; Phototake/Mauritius 117.1,3, 132.1,2; Piper & Co Verlag 178.1; Prenzel/Silvestris 199.1; Press/Bavaria 219.1; Presse- und Informationsamt der Bundesregierung 25.2; Pretscher, P. 44.1, 56.1, 78.1, 89.1, 92.1,2, 94.3; Rauch/Interfoto 216.2; Rauch/Silvestris 94.4; Reader/SPL/focus 172.1; Redeker, T. 6.1; Reinhard, H. 45.1, 46.2,3, 47.1, 48.4, 49.1,5,6,8,9, 50.1-3, 54.3, 55.1, 58.1, 59.1-5, 60.1,3, 61.1,2, 68.5, 70.2-5, 104.1, 117.4, 118.1,2, 119.2-5, 152.1, 160.2, 174.2, 177.1, 190.2, 192.1, 194.2, 204.3; Reinhard/Angermayer 60.4, 167.3; Rooke/Schweitzer 27.1; Root/Okapia 152.2, 166.3; Rosing/Silvestris 46.4; Sam/Mauritius 23.2; Schacke/Naturbild AG 49.12; Schauer, J. 149.1; Scheibe, H. 22.2; Schindler/Mainbild 34.3; Schläpfer/Bavaria 49.4; Schmidt/Photo Center 185.3; Schmidt/Silvestris 70.1; Scholz, R. 217.2; Schösser/IFA 88.3; Schramm /Silvestris 216.1; Schuhmann, C. 80.1,2; Schulte, Gabrie/dpa 98.5; Schwirtz/Silvestris 48.3; Siedel, F. 156.1; Silvestris 48.8, 60.5, 61.4, 69.1, 100.2, 213.1; Sisse Brimberg/National Geographic Society, Washington 184.3; Skelley/ZEFA 206.1; Skibbe/Silvestris 99.3, 167.2; Sochurek/Mauritius 18.3, 136.1; Spectrum/Bavaria 34.1; Studio-TV-Film, Heidelberg 176.3, 177.2, 179.1, 182.1-3, 184.2; Superstock/Mauritius 21.4, 30.3; Tariverdian, G. 127.1,2; Taubblindenwerk, Hannover 197.2; TCL/Bavaria 139.1, 174.1, 213.2; Terje/The image bank 198.1; Thiele/ZEFA 185.2; Thielscher/ IFA 47.2; Time Life Magazine 31.1; TLC/Bavaria 206.2; TPC/IFA 8.1; Trötschel, P. 194.1; Ullstein Bilderdienst 103.1; V-Dia Verlag 100.3; Wahl/Silvestris 50.5; Wandler/ Silvestris 72.1; Wassarman, P. M. 109.1; Webbl/Magnum 220.3; Weber, U. 120.3; Wegler, M. 160.1; Weiß, H. 139.4; Wellnhofer, P. 151.1; Wendler/ Silvestris 73.1; Widmann/Bavaria 12.1; Wiedel/Superbild 215.3; Willner/Silvestris 93.2; Wisniewski/Silvestris 46.1, 204.1; Wolf/Kosmos 76.2; Wothe/Bio-Info 48.5; Wothe/Silvestris 211.2; Zachel/Silvestris 185.1; Zarember/Mauritius 22.3; ZEFA 180.1.

Grafiken:

Krischke, Kurt; Marbach 121.2; 195.2; Albert, R. Gattung und Gattung-Petith, R. ; Edingen-Neckarhausen 161.2; 203.2; Atelier Eickhoff; Speyer 179.3; Atelier Kühn, Heidelberg 140.1; Biste, Günther und Krischke, Kurt 84.1, 85.1; Biste, Günther; Schwäbisch Gmünd & Krischke, Kurt; Esslingen 14.4; 95.1-5; Büro für Gestaltung Biste & Weißhaupt; Schwäbisch Gmünd 94.1, 98.2, 101.1; Büro für Gestaltung Günther Biste; Schwäbisch Gemünd 10.2; 12.2, 181.1; Eickhoff, Manfred; Speyer 159.2; Gattung, Albert R.; Edingen-Neckarhausen 196.1; Groß, Karlheinz; Mundelsheim: Umweltsymbol Frosch 80.3; 190.3;Hackeland, Ralph; Mannheim 175.2, 182.4; Hänel, Monika; Hamburg 191.2; Haydin, Herbert; Bensheim 100.5, 151.4,5,6; KFS/Dist. Bulls 186.3; Kipper, Udo; Hanau 75.2,3,4, 116.2, 117.2, 184.5; Krischke, Kurt; Marbach 9.1, 11.1, 13.2,3, 14.1-3, 16.2, 17.1, 19.2, 21.1, 40.1, 44.2, 53.1,2,3,4, 56.2,4, 57.1-3, 62.1, 63.1, 65.1,2, 67.2,3, 77.1,2,3,4, 79.1, 81.1,2,3,4,5, 82.1,2,3,4,5, 83.2, 89.1, 91.1, 93.1, 96.1, 99.1, 107.3, 108.2, 109.2, 110.2,3,4,5,6,7,8, 111.1,2,3, 112.1, 113.1,2,3, 114.1,2, 115.1,2,3, 116.1, 117.4, 118.4, 123.1, 124.1, 125.1, 126.4, 127.3, 130.1, 131.1, 132.3,4, 133.3, 134.2, 135.1, 137.1,2, 142.4, 145.1, 147.1, 148.1, 149.2, 150.2, 154.2, 155.1,3, 157.1,2, 158.1, 161.1, 163.1,2,3, 164.1, 165.1, 166.2, 168.1,2, 169.1,2, 170.1, 171.1, 174.3, 175.1, 176.1, 180.2, 184.1, 193.2, 200.2, 201.1,2, 202.1; Martin Langner/CV 64.1; Monika Hänel; Hamburg 64.2; Ralph Hackeland; Mannheim 179.2; Schrörs, Michael; Bad Dürkheim 24.1, 27.3, 29.2,3, 34.2, 35.2,3, 36.1, 37.1, 38.2, 39.3,4,5, 43.1, 45.2,3, 51.1, 54.1,2, 55.2,3, 58.2, 67.1, 74.4, 83.1, 97.2, 103.1, 104.2,4, 106.2, 109.3, 120.1, 128.3, 133.4, 136.2, 144.2, 146.1, 154.4, 156.2, 162.1, 176.2, 193.1, 199.2, 202.2, 205.3, 207.1, 208.1,2, 209.1,2, 211.1; Schrörs, Michael; Bad Dürkheim & Krischke, Kurt; Esslingen 35.1; Spazier, Eljallil; Heidelberg 112.2, 129.3, 130.2.

Aus: E. Haeckel, Natürliche Schöpfungsgeschichte 1868, 153.2.